V&R

Simon-Dubnow-Institut
für jüdische Geschichte und Kultur

Eran Rolnik

Freud auf Hebräisch

Geschichte der Psychoanalyse im jüdischen Palästina

Aus dem Hebräischen von
David Ajchenrand

Vandenhoeck & Ruprecht

Lektorat: André Zimmermann, Leipzig

Mit 10 Abbildungen

Umschlagabbildung:
Rudi Weissenstein, Litfaßsäule, Tel Aviv (1938), © Photo House Prior, Tel Aviv;
Porträt von Sigmund Freud, © ullstein bild – Heritage Images/Ann Ronan Pictures.

Bibliografische Information der Deutschen Nationalbibliothek
Die Deutsche Nationalbibliothek verzeichnet diese Publikation in
der Deutschen Nationalbibliografie; detaillierte bibliografische Daten
sind im Internet über http://dnb.d-nb.de abrufbar.

ISBN 978-3-525-36992-0
ISBN 978-3-647-36992-1 (E-Book)

Gedruckt mit Unterstützung des Freistaates Sachsen und gefördert durch
die SIGMUND-FREUD-STIFTUNG zur Förderung der Psychoanalyse e. V.

Die hebräische Originalausgabe: Osey hanefashot. Im Freud le'eretz yisrael, 1918–1948/
Freud in Zion. History of Psychoanalysis in Jewish Palestine/Israel 1918–1948
(Am Oved Publishers Ltd., Tel Aviv 2007), © Eran Rolnik.

Satz: textformart, Göttingen
Druck und Bindung: ⊕ Hubert & Co, Göttingen

Gedruckt auf alterungsbeständigem Papier.

Für Nili, Talma und Amalya

»Gestern Nacht habe ich sehr lebhaft von Jerusalem geträumt, aber es war eine Mischung von Wienerwald mit Berchtesgaden – vielleicht scheint meine Vorstellung es nicht weiter zu bringen.«

Anna Freud, 1934

Inhalt

Geleitwort

Ins Hebräische übertragen heißt verwandeln. Zwar ist jeder Transfer in eine andere Sprachkultur Verwandlung, doch zeigt der ins Hebräische markante Besonderheiten. Geschuldet ist dies auch einer spezifischen raumzeitlichen Konstellation: der Transformation des Jischuw, des vorstaatlichen Gemeinwesens der Juden in Palästina, in den Staat Israel. Hierzu gehört etwa die beinahe unbemerkt sich einstellende semantische Unterscheidung zwischen substantivischem und adjektivischem Gebrauch des Wortes Hebräisch: Mit dem Substantiv »Hebräisch« ist zweifellos die alt-neue Sprache der Juden gemeint; das Adjektiv »hebräisch« steht dagegen für die sich vornehmlich säkular und national ausrichtende jüdische Gemeinschaft im Zeichen der Vorstaatlichkeit. Mithin steht »hebräisch« für jüdisch-national.

In Eran Rolniks Studie *Freud auf Hebräisch* ist beides Gegenstand – das Substantivische ebenso wie das Adjektivische. Dies ist mehr als nur ein weiterer Beitrag zur Abwanderung der Psychoanalyse aus ihren europäischen Kernländern. Vielmehr wird hier ein Forschungsprogramm entfaltet. Der Blick richtet sich auf die Psychoanalyse unter den Bedingungen des im mandataren Palästina unternommenen Projekts der Nationsbildung. Es geht um einen Wandel, um eine Verwandlung, von der psychoanalytischen Praxis, gerichtet ausschließlich auf die Erkundung der individuellen Psyche in deren ursprünglichem kulturellem Kontext, hin zu einer Seelenkunde auf der Grundlage nationaler Kollektivierung. Dass es sich bei diesem Transformationsprozess auch und gerade um den einer jüdischen Nationsbildung handelt – und dies an einem Ort, der sich anfangs vor allem als ein herausgerissenes und jetzt neu und anders zusammengesetztes Stück Mitteleuropa konstituierte –, bezieht die Entstehungsgeschichte der Psychoanalyse mit in den Orbit des forscherischen Unternehmens ein. Auch die Person Sigmund Freuds wird in ihrer ganzen Ambivalenz gegenüber dem Judentum und der eigenen jüdischen Herkunft betrachtet. Tatsächlich konnte es kaum einen größeren Unterschied geben zwischen der so signifikanten nationalen und religiösen Vielfalt im Reich der Habsburger und den ethnisch zunehmend homogenisierten Nationalstaaten Mittel- und Ostmitteleuropas, die sich nach dem Zerfall auf seinen Trümmern konstituierten. Das Projekt eines jüdischen Nationalstaates in Palästina mag seine ideengeschichtlichen Wurzeln zwar vornehmlich in der dem Zusammenbruch der Imperien vorausgehenden Epoche gehabt haben, der eigentliche Anstoß kam jedoch aus der krisengeschüttelten Zwischenkriegszeit. Freuds kulturelles Milieu indes verweist auf die Zeit der Monarchie, und Gleiches gilt für die Ursprünge der Psychoanalyse. Die als Reaktion auf die zwischeneuropäischen Verwerfungen betriebene Staatsgründung der Juden in Palästina ist von einer Bewegung des Ausweichens vor jenen Tendenzen gezeichnet. Umso mehr dürften die hebräischen Anteile der Psychoanalyse, mindestens hinsichtlich ihrer Genese, von beiden historischen Zeitvektoren durchzogen sein: von einer universalen, in der Kultur der Monarchie wurzelnden Traditions- und Erkenntnislinie, die in anthropologischer Absicht schließlich auf die einzelne Person, auf das Individuum gerichtet ist, und einer Linie, die im Grunde die kollektiven Anteile zu stärken sucht und damit eine seelische Heilungserwartung verbindet.

In der vorliegenden Untersuchung tritt diese Spannung von Individualität und Kollektivität in thematischer Vielfalt wie in epistemologischer Einheit hervor. Gemeint ist der Kontrast zwischen Freud als universellem Vater der Psychoanalyse und seiner ihn bedrängenden jüdischen Herkunft, zwischen Freuds sich wandelnden jüdischen Schülern und deren Anhängern in Palästina einerseits und der Institutionalisierung der hebräischen Seelenkunde andererseits. Dass gerade der Historiker und Psychoanalytiker Eran Rolnik dieses Unternehmen schultert, ist nicht zuletzt seiner eigenen kollektiven Zugehörigkeit geschuldet. Sie wurzelt nicht mehr in der hebräischen Vorgeschichte, sondern in der israelischen Gegenwart. In Bezug auf den hier behandelten Gegenstand ist er ein Nachgeborener. Dies schärft den Blick und gewährt zugleich Distanz. Insofern ist das Buch von Eran Rolnik nicht hebräisch, sondern israelisch. Es lässt sich lesen als Teil einer paradoxen Rückbewegung der Psychoanalyse in Israel – weg vom Primat der Kollektivität hin zu dem der Individualität. Mit dieser erneuten Wandlung kehrte sie auch im Land der Juden zu sich selbst zurück. Dass eine solche Entwicklung ihrerseits ein Ausdruck der israelischen Nationsbildung ist, weist in Richtung der Paradoxa, von denen die Psychoanalyse zehrt. Insofern hätte sich das Hebräische von seiner adjektivischen in seine substantivische Bedeutung vereindeutigt.

Dan Diner Leipzig/Jerusalem, Winter 2012/13

Vorwort

Als ich vor einiger Zeit an der hebräischen Übersetzung eines Werks von Freud arbeitete, stieß ich auf eine Passage, die mir ungeheuerlich und faszinierend zugleich erschien:

»Es bedeutet noch keine mystische Überschätzung der Erblichkeit, wenn wir für glaubwürdig halten, daß dem noch nicht existierenden Ich bereits festgelegt ist, welche Entwicklungsrichtungen, Tendenzen und Reaktionen es späterhin zum Vorschein bringen wird. Die psychologischen Besonderheiten von Familien, Rassen und Nationen auch in ihrem Verhalten gegen die Analyse lassen keine andere Erklärung zu.«[1]

Freud nahm die rasche Akzeptanz der Psychoanalyse in verschiedenen Ländern mit einer Mischung aus Genugtuung und Misstrauen zur Kenntnis. Doch in den nunmehr fast hundert Jahren seit dem Erscheinen von Freuds *Zur Geschichte der psychoanalytischen Bewegung* (1914) hat sich die Historiografie der Psychoanalyse weit von den – die Frühzeit prägenden – polemischen Zwängen, kulturellen Vorurteilen und den von Eigeninteressen getriebenen Tagesordnungen ihrer Protagonisten entfernt. Die Geschichte der Psychoanalyse ist heute allgemein als historisches Fallbeispiel anerkannt, dessen Studium zusätzlich auch Licht auf die Anatomie breiterer intellektueller, wissenschaftlicher und gesellschaftlicher Ideen und deren Entwicklung werfen kann. Die erfolgreichsten Werke auf diesem Gebiet haben sich nicht damit begnügt, die Entfaltung der Psychoanalyse als institutionalisierte Therapieform nachzuzeichnen, sondern auch versucht, die Disziplin als mehrdimensionales kulturhistorisches Artefakt der Moderne zu begreifen. Die Erforschung der Rezeptionsgeschichte der Psychoanalyse und der Entstehung einer spezifischen psychoanalytischen Kultur beleuchtet die theoretische Vielfalt der Disziplin und vor allem auch die Geschichte des politischen und kulturellen Milieus, in dem die Psychoanalyse Wurzeln schlug. Russische Revolutionäre, amerikanische Psychiater, Schriftsteller des britischen Bloomsbury-Kreises, französische Existenzialisten und andere mehr oder weniger heterogene Gruppen entwickelten ihre eigenen Formen von Freuds Lehre, so auch jüdische Intellektuelle und Pioniere des Jischuw, der jüdischen Gemeinschaft Palästinas unter britischem Völkerbundsmandat.

Während Freuds Werke nach ihrer ersten Veröffentlichung in Wien rasch in vielen Ländern Verbreitung fanden, vollzog sich die Institutionalisierung der Psychoanalyse als Behandlungsmethode – mehrheitlich durch emigrierte deutschsprachige Psychoanalytiker – erst in den 1930er und 1940er Jahren. In einem Zeitraum von sieben Jahren, zwischen 1932 und 1939, wanderte die Mehrheit der mitteleuropäischen Psychoanalytiker aus den Gebieten aus, die gemeinhin und nicht ganz eindeutig als »deutscher Kulturkreis« bezeichnet wurden. Wie die Auswanderung von Intellektuellen, Gelehrten und Wissenschaftlern anderer Disziplinen aus Deutschland und Mitteleuropa hatte der Exodus der Psychoanalytiker enorme Konsequenzen sowohl für die klinische Theorie und die Führung der psychoanalytischen Bewegung als auch für die Entwicklung der psychoanalytischen Gesellschaften, die diese Emigranten aufnahmen. Die Konfrontation mit der radikalen Judenfeindschaft des NS-Regimes, die Flucht in Länder mit anderen intellektuellen und wissenschaftlichen Traditionen und Freuds Tod im Jahr 1939 versetzten die Psychoanalyse schließlich in die postfreudianische Ära.

Die vorliegende Studie untersucht die Rezeptionsgeschichte der Psychoanalyse in ihren verschiedenen Formen, während und nach der Einwanderung deutschsprachiger Freudianer in Palästina unter britischer Mandatsverwaltung und unmittelbar nach der Gründung des Staates Israel, also etwa zwischen 1905 und 1950. Wie in anderen Ländern wurde die Psychoanalyse auch im Jischuw nicht sofort und ohne Widerspruch aufgenommen. Aufgabe des Historikers ist es hier, die lokale Rezeption der Psychoanalyse als Sonderfall nachzuzeichnen und zu deuten, und zwar möglichst ohne reduktiven kulturellen Determinismus, von der essenzialistischen lamarckistischen Argumentation, zu der Freud in seinen späteren Jahren selbst neigte, ganz zu schweigen. Zuerst sollen die Einstiegspunkte betrachtet werden, durch die die Psychoanalyse Eingang in die zionistische und die moderne hebräische Kultur fand. Anschließend wird darzulegen sein, dass die Wahlverwandtschaft, die frühe Zionisten nach eigenem Bekunden gegenüber Freuds Theorien empfanden, von einer inhärenten Spannung, ja zuweilen von offensichtlichem Widerspruch geprägt war.

Geschichtsschreibung geschieht nicht im luftleeren Raum. Zahlreichen Freunden und Kollegen verdanke ich eine Fülle wertvoller Einsichten, die mich intellektuell bereichert und mir ermöglicht haben, diese Arbeit zu schreiben. Der am schwierigsten zu entschlüsselnde Einfluss – aus Sicht eines Psychoanalytikers, der zugleich Historiker ist, jedoch auch der interessanteste – ist der meiner Eltern Rivka und Amos Rolnik, denen ich zu großem Dank verpflichtet bin. Bedanken möchte ich mich sodann bei Dan Diner, Direktor des Simon-Dubnow-Instituts für jüdische Geschichte und Kultur und Professor an der Hebräischen Universität Jerusalem, der mir seit meiner Entscheidung, neben meiner klinischen Arbeit noch Geschichte zu studieren, mit Rat und Tat zur Seite stand und meine Doktorarbeit betreute. Sie erschien 2007 zuerst in hebräischer Sprache; auf sie geht das vorliegende Buch zurück. Einen besonderen Dank schulde ich dem verstorbenen Rafael Moses, der mir in den ersten Phasen dieser Arbeit ein weiser und großzügiger Mentor war.

Dieses Buch beruht auf unveröffentlichten Briefen und Dokumenten. Die Leiter des Freud Museum London sowie der Sigmund Freud Collection in der Manuskriptabteilung der Library of Congress in Washington, D.C., Michael Molnar, Harold Blum und der verstorbene Kurt Eissler, waren mir eine große Hilfe bei den ersten Etappen der Forschungsarbeit, als es schien, die Geschichte der Psychoanalyse in Israel würde für immer in den Archiven versunken bleiben. Ein besonderer Dank gilt auch der Israelischen Psychoanalytischen Gesellschaft, die mir die Durchsicht von Max Eitingons Dokumenten ermöglichte, noch bevor sie dem Israelischen Staatsarchiv übergeben wurden. Die Historiker der Psychoanalyse Michael Schröter, Nellie Thompson, Riccardo Steiner und die verstorbene Lydia Marinelli haben mir wertvolle Anregungen gegeben, und gedankt sei auch Boaz Neumann, der eine frühere Fassung des Manuskripts kritisch durchgesehen hat. Ich bedanke mich bei David Ajchenrand, dem Übersetzer, André Zimmermann, dem Lektor, sowie bei Petra Klara Gamke-Breitschopf, Nicolas Berg und den Mitarbeiterinnen und Mitarbeitern des Simon-Dubnow-Instituts an der Universität Leipzig für die Realisierung der überarbeiteten deutschen Fassung.

Folgende Institute und Stiftungen, die diese Forschungsarbeit großzügig unterstützt haben, seien dankend erwähnt: die Central Zionist Archives, die Society for the Commemoration of Max I. Bodenheimer and Hannah Henriette Bodenheimer, die Neuberger Memorial Foundation for German-Jewish Studies des Instituts für deutsche Geschichte an der Tel Aviver Universität, das Leo Baeck Institute Jerusalem, die Axel-Springer-Stiftung in Berlin, die Memorial Foundation for Jewish Culture in New York, die David-Herzog-Stiftung in Graz, die Minerva-Stiftung in München, das Leipziger Simon-Dubnow-Institut, das Österreichische Institut für Internationale Politik – hier im Besonderen John Bunzl –, das Israel-Palestine-Project Vienna und das Stephan Roth Institute for the Study of Contemporary Antisemitism and Racism an der Tel Aviver Universität. Ein ganz besonderer Dank gilt der Sigmund-Freud-Stiftung in Frankfurt am Main, welche die Übersetzung dieses Werks gefördert hat. Allen voran möchte ich jedoch Nili, meiner geliebten Frau, danken, deren fester Glaube an diese Arbeit sie erst ermöglicht hat.

Eran Rolnik — Tel Aviv, Winter 2012/13

Einleitung: Ein teurer Traum

»Was ich an Ärger bei den Deutschen geschluckt, werde ich gewiss bei den anderen Nationen nicht regurgitieren.«

Sigmund Freud, 1920[1]

September 1945 – Dr. Richard Karthaus, Neurologe und Psychoanalytiker, Militärarzt bei der britischen Armee und Intellektueller mitteleuropäischer Prägung, sitzt in seinem Büro im britischen Krankenhaus in Latrun an den Ausläufern der Jerusalemer Berge und schämt sich, noch am Leben zu sein. Hätte er doch nur die Kraft gehabt, es den Freiheitskämpfern gleichzutun, die sich in der Stunde der Wahrheit mit den eigenen Waffen selbst richteten oder Gift einnahmen, das sie stets bei sich trugen. Karthaus hat einen Pass in der Tasche, der von der Verwaltung des britischen Palästinamandats ausgestellt worden war, und er trägt eine britische Uniform. In seiner Anschauung versucht er all das aus den Lehren von Sigmund Freud und Karl Marx miteinander zu vereinen, was er für gut befindet.

Er lässt seine Ankunft in Palästina im Jahr 1933 Revue passieren: Richard Karthaus, Sozialist und weltweit anerkannte Autorität auf dem Gebiet der Kriegsneurosen, war aus der Deutschen Psychoanalytischen Gesellschaft ausgeschieden, nachdem er sich gegen Freuds dualistische Triebtheorie ausgesprochen hatte. Er lehnte die These der Gegenüberstellung von Sexualtrieb und Todestrieb ab. Jahrelang ließ er sich von seinen Patienten ihre Träume erzählen, ergründete ihre unbewussten Motivationen und versuchte, ihnen ihre Kindheitswelten ins Bewusstsein zu rufen. Er wollte ihnen helfen, die kryptische Präsenz ihrer Vergangenheit in der Gegenwart und deren Einfluss auf ihre Selbst- und Umgebungswahrnehmung zu erkennen. Die Machtübertragung auf die Nationalsozialisten in Deutschland und die Emigration taten dem Enthusiasmus von Karthaus keinen Abbruch. Die Ankunft an seinem neuen Wohnort versetzte ihn in eine ekstatische Stimmung, in einen Zustand euphorischer Gefühlswallung, und nur in Momenten der Besinnung beschlich ihn die Frage, wie er – ein nüchterner Freudschüler, dem der Unterschied zwischen Realität und Fantasie wohlvertraut sein musste – sich so sehr vom zionistischen Traum mitreißen lassen konnte, dass er sich im Land der Bibel niederließ.

Karthaus eröffnete eine Praxis in Haifa, einer Stadt, in der er Patienten auf Deutsch behandeln konnte, solange »das Schild draußen« hebräisch geschrieben war. Doch er hatte bereits damals das Gefühl, dass der Jischuw, die jüdische Gemeinschaft in Palästina, ihm und anderen deutschsprachigen Intellektuellen fast noch mehr Verachtung entgegenbrachte als den einheimischen Arabern, deren Existenz die frühen jüdischen Siedler zu verschweigen versuchten, wie Karthaus beklagte.

Dr. Richard Karthaus alias Dick Cardhouse, Arzt in Wien und Freuds Schülersschüler, war der Protagonist von *Traum ist teuer* (1962), dem letzten Schlüsselroman des deutsch-jüdischen Schriftstellers Arnold Zweig, der unter anderem eine Brieffreundschaft mit Freud unterhalten hatte.[2] Der Roman war von der kurzen zionistischen Episode in Zweigs Leben inspiriert, als er auf dem Karmelberg in Haifa wohnte, wo er sich bei einem Schüler Freuds einer Psychoanalyse unterzog und versuchte, einen Platz im kulturellen und intellektuellen Leben des Jischuw zu finden. Nach dem Zweiten Weltkrieg kehrte Zweig, vom Zionismus enttäuscht und nun enthusiastischer Sozialist, nach Europa zurück und ließ sich, einer offiziellen Einladung folgend, in der sowjetischen Besatzungszone nieder. Dort verbrachte er zwei Jahrzehnte mit kreativer literarischer und politischer Tätigkeit, die ihm einen Ehrenplatz in der ostdeutschen Literatur eintrug.

Zweigs Roman spielt in Palästina während des Krieges und schildert Karthaus' allmähliche Desillusionierung und Abkehr vom zionistischen Ideal, für das er vor seinem Exil in Palästina eingetreten war. Offensichtlich bestrebt, der offiziellen ostdeutschen Haltung zum Zionismus zu entsprechen, unterscheidet Zweigs Roman klar zwischen der Person Karthaus, die zunehmend vom Zionismus enttäuscht wird, und Karthaus, dem Erzähler, der Jahre später über seine fehlgeleiteten früheren politischen Überzeugungen sinniert. Das Buch erschien erst 1962, nachdem Zweig rund 17 Jahre daran gearbeitet hatte. Der lange Entstehungsprozess war teilweise der staatlichen Zensur geschuldet, die Zweig dazu zwang, mehrere Passagen des Buches neu zu schreiben. Doch auch nach Erscheinen blieb *Traum ist teuer* in der DDR umstritten, wenngleich nicht wegen der Erwähnung von Zionisten. Am meisten irritierte die zentrale Rolle, die Zweig Freuds Theorien einräumte. Einer der staatlichen Kritiker hielt die Behandlung des Themas für naiv: Zweig habe Freuds Theorien unkritisch übernommen und sie auf eine Ebene mit dem Marxismus gestellt.[3]

Die drei Jahrzehnte britischer Herrschaft über Palästina zwischen 1917/18 und 1948, ab 1922 unter dem Mandat des Völkerbundes, waren formative Jahre sowohl für die jüdische Nationalstaatlichkeit als auch für die neue hebräische Kultur des Jischuw, darüber hinaus waren sie entscheidend für den jüdisch-arabischen Konflikt.[4] Das vorliegende Werk soll eine der weniger bekannten Begegnungen beleuchten, die sich am Rande der dramatischen politischen Ereignisse und Entwicklungen abspielten – die Begegnung zwischen der Psychoanalyse und der jüdischen Gesellschaft in Palästina –, und ihre historische Bedeutung umreißen.

Die Fähigkeit der Psychoanalyse, ein breites Spektrum von Kulturen zu umspannen sowie verschiedene intellektuelle Traditionen und historische Erinnerungen zu reflektieren, hat Gelehrte verschiedenster Fachgebiete in ihren Bann gezogen.[5] Doch die Wechselbeziehung zwischen Ereignissen in psychologischen beziehungsweise geistigen Sphären und den zugrunde liegenden geschichtlichen Geschehnissen ist nur schwer fassbar. Die kausale und chronologische Nachverfolgung der Migration von Ideen und der Akzeptanz wissenschaftlicher Theorien gestaltet sich schwierig. Dennoch kann die Geschichte der Psychoanalyse im Jischuw und im Staat Israel als eigenständiges Kapitel in der Chronik der psychoanalytischen Bewegung, der Idee der Psychoanalyse und ihrer Entwicklung im 20. Jahrhundert betrachtet werden. Alternativ kann man den lokalen Diskurs über Freuds Ideen in Palästina als Teil der Herausbildung einer ausgeprägten hebräischen Kultur in der biblischen Heimat der Juden darstellen. Im Folgenden sollen diese beiden Perspektiven miteinander verbunden und aufgezeigt werden, dass die Entwicklung der psychoanalytischen Disziplin im Palästina der Mandatszeit als weiterer Anhaltspunkt dafür zu betrachten ist, dass die moderne jüdische Besiedlung Palästinas und die neue hebräische Kultur, die dadurch hervorgebracht wurde, trotz tiefer emotionaler Verwurzelung in biblischen Zeitschichten grundsätzlich Teil der modernen europäischen Geschichte sind. Um die Integration von Freuds Theorie in die hebräische Kultur und den im damaligen Palästina lebendigen Diskurs über die Ideen der Psychoanalyse zu verstehen, sind zunächst die Umstände zu berücksichtigen, welche die Psychoanalyse dazu zwangen, den deutschen Kulturraum zu verlassen. Wie es in der Wissenschafts- und Ideengeschichte zuvor oft geschehen war, hatten die politischen Vorgänge dort dem Zionismus als politisch-ideologischer Bewegung und der Psychoanalyse als wissenschaftlicher Bewegung eine Zeit lang ein gemeinsames Schicksal aufgezwungen.

Die sechs Kapitel des vorliegenden Buches behandeln die drei größeren Zusammenhänge, in denen die formativen Jahre der Psychoanalyse in Palästina beziehungsweise Israel meines Erachtens zu betrachten sind: erstens die Entwicklung der zionistischen Version des europäischen »Neuen Menschen« und ihr Verhältnis zum freudianischen Menschenverständnis, zweitens die Auswanderung der Psychoanalyse aus Mitteleuropa nach der Machtübernahme durch die Nationalsozialisten und drittens die Entfaltung des psychoanalytischen Diskurses innerhalb des Jischuw im Anschluss an die

Einwanderung von Psychoanalytikern nach Palästina und an die Gründung des Psychoanalytischen Instituts in Jerusalem.

Als Hauptstadt eines zerfallenden Reiches und Geburtsstadt des dynamisch Unbewussten lag das Wien Freuds am Scheideweg zwischen Okzident und Orient (dem Historiker Eric Hobsbawm zufolge begann der Orient an Wiens Ostgrenze) und zwischen Aufklärung und Romantik, zugleich nahm die Stadt eine Vorreiterrolle in der Moderne ein. Darüber hinaus war Wien Brennpunkt der Sozialdemokratie und des virulenten Antisemitismus einerseits sowie der Psychoanalyse und des jüdischen Nationalstaatsgedankens andererseits.[6] Doch wie ist die nachdrückliche Affinität früher Zionisten zu Freuds Theorie zu erklären?

Der Zionismus war in erster Linie ein politisches Programm, doch die zionistische Bewegung umfasste auch philosophische Anschauungen, literarische und bildkünstlerische Werke sowie wissenschaftliche Ideen, die eher im intellektuellen und theoretischen Bereich als in der politischen Praxis anzusiedeln sind. Die zwei Hauptquellen des zionistischen Diskurses waren das europäische Denken und das jüdische Kulturerbe. Obwohl das zionistische Denken zuweilen als Verkörperung religiöser Ideen oder als Kulminationspunkt einer jahrhundertelangen Entwicklung in der jüdischen Geschichte betrachtet wurde, war es anfangs eher durch Pragmatismus und ideologischen Eklektizismus geprägt. Die zionistische Ideologie pflegte einen regen Austausch mit dominanten Ideen ihrer Epoche ohne offensichtliche Verbindung zum Nationalismus oder zur religiösen Tradition. In ihrer Auseinandersetzung mit dem Darwinismus, mit Nietzsche, dem Sozialismus, dem Existenzialismus und auch mit der Psychoanalyse war die zionistische Ideologie zudem eng mit der modernen Wissenschaft und Philosophie verflochten. Diese intellektuellen Bewegungen spielten eine bedeutende Rolle bei der Säkularisierung der jüdischen Gesellschaft in Europa, und die zionistische Bewegung nutzte das daraus geschöpfte vielschichtige ideologische Arsenal, ihre Rechtfertigungen, Argumente und Werte für die eigenen Zwecke. Arbeiten von Darwin, Marx, Nietzsche, Spinoza und Freud wurden in der jüdischen Gemeinschaft breit diskutiert. Dabei maß der zionistische Diskurs vor allem jenen Werken Bedeutung bei, die eine Alternative zu den traditionellen religiösen Erklärungen für das jüdische Schicksal darstellten und sich als Legitimierungs- und Autoritätsquelle eigneten für die grundlegende zionistische Forderung nach Sammlung der Juden aus aller Welt im Land der Vorväter und dem Aufbau eines souveränen Gemeinwesens und einer eigenständigen Kultur in Palästina.[7]

Krankheit und Degeneration waren zentrale Tropen in zionistischen Repräsentationen des europäischen Judentums. Ab der zweiten Hälfte des

18. Jahrhunderts wurden die Juden als ethnische Minderheit sowohl in jüdischen als auch in antisemitischen Schriften als atrophierter und kränklicher Körper dargestellt, der verschiedene physische und kulturelle Bedingungen benötigt, um völlig »kuriert« zu werden. Die zunehmende Popularisierung der Debatte über die »Entartung von Kulturvölkern« ereignete sich zeitgleich mit dem Aufstieg der zionistischen Bewegung, und zionistische Denker verschiedener Schulen definierten die »Judenfrage« nach medizinischen und psychiatrischen Gesichtspunkten. Bei der Ablösung des theologisch-jüdischen Diskurses durch den politisch-zionistischen spielte die Wissenschaft, insbesondere Medizin und Psychologie, eine wichtige Rolle. Ein integraler Bestandteil des besagten »Heilungsprozesses« war die Neuausrichtung der jüdischen Mentalität.[8] Die zionistische Revolution benutzte erotische Motive und die Geschlechterrollenthematik, um die jüngere jüdische Generation anzusprechen. Aus historischer Sicht war die in der zionistischen Bewegung zum Ausdruck gebrachte Begegnung zwischen den Heilern des Körpers und den Heilern der Seele ein dramatisches Ereignis. Die nationalen Bestrebungen der jüdischen Gemeinschaft wurden als körperliches und geistiges Verlangen dargestellt. Der ins Land seiner Vorväter zurückkehrende hebräische Pionier wurde mit einem kleinen Kind verglichen, das seine Mutter wiederfindet, seine Sehnsucht nach Palästina mit dem Begehren des Säuglings nach der Mutterbrust.

Unter den Bildern, auf denen das zionistische Konstrukt des »Neuen Juden«, eine spezifisch jüdische Version des europäischen »Neuen Menschen«, aufbaute, spielten solche, die Sexualität und Männlichkeit betrafen, eine zentrale Rolle.[9] Einige von Freuds zionistischen Lesern erkannten in seiner Lehre eine Gelegenheit, die individuellen mit den kollektiven Sphären menschlicher Tätigkeit zu verknüpfen, also eine Verbindung zwischen den Begierden und Hemmungen des Individuums und kollektiven Sehnsüchten und Bestrebungen herzustellen. Freuds frühe Schriften, seine historischen Abhandlungen und seine Theorie der kindlichen Sexualität schienen in ihren Augen die These zu bestätigen, dass sich die jüdische Tradition verheerend auf die Sexualität junger jüdischer Männer auswirke, sie hemme, ihre Männlichkeit unterdrücke und dadurch ihre sprichwörtlichen Eigenschaften wie Neurotizismus und Verzagtheit heraufbeschwöre. Die *Traumdeutung* eröffnete der Symbolwelt des jüdischen Unbewussten die Chance, die Schranken der Unterdrückung zu überwinden und ihre ethnischen Besonderheiten zur Geltung zu bringen. So beispielsweise bei der Kampagne für die Wiederbelebung der hebräischen Sprache, die als unabdingbare Voraussetzung für die nationale Wiedergeburt angesehen wurde. In späteren Werken beschäftigte sich Freud mit dem Zusammenhang zwischen Religion und Gesellschaft. Der Prozess, bei dem der »Neue Jude« konstruiert und der kollektiven jüdischen

Seele eine politische Dimension verliehen wurde, konnte sich demnach sowohl auf Freuds klinische Werke als auch auf seine Sozialtheorie berufen, um von der Psychologie des Individuums Rückschlüsse auf die Psychologie des Kollektivs zu ziehen. Die Seele des Individuums trug Freuds verfeinerter analytischer Lamarckismusvariante zufolge den Keim der Menschheitsgeschichte in sich, entweder über den ödipalen Familienroman der Kindheit oder durch die Vermittlung vererbter archaischer Fantasien.

Freud kannte die neuromantischen und ideologischen Interpretationen grundlegender psychoanalytischer Konzepte wie »Unterdrückung« und »Unbewusstes« sehr wohl. Er wies Versuche, die Psychoanalyse als »Weltanschauung« zu bezeichnen, wiederholt zurück und versuchte um jeden Preis zu verhindern, dass das psychoanalytische Projekt einzig als Versuch interpretiert wird, eine Lösung für das Problem des jüdischen Volkes zu bieten. Deshalb sah er von der Erwähnung der ethnischen Herkunft und der religiösen Zugehörigkeit seiner Patienten ab (die überwiegend jüdischer Herkunft waren) und betonte bei jeder Gelegenheit, die Aufgabe der Psychoanalyse sei es, die Elemente freizulegen, auf denen die menschlichen Begierden, Ängste und Hemmungen beruhten. Zu viel Aufmerksamkeit – selbst aus wissenschaftlicher Perspektive – für partikulare jüdische Probleme hätte, so befürchtete Freud, die Psychoanalyse leicht zu einem Randdasein im intellektuellen und wissenschaftlichen Diskurs jener Epoche verurteilt.

Dennoch kann historisch betrachtet nicht über die jüdische Etikettierung der Disziplin in ihren ersten Jahren sowie über die Tatsache hinweggesehen werden, dass das Judentum zu Freuds innerer Welt gehörte und Teil des Selbstverständnisses der Mehrheit seiner Schüler und Gegner war. So überrascht es nicht, dass diese Frage bei der Aufnahme von Freuds Ideen durch die moderne hebräische Kultur eine wichtige Rolle spielte. Auch die wiederholten Versuche, Freud für die Sache des Zionismus zu gewinnen, zwangen ihn dazu, sich zur Frage des Zusammenhangs zwischen seiner jüdischen Herkunft und seinen Theorien zu äußern. Dies berührte das Projekt der Psychoanalyse von vornherein an einem empfindlichen Punkt und wurde selbst in der Frühzeit der Disziplin als Hindernis für ihren Universalitätsanspruch gewertet. Freud war nicht bereit, diesen Anspruch zu gefährden, auch nicht in seinen letzten Lebensjahren, nachdem ihn der Anschluss Österreichs zur Flucht nach London gezwungen hatte, in einer Zeit also, in der es als besonders verlockend erschien, sich die Unterstützung der eigenen ethnischen Gemeinschaft zu sichern und sich mit der jüdischen Solidarität über die verlorene Welt hinwegzutrösten.

In historiografischen Debatten über die zionistische Bewegung wird unter anderem die Frage diskutiert, ob es sich beim Zionismus um eine nationale

Erneuerungsbewegung oder um eine Kolonialbewegung handelte. Wenn davon ausgegangen wird, dass der Zionismus tatsächlich eine Nationalbewegung war, ist er dann im Kontext der modernen europäischen Nationalbewegungen des 19. Jahrhunderts zu verstehen, und wenn ja, handelte es sich um das Beispiel einer politischen Nationalbewegung westlicher Prägung oder um eine östliche, ethnisch-kulturelle Nationalbewegung, um eine Nationalbewegung oder um eine nationalistische Bewegung? War die Bewegung sozialistisch, national oder gar nationalsozialistisch, war sie konservativ oder revolutionär? Soll sie als säkular-pragmatisch, säkular-erlöserisch oder messianisch-religiös gelten oder vielleicht, wie jüngst dargelegt wurde, als besonderes Anschauungsbeispiel einer zur politischen Theologie gewandelten »modernen Gnosis«?[10] War die zionistische Bewegung in ihrer Pionierzeit eine Sondererscheinung unter den nationalen, sozialistischen und nationalsozialistischen Bewegungen? Repräsentierte sie ein partikulares jüdisches, zionistisches Pionierphänomen der modernen Geschichte?[11] Einige dieser Fragen metahistorischer Interpretation, die zum Verständnis des Zionismus herangezogen werden, sind für den Prozess der Aufnahme der Psychoanalyse in die neue hebräische Kultur besonders relevant. So sind etwa die Parallelen zwischen der Debatte über die vermeintlichen Auswirkungen der ethnischen Herkunft Freuds und seiner frühen Schüler auf ihr wissenschaftliches Denken – ein Thema, das die Historiografie der Psychoanalyse fast von Anfang an beschäftigt hat – und der Debatte über die theologischen Ursprünge des politischen Zionismus kaum zu übersehen. Die Nachverfolgung der Aufnahme von Freuds Ideen könnte somit Erhellendes über die politisch-theologischen Aspekte des Zionismus zutage fördern. Zudem könnte sie Einblick in die intellektuellen Wurzeln der konzeptuellen Diskussionen geben, die die Psychoanalyse später in Israel noch manche Jahre beschäftigten. Aus dieser Perspektive betrachtet, soll die vorliegende Arbeit die geistigen und intellektuellen Strukturen der israelischen Psychoanalyse ergründen und gleichzeitig die metaphysischen und unbewussten Fundamente des Zionismus und der modernen hebräischen Kultur nachzeichnen. Die Entwicklungen im klinischen und theoretischen Bereich werden vor dem Hintergrund ihres spezifischen Kontexts beurteilt. Die vorliegende Darstellung des Zusammenhangs zwischen Geschichte und Theorie mag unvollständig erscheinen, doch das vorgestellte Narrativ der formativen Jahre der Psychoanalyse im Jischuw und später in Israel kann zumindest eine Grundlage für die weitere Erforschung der tieferen historischen und intellektuellen Wurzeln bilden, die dem heutigen klinischen Diskurs in Israel zugrunde liegen. Der eigentliche Kern klinischer Debatten liegt oft tief unter der Oberfläche, im Bereich der politischen und intellektuellen Geschichte.

Wer Freuds Lehre als Aufruf an die Menschheit interpretierte, Seelenforschung zu betreiben oder zum »ursprünglichen« und »authentischen« Ich zurückzukehren, konnte daraus für den Zionismus eine therapeutische Bedeutung ableiten. Die Psychoanalyse fand unter den Verfechtern einer jüdischen Nationalität rasch enthusiastische Anhänger. Sie erkannten in der neuen Disziplin eine günstige Verbindung zwischen Radikalismus und Tradition zur Förderung ihrer ideologischen Ziele. Freuds positivistische Ideen schienen geeignet zu sein, den jüdischen Partikularismus sowohl mit dem Universalismus der europäischen Aufklärung als auch mit der deutschen Neuromantik in Einklang zu bringen, und bildeten eine wissenschaftliche Grundlage für den romantischen Versuch des Zionismus, eine geeinte (und einende) nationale Vergangenheit zu rekonstruieren. Frühe Wiener Versuche von Führern jüdischer Jugendbewegungen und Psychoanalytikern wie Siegfried Bernfeld, Freuds Ideen mit dem Marxismus und der Lebensphilosophie von Denkern wie Martin Buber zu verschmelzen, waren Vorboten des komplexen Kontexts der Aufnahme der Psychoanalyse in der jüdischen Gemeinschaft in Palästina und später in Israel. Freuds Texte dienten jüdischen intellektuellen Traditionen aus Ost- und Mitteleuropa mit ihren jeweiligen zionistischen Selbstverständnissen als gemeinsame Plattform des intellektuellen Austauschs, wie folgendes Beispiel zeigt: 1920 berichtete der britische Psychoanalytiker und spätere Freud-Biograf Ernest Jones über ein Gespräch mit dem zionistischen Führer und späteren israelischen Staatspräsidenten Chaim Weizmann, der ihm stolz von den »armen galizischen Immigranten« erzählt habe, die »ohne Kleider, aber mit dem *Kapital* von Marx in einer Hand und mit Freuds *Traumdeutung* in der anderen Hand in Palästina ankommen«.[12]

Die Einwanderer der Zweiten und Dritten Alija[13] legten das ideologische und soziokulturelle Fundament des Jischuw. Geistig schöpften diese Frauen und Männer mehrheitlich aus denselben Quellen wie die russische Intelligenzija. Zu ihren Haupterrungenschaften gehörte die Umsetzung der utopisch-egalitären Ideen und sozialistischen Mythen, die sie aus Osteuropa mitgebracht hatten, in konkrete Handlungsschemen für den zionistischen Aufbau in Palästina.[14]

Psychoanalytische Konzepte drangen also bereits in den ersten beiden Jahrzehnten des 20. Jahrhunderts in die zionistische Ideologie und in die hebräische Kultur ein, verbreitet hauptsächlich durch einige Psychoanalytiker, unter ihnen besonders die Leiter der Jugendbewegungen, die im Rahmen der ersten drei Alijot nach Palästina gekommen waren und Freuds Ideen bereits in ihren Ursprungsländern aufgenommen hatten. Die russischen Juden waren vor der Oktoberrevolution 1917 mit Freuds Ideen in Berührung gekommen, und im deutschsprachigen Raum wurden Freud und seine Theorien zu den größten Erfolgen jüdischer Integration in die säkulare mitteleuropäische Kultur gezählt. Die Entwicklung des psychoanalytischen Diskurses im Jischuw war von zwei parallelen historischen Prozessen europäischen Ursprungs gekennzeichnet: vom zionistischen Menschenbild des »Neuen Juden« aus dem späten 19. Jahrhundert und von der Emigration deutschsprachiger Psychoanalytiker und Intellektueller nach Palästina. Einerseits diente der Mythos des »Neuen Juden« der zionistischen Tätigkeit und den Auffassungen von psychologischen und sozialen Problemen, andererseits wurden die eingewanderten Psychoanalytiker von führenden Zionisten als potenzielle Agenten des sozialen Fortschritts gesehen, verantwortlich nicht nur für die Heilung psychischer Leiden von Einzelpersonen, sondern auch für die psychische Genesung des gesamten Jischuw.

Wie die meisten anderen Nationalbewegungen entwickelte auch die zionistische Bewegung ein zweckorientiertes Verhältnis zur Vergangenheit. Sie war bestrebt, ihren Anhängern durch die mythische Konstruktion einer gemeinsamen Vergangenheit das Gefühl einer kollektiven Gegenwart und Zukunft zu geben: Eine Verkörperung dieses Mythos war der *Chalutz* (Pionier), der jüdische Einwanderer, der sich in Palästina niederließ und sich mit Landwirtschaft oder körperlicher Arbeit beschäftigte – ein »Neuankömmling«, der sich von den Fesseln der Unterdrückung seiner früheren diasporischen Existenz befreite und sein Schicksal in die eigenen Hände nahm. Die Figur des *Chalutz* enthielt historische, abstrakte und mythische Komponenten und erzeugte eine – sich in der Geschichte des Jischuw und Israels wiederholt niederschlagende – innere Spannung zwischen dem kulturellen Vermächtnis und der Vergangenheit der einzelnen Einwanderer einerseits sowie andererseits dem zionistischen Bestreben, eine kollektive jüdische Diasporavergangenheit zu konstruieren. Beides sollte teleologisch in eine gemeinsame Zukunft im verheißenen Land münden.[15] Seit dem Aufkommen des politischen Zionismus führte die Notwendigkeit, eine Gesellschaft mit einer fest definierten, partikularen Zugehörigkeit aufzubauen, zu der Forderung nach einem »übergeordneten Narrativ«, das in der Lage sein würde, die große Vielfalt nach wie vor latenter individueller historischer Erinnerungen, kultureller Zugehörigkeiten und ethnischer Sensibilitäten sowohl zu integrieren als auch zu dominieren. Um sicherzustellen, dass die Verbindung zwischen dem individuellen Elend und dem welthistorischen Schicksal des jüdischen Kollektivs nicht in der metaphorischen Ebene verharrt, musste eine wissenschaftlich belegte Verbindung zwischen Privatheit und Öffentlichkeit beziehungsweise zwischen der individuellen und der kollektiven Pathologie gefunden werden. Es erstaunt somit nicht, dass *Gruppenpsychologie und Ichanalyse* (1921) die erste Abhandlung Freuds war, die ins Hebräische übersetzt und 1928 veröffentlicht wurde.

Die Begegnung zwischen den *Chalutzim* und Freuds eingewanderten Schülern war geprägt von Enthusiasmus und Missverständnissen. Die Immigranten unternahmen mehrere erfolglose Versuche, der Psychoanalyse im Land einen institutionellen Rahmen zu geben. Es schien, als erforderte das Projekt, Freuds Theorie der jüdischen Intelligenz in Palästina näherzubringen, ohne es zu einer kulturellen und ideologischen Kuriosität verkommen zu lassen, die Entsendung einer ganz speziellen Sorte von Vertretern der Disziplin, deren zionistisches Selbstverständnis mit dem als Psychoanalytiker vereinbar war.

Max Eitingon (1881–1943), der 1933 die Psychoanalytische Gesellschaft Palästinas gründete, erfüllte diese Voraussetzung voll und ganz. Er wurde zum engagierten Anhänger des politischen Zionismus und zugleich überzeugter Vertreter des klinischen Ansatzes der Psychoanalyse. Vor seiner Abreise aus Berlin war der in Weißrussland geborene Sohn des »Pelzkönigs vom Leipziger Brühl«, Chaim Eitingon, seinen Kollegen als erster Schüler Freuds bekannt, der sich einer »Lehranalyse« bei seinem Altmeister unterzogen hatte. Eitingon war Freuds engster Vertrauter im Geheimen Komitee, der Gruppe von Freuds Schülern, die ihrem Lehrer am nächsten standen und die Aufgabe hatten, die psychoanalytische Bewegung gegen Abspaltungen zu schützen. Aufgrund seines privaten Vermögens wirkte Eitingon auch als ihr bedeutendster Stifter. Abgesehen von seiner historisch wichtigsten Rolle als Gründer der psychoanalytischen Poliklinik in Berlin (1920), der ersten ambulanten Klinik dieser Art und hoch angesehenen Lehranstalt, nahm Eitingon in der psychoanalytischen Bewegung bis 1933 noch weitere administrative Aufgaben und Schlüsselpositionen wahr.

Während in den meisten Biografien eurozentrisch die Berliner Jahre Eitingons hervorgehoben werden, blieben der Nachwelt vor allem zwei Zeugnisse seiner Vision und seiner schöpferischen Kraft erhalten: die psychoanalytischen Ausbildungsrichtlinien, die er in den 1920er Jahren in Berlin entwickelte (bekannt als Eitingons Ausbildungsmodell) und die psychoanalytische Vereinigung und Lehreinrichtung, die er in seinem letzten Lebensjahrzehnt in Jerusalem gründete. Obwohl keine Biografie im eigentlichen Sinne, versucht die vorliegende Studie diverse biografische Lücken zu schließen und etwas Licht in das Rätsel um die Person Eitingon zu bringen, unter anderem durch die erst vor wenigen Jahren katalogisierten und im Israelischen Staatsarchiv aufbewahrten Privatdokumente Eitingons, die in dieser Arbeit zum ersten Mal berücksichtigt werden.

Ab den 1930er Jahren etablierte sich in der hebräischen Kultur allmählich ein Freud-Verständnis, das als hybride Kombination aus dem sozialistischen »russischen Freud« vermeintlich konstruktivistisch-kollektivistischer

Ausrichtung und dem »deutschen Freud«, der für seine individualistische und pessimistische Weltanschauung bekannt war, darstellbar ist. Die Aufnahme der Psychoanalyse im Jischuw kann nicht als präzises Abbild der Begegnung zwischen der psychoanalytischen Theorie und dem russischen Marxismus gewertet werden, obwohl sie deren Hauptmerkmale trug. Trotz des grundlegenden Konflikts zwischen den konstruktivistisch-utopischen Merkmalen des sowjetischen Sozialismus und dem Sozialpessimismus in Freuds späteren Schriften zogen es dessen zionistische Leser vor, die Kluft zwischen diesen verschiedenen Menschenbildern durch die selektive Lektüre der psychoanalytischen Theorie zu überbrücken. Die lokale Debatte über die Grundsätze der Psychoanalyse fand am Scheidepunkt von zwei Ansätzen der Psychoanalyse, einem ideologisch-politischen und einem wissenschaftlich-therapeutischen, statt. Zusätzlich wurde der medizinisch-therapeutische Diskurs in der Psychoanalyse stark von der ideologischen Ausrichtung der zionistischen Ärzte und Pädagogen der damaligen Epoche beeinflusst. An der Ankunft der Psychoanalyse im Jischuw lässt sich sehr deutlich veranschaulichen, wie es durch Freuds Lehre gelang, Grenzen zwischen verschiedenen Diskursen zu ziehen beziehungsweise neu zu interpretieren.

Um die Frage zu beantworten, ob und in welcher Form Psychoanalyse und Zionismus gemeinsam verkörpert werden konnten, soll eine Prosopografie, das heißt eine Art Gruppenbiografie der ersten Psychoanalytiker skizziert werden, die im Jischuw und später in Israel wirkten. Wurde das mitteleuropäische Modell tatsächlich unverändert auf das Gebiet des britischen Palästinamandats übertragen, wäre zu prüfen, welche äußeren Bedingungen und geistigen Umstände es Eitingon und seinen Kollegen ermöglichten, unter britischer Herrschaft in Jerusalem ein freudianisches Institut zu unterhalten, das nach denselben Regeln geführt wurde wie die Berliner Poliklinik in der Weimarer Republik. Trotz der Bereitschaft dieser deutschsprachigen Psychoanalytiker, ihr psychoanalytisches und zionistisches Selbstverständnis miteinander zu vereinbaren, stellt sich zudem folgende Frage: Unterscheidet sich die psychoanalytische Perspektive, die eigentlich dekonstruktivistisch, interpretativ und individuell orientiert ist, nicht grundlegend vom konstruktivistischen und kollektivistischen Ansatz, auf dem die zionistische Ideologie und das Selbstverständnis der meisten jüdischen Siedlerpioniere in Palästina beruhten? Verkörperten Theorie und Praxis der Psychoanalyse nicht ein fundamental anderes Menschenbild sowie einen völlig anderen intellektuellen Geist als der Mainstream-Zionismus? Ist Sigmund Freuds universales analytisches Projekt der »unendlichen Analyse« ein Produkt der Diaspora, das Freuds Schule als Heilmittel gegen die Angst vor der Moderne vorschlug, mit der radikalen historischen Lösung vereinbar, die das zionistische Bild des »Neuen Juden« verkörperte? Können die Psychoanalyse als psychologisch-kritische Theorie und der Zionismus als Ideologie und Bewusstsein wirklich koexistieren? Wie haben die historische Realität und die neue hebräische Kultur die lokale psychoanalytische Praxis und Ethik mitgeprägt? Können wir heute, abgesehen von der Tatsache, dass die Psychoanalyse in Israel unbestritten eine Blüte erlebt hat, von einer spezifisch israelischen Art der Psychoanalyse sprechen oder zumindest von einer »Interpretationsgemeinschaft«[16] mit einem ausgeprägten analytischen Selbstverständnis? Sind neunzig Jahre Psychoanalyse auf Hebräisch – die in den Kreislauf der Geschichte zurückgeführte Sprache der Bibel – in tiefere Schichten des psychoanalytischen Denkens und der psychoanalytischen Sprache der israelischen Praktiker vorgedrungen?

Das vorliegende Buch soll sowohl historisch als auch kritisch sein, jedoch nicht als »psychohistorisch« verstanden werden.[17] Es geht darum, die Wechselwirkung zwischen Geschichte, Theorie und Erfahrungswelten nachzuzeichnen und in den entsprechenden Kontext zu stellen. Migration, Trennung und Verlust, Kontinuität und Neuanfang in den formativen Jahren der Psychoanalyse sollen näher betrachtet werden, und zwar an einem Ort, der, obwohl weit von Europa entfernt, hauptsächlich vom intellektuellen Vermächtnis, von den Kulturbildern und politischen Debakeln dieses Kontinents geformt wurde. Wenn also die Genese der Psychoanalyse im Wien des Fin de Siècle nicht nur die Genialität seiner jüdischen Gründer, sondern weitgehend auch das moderne europäische Selbstverständnis reflektiert, dann kann die Ankunft der freudianischen Psychoanalyse im Palästina der Mandatszeit, wo sie rasch Eingang in den pädagogischen, literarischen, medizinischen und politischen Diskurs fand und sich zu einer verbreiteten therapeutischen Disziplin entwickelte, als integraler Bestandteil des Ringens der jüdischen Einwanderergesellschaft um Zugehörigkeit angesichts ihrer vielfältigen europäischen Vergangenheiten und ihrer konfliktreichen nahöstlichen Gegenwart gesehen werden.

1. Die Freudianer und der »Neue Mensch« der zionistischen Revolution

»Wir lieben den nackten jungen Menschen, der in seiner Jugend ein Junge bleibt, der die Freuden des Fleisches preist und nicht verabscheut ... Ich sehe einen Mann vor mir, der die Mauern niederreißt, die Generationen zwischen Geist und Fleisch aufgebaut haben, zwischen Vernunft und Trieb. So schaffen wir instinktiv den primitivsten und kultiviertesten Menschen, der seiner Frau, seinen Kameraden, dem See Genezareth und der gesamten Schöpfung treu bleibt.«

Meir Ya'ari, 1921[1]

Sigmund Freuds Selbstverständnis als Jude beschäftigt Historiker der Psychoanalyse bereits seit fast achtzig Jahren. Doch die meisten praktizierenden Analytiker stehen den Motiven, die sich hinter der Frage verbergen, ob und in welcher Weise Freuds Theorien auf seine jüdische Herkunft zurückzuführen sind, sehr misstrauisch gegenüber. Wenn die Theorien des Gründers der Psychoanalyse als wissenschaftlich anerkannt werden, sollte seine religiöse und ethnische Zugehörigkeit für die Psychoanalyse etwa so irrelevant sein wie die Person Einsteins für die Relativitätstheorie, argumentieren sie. Die Vertreter dieser Schule, die »ethnischen Minimalisten«, weisen die These einer inhärenten jüdischen Komponente in der Entwicklung der Psychoanalyse kategorisch zurück. Demgegenüber behaupten die »ethnischen Maximalisten«, Freuds Werk sei das direkte Ergebnis seiner jüdischen Herkunft, und betrachten die Psychoanalyse sogar als »jüdische Wissenschaft«.

Der maximalistisch-ethnische Ansatz hat eine lange und vielfältige Tradition. Zu seinen Anhängern zählen sowohl Gelehrte, die Freuds persönliche Zugehörigkeit als Jude streng von seiner wissenschaftlichen Tätigkeit unterscheiden, als auch solche, die behaupten, sämtliche Schriften Freuds seien von seiner jüdischen Abstammung geprägt. Seit ihrer Einführung ist die Psychoanalyse ständig dem Versuch ausgesetzt, die Gültigkeit von Freuds Lehre auf den Bereich eines angeborenen partikularen »jüdischen Geistes« zu beschränken. Diesem Ansatz zufolge beruhen Freuds Werke auf einem Denken, das sich aus seinem besonderen Kulturvermächtnis ergeben hat und von den sozialen und historischen Umständen geprägt wurde, die die Entwicklung der psychoanalytischen Bewegung begleitet haben.[2]

Die Frage des Zusammenhangs zwischen der jüdischen Kultur beziehungsweise diffuseren Vorstellungen einer jüdischen »spirituellen Essenz« und den Ursprüngen der Psychoanalyse ist nicht nur auf Sigmund Freuds religiöse oder intellektuelle Sozialisation zurückzuführen. Die polemische Tradition, die der psychischen Veranlagung der Juden ein spezifisch jüdisches Element zuordnete, begleitete die europäische Kultur über Jahrhunderte und erreichte ihren Höhepunkt etwa zu der Zeit, als Freud seine Ideen über die menschliche Psyche zu formulieren begann.

In der zweiten Hälfte des 19. Jahrhunderts entwickelte sich die Beschäftigung mit dem jüdischen Körper, dem jüdischen Geist und der jüdischen Sexualität zu einer sehr intensiven medizinischen Debatte. Ärzte und Wissenschaftler sammelten Indizien für spezifisch jüdische Symptome und Krankheiten, sie diskutierten die Gründe der körperlichen und psychischen Besonderheiten, die sie bei ihren jüdischen Patienten und bei jüdischen Teilnehmern wissenschaftlicher Versuche feststellten. Während die einen diese Besonderheiten auf rassische und biologische Gründe zurückführten, verwiesen andere auf externe Ursachen, das heißt auf das soziale Umfeld, die schlechten hygienischen Bedingungen und die mangelhafte Ernährung, die die jüdischen Gemeinden in Osteuropa prägten. Der medizinisch-wissenschaftliche Diskurs über die Eigenart der Juden wurde von traditionellen stereotypen Vorstellungen genährt und schuf seinerseits neue Stereotype, die anschließend zum Teil in die antisemitische Populärkultur eingingen. Andere Stereotype fanden Aufnahme in chauvinistischen und rassistischen Philosophien und Ideologien der Jahrhundertwende, und wiederum andere wurden von jüdischen Ärzten übernommen, die sie ihren jüdischen Patienten weitervermittelten. Die Beteiligung jüdischer Ärzte am Diskurs über die jüdische Eigenart trug dazu bei, dass sich jüdische Patienten leichter selbst mit den meisten dieser stereotypen Vorstellungen identifizieren konnten. Sie erleichterte auch die Aufnahme solcher Stereotype in das zionistische Denken und in die Vorstellungen von nationalem jüdischem Selbstverständnis. Jüdische Ärzte und Gelehrte trugen aktiv zur Stigmatisierung des jüdischen Körpers bei und untermauerten die zugrunde liegenden Mythen mit demografischem und epidemiologischem Datenmaterial.

Jüdische und nichtjüdische Mediziner und Wissenschaftler in den Fachgebieten Innere Medizin, Gynäkologie, Chirurgie, Psychiatrie, Bakteriologie, Anthropologie, Soziologie und Statistik publizierten Studien, die, reich mit Tabellen und Abbildungen versehen, der Katalogisierung und Quantifizierung »jüdischer Pathologien« gewidmet waren. Das dialektische Verhältnis zwischen der Wissenschaft einerseits und Mythen und Ideologie andererseits manifestierte sich bei jedem einzelnen Organ des jüdischen Körpers und jeder jüdischen Eigenart: Der jüdische Plattfuß, die Hakennase, die hohe Stirn, die kurzsichtigen Augen, der krumme Rücken, der nervöse Magen und natürlich der legendäre beschnittene jüdische Penis waren Gegenstand gelehrter Debatten führender Wissenschaftler. So wurde beispielsweise behauptet, Juden seien besonders anfällig für Hämorrhoiden, Kurzsichtigkeit und Diabetes, besäßen aber auch eine natürliche Immunität gegen Infektionskrankheiten wie Pest, Tuberkulose und Cholera, Krankheiten also, deren Verbreitung im Mittelalter den Juden angelastet wurde. Der kränkliche, unvollkommene jüdische Körper, zudem für den Wehrdienst untauglich, verewigte das Image der Juden als »Luftmenschen«, als wurzellose Existenzen, die von ihrer Umgebung leben und kein integraler Bestandteil der europäischen Völkergemeinschaft sein können.

Die jüdische Eigenart und Andersartigkeit war den Juden gleichsam auf den Leib geschrieben. Jeder physiologische oder pathologische Befund wurde als Zeichen für Krankheit und Degeneration oder als Merkmal besonderer Intelligenz und höchster Geistigkeit gewertet. Jüdische Ärzte betonten dagegen die außergewöhnliche Ausdauer und Überlebensfähigkeit des jüdischen Körpers, die sie den als besonders hygienisch gepriesenen religiösen Bräuchen – der Beschneidung, den Speisegesetzen und der koscheren Schlachtmethode, dem Schächten, zuschrieben. Die positiven Stereotype, die dem »Volk des Buches« außergewöhnliche intellektuelle Fähigkeiten zuschrieben, ermutigten die Juden teilweise, die negativen Stereotype der körperlichen Unterlegenheit als Teil ihrer Zugehörigkeit zu akzeptieren. Jüdische Statistiker erklärten, die Juden hätten einen entscheidenden Beitrag zur Menschheitskultur und zur Wissenschaft geleistet, der weit über ihren zahlenmäßigen Anteil an der Bevölkerung hinausgehe, und nannten als Beispiele die jüdischen Lehrtraditionen und die Tatsache, dass die Zahl der jüdischen Studenten an den Hochschulen ihren Anteil an der Gesamtbevölkerung um das Siebenfache überstieg.[3]

Generell waren sich jüdische und nichtjüdische Mediziner, Psychologen und Psychiater darin einig, dass ihre jüdischen Patienten eine besondere Gruppe darstellten. Doch über die Gründe für die psychischen Leiden jüdischer Patienten gingen ihre Meinungen auseinander. Während die Anhänger des fundamental biologischen Ansatzes nach rassischen und biologischen Erklärungen suchten, lehnten die Anhänger der Umweltthese die erbliche Degeneration als Erklärungsmodell ab und schrieben die angeblich typisch jüdischen Psychopathologien Hysterie und Neurasthenie (Nervenschwäche) den sozialen und geschichtlichen Umständen zu. Doch auch die jüdischen Ärzte, die aus ihrer ethnischen und religiösen Perspektive selbstbewusst und explizit über Nervenkrankheiten schrieben und dabei versuchten, die eigene Ethnie zu verteidigen, konnten sich den partikularistischen Konventionen des Rassendiskurses nicht entziehen. Sie versuchten, die potenziellen und tatsächlichen antisemitischen Verwendungen solcher medizinischen Daten abzuwenden oder abzuschwächen. In der Regel wandten sie sich vor dem Ersten Weltkrieg jedoch nicht grundsätzlich gegen vererbungstheoretische Ansätze.[4]

In seinem 1909 erschienenen Werk *Die Geistesstörungen bei den Juden* betonte der Berliner Psychiater Max Sichel die hohe Rate von Depressionen und Suizidfällen bei Juden westlicher Länder. Dieser Befund schien der These, wonach sich die selbstbewussten und fortschrittlichen Juden Westeuropas von den unterdrückten und rückständigen Juden Osteuropas unterschieden, zu widersprechen. Der schweizerisch-jüdische Psychiater Rafael Becker führte jedoch die »Nervosität bei den Juden« auf primitive Lebensbedingungen zurück, die ein Minderwertigkeitsgefühl erzeugten. Der Zionismus, so Becker, sei die »radikale Therapie« gegen die Nervenkrankheiten des jüdischen Volkes.[5]

Die Argumentation von der biologischen auf die soziologische Ebene verlagernd, stellte Sichel eine jüdische Veranlagung zu psychischen Störungen aufgrund der Lebensbedingungen im Ghetto, der Pogrome und anderer Verfolgungen fest, die das Nervensystem der Juden ständiger Belastung aussetzten. Andererseits gab er auch zu bedenken, dass der proportional höhere Anteil von jüdischen Patienten in psychiatrischen Kliniken kein Beweis dafür sei, dass die jüdische Bevölkerung, bezogen auf ihren Anteil an der Gesamtbevölkerung, stärker an psychischen Störungen leide. Die Einweisungsdaten seien auf soziologische Faktoren zurückzuführen, darunter die jüdische Bevölkerungskonzentration in urbanen Gegenden sowie der Umstand, dass sie vermögender und gebildeter seien und dadurch ein höheres Bewusstsein für psychische Störungen entwickelt hätten. Sichel kam zu dem Schluss, dass Rasse und Vererbung bei psychischen Erkrankungen tatsächlich eine Rolle spielten, zu oft werde jedoch auf solche Faktoren hingewiesen, ohne sie zu belegen. Ärzte und Wissenschaftler neigten dazu, Rasse und Biologie als Faktoren zu nennen, wenn sie für bestimmte Phänomene keine Erklärung hätten, schrieb er. Cesare Lombroso, ein italienischer Psychiater jüdischer Abstammung, der sich auf die Analyse anatomischer Merkmale konzentrierte, bezeichnete die jüdische Psychopathologie als unvermeidliche Begleiterscheinung der besonderen schöpferischen Kräfte des jüdischen Geistes, die es den Juden erlaubt hätten, einen besonders großen Beitrag zur europäischen Kultur zu leisten.[6]

Trotz biologistischer Rhetorik war das Degenerationsparadigma nicht so deterministisch, wie es zunächst schien. Demnach konnten Juden den degenerativen Prozess etwa durch einen rechtschaffenen Lebenswandel verlangsamen oder ganz aufhalten. Wer sich also als Jude streng an moralische Grundsätze hielt, einen gesunden, selbstdisziplinierten sowie hygienischen Lebensstil pflegte und auf seine äußere Erscheinung achtete, war seiner Veranlagung nicht zwangsläufig ausgeliefert. Solche Ideale wurden von Hygienegesellschaften und Ligen gegen Prostitution, von Abstinenzbewegungen, Eugenikgesellschaften und Körperkulturvereinen wie etwa Max Nordaus zionistischer Sportvereinigung Makkabi, die »Muskeljuden« hervorbringen wollte, vertreten.[7]

Auf dem Zweiten Zionistenkongress von 1898 in Basel bezeichnete Max Nordau, Nervenarzt und (zusammen mit Theodor Herzl) Mitbegründer des Zionistenverbandes, den Zionismus als politische Medizin für die Erneuerung des Körpers des jungen Juden, der in den 1 800 Jahren der Diaspora zersetzt worden sei. Zionistische Ärzte propagierten die maximalistische Version des soziologischen Ansatzes und der Umweltthese. Einige trafen eine Unterscheidung zwischen hygienisch heruntergekommenen, körperlich degenerierten, von Pogromen gezeichneten Juden aus dem rückständigen osteuropäischen Schtetl und ihren vitalen westlichen Glaubensbrüdern, deren Lebensenergie sie auf den höheren Lebensstandard und die Assimilation in der deutschen Kultur zurückführten. Der Bakteriologe Alexander Marmorek wurde 1903 als Arzt gepriesen, der das zionistische »Gegengift« für die vergiftete jüdische Seele gefunden habe.[8]

Für die zionistischen Ärzte war der Befund der mangelhaften Hygiene im Ghetto nicht der einzige Grund für die jüdischen Pathologien. Sie legten dar, dass die körperlichen Mängel des jüdischen Volkes weder durch Emanzipation noch durch Assimilation zu beheben seien. Arthur Ruppin, der Begründer der jüdischen Soziologie und spätere Mitgestalter der zionistischen Kolonisationspolitik in Palästina, kam gestützt auf biostatistische Daten zu dem Schluss, dass Juden aus höheren Gesellschaftsschichten am meisten unter der modernen Zivilisation leiden würden. So lägen etwa die Rate von Totgeburten und Geburtsfehlern sowie der Anteil der Geburten von geistig behinderten Kindern bei gesellschaftlich bessergestellten jüdischen Frauen höher. Entsprechend zitierte er Daten, die auf eine niedrigere Suizidrate bei orthodoxen osteuropäischen Juden als bei den von Weltschmerz geplagten westeuropäischen Juden hindeuteten. Gerade die Juden, die von Gleichberechtigung und Prosperität im Westen profitierten, seien also von schleichender Degeneration betroffen.

Der wissenschaftliche zionistische Diskurs über den geistigen und körperlichen Zustand der Juden versuchte, den Schwerpunkt der Debatte generell vom jüdischen Körper auf die verderblichen geistigen Einflüsse der nichtjüdischen Umgebung zu verlagern. Während Ruppin »Zion« zunächst vor allem als Bezeichnung für einen metaphysischen Zustand verwendete und nicht als Begriff für eine geografische Einheit, die als möglicher Zufluchtsort für das jüdische Volk in Betracht gezogen werden konnte, wandelte er sich in wenigen Jahren zu einem politischen Zionisten, der sich klar für die jüdische Besiedlung Palästinas als Kur für die Leiden aussprach, die mit den Lebensbedingungen in Zusammenhang gebracht wurden, unter denen die meisten europäischen Juden lebten. Andere vertraten die These, die osteuropäischen Juden seien aufgrund ihrer ursprünglicheren kulturellen und historischen Zugehörigkeit besser für die Aufgabe des nationalen Aufbaus geeignet als ihre assimilierten Glaubensbrüder im Westen.[9]

Dass die Psychoanalyse in diesen modernistischen Strom der Ablösung theologischer Konzepte durch psychologische Konzepte geraten würde, der auch den politischen Zionismus und medizinisch-darwinistische Vorstellungen betraf, war fast unvermeidlich. »Es ist keine Freude, sich mit der Psychoanalyse abzugeben, und ich halte mich von ihr möglichst fern, aber sie ist zumindest so existent wie die Generation. Das Judentum bringt seit jeher seine Leiden und Freuden fast gleichzeitig mit dem zugehörigen Raschi-Kommentar hervor, so auch hier«, schrieb Franz Kafka 1922 in einem Entwurf für einen Brief an Franz Werfel.[10] Man beachte in Kafkas Worten die implizite Verbindung zwischen der psychologischen Theorie und dem theologischen Text. Es ist eine Verbindung, die manche von Freuds zionistischen Lesern – implizit oder explizit – auch herstellten, und die zu einem integralen Bestandteil der Rezeption der Psychoanalyse im Jischuw werden sollte.

Otto Rank, einer der bekanntesten Freud-Schüler, glaubte, die Psychoanalyse könne sich zu einer »jüdischen Wissenschaft« entwickeln. Freud sah in Rank, geboren als Otto Rosenfeld, seinen begabtesten Schüler, bis dieser den Kreis von Freuds Vertrauten 1926 verließ. In einem Aufsatz von 1905 mit dem Titel *Das Wesen des Judentums* unterstrich Rank die bedeutende Rolle der Juden im Kampf gegen die Verdrängung.[11] Die Juden hätten den Kontakt mit den verdrängten ursprünglichen Elementen ihrer Psyche dank ihrer Religion noch nicht verloren, ganz im Gegensatz zu den Nichtjuden, die sofort auf den Zug der Kultur und der Zivilisation aufgesprungen seien. Das Stereotyp der kranken jüdischen Psyche ins Gegenteil verkehrend, behauptete Rank, die Juden zeichneten sich unter den Völkern durch besondere Kenntnisse der radikalen Behandlung von Neurosen aus, sodass es ihre Aufgabe als Psychoanalytiker sei, anderen zu helfen, ihre psychischen Krankheiten zu überwinden.[12]

Genau dies hatte Freud befürchtet: dass seine Schüler die Psychoanalyse zu einem Merkmal der partikularen jüdischen Situation erklärten. Mehrmals legte er dar, dass psychologische Phänomene psychologisch zu deuten seien und dass der Begriff »Degeneration« die Annahme enthalte, es habe einst eine vollkommene Rasse gegeben, deren Nachkommen allmählich degeneriert seien. Solche perfekten Menschen, so Freud, hätten nie existiert, es sei deshalb unzutreffend, die Juden oder sonst jemanden als »degeneriert« zu bezeichnen.[13] Anlässlich seines Aufenthalts in Paris suchte er Max Nordau mit einem Empfehlungsschreiben auf, empfand ihn aber als eitel und dumm.[14]

Freuds frühe Schriften offenbaren einen scharfen Kontrast sowohl zum etablierten Paradigma als auch zu den jüdischen Gegenthesen, und seit den *Studien über Hysterie* (1895) war die explizite Ablehnung des genetischen Ansatzes der Neurose ein ständiges Merkmal seiner Schriften. In einem Brief an Wilhelm Fliess von 1897 erklärte er, er habe es sich zur Aufgabe gemacht, den Faktor der erblichen Veranlagung zu widerlegen, um das Problem der neurotischen Krankheiten zu erhellen.[15] Die unautorisierten kritischen Fußnoten, die er in seine Übersetzung von Jean-Martin Charcots *Leçons du Mardi à la Salpêtrière* einfügte, waren in erster Linie dazu bestimmt, die Vererbungsdoktrin seines vom ihm geschätzten Mentors zu diskreditieren.[16] In späteren Schriften lehnte er das Degenerationsparadigma noch entschiedener ab. Auf den ersten Seiten seiner *Drei Abhandlungen zur Sexualtheorie* schrieb Freud: »Unter solchen Umständen darf man fragen, welchen Nutzen und welchen neuen Inhalt das Urteil ›Degeneration‹ überhaupt noch besitzt.«[17] Indem er sich weigerte, wissenschaftlichen jüdischen Themen nachzugehen, und sich über das Verhältnis seiner Person und seiner Patienten zum Judentum ausschwieg, entfernte er sich von den Begriffskategorien anderer jüdischer Ärzte genauso radikal wie vom dominanten Paradigma der Nervenkrankheiten.[18]

Freuds Antwort auf die wiederkehrende Frage der Beziehung zwischen seinen jüdischen Wurzeln und seiner Lehre war konsequent und unmissverständlich. Sein Selbstverständnis als Psychoanalytiker habe nichts zu tun mit seiner persönlichen und ethnischen Zugehörigkeit. Die einzige Eigenschaft, die er mit seiner jüdischen Abstammung verband, war seine Bereitschaft, »in der Opposition zu stehen und von der ›kompakten Mehrheit‹ in Bann getan zu werden«.[19] Nicht ihre rassische Beschaffenheit, sondern ihr historisches Schicksal machte die Juden für Freud zu natürlichen Partnern des Projekts der universalen Psychoanalyse – eines Projekts, das von seinen Anhängern freies Denken, den Willen, für die eigenen Ansichten einzustehen, und unerbittliches Streben nach der Wahrheit verlangte. Seiner Ansicht nach konnten Juden die radikal subversive und innovative Beschaffenheit der universalen Theorie leichter akzeptieren und sich deshalb auch leichter seiner Bewegung anschließen. Sie besäßen »altjüdische Zähigkeit« und seien nicht irregeleitet von rassischen Überzeugungen und mythisch-atavistischen Vorurteilen, die

Nichtjuden den Zugang zu seiner Botschaft erschwerten. Freud räumte ein, eine »Rassenvorliebe« für Juden zu haben. So fühlte er sich etwa von Karl Abraham aufgrund der »Rassenverwandtschaft« angezogen. Die Psychoanalyse täte jedoch gut daran, sich nicht als »jüdisch-nationale Angelegenheit« identifizieren zu lassen, warnte er seinen besten Schüler in Berlin.[20]

Freuds Haltung zur jüdischen Ethnizität war also in gewisser Hinsicht ambivalent. Er ging bei der Verschweigung der jüdischen Ethnizität seiner Patienten sogar so weit, dass er spezifisch jüdische Erfahrungen und Lebensumstände, die Aufschluss über den Verlauf der Analyse hätten geben können, aus den klinischen Berichten dieser Patienten entfernte.[21] Doch wenn es um persönliche Freunde, bevorzugte Studenten oder um die Auswirkung des ethnischen Faktors auf die Fähigkeit der Verarbeitung und Verinnerlichung seiner Lehre ging, war Freuds Präferenz offensichtlich. Aus Anlass des Todes von David Eder schrieb er 1936: »Wir waren beide Juden und wussten von einander, dass wir jene rätselhafte Sache in uns hatten, die – bis jetzt der Analyse unzugänglich – den Juden ausmacht.«[22]

Die erste Begegnung mit Max Eitingon

Im Alter von 26 Jahren kam Max Eitingon 1907 nach Wien und wohnte als erster ausländischer Gast zwei Zusammenkünften eines Schülerkreises von Freud, der Psychologischen Mittwochsgesellschaft, bei. Die Protokolle dieser Zusammenkünfte geben Aufschluss über einen bemerkenswerten Dialog zwischen dem jungen Psychiater und dem Gründer der Psychoanalyse, der Eitingons Mentor und Idol werden sollte. Der Pelzhändlersohn fragte, ob Juden besonders anfällig für Neurosen seien und ob bei der Entwicklung von Neurosen neben der sexuellen Ätiologie nicht auch ein »sozialer Faktor« zu berücksichtigen sei. Dabei hatte er Gelegenheit, sich von Freuds Entschlossenheit zu überzeugen, die Psychoanalyse nicht zu einem Teil des rassischen Diskurses über die psychischen Sondermerkmale der Juden verkommen zu lassen, der damals unter europäischen Psychiatern stattfand. Freud entgegnete, Eitingons Frage zeige die Neigung der Schweizer Kollegen, die sexuelle Ätiologie der Neurosen abzulehnen.[23]

1881 im weißrussischen Mogiljow geboren, zog Eitingon im Alter von zwölf Jahren mit seiner Familie nach Leipzig. Sein Vater Chaim Eitingon, der in den späten 1920er Jahren als »Rothschild von Leipzig« bekannt wurde, führte ein sehr erfolgreiches Pelzgeschäft am Leipziger Brühl mit Zweigstellen in New York, Paris, Stockholm und Moskau. Chaims Neffe Motty, der den amerikanischen Zweig des Geschäfts leitete, trug wesentlich zum weiteren sozialen Aufstieg der Familie Eitingon bei. Die erfolgreichen Händler wurden bald zu international bekannten Finanzmagnaten und Philanthropen. Obwohl Max Eitingon wegen eines Sprachfehlers das Gymnasium nicht abschließen konnte, beherrschte er bald sieben Sprachen und begann sich für Philosophie, Literatur und Kunst zu interessieren. In einem gebildeten Elternhaus aufgewachsen, entwickelte er Interesse für bildende Kunst, und die reichlich vorhandenen Mittel ermöglichten es ihm, diesen Neigungen ausgiebig nachzugehen. Er studierte zunächst ein Jahr Geschichte, Physik, anorganische Chemie, Zoologie, Kulturphilosophie, Germanistik und Kunstwissenschaften an der Universität Leipzig und später Medizin an den Universitäten Heidelberg, Marburg und Zürich, wo er promovierte und bis 1908 als Assistenzarzt in der Psychiatrieklinik Burghölzli unter Eugen Bleuler, Carl Gustav Jung und Karl Abraham arbeitete.[24]

Von seinen Kollegen in der Burghölzli-Klinik erhielt er den wenig schmeichelhaften Beinamen Oblomow nach dem Protagonisten in Iwan Gontscharows klassischem Roman: Oblomow war ein typischer russischer Aristokrat – gutmütig, aber träge und unfähig, Verantwortung zu übernehmen. Eitingon war von den analytischen Studien Freuds und dessen Schule begeistert und beschloss, sich persönlich an Freud zu wenden und ihn zu fragen, ob er bereit wäre, eine Freundin Eitingons, eine junge russische Philosophiestudentin, als Patientin aufzunehmen, die seiner Meinung nach an Hysterie litt. Er versicherte Freud, dass die materielle Situation der jungen Frau nicht gegen einen längeren Aufenthalt in Wien spreche und er beabsichtige, die Frau zu begleiten.[25] Die ethnischen und sozialen Sensibilitäten mögen Eitingons Blick auf den radikalen Kern von Freuds Sexualitätstheorie damals verstellt haben. Doch unabhängig davon, ob das der Grund für Eitingons Vorbehalte gewesen war, veranschaulichen seine späteren Tätigkeiten in der psychoanalytischen Bewegung und die persönlichen Entscheidungen, die er in seinem späteren Leben traf, dass ihn die jüdische Zugehörigkeit und die Frage der sozialen Gerechtigkeit besonders beschäftigten.

Freud fand auf Anhieb Gefallen an Eitingon. Die beiden spazierten durch die Gassen Wiens und die Alleen von Florenz, und Jung registrierte mit Neid, wie sich zwischen ihnen eine enge Freundschaft entspann. Jung schrieb Freud prompt einen Brief, um ihm seine Meinung über Eitingon mitzuteilen:

»Ich halte Eitingon für einen absolut kraftlosen Schwätzer – kaum ist dieses lieblose Urteil heraus, so fällt mir ein, dass ich ihn um die rückhaltslose Abreagierung der polygamen Instinkte beneide. Ich ziehe ›kraftlos‹ als kompromittierend zurück. Etwas Tüchtiges wird er gewiss nie leisten, vielleicht wird er Duma-Abgeordneter.«[26]

Mit charakteristischer Selbstironie versuchte Freud Jungs Eifersucht zu besänftigen:

»Er [Eitingon] scheint sich wieder mit irgendeinem Frauenzimmer versehen zu haben. Diese Praxis hält von der Theorie ab. Wenn ich meine Libido (im gewöhnlichen Sinne) ganz überwunden haben werde, mache ich mich an ein ›Liebesleben der Menschen‹.«[27]

Freud versuchte seine Beziehung zu Eitingon dessen klinischen und intellektuellen Fähigkeiten anzupassen und beauftragte ihn, über den Fall Anna O. (Bertha Pappenheim), die junge jüdische Frau, die 1880 bis 1882 von Josef Breuer behandelt wurde, zu berichten. Als Freud Eitingon diese Aufgabe anvertraute, galt Anna O. bereits als die »Urpatientin« der Psychoanalyse. Eitingon nahm die Herausforderung entschlossen an und verfasste eine gelehrte und kritische Betrachtung von Breuers Diagnose und Behandlung vor dem Hintergrund zeitgenössischer psychoanalytischer Erkenntnisse. Freud muss sehr zufrieden festgestellt haben, wie rasch Eitingon den neuen analytischen Ansatz verinnerlicht hatte, wonach der Sexualtrieb und nicht der ethnische Faktor als Ursache für neurotische Störungen in den Mittelpunkt zu stellen sei. Hätte Breuer 1880 die symbolische Bedeutung gekannt, die die moderne Psychoanalyse der Schlange zuordnete, hätte er der jungen Frau helfen können, sich von den leidvollen Halluzinationen, die sie während ihrer Behandlung verfolgten – schwarze Schlangen, die von der Wand her auf sie zukamen – zu befreien. Diese Fantasie sei, so Max Eitingon, eine Inzestfantasie, genauer: eine »Koitusphantasie«, die von der Patientin verdrängt und schließlich auf Breuer übertragen wurde. Ferner wagte Eitingon zu bezweifeln, dass Anna O. keine sexuellen Fantasien gehabt habe, als Breuer sie hypnotisierte.[28]

Möglicherweise waren es genau die von Jung am meisten verachteten Eigenschaften Eitingons, die Freud besonders sympathisch waren: Neben den geschärften »polygamen Instinkten« dürften auch der Reichtum, der luxuriöse Lebensstil und die überragende Großherzigkeit dieses russischen Immigrantensohns eine empfindliche Seite in der Seele des Meisters berührt haben, der selbst ambitionierter Sohn mährischer Einwanderer war und den größten Teil seines Lebens an materieller Not und Hypochondrie gelitten hatte. Eitingon könnte in Freuds Augen genau die Art von ausgeprägter heterosexueller Männlichkeit verkörpert haben, mit der der Nichtjude Jung von Natur aus gesegnet war und nach der sich Freud selbst so sehr sehnte, nämlich nach einer leidenschaftlichen, potenten Männlichkeit, frei von neurotischen Schranken. Die Tatsache, dass der Schürzenjäger Eitingon eine Zeit lang Freuds bevorzugter Mann für seine Tochter Anna war und dass Eitingon zum einzigen »wahren Zionisten« unter Freuds engsten Schülern ausersehen war, ist zumindest als weiteres Glied in der verschlungenen Indizienkette über das Vorhandensein eines gemeinsamen ethnischen und geschlechtsspezifischen jüdisch-maskulinen Codes zu werten, der beiden psychotherapeutischen Projekten gemein war, die Wien im Fin de Siècle hervorbrachte: der Psychoanalyse und dem Zionismus.[29]

1909 unterrichtete Freud seinen ungarischen Schüler Sándor Ferenczi über seine Absicht, Eitingon »ambulant« zu einem Analytiker auszubilden.[30] Während eines Monats begleitete Eitingon Freud zweimal pro Woche auf Nachtspaziergängen durch Wien. Das war die erste Lehranalyse in der Geschichte der Bewegung. Ab 1919 nahm Eitingon in der psychoanalytischen Bewegung mehrere wichtige administrative Aufgaben und Funktionen wahr. Er amtierte unter anderem als Komiteemitglied, als Mitbegründer und Leiter der Berliner Poliklinik und des Berliner Psychoanalytischen Instituts, als Vorsitzender des internationalen Ausbildungskomitees, als Sekretär der Internationalen Psychoanalytischen Vereinigung (IPV) und dann sieben Jahre als deren Präsident, als enger Berater und Vertrauter Freuds bei der Finanzierung und beim Aufbau des Internationalen Psychoanalytischen Verlags sowie als Chefredakteur des Organs der psychoanalytischen Bewegung, der *Internationalen Zeitschrift für Psychoanalyse.*

Im Verlauf von dreißig Jahren tauschten Freud und Eitingon mehr als 800 Briefe aus, einige davon zu klinisch-theoretischen Themen, doch die Mehrzahl betraf interne Fragen der psychoanalytischen Bewegung. Ihre private Korrespondenz ist auch wegen der häufigen Verwendung hebräischer und jiddischer Wörter bemerkenswert, die Freud in seiner formellen Korrespondenz mied und ausschließlich auf private Briefe beschränkte. Als Freud Eitingon über seine Pläne berichtete, sich bei einem jüdischen Zahnarzt in Behandlung zu begeben, machte er folgende Bemerkung: »Nach so vielen Jahren goiischer [nichtjüdischer] schwerfälliger Gründlichkeit setzt man gern Hoffnung auf den jüdischen ›Sechel‹ [Intelligenz, Genius].«[31]

Der Rationalist aus Odessa und der Zauberer aus Wien

Angesichts von Theodor Herzls gewaltiger Beliebtheit in seinen letzten Lebensjahren ist davon auszugehen, dass eine wohlwollende Rezension von Freuds *Traumdeutung* durch den Anführer der zionistischen Bewegung ein deutlicher Impuls für die Verbreitung des Werks gewesen wäre. Hätte Herzl Freuds Werk gelesen und bemerkt, dass einer der darin analysierten Träume

Reflexionen zu Herzls Drama *Das neue Ghetto* enthält, hätte er auf die Bitte, die Freud an ihn und an Max Nordau, selbst Neurologe, gerichtet hatte, eine Rezension in der damals bedeutenden Wiener Tageszeitung *Neue Freie Presse* zu veröffentlichen, vermutlich anders reagiert. Die Korrespondenz zwischen dem Begründer der Psychoanalyse und dem Vordenker des jüdischen Staates, der einige Häuser weiter in derselben Straße wohnte, beschränkt sich auf wenige Zeilen und scheint gegen jeden Versuch gefeit, diesem Kontakt eine historische oder analytische Bedeutung zu geben. Herzl lehnte Freuds Bitte freundlich ab.[32]

Freud beklagte sich wiederholt darüber, dass sein Werk über die Traumdeutung, das erstmals 1899 erschienen war, in medizinischen Kreisen nicht die Anerkennung gefunden hatte, die es seiner Meinung nach verdiente. Andererseits konnte er sich mit der Tatsache trösten, dass das Interesse an der Psychoanalyse dank der *Traumdeutung* rasch über die akademischen Kreise hinauswuchs. Künstler, Literaturwissenschaftler, Ethnologen, Historiker und sogar Juristen wurden in ihren Bann gezogen. Sie alle wurden von der Traumdeutungssucht erfasst, die die erste Generation der Psychoanalytiker befallen hatte.[33] Bibel- und Kabbalagelehrte gehörten zu den Ersten, die auf Freuds Erkenntnisse reagierten und seine Theorie als Ausdruck der jüdischen Zugehörigkeit werteten.

Von dem Moment an, als dieses Werk erschien, wurden Freud und seine Nachfolger von der Frage nach den jüdischen Ursprüngen der Psychoanalyse verfolgt. Alter Druyanov, Folklorist, Historiker, Zionist und Verfasser des hebräischen Werks *Sefer ha-Bediha ve-ha-Hidud* (Buch des Witzes und des Scharfsinns), wies Freud in einem Brief aus Odessa auf die Ähnlichkeit seiner innovativen Traumtheorie mit den Trauminterpretationen in der talmudischen und kabbalistischen Literatur hin. Freud war jedoch anderer Meinung: »Auf die Äußerungen des Talmud über die Traumprobleme bin ich wiederholt aufmerksam gemacht worden. Ich muss aber sagen, dass die Annäherung an das Verständnis des Traumes bei den alten Griechen eine weit auffälligere ist«, entgegnete er Druyanov und signalisierte damit klar, dass er die Universalität der ethnischen, jüdischen Partikularität vorzog.[34]

Wie sein Zeitgenosse Saul Tschernichowski, der in seinem 1899 – im selben Jahr wie *Die Traumdeutung* – veröffentlichten hebräischen Gedicht *Le-nochach Pessel Appollo* (Im Angesicht der Appollostatue) die Bestrebung zum Ausdruck brachte, nicht nur am jüdischen, sondern auch am griechischen Kulturerbe teilzuhaben, blickte Freud auf der Suche nach den Ursprüngen der Menschheitskultur im Allgemeinen und der kindlichen Sexualität im Besonderen auf die griechische Antike. Die hebräische Tradition mit ihrer interpretativen Betonung von Wort und Text und die griechische

Philosophietradition des *Logos* prägten seine Schriften. Seine Auslegungen waren zugleich jüdisch und griechisch, exegetisch und wissenschaftlich-rational.[35] Doch nicht Jerusalem, sondern Athen und Rom inspirierten Freuds phantasmagorische Welt. Vor allem ihnen galt seine Bewunderung. Sein Arbeitszimmer und sein Schreibpult waren mit Hunderten von Tonfiguren, Statuetten und Statuen aus dem antiken Griechenland, aus Rom und vor allem aus Ägypten verstellt, in die er beträchtliche Mittel investierte. Er nannte sie »meine alten und dreckigen Götter«.[36]

Neben Alter Druyanov zeigten weitere Mitglieder des Literatenkreises von Odessa Engagement für die Wiedereinführung des Hebräischen als Literatursprache sowie Interesse an der psychoanalytischen Theorie. Auch Aḥad Ha'am alias Ascher Ginsberg, Rationalist und Gründer der spirituell-elitären Strömung des Zionismus, pries Freud. Dass er ihn einmal sarkastisch »Wiener Zauberer« nannte, hinderte ihn nicht daran, Freud mit seiner kranken Tochter Leah aufzusuchen.[37] Aufgrund ihres labilen psychischen Zustandes war sie 1909 in ein Sanatorium bei Berlin eingewiesen worden.[38] Als sie einer psychoanalytischen Behandlung zustimmte, wurde sie zusammen mit ihrem Ehemann von Eitingon, der mit ihrem Vater bekannt war, an Freud vermittelt.[39] Das Paar wohnte damals in Haifa bei Aḥad Ha'ams Schwester, die Ärztin war. Sie unterstützte Leahs Beschluss, sich bei Freud in Behandlung zu begeben:

> »Ich glaube, er [Freud] wird einen sehr guten Einfluss auf sie haben, denn ihre Krankheit ist eine der Krankheiten, die er heilt. Er ordnet sämtliche hysterischen Erscheinungen der Sexualität zu, und das ist bei Leah tatsächlich der Fall. Aus irgendwelchen Gründen hat sie kein normales Sexualleben, und soweit ich ihren Worten entnehmen konnte, ist die Ursache rein moralisch.«[40]

Freud empfahl Leah an Eitingon weiter, doch »wie russische Patienten, die keine Autorität akzeptieren«, wie sich Eitingon ausdrückte, ignorierte Leah die Empfehlung und entschied sich schließlich für einen anderen Therapeuten aus Berlin.[41] Die Korrespondenz über Aḥad Ha'ams Tochter, die bei Freud in Behandlung gehen wollte, als er in ganz Europa noch weniger als fünfzig Schüler hatte, zeigt, wie rasch die Psychoanalyse damals an Akzeptanz gewann. Russisch-jüdische Intellektuelle spielten dabei eine Schlüsselrolle. Aḥad Ha'am, der selbst an Depressionsschüben litt, wurde in den späten 1920er Jahren in ein Berliner Sanatorium eingewiesen. Dort besuchte ihn Anna (Anyota) Smiliansky, die Hausärztin des Berliner Psychoanalytischen Instituts und Schwester seines guten Freundes, des seit der Ersten Alija in Palästina niedergelassenen Schriftstellers und Bauern Moshe Smil[i]ansky.[42]

Während die Familie Ginsberg weiter über die Frage diskutierte, ob die an Hysterie leidende Leah zur psychoanalytischen Behandlung von Haifa nach Europa zurückzuschicken sei, machte sich die Hysteriepatientin Bertha Pappenheim (Anna O.) bereits einen Namen im Jischuw. Inzwischen als feministische Pionierin und als Gründerin des Jüdischen Frauenbundes in Deutschland bekannt geworden, stattete sie Palästina als Sozialarbeiterin im Rahmen einer Kampagne gegen Frauenhandel und Prostitution einen Besuch ab, worüber die hebräische Presse ausführlich berichtete. Pappenheim war in ihrem Erwachsenenleben keine Anhängerin der Psychoanalyse. Mit den Worten »Nein, niemals, solange ich lebe« soll sie auf den Vorschlag reagiert haben, eines der von ihr betreuten Mädchen in psychoanalytische Behandlung zu geben.[43]

Die Wandlung von Anna O. zur Feministin Bertha Pappenheim bildete eine fruchtbare Grundlage für psychoanalytische und feministische Interpretationen. So wurde beispielsweise behauptet, dass ihr feministischer Aktivismus ein öffentliches Ventil der unbewussten Bestrebungen sei, die sich hinter ihrer Hysterie verbargen. Andere stellten ihr psychisches Leiden als Symptom einer allgemeinen Krankheit dar, an der die Frauen des Mittelstandes, besonders jüdische Frauen, in der von Männern dominierten europäischen Gesellschaft gelitten hätten. Dass sich ihre Krankheit auf wenige verallgemeinernde psychologische und soziologische Befunde reduzieren lässt, darf jedoch bezweifelt werden. Ohnmacht (ob als Hysterie oder als Neurasthenie zum Ausdruck gebracht) war in der jüdischen Gesellschaft um 1900 ein Zustand, der Männer und Frauen gleichermaßen betraf. Während die Maskulinität bei den jüdischen Männern erodierte, durchliefen die jüdischen Frauen einen umgekehrten Prozess und gewannen den Ruf findiger Hausherrinnen, die zumindest in diesem Bereich einen hegemonialen Status erlangen konnten. Das Zusammentreffen von Josef Breuer und Anna O. war, wie das von Freud und Dora (Ida Bauer), der zweitberühmtesten Patientin der Psychoanalyse, durch traditionelle patriarchale Unterdrückungs- und Verschweigungsmechanismen geprägt. Doch aus historischer Perspektive können die Begegnungen als Wendepunkt bezeichnet werden, der etwas Neues, Kommunikatives und Subversives, von der Geschlechterrollenverteilung in der jüdischen Gesellschaft Abweichendes barg und zur Änderung der Stellung der Frau in der westlichen Gesellschaft beitrug.[44] Laut ihrer Biografin würde nichts in der Biografie Bertha Pappenheims vermuten lassen, dass sie in irgendeiner Weise mit dem »Frl. Anna O.« in Verbindung stand.[45] Bei ihrem Besuch als Sozialarbeiterin in Palästina sprach Bertha Pappenheim im vollen Auditorium in Jaffa. Ihre Rede hinterließ einen tiefen Eindruck und veranlasste vor allem Arbeiterkreise im Jischuw, sich ihrer Behauptung hinsichtlich des direkten Zusammenhangs zwischen Prostitution und sozialer Unterdrückung der Frau anzuschließen.[46]

Das Sexualleben von Schaffnern: Psychoanalyse im revolutionären Russland

Bereits vor der Aufnahme psychoanalytischer Konzepte in das ideologische Repertoire der Anführer zionistischer Jugendbewegungen konnten Freuds Anhänger mehrmals beobachten, wie Revolutionäre und idealistische Reformer die Psychoanalyse manipulierten und für ihre Zwecke vereinnahmten. Der Umstand, dass Eitingon seinen russischen Freund Ha'am an Freud weiterempfahl, der Fall des russischen Aristokraten Sergei Pankejeff (der »Wolfsmann«) und auch Aḥad Ha'ams Besuch in der Berggasse 19 zusammen mit seiner Tochter kamen nicht von ungefähr. Die Psychoanalyse genoss bei den deutschsprachigen Russen, die zur damaligen Zeit an deutschen und schweizerischen Universitäten studierten, ein besonders hohes Ansehen. Freuds Ideen weckten das Interesse russischer Intellektueller wie auch amerikanischer Ärzte, lange bevor die deutsche Akademie sie ernst zu nehmen begann. So wie die Deutschen Kant, Hegel und Nietzsche die russische Intelligenzija sehr stark beeinflussten, wurden auch Freuds Theorien von russischen Psychiatern mit großem Enthusiasmus aufgenommen, was teilweise direkt auf ihren deutschsprachigen Hintergrund zurückzuführen war. Die Bedeutung der russischen Rezeption der Psychoanalyse für das Verständnis ihrer Akzeptanz im Jischuw liegt im großen Anteil russischer Juden an der jüdischen Einwanderung in Palästina im frühen 20. Jahrhundert begründet. Zudem liefert sie einen breiteren Kontext für das Verständnis der ideologischen und kulturellen Debatte der Ideen der Psychoanalyse im Jischuw.

Zwei Einwanderungswellen, die erste zwischen 1905 und 1914 (die Zweite Alija) und die zweite zwischen 1918 und 1923 (Dritte Alija), legten das ideologische Fundament der jüdischen Einwanderergesellschaft in Palästina unter britischem Mandat (1918–1948). Eine der Haupterrungenschaften dieser Einwanderer, deren Anschauungen in mehrfacher Hinsicht jene der russischen Intelligenzija reflektierten, war die Umsetzung utopisch-egalitärer Ideen und osteuropäischer sozialistischer Mythen in konkrete zionistische Programme. Zu den ersten Versuchen, freudianische Konzepte in das Leitbild des sozialistischen »Neuen Menschen« zu übertragen, kam es in Russland nach der gescheiterten Revolution von 1905. Die revolutionären Impulse, die von ihrer Einführung ausgingen, sowie die neuen Möglichkeiten, die sie beim Kulturstudium und bei der Behandlung psychisch Kranker eröffnete, machten die psychoanalytische Theorie für junge Kommunisten attraktiv, in deren Begriffswelt Platz für den Ausdruck »Seele« als unabhängige, nicht an Klasse oder Nationalität gebundene Kategorie war. Manche von ihnen glaubten, dass die Psychoanalyse in der Lage sei, die Opfer der Repressionsmechanismen der bürgerlichen Gesellschaft von ihren vergangenheitszentrierten Ängsten zu befreien. Selbst nach der Oktoberrevolution, solange sich die Analogie zwischen den individuellen Verdrängungsmechanismen und jenen der bürgerlichen Gesellschaft aufrechterhalten ließ, formten Revolutionäre wie Trotzki und Joffe die Psychoanalyse zu einem wissenschaftlich-ideologischen Parteiinstrument, um die »neue Wissenschaft der Seele« mit pawlowscher Physiologie zu vereinbaren.

Das Russische Psychoanalytische Institut, das 1922/23 rund dreißig Mitglieder zählte, stellte damals etwa ein Achtel aller Mitglieder der IPV. Der sowjetische Staat unterstützte die Arbeit der Analytiker, und ein experimentelles, nach psychoanalytischen Grundsätzen geführtes Heim für Kleinkinder, zu dessen Schülern auch eines von Stalins Kindern zählte, wurde vom Staat finanziert.[47]

Freud verfolgte die Entwicklung der Psychoanalyse in Russland aufmerksam, aber mit gewohntem Misstrauen. In seiner Polemik *Zur Geschichte der psychoanalytischen Bewegung* schrieb er: »Die Beiträge russischer Ärzte sind derzeit unbeträchtlich zu nennen. Nur Odessa besitzt in der Person von M. Wulff einen geschulten Analytiker.«[48]

Moshe Wulff (1878–1971), 1911 als Mitglied in die Wiener Psychoanalytische Vereinigung (die Nachfolgeorganisation der Psychologischen Mittwochsgesellschaft) aufgenommen, war weder der erste noch der berühmteste russische Psychiater, der in den Jahren vor dem Ersten Weltkrieg die Zusammenarbeit mit Freud suchte, doch er war der begabteste und seriöseste von ihnen. Als Freud die Behandlung des »Wolfsmannes« begann, bot ihm Wulff, der zuvor den Vater des »Wolfsmannes« behandelt hatte, Hilfe an.[49] Wulffs klinische Arbeiten waren im russischen analytischen Diskurs, der sich hauptsächlich mit sozialen und pädagogischen Fragen beschäftigte, eine Ausnahmeerscheinung. Als Einziger unter den russischen Analytikern war er an der klinischen Anwendung der Psychoanalyse interessiert und gewann so rasch das Vertrauen Freuds und des Geheimen Komitees.

Aufgrund der großen Beliebtheit des Freudianismus in revolutionären Kreisen spielten die russischen Analytiker eine führende Rolle in der politischen Debatte über die marxistische Psychologie im Allgemeinen und die marxistische Sexualforschung im Besonderen. Für die bolschewistische Presse der frühen 1920er Jahre war die Psychoanalyse eine Waffe, die sich im Kampf gegen Russlands bürgerliche Vergangenheit verwenden ließ. Andererseits war das Konzept des Unbewussten den Bolschewiken suspekt. Zwischen den marxistischen Mechanisten und Dialektikern entbrannte ein philosophischer Konflikt. Während Erstere die gesellschaftlichen Institutionen als unvorhersehbares Zufallsprodukt aufeinandertreffender Kräfte betrachteten, vertraten Letztere die Ansicht, dass es sich bei diesen Strukturen um gewollte menschliche Schöpfungen handelte. Im Bereich der Lebens- und Naturwissenschaften vertraten die Mechanisten klar deterministische Anschauungen, wonach der Mensch ausschließlich das Produkt der Gesamtheit auf ihn einwirkender biologischer und genetischer Faktoren sei. Aus diesem Standpunkt folgt, dass Individuen für ihr Handeln und für ihre Triebe nicht verantwortlich gemacht werden können. Iwan Pawlows physiologische Studien und sein Konzept des bedingten Reflexes wurden von den Mechanisten und später von ihren Nachfolgern im Westen, den behavioristischen Psychologen, übernommen. Die Dialektiker sprachen dagegen von revolutionären Brüchen, an denen es zu plötzlichen radikalen Wendungen der Geschichte und der gesellschaftlichen Struktur kommt. Die Debatte zwischen diesen beiden Lagern war nicht nur theoretischer Art, wobei jeder Standpunkt dem Menschen bestimmte revolutionäre Ansichten und Verhaltensweisen zuordnete, sie wirkte sich auch auf die Sozial- und Lebenswissenschaften aus.

Eine grundlegende Annahme, auf der das Konzept des Sowjetmenschen beruhte, geht von der Form- und Veränderbarkeit des menschlichen Organismus aus. Eine zentrale Frage, die die marxistischen Psychologen und Sexualforscher beschäftigte, betraf den relativen Einfluss biologischer und gesellschaftlicher Faktoren auf solche Änderungen. Parteipolitisch behielten die Dialektiker nur bis Ende der 1920er Jahre die Oberhand. Ihr Ansatz, der das menschliche Verhalten sowohl auf biologische als auch auf gesellschaftliche Faktoren zurückführte, setzte sich jedoch durch, bis diese »Zwei-Faktoren-Theorie« 1936 in einer Parteierklärung offiziell verurteilt wurde. Das Individuum – erst wenige Jahre zuvor vom Umweltdeterminismus und von biologisch-deterministischen Faktoren befreit – war endgültig der herrschenden Ideologie unterworfen. Der Weg zum freien Willen des Individuums führte sowjetischen Ideologen zufolge nun über die Harmonie zwischen individuellen Bedürfnissen und gesellschaftlichen Interessen. Begierde, Persönlichkeit und Bewusstsein erhielten gegenüber ihren subversiven unbewussten Pendants Priorität. Bolschewistische Denker diskutierten die Frage, wie die sexuellen Ressourcen des Proletariats kontrolliert und für kollektive Zwecke der Arbeiterklasse genutzt werden könnten. Schwankend zwischen Befürwortung sexueller Abstinenz und Verurteilung des – das Individuum bei der Erfüllung der Aufgabe des gesellschaftlichen Aufbaus störenden – Sexualtriebs einerseits und der Forderung nach restloser Beseitigung sämtlicher bürgerlichen Beschränkungen der sexuellen Freiheit andererseits beraubten die sowjetischen Sexualforscher, Psychologen und Freudianer die Seele aller deterministischen und unbewussten Elemente.[50]

Moshe Wulff, ein Mitbegründer der Russischen Psychoanalytischen Vereinigung, veröffentlichte Beobachtungen über das Sexualleben von Busfahrern und Straßenbahnschaffnern in Moskau. Diese Forschungsarbeit, die Wulff vor seiner Emigration nach Berlin durchführte, veranschaulicht einige Charakteristiken der marxistischen Dialektik. In einem anderen Artikel, *Widerstand des Ichideals und Realitätsanpassung*, legte Wulff dar, dass das Aufkommen der Psychoanalyse Ausdruck der Kulturkrise sei, mit der sich die Menschheit angesichts des zunehmenden Einflusses des Ödipuskomplexes konfrontiert sehe:

»So wird uns verständlich, warum gerade im gegenwärtigen Moment der historischen Entwicklung der Menschheit die Psychoanalyse erschienen ist, daß ihr Entstehen eine historische Notwendigkeit in unserer ganzen sozialen und kulturellen Entwicklung war. Und zugleich wird uns die große soziale und kulturfördernde Bedeutung der Psychoanalyse verständlich. Indem die Psychoanalyse den Ödipuskomplex in allen seinen Erscheinungsformen in seiner ganzen Bedeutung aufdeckt und von seiner Übermacht zu befreien sucht, führt sie die Menschheit zur geistigen Befreiung, zum Fortschritt und übt eine hohe kulturelle Mission aus.«[51]

Eine ähnliche Anschauung, nämlich dass der Ödipuskomplex eine Folge der gesellschaftlichen Unterdrückung der individuellen Triebe sei, vertraten die Gestalter der zionistischen Version kollektiver Erziehung. Moshe Wulff gehörte auch zu diesem Kontext. Noch bevor er Berlin in Richtung Palästina verließ, hatte er sich unter den Pädagogen der Arbeiterbewegung des Jischuw und in den zionistischen Landwirtschaftssiedlungen Palästinas bereits einen Namen gemacht. Dreißig Jahre später, im Tel Aviv der 1950er Jahre, kam Wulff erneut auf die wechselseitige Beziehung zwischen der Psyche des Individuums und der Gesellschaft zurück. In seinem Aufsatz *Revolution and Drive* schlug er ein weniger utopisches, nüchterneres analytisches Modell der Beziehung zwischen inneren psychischen Prozessen und sozialer Unruhe vor. Dieses Mal stand der Todeswunsch im Mittelpunkt, dessen klinisch-konzeptuelle Bedeutung nur wenige Freudianer jener Zeit erkannten. Der reduktionistische marxistische Ansatz, so Wulff, betrachte die Revolution als Ausdruck der Unzufriedenheit und materiellen Ausbeutung der unterdrückten Arbeiterklasse. Das Vorhandensein gegensätzlicher Triebe im menschlichen Geist – der Sexualtrieb und der Zerstörungs- und Aggressionstrieb – würden nicht berücksichtigt. Die sexuelle Anarchie und der direkte Angriff auf die bürgerliche Familie würden zerstörerische Kräfte entfalten, die eine Bedrohung für die gesellschaftliche Existenz des Menschen darstellen.[52]

Postrevolutionärer bolschewistischer Anschauung zufolge bestand die Vergangenheit, verkörpert durch die gestürzte Gesellschaft, aus einem System von ökonomischen und moralischen Werten, die es vollständig zu beseitigen galt. Freud stellte die Vergangenheit hingegen in den Mittelpunkt seiner Theorie: Sie sei zu vergegenwärtigen und aufzuarbeiten, nicht zu tilgen. Zudem konzentrierte sich Freuds Konzept der Verdrängung auf allgemeine psychische Konflikte, deren Ursprung in der kindlichen Sexualität zu finden war, während nach bolschewistischer Anschauung die menschlichen Konflikte grundsätzlich externen Ursprungs und direkt vom Klassenkampf verursacht waren. Im politischen Kontext kritisierte Lenin die bürgerliche Natur der Psychoanalyse, und in Psychologenkreisen war es Alexander Luria, einer der größten Neuropsychologen seiner Generation und wissenschaftlicher Sekretär des Russischen Psychoanalytischen Instituts in den frühen 1920er Jahren, der die Anti-Freud-Kampagne der 1930er Jahre anführte.

Als klar wurde, dass der »freudsche Mensch« frei von utopistischen Sehnsüchten war, wandte sich der postrevolutionäre sowjetische Diskurs von Freuds Lehre ab, die Psychoanalyse wurde offiziell aus dem ideologischen Instrumentarium der Partei verbannt.

Ethos versus Eros

Freud tat wie erwähnt sein Bestes, um zu verhindern, dass seine Seelenwissenschaft auf das Problem des jüdischen Volkes reduziert oder beschränkt oder von revolutionären Ideologien metaphorisch vereinnahmt wurde. Doch es liegt nahe, dass im Diskurs über psychoanalytische Ideen das Selbstverständnis der Denker, die das Bild des »Neuen Juden« der zionistischen Revolution prägten, explizit debattiert wurde oder implizit mitschwang. Das Sinnbild des »Neuen Juden« verkörperte, oft gleichzeitig, die verschiedenen philosophischen Schulen, die damals in der jüdischen Gesellschaft in Europa verbreitet waren. Es war kein ausschließlich zionistisches Produkt, sondern wurde auch vom Denken und von Persönlichkeiten außerhalb des nationalen jüdischen Diskurses geprägt. Der Zionismus war nie eine in sich abgeschlossene Ideologie, sondern eher eine eklektische Mischung fremder Ideen. Eine zentrale Rolle im zionistischen Denken spielten Geschlecht und Sexualität. Eros im metaphysischen und psychologischen Sinne wurde von den Anführern der zionistischen Jugendbewegungen als »revolutionärer Antrieb« gewertet, mit dessen Hilfe die jüdische Jugend die Barrieren des Vermächtnisses früherer Generationen überwinden konnte. Ob die jüdische

Jugend sich mit Theodor Herzls Modell des »Neuen Menschen«, mit demjenigen des hebräischen Schriftstellers Micha Josef Berdyczewski, mit dem Modell von Aḥad Ha'am, dem der sozialistischen Revolutionäre oder mit jenem von Friedrich Nietzsche und Otto Weininger identifizierte: Sigmund Freud wurde in ihrem Selbstverständnis stets miteinbezogen.

Die mitteleuropäischen Juden hatten eine besondere Affinität zu Aḥad Ha'am. Viele schätzten seine moralisierende Strenge, seine evolutionären Konzepte und seine grundsätzliche Abneigung gegen revolutionäre »Abkürzungen«. Die Politik Herzls und seiner Weggefährten war revolutionär geprägt. Sie lehnten die evolutionären Ansätze ab, indem sie die dringende Notwendigkeit der Behebung der körperlichen, ästhetischen und geistigen Missstände der Juden betonten. Der Zionismus war für Herzl eine Art »neue jüdische Behandlungsmethode« für die Anomalien der jüdischen Nation. Palästina wurde als gesunder Ort für die jüdische Nation betrachtet. Dort konnten – durch den Besitz des Landes und durch die Wiederauferstehung jüdisch-politischen Nationalbewusstseins – Körper und Psyche der Juden genesen. Herzls Ansatz in seinem utopischen Roman *Altneuland* ist in mancherlei Hinsicht widersprüchlich, etwa indem er die Transformation des Juden zu einem politisch souveränen Subjekt einerseits mit der Umgestaltung traditioneller jüdischer Merkmale verband, andererseits aber christlich-europäische Verhaltensnormen aufnahm. Diese waren aus seiner Sicht wesentliche Komponenten einer gesunden nationalen Existenz. Herzls Ansatz erforderte somit in gewisser Hinsicht die Übernahme des antisemitischen Stereotyps des »hässlichen Juden«. Herzl wurde dafür in ähnlicher Weise kritisiert wie Max Nordau für seine medizinisch-hygienischen Erklärungen sowohl der Notlage des europäischen Bürgertums um 1900 als auch der angeblichen Schwäche des jüdischen Körpers und Geistes. Herzl und Nordau wollten das jüdische Volk verändern, indem sie zunächst beim Äußeren ansetzten, am sichtbaren Phänotyp und Habitus, wie er im jüdischen Lebenswandel, Manierismus und in den jüdischen Charakterzügen zum Ausdruck kam, um dann zum eugenischen Projekt der Verbesserung des fundamentalen jüdischen Genotyps überzugehen, dem das jüdische Selbstverständnis und die jüdische Zugehörigkeit zugrunde lagen.[53]

Das sozialistische Modell des »Neuen Menschen« in seiner zionistischen Ausformung sollte für die Akzeptanz der Psychoanalyse durch die jüdische Intelligenz ebenfalls eine zentrale Rolle spielen. Eines der klassischen Merkmale der sozialistischen Bewegung war ihre konstruktivistisch-erzieherische Komponente. Die »Religion der Arbeit«, die Rückkehr zur Natur und der kollektivistische Sozialismus wurden als Heilmittel für die Anomalie des jüdischen Gemeinschaftslebens in Osteuropa empfunden. Die revolutionäre Romantik wurde zu einem festen Bestandteil der Gedankenwelt der jungen russischen Intelligenzija und erlangte hegemonialen ideologischen und kulturellen Status im Jischuw.[54] Wie bereits gezeigt, wurden die ersten Versuche, Freuds Lehre für das Unternehmen der Schaffung eines »Neuen Menschen« zu nutzen, in Russland nach der Revolution von 1905 unternommen. Doch als sich herausstellte, dass die Entfremdung von der eigenen Vergangenheit aus Sicht Freuds weder zwingend noch erwünscht war, und dass ihm kein utopisches Menschenbild vorschwebte, schloss der revolutionäre Diskurs in der Sowjetunion Freuds Schüler aus seiner Mitte aus, nicht jedoch in Palästina. Dort bemühten sich die Anhänger der revolutionär-marxistischen Anschauung, eine Synthese zwischen Freud und Marx zu schaffen und in Freuds Theorie Bestätigung für ihr ideologisches und pädagogisches Repertoire zu finden. Die Begegnung zwischen der Psychoanalyse und dem Jischuw war einerseits eine teilweise Wiederholung der Begegnung zwischen der psychoanalytischen Theorie und dem russischen Marxismus, andererseits jedoch eine direkte Fortsetzung des komplexen Dialogs zwischen den zionistischen Denkern und dem Gnostizismus der deutschen Neuromantik.

Junge jüdische Patienten, die sich außerhalb des sozialistischen Ideenkreises für die psychoanalytische Behandlungsmethode interessierten, konnten sich in die psychoanalytische Klinik von Frieda Reichmann (später Fromm-Reichmann) begeben. Reichmann hatte 1924, kurze Zeit nach ihrer analytischen Ausbildung, eine Klinik in Heidelberg eröffnet, wo sie ihren orthodox-jüdischen Hintergrund mit ihrem neuen psychoanalytischen Selbstverständnis zu verbinden suchte. Die Patienten in ihrem Sanatorium, in dem der Sabbat strikt eingehalten wurde, nahmen gemeinsam koschere Mahlzeiten ein und vor jeder Mahlzeit studierten und diskutierten sie Texte aus jüdischen Quellen. Zu den berühmten Patienten dieser Klinik zählten Akiva Ernst Simon (der spätere Leiter des Lehrerseminars der Hebräischen Universität in Jerusalem), Erich Fromm (der Reichmann kurze Zeit später heiratete) und Leo Löwenthal, der führende Experte für Literatursoziologie und Massenkultur der Frankfurter Schule (er leitete später das Soziologische Institut der University of California, Berkeley). Das »Thorapeutikum«, wie ihre Klinik in den Schriften von Reichmanns Zeitgenossen genannt wird, hatte jedoch nicht lange Bestand. Gershom Scholem behauptete in seinen Erinnerungen, dass sämtliche Patienten mit einer Ausnahme – Ernst Simon – der Orthodoxie während ihrer Behandlung den Rücken gekehrt hätten,[55] so auch Fromm-Reichmann selbst, noch bevor sie Deutschland 1933 verließ. Nach einem kurzen Aufenthalt in Palästina bei ihrer Nichte Esther, die mit dem hebräischen Schriftsteller Shmuel Yosef Agnon verheiratet war, emigrierte sie in die Vereinigten Staaten. Dort wandte sie sich auch von Freud ab und näherte sich den Anschauungen von Harry Stack Sullivan an. Später wurde sie für ihre Pionierarbeit mit psychotischen Patienten in Chestnut Lodge in Rockville, Maryland, bekannt und als Dr. Fried in Hannah Greens autobiografischem Roman *Ich habe dir nie einen Rosengarten versprochen* verewigt.

Micha Josef Berdyczewski, einer der bedeutendsten jüdischen Schriftsteller seiner Zeit und glühender Zionist, der manchmal auch »jüdischer Nietzsche« genannt wurde, schlug eine Erklärung für das spirituelle Dilemma des jüdischen Volkes vor, die sich sowohl von Herzls These als auch jener der sozialistischen Zionisten abhob. Er unterschied zwischen der zeitgenössischen Existenz des jüdischen Volkes in der Diaspora und der ursprünglichen Existenz der »alten Hebräer«. Berdyczewski galt als Hauptvertreter des europäischen Vitalismus in der jüdischen Welt. Bekannt sind abgesehen von seinem literarischen Werk auch seine ausführlichen akademischen Studien zur jüdischen Antike. Die antike jüdische Zivilisation faszinierte manche zionistische Denker, die die mythische Vergangenheit ihres Volkes für die moderne nationale Erneuerung instrumentalisieren wollten.

Während Aḥad Ha'am darlegte, dass der Individualismus, dem die assimilierten jungen Juden verfallen seien, auf eine Pathologie der nationalen Empfindung zurückzuführen sei, bezeichnete ihn Berdyczewski als Ausdruck des natürlichen Erwachens und als gesunde Reaktion auf die unerträglich gewordene religiöse Deformation.[56] Freud und Breuer beschrieben in ihren Studien über die Hysterie 1895 »hysterische Patienten, die an ihren Erinnerungen leiden«, Berdyczewski erklärte in seinem Essay *Alter und Jugend,* »wir sind die Sklaven unserer Erinnerung«. Die große Beliebtheit des Schriftstellers war seiner Fähigkeit zuzuschreiben, die ambivalente Haltung vieler junger Juden gegenüber der traditionellen jüdischen Welt und der säkularen europäischen Kultur in Worte zu fassen. Ähnlich ablehnend, wenn auch weniger gelehrt, dafür frauenfeindlicher und nihilistischer, äußerte sich Otto Weininger zur jüdischen Tradition. Sein Werk *Geschlecht und Charakter* wurde zum Kultbuch junger Leute in Wien.[57] Der Arbeiterzionist und spätere Befürworter bewaffneter Rebellion gegen die britische Mandatsregierung in Palästina, Abba Ahimeir, veröffentlichte 1925 einen Artikel über die Sexualtheorien Freuds und Weiningers sowie über das Menschheitsbild, das sich aus ihnen ergab. Freuds Vertrauen in die Wissenschaft sei grenzenlos, beklagte sich Ahimeir, doch »das Licht, das er auf die dunkelsten Ecken der Seele der Krönung der Schöpfung wirft, blendet mehr als es erleuchtet.« Ahimeir vermisste bei Freud den Dualismus, den er bei Weininger und Marx deutlich vorfand. Freud sei ein »absoluter Monotheist«. Seine Theorie beschäftige sich nicht mit der Problematik von Gut und Böse, und während sie vorgebe, alles erklären zu können und die Geheimnisse aller Lebensbereiche offenzulegen, könne sie sich als »besonders gefährlich herausstellen, sollte sie den Ort der Gelehrsamkeit verlassen«.[58] Eine noch pointiertere und systematischere Kritik der Psychoanalyse formulierte der zionistische Philosoph und Journalist Jakob Klatzkin. Unter den Befürwortern der Lebensphilosophie, die sowohl Kants abstrakte Philosophie als auch den wissenschaftlichen Positivismus ablehnten, äußerte er die charakteristischste Bewertung Freuds als negative Ikone, gleichzeitig hob er dessen zentrale Bedeutung für die Gegner der Lebensphilosophie hervor. Die Lebensphilosophie des 19. Jahrhunderts, die auf dem Denken von Henri Bergson und Wilhelm Dilthey aufbaute, vertrat eine ganzheitliche Sicht des Lebens und legte dar, dass es aus sich selbst heraus verstanden werden kann.

Klatzkins alternative Theorie des Geistes betonte die tragische Kluft zwischen Leben und Geist, zwischen der lebenden, ursprünglichen und unmittelbaren Seele und dem Geist, zum Ausdruck gebracht durch die Vernunft und ihr Hauptprodukt, die Kultur. Diese Kluft zwinge die Menschen, in ständiger Entfremdung von der Welt zu leben, statt Teil dieser Welt zu sein. In seinem Werk *Der Erkenntnistrieb als Lebens- und Todesprinzip* (1935), das er als »ontologische Studie der Seele« bezeichnete, schlug Klatzkin die erotische Liebe oder genauer ausgedrückt das erotisch-narzistische Eintauchen in sich selbst als Weg des Menschen zu seiner Ursprünglichkeit, Wahrheit und Natürlichkeit vor. Dadurch erlebe der Mensch sein wahres Selbst, wodurch sich die Gesetze der Vernunft, denen er ausgesetzt sei, erübrigten. Der von Klatzkin vorgeschlagene metaphysische Prozess sollte historische und kulturelle Implikationen für das Geschlechterverhältnis, für die Ehe und für das jüdische Leben haben. Besonders aber sollte er sich auf die von ihm befürwortete nationale Lösung der jüdischen Frage auswirken. Sowohl seine Metaphysik als auch seine Kulturkritik nährten seinen radikalen Zionismus.[59]

Als Schüler des neukantianischen jüdischen Philosophen Hermann Cohen und Mitbegründer und -herausgeber der *Encyclopedia Judaica* vertrat Klatzkin einen gnostischen Zionismus. Seine Philosophie legt dar, dass die Ankunft des Geistes bei der Schöpfung die Welt von ihrer ursprünglichen Lebenskraft abgeschnitten hat. Von da an sei die Welt eine Geschichte der Abspaltung, Entfremdung und des Niedergangs, also ein Prozess, bei dem »sich das Leben selbst vernichtet«. Für Klatzkin als Lebensphilosoph ist dieser Dualismus von Leben und Geist für die menschliche Existenz besonders charakteristisch. Gespalten zwischen rivalisierenden Sphären, der ursprünglichen und emotionalen einerseits, der urteilenden und rationalen andererseits, sei die menschliche Existenz paradigmatisch für den kosmischen Prozess des

Niedergangs des Lebens und des Triumphs des Geistes. Je weiter die Entwicklung der Menschheit fortschreite und je mehr Wissen sie sich aneigne, folgert Klatzkin, desto mehr nähere sich die Vernunft ihrem Ursprung an, dem »göttlichen Geiste des Nichts«. Dieser Prozess dominiere die menschliche Seele schließlich so stark, dass die menschliche und biologische Welt zerstört werde, die Leidenschaft verloren gehe und das menschliche Leben mit einem »Kuss des Nichts« vernichtet werde. Für Klatzkin ist der »wahre Jude« nur als nationales, das heißt politisches Wesen vorstellbar. Dieses Wesen habe sich im Exil verloren, da die Exil- oder Diasporaexistenz eine jüdische Realität bedeute, die dem ursprünglichen (nationalen) »mit dem Boden verbundenen Leben« entfremdet und entrückt sei. Das fehlende politische Wesen sei der Kern, zu dem die jüdische Existenz zurückfinden solle. Der Zionismus bedeutete für Klatzkin somit schlicht die Rückkehr zu dem, was im Exil in Vergessenheit geraten war, nämlich zu einer authentischen nationalen jüdischen Existenz.

Aus Klatzkins Sicht zeigte der Zionismus den Weg zum Aufbau des »Politischen« auf den Trümmern des »Theologischen«, indem er die ursprünglichen, verschütteten vitalen Kräfte des Judentums mobilisierte. Die Psychoanalyse berge hingegen trotz ihrer Erfolge bei der Befreiung der Menschheit von gewissen Neurosen auch Gefahren. Ein Zustand des Überbewusstseins könne zur Schwächung der in den »Säften des Unbewussten« verborgenen Kräfte führen, die Energie für vitale Lebensfunktionen lieferten. Klatzkin äußerte sich auch zu Fragen der psychoanalytischen Methode. Offensichtlich war er mit einigen Problemen vertraut, über die die Meinungen in der damaligen Analytikergemeinde auseinandergingen. So bezog er sich beispielsweise auf Ferenczis 1911 geäußerte Haltung zur Verwendung »unanständiger« Ausdrücke in der Analyse:

»Freud hat die Analytiker angewiesen, euphemistische Formulierungen statt explizite Ausdrücke zu verwenden, wenn über intime Zonen des Körpers und über sexuelle Praktiken gesprochen werde, doch Ferenczi machte die Analytiker darauf aufmerksam, dass die Vermeidung ›unanständiger‹ Ausdrücke im Hinblick auf Geschlechtsorgane in vielen Fällen die Assoziationskette unterbreche und die Verdrängung zementiere.«[60]

Klatzkin sandte Freud ein Exemplar von *Der Erkenntnistrieb als Lebens- und Todesprinzip*, in dem er seinen romantischen Fatalismus als neue biophilosophische Theorie präsentiert und auch Freuds Begriff des Todestriebes (1920) gegenübergestellt hatte, und bat ihn um ein Gespräch. »Alles ist Gegebenheit« erklärte Klatzkin zu Beginn seines Buches: »Gegebenheit meint: dem Bewusstsein gegeben und aufgegeben.« Doch offensichtlich machte

Abb. 1: Martin Buber (1878–1965).

Klatzkins Versuch, die Entwicklung des Kulturbewusstseins auf Vitalkraft zurückzuführen, auf Freud keinen großen Eindruck:[61] »Sie können natürlich nicht wissen, wie schwer mir die Vertiefung in eine spekulative, philosophische Arbeit wird«, antwortete Freud. Mit seiner charakteristischen Direktheit lehnte er die Kritik des zionistischen Philosophen an der Psychoanalyse und seine Bitte um ein Gespräch ab:

»Ich gewann den Eindruck, daß Sie nicht die Erfahrungen gemacht haben (an hypnotischen Phänomenen, Traumdeutung und Krankenanalysen), die uns die Überzeugung aufnötigen, erstens, daß seelische Vorgänge existieren, die man korrekter Weise nur als ›unbewußt‹ bezeichnen kann, zweitens, daß es Wege gibt, dies aber bewußt zu machen. Von Ihrem Standpunkt zum unserigen führt kein Weg. Die von Ihnen gewünschte Zusammenkunft würde nichts daran ändern. Wir würden miteinander verkehren wie der Eisbär mit dem Walfisch.«[62]

Freud nahm Anstoß an Versuchen wie dem von Klatzkin, der eine Synthese zwischen seinen Ideen und dem vitalistischen Zeitgeist anstrebte. Doch das hinderte zionistische Jugendbewegungen nicht daran, mit der eklektischen Sammlung von Ideen aus philosophischen, sozialen, historischen und psychologischen Theorien und deren Integration in ihrem politischen Aktivismus fortzufahren. Der charismatische Philosoph Martin Buber (Abb. 1) nahm die Herausforderung an, Philosophie, Pädagogik und Psychologie miteinander zu verbinden.

Die Jugendbewegung Haschomer Hatzair zwischen Freud und Buber

Seit Sándor Ferenczis Vortrag »Psychoanalyse und Erziehung« beim ersten Psychoanalytischen Kongress in Salzburg 1908 diskutieren Freuds Anhänger die Anwendbarkeit der Psychoanalyse in der Pädagogik.[63] Im Gegensatz zum deutschen psychiatrischen Establishment zeigten europäische Pädagogen größtenteils aufrichtiges Interesse an der Psychoanalyse. Freuds Ideen untergruben die deutschen Bildungs- und Sittlichkeitsideale nicht, die die bürgerliche Gesellschaft seit Mitte des 18. Jahrhunderts prägten. Im Gegenteil: Da er die Mittel betonte, mit denen sich die Kräfte bekämpfen und sublimieren lassen, die Individuum und Gesellschaft daran hindern, ihr humanistisches und kulturelles Potenzial voll auszuschöpfen, konnte seine Theorie nicht der Subversion verdächtigt werden. Dementsprechend konnten auch die Befürworter der sogenannten progressiven Erziehung seine Theorie größtenteils akzeptieren.

Die Kluft, die sich zwischen der Vernunft und der Individualität sowie zwischen Tradition und Fortschritt auftat, war ein wesentliches Element der intellektuellen Auseinandersetzung des späten 19. Jahrhunderts. Sie manifestierte sich in der Kunst, der Literatur, der Philosophie und der Wissenschaft jener Epoche. Das innere Wesen des Individuums wurde als nicht vernunftgeleitet betrachtet. Das »wahre« oder »authentische« innere Selbst befand sich demnach in ständigem Konflikt mit den kulturellen und gesellschaftlichen Zwängen, es entsprach nicht den Regeln und Normen der Kultur, sondern lag jenseits dieser und musste vor ihnen geschützt werden.[64]

Diese Tendenzen kamen auch im zionistischen Denken zum Ausdruck, besonders in der Symbolik und den Botschaften der zionistischen Jugendbewegungen. Viele der Wegbereiter des Konzepts vom »Neuen Menschen« und der Protagonisten einer in den 1890er Jahren in Europa aufblühenden vitalistischen Jugendkultur betätigten sich im deutschen Kulturkreis. Die jüdischen Jugendgruppen wollten einen neuen jüdischen Menschen schaffen, indem sie die deutschen neuromantischen Werte der Körperkultur, der Rückkehr zur Natur und des Antiintellektualismus übernahmen.[65] Als Vorbild diente die Ende des 19. Jahrhunderts gegründete deutsche Jugendbewegung

Wandervogel. Die meisten Bestrebungen des Wandervogels waren mehr metaphysischer und struktureller denn ideologischer oder politischer Natur. Die Bewegung förderte die Kameradschaft, verurteilte gesellschaftliche Heuchelei und Unaufrichtigkeit, bekannte sich zu innerer Wahrheit und zog »indirekte« Erziehung durch emotionsgeladene Bilder und Mythen »direkter« Erziehung, die vor allem auf Informationsvermittlung beruhte, vor. Auf der Suche nach individuellem Selbstverständnis und in ihrer Auflehnung gegen alles, was die Generation ihrer Eltern verkörperte, neigten die Mitglieder des Wandervogels dazu, sich restlos mit Vorbildfiguren zu identifizieren; gleichzeitig wurden Aufgabe der Individualität und Unterordnung in der Gruppe gefördert. Begabte Redner vermochten ihren jungen Zuhörern das Gefühl zu vermitteln, dass der Individualismus Nietzsches, Schopenhauers und selbst Freuds mit dem kollektivistischen Sozialismus von Marx und seinen sowjetischen Deutern vereinbar sei. Andererseits widersprachen die Verehrung der Anführer und der von den Mitgliedern befürwortete ideologische Kollektivismus den Grundsätzen des freien Willens und des Vorrangs des individuellen Gewissens. Diese Dualität charakterisierte auch die Haltung der Anführer dieser Jugendbewegungen zur Sexualität. Der »Neue Mensch« dieser Jugendbewegungen war ein offensichtlich männliches Konzept. Hans Blüher veröffentlichte 1912 ein Buch mit dem Titel *Die Wandervogelbewegung als erotisches Phänomen.* Darin plädierte er für den Ausschluss von Frauen und Politik aus der Bewegung und beschwor die auf nicht sexuellen erotischen Antrieb zurückgeführte Freundschaft der Männer. Das Buch beschreibt die Rolle der Erotik in der männlichen Kameradschaft als Raffinierungsprozess, der über den erotischen Trieb hinausgehe und den Fähigkeiten des charismatischen Führers zu verdanken sei. Die Jugendbewegungen erwarteten von ihren Gruppenleitern, die männliche Erotik in gesellschaftliche und kulturelle Tätigkeit zu kanalisieren. Die Freikörperkultur bedeutete nicht sexuelle Befreiung, im Gegenteil: Zölibat, Asketismus und Puritanismus sollten den bedrohlichen Sexualtrieb neutralisieren.[66]

Am 1. März 1914 lud der dem Wandervogel ähnliche Berliner Wanderverein eine andere solche Gruppe, die Vereinigung Blau-Weiß, zu einem gemeinsamen Treffen ein, bei dem sich beide Gruppen zum »Blau-Weiß, Bund für Jüdisches Jugendwandern in Deutschland« zusammenschlossen. Freud war Mitunterzeichner einer Erklärung von berühmten Intellektuellen und in der Öffentlichkeit stehenden Persönlichkeiten, die zur Gründung einer Wiener Sektion dieses Verbandes aufriefen. Blau-Weiß war keine ideologische Bewegung. Seine Mitglieder kamen aus der jüdischen Mittelschicht, zumeist aus gut situierten jüdischen Familien, für die der Zionismus keine attraktive Option war. Es handelte sich um jüdische Jugendliche, die an jüdischer

Gesellschaft interessiert waren und nach Lösungen für ihre Jugendängste und die Krise ihres jüdischen Selbstverständnisses suchten. Wie seine nichtjüdischen Entsprechungen in Deutschland nahm Blau-Weiß eine dezidiert gesellschafts- und zivilisationskritische Haltung ein, indem er dem Antirationalismus und dem Antiintellektualismus huldigte.[67]

Der Reformpädagoge Gustav Wyneken (1875–1964) verlieh den deutschen Jugendbewegungen ein individualistisches Ethos. Er wollte die Jugendkultur – ein von ihm geprägter Begriff – auf die Schule und das gesamte Erziehungswesen ausweiten. Seine individualistischen Standpunkte wichen von jenen früherer Anführer von Jugendbewegungen ab, indem sie die individuelle Freiheit betonten und völkische Konzepte in den Hintergrund rückten. Wyneken verbreitete seine Ideen in der Zeitschrift *Der Anfang*, die ab 1913 von Martin Buber und Siegfried Bernfeld herausgegeben wurde.[68] Der im galizischen Lemberg geborene Reformpädagoge, Jugendforscher und Psychoanalytiker Bernfeld verkörperte alles das, was die Integration der Lehren von Freud, Marx und Buber der jüdischen Jugend bieten konnte. Er hatte in Wien Philosophie studiert und mit der Arbeit *Über den Begriff der Jugend* promoviert. In der Jugend sah Bernfeld eine revolutionäre Kraft, schrieb ihr moralische und geistige Sensibilität sowie ein natürliches Unrechtsbewusstsein zu. In diesem Sinne gründete er 1918 eine revolutionäre Vereinigung, den Jerubaal-Jugendorden.[69] Im Laufe der Zeit flossen nationaljüdische Ideen in dessen Tätigkeit ein. Neben seiner pädagogischen Arbeit gab Bernfeld die Zeitschrift *Jerubaal* heraus.[70] Er trat der Wiener Psychoanalytischen Vereinigung bei und nutzte seitdem das freudianische Konzept der Verdrängung, um das Problem der Identitätsspaltung zu erklären, mit dem sich die jüdische Jugend in Deutschland auseinandersetzte. Seine Ansichten wurden von Leo Baeck, Akiva Ernst Simon und Hugo Bergmann geteilt. Die Angehörigen jener Generation waren im Geist der europäischen Kultur erzogen worden und wurden von den Eltern zu deutschen Karrieren gedrängt. Doch sie lebten mit einem beständigen Minderwertigkeitsgefühl, da die nichtjüdische Gesellschaft, in deren Mitte sie lebten, sie ständig mit dem Vorwurf der Andersartigkeit konfrontierte, gleichgültig wie sie aussahen, welche Sprache sie sprachen und welche gesellschaftlichen Leistungen sie erbrachten. Die ständige Notwendigkeit, die eigene Herkunft und die Sprache der Eltern zu verbergen, nährte ihren Konflikt zwischen der Identifikation mit der jüdischen Gemeinschaft und ihrer deutschen Umgebung. Der Faktor, der junge Juden einte, war die Desillusionierung von der Idee, dass allein die Assimilation ihre Akzeptanz in der nichtjüdischen Umgebung garantieren würde.[71]

Noch bevor er seine eigene Analyse bei Hanns Sachs abgeschlossen hatte, machte sich Bernfeld einen Namen als beliebter Referent an den

Psychoanalytischen Instituten in Berlin und Wien. 1925 veröffentlichte er das Werk *Sisyphos oder die Grenzen der Erziehung,* worin er die Haltung der Psychoanalyse gegenüber dem Marxismus untersuchte und die damaligen pädagogischen Grundlagen kritisierte. Skurrilen Ausdruck fanden Bernfelds deterministische Neigungen der späten 1920er Jahre in seinen Versuchen, ein »Libidometer« zur quantitativen Messung der libidinösen Energie von Patienten zu entwickeln.[72] Nach seiner Übersiedlung nach Frankreich im Jahr 1934 widmete er sich der Suche nach den gemeinsamen Grundlagen von Psychoanalyse und Biologie. Zusammen mit seiner Frau verfasste Bernfeld eine wissenschaftliche Freud-Biografie. 1937 emigrierte er erneut, dieses Mal nach San Francisco, wo er sich dem dortigen Psychoanalytischen Institut anschloss.

Bernfeld hatte die Begabung, die Jugend anzusprechen, das Hauptpublikum der zionistischen Bewegung. Neben seinen Verbindungen zu Mitgliedern der Jugendbewegung Haschomer Hatzair (Der junge Wächter) in Wien, der ersten zionistischen Jugendbewegung in Europa, wirkte er als Berater der Activity School in Tel Aviv. Deren Gründer wollten fortschrittliche Erziehungsprinzipien von Maria Montessori und John Dewey übernehmen und sie mit dem Wert der körperlichen Arbeit verbinden, die als Basis für die nationale und kulturelle Erneuerung der Juden in einer auf sozialer Gerechtigkeit und Gleichheit aufbauenden Gesellschaft angesehen wurde.[73] Stolz darauf, die modernen psychologischen Grundsätze als Erste im Jischuw in der Erziehung anzuwenden, planten die Begründer der Schule auch ein Forschungsinstitut nach dem Vorbild des Instituts für jüdische Jugendstudien, das Bernfeld in Wien aufgebaut hatte. Sie hofften, Wissenschaftler für »psychophysiologische Beobachtungen« in ihrer Schule zu gewinnen. Bernfeld spendete der Schule eine Bibliothek sowie Artikel aus deutschen pädagogischen Zeitschriften, außerdem war er Mitglied des Beirats der ersten pädagogischen Zeitschrift in hebräischer Sprache, *Hachinuch* (Die Erziehung).[74]

Als die Schule 1925 geschlossen wurde, machte Bernfeld einem ihrer Gründer, David Idelson, den Vorschlag, seine pädagogischen Qualifikationen durch eine psychoanalytische Ausbildung in dem Institut, das gerade in Berlin eröffnet wurde, zu erweitern. Idelson begab sich in die deutsche Hauptstadt und wurde zum ersten Pädagogen des Jischuw, der Erfahrungen mit der Psychoanalyse sammeln konnte. Sein Berliner Tagebuch deutet auf eine tägliche Sitzung hin, vermerkt jeweils mit einem einzigen Wort: »Wulff«.[75]

Die zionistische Bewegung wusste das revolutionäre Potenzial der jüdischen Jugend zu nutzen, etwa indem sie eine Parallele schuf zwischen den Zweifeln des jüdischen Jugendlichen hinsichtlich seiner Zugehörigkeit und dem unscharfen Selbstverständnis des Kollektivs, dem er angehörte. Diese jungen Leute neigten dazu, ihre Probleme auf kollektive Art zum Ausdruck zu bringen und Anführern zu folgen, die Themen wie sexuelle Identität, Beziehungen zwischen den Geschlechtern und den Generationen, Ehrenhaftigkeit und Treue überzeugend ansprechen konnten. So wurden diese jungen Leute zu den Wegbereitern des neuen jüdischen Ideals. 1913, in dem Jahr, als Freud sein Werk *Totem und Tabu* veröffentlichte, wurde in Galizien die Jugendbewegung Haschomer Hatzair gegründet. Abgesehen von ihrer bedeutenden historischen Rolle in der zionistischen Bewegung und der jüdischen Besiedlung Palästinas kam ihr in ihrer Frühzeit auch eine Schlüsselrolle bei der Prägung des Organisations- und Aktionsmodells zu, das später von anderen, in den 1920er und 1930er Jahren gegründeten zionistischen Jugendbewegungen übernommen wurde. Außerdem trug diese Bewegung wesentlich zur Akzeptanz der Ideen der Psychoanalyse im Jischuw in den vier Jahrzehnten vor der Gründung des Staates Israel bei. Am Anfang war der Haschomer Hatzair eine nicht ideologische Bewegung, geformt vom modernistischen neuromantischen Diskurs, der den deutschen Kulturkreis um die Wende vom 19. zum 20. Jahrhundert durchdrang. Ab 1920, als sich die ersten Mitglieder der Bewegung in Palästina niederließen, nahm sie ideologisch deutliche marxistische Züge mit klarer politischer Ausrichtung und einem klaren Siedlungsauftrag an.[76] Die modernistische Kultur im Wien der Jahrhundertwende prägte das Selbstverständnis der Mitglieder des frühen Haschomer Hatzair und Siegfried Bernfeld war ein Vermittler zwischen der deutschen Hochkultur und den »jungen Wächtern«. Seine politische Ideologie, die die Jugend an die Spitze des nationalen Unternehmens stellte, hatte gewaltige Auswirkungen auf das Denken der Bewegung.[77] Durch Bernfeld hatte auch Freud entscheidenden Einfluss auf ihr gesellschaftliches Weltbild. Meir Ya'ari, der charismatische Anführer der ersten Gruppe des Haschomer Hatzair, die sich in Palästina niederließ, erwies sich bald als einer der eloquentesten Befürworter der Integration Freuds in das Programm der Bewegung:

»Es liegt mir daran, dass ihr Freud und seine Schule aufmerksam studiert. Ich weiß nicht, ob viele unter uns fähig sind, seine Lehre vollständig zu begreifen, doch ich hoffe, dass sie wenigstens die Spannungen etwas auflockern wird. Aufgrund dieser Erfahrung scheint mir die Entfaltung der Instinkte besonders wichtig. Seid euch der Kraft bewusst, die in euch steckt, wenn euch die männliche Erotik hinwegträgt«.[78]

Der Glaube an das ursprüngliche, verborgene, wahre Selbst, das jenseits von Gesetz, Kultur und anderen Zwängen zum Ausdruck kommt, war Teil der Idealisierung der Jugend. Im Rahmen der Gruppe vollzog sich die Selbstfindung des jungen Menschen in einem psychologischen Prozess in Form von Geständnissen, etwa vergleichbar mit der christlichen Beichte. Ya'ari nutzte zwar freudianische Terminologie, fasste dies jedoch metaphysisch in Begriffe, die in der zweiten Hälfte des 19. Jahrhunderts als »Lebensphilosophie« bekannt wurden, einer Philosophie also, die das pure Gegenteil der Psychoanalyse war. Beide Richtungen beruhten auf einer gemeinsamen philosophischen Tradition, die Selbstbetrachtung und Selbsterkenntnis als unabdingbare Voraussetzungen für die Kenntnis der Welt ansah. Dennoch richtete sich Freuds wissenschaftliche Psychologie, die die zentrale Rolle der ursprünglichen, unbewussten seelischen Prozesse hervorhob, nie gegen den Rationalismus und fasste die individuelle Erfahrung der Selbstergründung – vom extremen Subjektivismus ganz zu schweigen – nie als Mittel zur Befreiung der Menschheit auf. Meir Ya'ari sprach von der unverfälschten, aufrichtigen Generation, die nach Palästina gekommen sei, einer Generation, der es gelungen sei, sich von der hysterischen Neurose ihrer Eltern und von der heuchlerischen bürgerlichen Verdrängung der natürlichen Triebe zu befreien. »Gepriesen sei der ungehemmte junge Mensch, der als Erwachsener ein Kind geblieben ist, der zu seinen Instinkten findet und ihnen folgt, statt sie zu verachten«, erklärte er.[79] Die Sinnbilder, denen die Mitglieder der Bewegung bei der Besiedlung des Landes folgten, deuten auf die anhaltende Verbindung zur völkischen Symbolik des Wandervogels hin. Die »jungen Wächter« waren eine Gemeinschaft arbeitender Männer, die die Erde – die eigentliche Gefährtin des zionistischen Pioniers – mit ihrem Schweiß tränkten. Die Rolle der Frau in dieser primordialen Stammesgruppe bestand darin zu zeigen, dass der Mann auch ohne Frau leben kann und will. Nicht die Frau ist das Objekt der Begierde der Mitglieder der Bewegung, sondern »Mutter Erde«. Doch Frauen wurden dennoch gebraucht, um den Anschein der Homosexualität zu vermeiden. Die Erotisierung der körperlichen und landwirtschaftlichen Arbeit war eng mit dem historischen Bild des Landes der Vorväter als Objekt jüdischer Sehnsucht verbunden. Ya'ari, der als Erster in einem Kibbuz des Haschomer Hatzair heiratete, äußerte in Briefen jener Zeit klar frauenfeindliche und antifamiliäre Gedanken, eine Haltung, die die Kibbuzbewegung lange Jahre prägte. Er brachte die Spannung, die Freuds romantische Leserschaft zwischen dem Rationalismus und dem Konzept des Unbewussten erlebte, bildhaft zum Ausdruck:

»Mit messerscharfem Verstand muss ich analysieren und Entscheidungen fällen. Tatsächlich lege ich mir Rechenschaft darüber ab, dass die Psychoanalyse deterministisch in den Tiefen der Seele bohrt und Licht auf sie wirft, dabei aber deren Rätsel nur vergrößert, um doch an der letzten Hürde zu scheitern. Ohne einen Funken Kreativität, ohne unbändige Begeisterung und ohne souveränen Willensakt wird es dir nicht gelingen, die Schale zu durchbrechen, etwas zu erleben und zu schaffen […].

Mit allen Kräften meines Verstandes möchte ich in mein unbewusstes Universum dringen und mich selbst entdecken. Das scheint mir der einzige Weg zur Unabhängigkeit zu sein, nur so wird das Leben blühen und sich entwickeln. Ihr seht, ich spreche die Sprache Freuds.«[80]

Dass Freud Ya'aris Glauben an die Fähigkeit des Willens und des Intellekts, »die Schale [hebr. *klipa*] zu durchbrechen«, geteilt hätte, ist eher unwahrscheinlich. Kreativität und unbändige Begeisterung waren für Freud Gegenstände wissenschaftlicher Untersuchung, nicht Mittel der Befreiung der individuellen Psyche von inhärenter Verdrängung und unvermeidlichem psychischem Konflikt. Mit seiner Kritik an der Psychoanalyse blieb Ya'ari also der deutschen Lebensphilosophie und Neuromantik treu, der Suche nach dem Selbst als Schlüssel der Erlösung. Diese Art von Selbstergründung sollte es der betreffenden Person ermöglichen, ihre wahre Natur zu entdecken.[81] Doch jemanden seine wahre Natur erkennen zu lassen war nicht Ausdruck des Strebens nach Geistigkeit, nach Einswerden mit der Natur oder der Befreiung von der Körperlichkeit. Im Gegenteil: Die Suche nach dem Immanenten, dem Natürlichen, Körperlichen und Physischen mit dem Ziel, sich von Vernunft und Verstand zu lösen, bezweckte, den Menschen von seinen kulturellen Hemmungen zu befreien und ihn zu seiner Ursprünglichkeit zurückzuführen. Wie die bereits erwähnte russische Version dieser Doktrin war auch die von Haschomer Hatzair vertretene Interpretation der freudianischen sexuellen Revolution zu optimistisch. Freud hat weder sexuelle Freiheit noch sexuelle Abstinenz propagiert, sondern lediglich darauf hingewiesen, dass sich der Mensch in seinem Leben auf einen gewissen psychischen Konflikt, auf Seelenschmerz und Sehnsüchte einstellen muss. Einige von Freuds Schriften, etwa der Aufsatz *Die »kulturelle« Sexualmoral und die moderne Nervosität* (1908), konnten zwar von den Befürwortern einer Reform der Institution Familie oder der katholischen Ehe als Argumentationshilfe genutzt werden, doch Freud hat nie in erster Linie die Gesellschaft für die Entwicklung von Neurosen verantwortlich gemacht. Das unterschiedliche Verständnis der kindlichen Sexualität als Grundlage des Erwachsenenlebens kommt nicht nur in der Freud-Interpretation des Haschomer Hatzair oder in den pädagogischen Methoden zum Ausdruck, die diese Bewegung im Rahmen der Kollektiverziehung förderte, sondern auch im Wunsch, Freuds Lehren mit jenen Bubers, der sich damals bereits ausdrücklich gegen die Psychoanalyse wandte, in Einklang zu bringen.

Martin Buber hatte zu jener Zeit erheblichen Einfluss auf die zionistische Jugend. Seine Verbindungen zum Vitalismus wurden bereits in seinen ersten Vorlesungen deutlich, in denen er das für die deutsche Lebensphilosophie zentrale Konzept des Erlebnisses betonte. Bubers Interesse an der jüdischen Mystik und dem Chassidismus wird oft als Ausdruck der Suche nach einem neuen Modell für das Judentum als lebende Gemeinschaft und zur Überwindung ihrer damaligen inneren Spaltung und Krise gesehen.[82] Buber begegnete Freud 1908 und versuchte ihn zur Mitwirkung an einer von ihm herausgegebenen Schriftenreihe über die Gesellschaft zu bewegen, doch Freud lehnte ab. Buber seinerseits lehnte Freuds Traumtheorie ab, indem er argumentierte, Freud führe die so quellend schöpferische Produktion der Träume auf einfache starre Prinzipien zurück und bringe dem Geheimnis dieses kreativen Prozesses nicht »genügend Ehrfurcht« entgegen.[83] Er äußerte auch Vorbehalte zu *Totem und Tabu,* das nach seinem Dafürhalten auf längst widerlegten Annahmen beruhte. Ein zentrales Thema von Bubers Kritik an Freud (und C. G. Jung) ist deren Leugnung der Fähigkeit des Menschen, die eigenen Taten moralisch zu beurteilen und sich seiner »existenziellen Schuld« – nach Buber das, was ein Mensch auf sich lädt, der anderen realen Schaden zufügt – bewusst zu werden. Freud kenne nur »Schuldgefühle«, deren Ursprung in der Verletzung eines gesellschaftlichen Tabus und besonders im unterdrückten Wunsch nach Vatermord zu suchen sei. Während Buber darauf hinwies, dass existenzielle Schuld psychische Erkrankung verursache, und dass diese nur durch reale »Sühne« wirklich geheilt werden könne, meinte Freud, dass es genüge, den Ursprung der »Schuldgefühle« aus dem Unbewussten heraufzuholen. Bubers Korrespondenz mit Ludwig Binswanger bezeugt seine Absicht, diese Kritik an der Psychoanalyse weiterzuentwickeln.[84] Allerdings wandte sich Buber bereits in seiner Eröffnungsansprache auf der III. Internationalen Pädagogischen Konferenz in Heidelberg 1925 gegen die Idee, der Sexualtrieb sei für alles eine Erklärung. Er tat dies, wie üblich für ihn, ohne Freud namentlich zu erwähnen oder den Begriff »Psychoanalyse« zu gebrauchen:

> »Es ist wichtig, den Urhebertrieb in seiner Selbständigkeit und Unableitbarkeit zu erkennen. Die heutige Psychologie neigt dazu, die Vielfältigkeit der Menschenseele auf ein einziges Urelement – ›Libido‹, ›Machtwillen‹ und dergleichen mehr – zurückzuführen. Damit werden eigentlich nur bestimmte Entartungszustände verallgemeinert, in denen ein einzelner Trieb die anderen nicht bloß überwältigt, sondern durchwuchert.«[85]

Buber zufolge ist der Mensch grundsätzlich ein dialogisches Wesen, das sich selbst nur durch den Kontakt mit der Welt – durch Dialogaufnahme – erfahren kann. Die Menschen haben laut Buber zwei Grundtriebe, die dialogischer Natur sind: den Trieb nach Verbundenheit und den Urhebertrieb.

Kinder, so Buber, seien von diesen beiden Trieben beherrscht. Diese und nicht die Libido oder der Machtwille seien für die Erziehung entscheidend.

Der bubersche Urhebertrieb ist der Kindern innewohnende Gestaltungsdrang: Es geht nicht ums »Haben«, sondern ums »Tun«. Doch der Urhebertrieb genüge nicht, da er allein nicht zu Gegenseitigkeit und Verbundenheit führe. Der Urheber sei einsam, solange niemand an ihn herantrete, er sei nicht nur als Schöpfer, sondern auch als Kreatur verloren in der Welt.[86] Die Aufgabe des wahren Erziehers sei es deshalb, die schöpferischen Kräfte des Kindes in die richtigen Bahnen zu lenken, zur Verbundenheit hin. Der Trieb nach Verbundenheit sei größer, als »die Libidinisten wissen: das Verlangen, dass die Welt uns gegenwertige Person werde, die zu uns ausgeht wie wir zu ihr, die uns erwählt und erkannt wie wir sie, die sich in uns bestätigt wie wir in ihr.«[87]

Buber versinnbildlicht diese Sehnsucht nach der Welt durch ein Kind, das nachts Wachträume hat und sich voller Unruhe nach der Nähe der Mutter sehnt. Das Individuum könne nur durch Verbundenheit zur Harmonie gelangen. Es sei nicht Hauptaufgabe des Erziehers, die Urtriebe des Kindes zu beeinflussen, sie zu befreien, zu unterdrücken, zu sublimieren oder in gesellschaftlich erstrebenswerte Tätigkeit zu verwandeln. »Die Welt also, die ganze Umwelt: Natur und Gesellschaft, ›erzieht‹ den Menschen: sie zieht seine Kräfte herauf, läßt sie ihre, der Welt Einwürfe fassen und durchdringen«.[88] Wenn die Seele analysiert werden könnte, so Buber, dann würde man feststellen, dass sie einen Mechanismus enthält, der es der Person erlaubt, die Welt und die Figuren darin zu erfassen. Die Aufgabe der Erziehung ist es zu ermöglichen, dass die Welt auf den Zögling einwirken kann. Der Erzieher sollte diese Aufgabe nicht aus der Realität des Zöglings heraus wahrnehmen, das heißt ohne seiner Seele eine systematische Wertordnung und bestimmte Ideale einzuprägen, sondern mit ständiger Offenheit für die Bedürfnisse des Zöglings. Nach Buber dürfen die Antriebe des Erziehers und sein vordergründiges Wissen nicht zur Geltung kommen.

> »Erziehung von Menschen durch Menschen bedeutet Auslese der wirkenden Welt durch eine Person und in ihr. Der Erzieher sammelt die aufbauenden Kräfte der Welt ein. In sich selber, in seinem welterfüllten Selbst scheidet er, lehnt er ab und bestätigt. Die aufbauenden Kräfte – es sind ewig die gleichen, es ist die Welt in der Verbundenheit, die Gott zugewandte. Der Erzieher erzieht sich zu ihrem Organ.«[89]

Bubers Anschauung war eine klare Herausforderung für das deutsche Bildungsideal, das danach strebte, den Kindern Werte zu vermitteln und sie mit exemplarischen Gestalten und Werken vertraut zu machen. Doch »wenn alle ›Richtungen‹ versagen, in der Finsternis über dem Abgrund ersteht die Eine wahre Richtung des Menschen, auf den schöpferischen Geist, auf den allüber den Wassern brütenden Gottesbraus zu – den, von dem wir nicht wissen, von wannen er kommt und wohin er fährt.«[90] Obwohl Buber nie dazu kam, eine ausführliche kritische Schrift über Freud zu verfassen, bezeugten seine Reden und Seminare sowie seine Korrespondenz mit langjährigen Freunden wie Hans Trüb oder Herman Menachem Gerson eine gewisse Ambivalenz dem Schöpfer der Psychoanalyse gegenüber. 1957, in einem Seminar über das Unbewusste, sagte Buber:

»Freud blieb letzten Endes ein radikaler Physiologe. [...] er spricht nicht ausdrücklich von der Seele, sondern von dem, was ›psychoate‹ (etwa: psychisch begründet) ist. Er definiert es niemals. Freud war ein ›simplificateur‹ so wie es Marx auf dem gesellschaftlichen Gebiet vor ihm war, d.h. jemand, der eine allgemeine Konzeption an die Stelle der immer erneuten Erforschung der Wirklichkeit setzt. [...] Fünfzig Jahre psychotherapeutischen Denkens haben auf dieser gefährlichen Art des Denkens aufgebaut. Nun ist diese Zeit zu Ende.«[91]

2. Die Pioniere der Psychoanalyse und ihr Unbehagen

> »Bei Edward Bernays trafen wir einmal den Leiter der zionistischen Bewegung, Dr. Weizmann. Ein gescheiter Mensch, sympathisch, ahnt nichts von der Psychoanalyse und enthüllt sich in seinen Erzählungen als einer, der sich (unbewusst) mit Josua (dem Propheten) identifiziert. Er kommt jeden Winter nach Amerika, um das Budget fürs nächste Palästina-Jahr einzusammeln. – Wenn wir nur auch so populär wären!«
>
> Sándor Ferenczi, 1927

Vor dem Ersten Weltkrieg war der deutsche Kulturkreis in Palästina durch die Württembergische Tempelgesellschaft vertreten, eine pietistische Sekte, die Mitte des 19. Jahrhunderts in Süddeutschland gegründet worden war und deren Mitglieder aus messianisch-religiösen Motiven im Heiligen Land siedelten. Diese Gemeinschaft zählte etwa 2000 Personen und übte einen gewissen Einfluss auf die wirtschaftlichen, landwirtschaftlichen und erzieherischen Konzepte aus, die auch vom Jischuw übernommen wurden. Nach dem Ersten Weltkrieg ging der Einfluss deutscher Kultur im neu geschaffenen britischen Palästinamandat jedoch hauptsächlich von zwei anderen Gruppen aus, nämlich von osteuropäischen Juden, die ihre Bildung in Deutschland erhalten hatten oder in der deutschen Kulturtradition aufgewachsen waren, sowie von deutschen Juden beziehungsweise Juden aus deutschsprachigen Ländern. Deren Zahl war zwar gering, sie nahmen jedoch in Wirtschaft und Kultur des Jischuw Schlüsselfunktionen wahr. Zudem wirkte die mittel- und westeuropäische Kultur auch über die zionistischen Jugendbewegungen auf die hebräische Kultur der Nachkriegszeit ein.[1]

Zwischen Wien und Mekka

Sofern man in der ersten Hälfte der 1920er Jahre von einer psychoanalytischen »Szene« in Palästina sprechen kann, war sie lediglich von zwei in Europa ausgebildeten Psychoanalytikern geprägt, die versuchten, die lokale Bildungsschicht für Freuds Ideen zu gewinnen. David Eder (1865–1936), Sohn eines Londoner Diamantenhändlers, war eine einzigartige Verkörperung liberaler, sozialistischer, psychoanalytischer und zionistischer Ideen, angereichert mit purem Abenteuergeist. In seiner Jugend hatte Eder eine Wohnung mit seinem Vetter, dem Schriftsteller Israel Zangwill, geteilt. Er stand D. H. Lawrence und George Bernard Shaw nahe und ließ sich von der Begeisterung für Psychoanalyse anstecken, die die damalige Londoner Literaturelite erfasste. Zusammen mit Ernest Jones gründete Eder die Londoner Psychoanalytische Gesellschaft, die jedoch aufgrund der Erschütterungen, die Carl Gustav Jungs Abspaltungsbewegung bewirkte, nicht lange Bestand hatte.[2]

Bevor Eder von Palästina und der zionistischen Bewegung in den Bann gezogen wurde, war er in Zangwills Auftrag nach Brasilien gereist, um Siedlungsmöglichkeiten für Juden zu erkunden. Er hatte mit Jones die Gründung einer psychoanalytisch orientieren Kolonie in Mexiko geplant, war durch die Anden gezogen, der Spionage angeklagt und von einem Kannibalenstamm gefangen genommen worden.[3] Seine im Zuge der Errichtung des britischen Palästinamandats unternommene Reise nach Palästina als Mitglied der zionistischen Kommission unter der Führung von Chaim Weizmann im Jahr 1918 schien deshalb nicht mehr als eine weitere exotische Eskapade. Doch bereits kurz nach seiner Ankunft übernahm er diverse öffentliche Ämter und stand de facto der Kommission vor, die in den zwei Jahren zwischen der Balfour-Deklaration und der Einrichtung des Vaad Leumi (Nationaler Rat) als autonomes jüdisches Führungsgremium die Geschicke des Jischuw leitete.[4] Seine zahlreichen öffentlichen Betätigungen ließen Eder keine Zeit mehr für die klinische Arbeit, stattdessen flossen seine psychoanalytischen Anschauungen in andere Gebiete ein: Das Waisenkomitee des Jischuw, das unter seiner Führung eingerichtet wurde, schlug neue pädagogische Wege ein, die von der Lehrerschaft nicht geschätzt wurden. Nach vorherrschender Praxis wurden Waisenkinder von eingesessenen Aufnahmefamilien getrennt und unter die Obhut erfahrener Erzieher in Waisenheime gegeben. Demgegenüber wies Eder das Komitee an, die Kinder selbst dann nicht von ihren Aufnahmefamilien zu trennen, wenn die Situation dort in pädagogischer und sozioökonomischer Hinsicht alles andere als optimal war.[5] In einer Studie von 1918 zur Situation der 300 jüdischen Waisenkinder in Jerusalem – die jüdische Bevölkerung Jerusalems umfasste damals 27 000 Menschen – bemerkte Eder, die zionistische Führung ziehe kollektive Erziehungsansätze vor. Sie unterschätze die Bedeutung der Familie und nutze jede Gelegenheit, um die Verantwortung für die Kindererziehung von den Pflegeeltern auf die Gemeinschaft zu verlagern. »Je jünger das Kind zum Zeitpunkt des Todes seiner Eltern, desto lieber nimmt es der Lehrer unter seine Obhut; ein Kind, das beide Eltern verloren hat, ist natürlich interessanter für die Erziehung als ein Kind, dem nur die Mutter oder der Vater fehlt«, stellte er fest.[6] Eder betraute das Waisenkomitee mit der Aufgabe, Aufnahmefamilien für Waisen des Ersten Weltkrieges zu finden und deren Pflege zu überwachen. Längerfristige nationale oder ideologische Ziele wurden nicht berücksichtigt. Das Programm war während Eders Aufenthalt in Palästina und darüber hinaus bis zur Auflösung des Waisenkomitees im Jahr 1928 sehr erfolgreich. Doch in den frühen 1930er Jahren wurden kollektivistische Ansätze erneut stärker gewichtet, und sogar Pädagogen, die mit der psychoanalytischen Theorie vertraut waren, neigten nun dazu, der Gruppe als erzieherischem Umfeld den Vorzug zu geben: Der Gruppenleiter oder Lehrer machte sich mit der Psyche jedes einzelnen Schülers vertraut und entwickelte ein persönliches Verhältnis zu ihm, auf Gruppenebene oder im Rahmen der jeweiligen Erziehungseinrichtung. Der Familie kam in dieser Konstellation nur eine Nebenrolle zu.

Eder wies in seinen Reden und Schriften ausführlich auf die Notwendigkeit hin, dem jüdischen Volk »kulturelle und politische Instinkte einzuimpfen«. Der Jischuw und seine Führung neigten seiner Ansicht nach dazu, »sich ihren Emotionen hinzugeben und disziplinlos zu handeln«.[7] Der zionistische Psychiater und Analytiker Eder gab jenen Kräften Auftrieb, die behaupteten, die politische Not des Jischuw sei eine Art psychische Anomalie. An solchen Standpunkten mangelte es innerhalb der zionistischen Führung wahrlich nicht. Der zionistische Jurist Norman Bentwich, Staatsanwalt in der Mandatsverwaltung, meinte, Eders berufliche Laufbahn sei hauptsächlich von seinem starken Verlangen geprägt, die seelischen Defekte, sei es des notleidenden Individuums oder der Nation in Not, zu kurieren. Als Psychiater im eigentlichen Sinne, ja als Seelendoktor, widme er sich restlos und unvoreingenommen seinem Patienten, dem jüdischen Volk.[8]

Wie bereits oben bemerkt, war die Medikalisierung und Pathologisierung der öffentlichen und politischen Sphäre dem zionistischen Diskurs nicht fremd. Doch in einer Zeit, in der Freuds Schüler mehrheitlich nicht Teil der zionistischen Interpretationsgemeinde waren, die von den physischen und psychischen Defiziten jüdischer Individuen Rückschlüsse auf nationale Pathologien zog, verkörperte David Eder als Persönlichkeit und in seinem Handeln den Archetyp des interdisziplinären Analytikers, der versuchte, seine

Tätigkeit auch auf Bereiche außerhalb des Behandlungszimmers auszuweiten und seine Erkenntnisse im öffentlichen Leben anzuwenden. Er war davon überzeugt, dass die Psychoanalyse nicht nur das Verhältnis der Massen zu ihren Anführern erklären kann, sondern auch das Verhältnis der Anführer zu den von ihnen Geführten. In diesem Zusammenhang erwähnte er die »Aura des Geheimen«, die ihn und andere zionistische Führungspersönlichkeiten umgab:

»In der Zeit, als ich in Palästina ein politisches Amt einnahm, stellte ich fest, dass es mich (und meine Kollegen) stets mit besonderer Befriedigung erfüllte, Zugang zu geheimer Information zu haben, die unter keinen Umständen weitergegeben werden durfte. Ein Vorwand für die Geheimhaltung war schnell zur Hand: Die Leute könnten die Information missbrauchen, oder sie könnte die Öffentlichkeit zu sehr deprimieren usw. – ganz so wie sich Eltern ihren Kindern gegenüber verhalten, wenn es darum geht, ihnen Information, besonders über sexuelle Dinge, zu vermitteln. Selbst als unsere Geheiminformation längst allgemein bekannt war, versuchten wir sie immer noch zurückzuhalten, so wie wir es mit unseren Kindern tun, obwohl wir als Kinder genau dasselbe erlebt haben.«[9]

Eder versorgte seine Kollegen auch mit psychologischen Profilen arabischer Führer. Doch seine Analysen betrafen nicht nur Araber. Als etwa die Briten Zeev Jabotinsky zu 15 Jahren Gefängnis verurteilten und jener die Strafe in Akko abzusitzen begann, forderte David Eder Chaim Weizmann in einem Brief auf, sich energisch für Jabotinskys Freilassung einzusetzen: »Er ist in einem pathologischen Zustand und ich sorge mich ernsthaft um seine seelische Verfassung.«[10]

Eder war ein jüdischer Psychoanalytiker im Dienste der zionistischen Führung, aber mitnichten der einzige zionistische Politiker, der in Freuds Schriften eine theoretische Grundlage für die Konstituierung einer steuerbaren kollektiven politischen Kultur suchte. Arthur Ruppin, der Vater der zionistischen Besiedlung Palästinas, zeigte sich tief beeindruckt von Freuds *Vorlesungen zur Einführung in die Psychoanalyse* von 1923. Er bedauerte auch, zu spät auf die *Massenpsychologie und Ich-Analyse* gestoßen zu sein: »Er [Freud] öffnet mir neue Perspektiven in mein eigenes Seelenleben, in das von Bekannten und weiterhin in das religiöse Leben und die Bedeutung des unbewussten Gefühlslebens überhaupt. Ich bedauere, die Psychoanalyse nicht schon früher studiert zu haben.«[11]

Ruppin stand Eders psychologischen Interpretationen des Orients kritisch gegenüber. Er zweifelte daran, dass ein britischer Jude in der Lage sei, die Araber wirklich zu verstehen – ein Thema, das die Zionisten tendenziell vernachlässigten. »Dr. Eder gab sich, als er hier war, viel Mühe mit diesem

Problem, aber er kann sich nicht zu einem Orientalen umstellen, und ich habe das Gefühl, dass ihm die Arbeit nicht liegt«, schrieb er 1922.[12] Ruppin beschäftigte sich damals sehr intensiv mit Freuds Werken. Nachdem er auf Freuds Arbeit über die Religion *Die Zukunft einer Illusion* gestoßen war, erwog er, selbst über die Rolle von Illusionen in der Weltgeschichte zu schreiben. Es gebe zahlreiche Beispiele solcher Illusionen, und es sei gut möglich, dass sie in der Geschichte eine größere Rolle gespielt hätten als die, die Marx der Produktion zugeschrieben habe.[13]

Ein Psychoanalytiker wie Eder, der stets Zugang zu führenden Zionisten und zu hohen Vertretern der britischen Mandatsverwaltung hatte, hätte einiges tun können, um Fachkollegen zu helfen, sofern sie Interesse an einer Übersiedlung nach Palästina gezeigt hätten. Ein solches Interesse schien zunächst nicht vorhanden gewesen zu sein. Doch schon 1920 berichtete Ernest Jones in einem Rundschreiben an die Mitglieder des Geheimen Komitees über ein Gespräch, das er mit Chaim Weizmann gehabt hatte, in dem der Zionistenführer stolz über jene armen Emigranten aus Galizien sprach, die »ohne Kleider, aber mit dem *Kapital* von Marx in einer Hand und mit Freuds *Traumdeutung* in der anderen Hand« ankamen.[14] Jones und Eder, zwei Freunde, die ein Jahrzehnt zuvor zusammengearbeitet hatten, um die Psychoanalyse in Großbritannien zu verbreiten, mögen geglaubt haben, dass Eders tatkräftige Präsenz und Weizmanns optimistische Berichte ausreichen würden, um die Psychoanalyse in Palästina zu etablieren. Jones meldete nach Wien, er sei unermüdlich bemüht, Eder für »Propaganda in Palästina zu nutzen«.[15] Gleichzeitig gab er Rechenschaft über seine Bemühungen, Weizmann für die finanzielle Unterstützung der anthropologischen Arbeit des Analytikers Géza Róheims zu gewinnen, der sich mit Hypothesen über ursprüngliche Gesellschaftsstrukturen befasste, die, wie Freud in *Totem und Tabu* darlegte, in primitiven Gesellschaften erhalten geblieben seien. Sándor Ferenczi, der Weizmann in New York traf, war ebenfalls beeindruckt von der Fähigkeit des Zionistenführers, Menschen in seinen Bann zu ziehen. Weizmann, schrieb er Freud, offenbare sich als Person, die sich unbewusst mit dem biblischen Josua identifiziere.[16]

Die heterogene ethnische Zusammensetzung der Bevölkerung Palästinas in den 1920er Jahren weckte die Neugier der Psychoanalytiker, selbst jener, denen der Zionismus nicht viel bedeutete. Inzwischen befand sich ein weiterer Schüler Freuds auf dem Weg nach Palästina.

Als Dorian-Isidor Feigenbaum (1887–1937), Mitglied der Schweizer Psychoanalytischen Gesellschaft, seine Absicht bekannt gab, nach Palästina überzusiedeln, wurde diese Nachricht in der intensiven Korrespondenz, die die sieben Mitglieder des Geheimen Komitees 1920 untereinander führten, nur beiläufig erwähnt. Nach vier aktivitätsarmen Jahren hatte die psychoanalytische Bewegung ihre Tätigkeit nun wieder in vollem Umfang aufgenommen. Der Höhepunkt dieser neuen Dynamik war die Gründung einer psychoanalytischen Poliklinik in Berlin, der ersten Einrichtung dieser Art überhaupt. Feigenbaum muss seine Kollegen überrascht haben, als er sie darüber informierte, dass er sich um die Leitung der einzigen psychiatrischen Klinik im entfernten Palästina bewarb, die 1895 von Ezrat Nashim (Frauenloge), der ersten jüdischen Frauenorganisation im Land, gegründet worden war. Feigenbaum erhielt das Amt und wurde überdies zum psychiatrischen Berater der Mandatsverwaltung ernannt. Den Anstoß zu seiner Übersiedlung nach Palästina gab Feigenbaums zionistischer Bruder Aryeh Leopold Feigenbaum, der damals bereits die ophthalmologische Abteilung des Rothschild-Krankenhauses in Jerusalem leitete.

Die Klinik Ezrat Nashim diente einem äußerst heterogenen Patientenkreis, zu dem Syrer, Perser, Ägypter und Sudanesen sowie Juden aus Ost- und Westeuropa und aus der islamischen Welt zählten.[17] Feigenbaum schilderte die psychiatrische Einrichtung sehr kontrastreich, und Otto Rank gab diese Berichte an die anderen Mitglieder des Geheimen Komitees weiter. Das Durcheinander der Sprachen und Kulturen war eine psychoanalytische Herausforderung ganz besonderer Art. Die Ernennung Feigenbaums zum Leiter der Einrichtung schien im unterentwickelten Gesundheitswesen des Jischuw den Beginn einer neuen Ära zu markieren. Durch die systematische Anwendung des Rorschachtests bei verschiedenen Patienten leistete Feigenbaum einen bedeutenden Beitrag zur Erforschung von Psychosen, ein Gebiet, auf dem die meisten Analytiker damals keine klinische Erfahrung besaßen.[18]

Feigenbaum verfasste auch die erste psychiatrische Studie, die die psychischen Krankheiten zionistischer Pioniere und insbesondere die auffallend hohe Suizidrate zu erklären versuchte, die zwischen 1910 und 1923 im Jischuw epidemische Ausmaße annahm. Bis zu 10 Prozent der Todesfälle unter den Siedlungspionieren wurden auf Selbsttötung zurückgeführt.[19]

Feigenbaum warf der Führung des Jischuw vor, die psychischen Probleme der Einwanderer der Dritten Alija zu ignorieren, und wies deren formale Erklärung zurück, wonach die Selbsttötungsfälle die Folge der wirtschaftlichen Not und der schwierigen Lebensbedingungen seien, mit denen sich die Neueinwanderer konfrontiert sähen. In einem Artikel mit dem Titel *Palestine Must Have Sound Nerves* in der Zeitschrift *The Jewish Ledger* schilderte er Fälle von jungen jüdischen Patienten, die in Palästina von ihm behandelt wurden. Ihre traumatische Vergangenheit, so Feigenbaum, mache sie anfälliger für psychische Krankheiten:

»Psychische Schocks, abgerissener Kontakt zur Familie, Hunger, Verfolgung und wiederholte Einberufung zum Militär in den Emigrationsländern in den Jahren 1919–1920 machten die Einwanderer von 1921 und in der ersten Hälfte 1922 anfällig für psychische Störungen aller Art. All die schrecklichen Erfahrungen in ihrer jüngeren Vergangenheit, die nicht als Hauptursache, sondern nur als Auslöser der Krankheit zu betrachten sind, äußerten sich nicht nur in den üblichen Formen von Hysterie, sondern auch durch zahlreiche charakteristische Angstzustände, Neurosen und Zustände psychoneurotischer Verwirrung.«[20]

Unbewusst gespalten zwischen der Verpflichtung, die zionistischen Ideale umzusetzen, und der Sehnsucht nach den Eltern, die ihre Kinder nicht immer freiwillig nach Palästina ziehen ließen, seien die Pioniere in einen »schrecklichen Kampf« mit sich selbst verwickelt. Der Psychoanalytiker sei der einzige Zeuge dieses stummen Kampfes, den der *Chalutz* (Pionier) nicht nur gegen die Malaria und mit dem kargen Boden, sondern auch mit der sehr verständlichen Sehnsucht führen müsse, die seinen Idealen geopfert worden sei.[21]

Trotz dieser Beobachtungen lud Feigenbaum seinen Neffen Leopold Weiss zu sich nach Palästina ein. Er werde die Kosten für die Hin- und Rückfahrt übernehmen und während des Aufenthalts könne der junge Mann in dem »ergötzlichen, alten arabischen Steinhaus« Feigenbaums wohnen.[22]

Der angehende Journalist Weiss hatte zahllose Abende in Wiener Kaffeehäusern verbracht, wo die freudschen Ideen seinen jungen Geist nach eigenem Bekunden »berauschten [...] wie starker Wein«.[23] So nahm er das Angebot seines Onkels, des Psychoanalytikers, ohne Zögern an. Nach kurzer Zeit begann er seine Eindrücke von Palästina in der deutschsprachigen Presse in Europa zu publizieren:

»Es scheint mir, daß für das Nichtgelingen (man kann noch nicht sagen: Mißlingen) des zionistischen Programms tiefere Gründe verantwortlich gemacht werden müssen als seine [wirtschaftliche und politische; Anm. von G. Windhager] Taktik. Zur Beurteilung dieser Bewegung genügt nicht ein Für und Wider die realen wirtschaftlichen Möglichkeiten; denn in den Grundlagen des zionistischen Gedankens selbst liegt das Kranke. Aus dem großen Unglück und der großen Sehnsucht des jüdischen Volks ist nichts anderes herauszuschälen als die Idee einer ›Heimstätte‹ – das ist das Kranke; blind vorbeizugehen an eben diesem Unglück und eben dieser Sehnsucht, ihnen Vorwände zu schaffen, ohne sich nach den letzten Ursachen zu fragen – das ist ja die Krankheit des Judentums selbst!«[24]

War das eine nüchterne Beurteilung des zionistischen Projekts oder die stereotype Selbstgeißelung eines jungen Juden, der soeben aus dem judenfeindlichen Wien eingetroffen war? Die Meinungen in der Familie Feigenbaum waren in dieser Sache geteilt. Einige Familienmitglieder boten eine psychoanalytische Erklärung für Leopolds antizionistische Standpunkte, indem sie seine Feindseligkeit gegenüber der jüdischen Nationalbewegung auf den Hass gegen den eigenen Vater zurückführten, der sich durch Verschiebung zu Abneigung gegen den Glauben seiner Vorväter verwandelt habe.[25] Doch es gibt keinen offensichtlichen Zusammenhang zwischen Leopold Weiss' Ablehnung des Zionismus und dem schleichenden Konvertierungsprozess, dessen Höhepunkt 1926 sein Beschluss war, die jüdische Konfession aufzugeben und zum Islam überzutreten. Er änderte seinen Namen in Muhammad Asad (Abb. 2) und war als Orientalist zunächst Berater des saudi-arabischen Königshofes, später wurde er als Pakistans erster Botschafter bei den Vereinten Nationen bekannt.[26] In seinen Erinnerungen *Der Weg nach Mekka* schildert Muhammad Asad Dorian Feigenbaum als Mann, der »dem Zionismus fern stand, aber auch für die Araber nicht viel Sympathie empfand«,[27] und dessen bürgerlicher Lebensstil ihn dazu gezwungen habe, sogar für ein einziges in Aussicht gestelltes Pfund die Wegstrecke von Jerusalem nach Haifa zurückzulegen.

Eder und Feigenbaum gründeten zusammen eine psychoanalytische Studiengruppe. Zu ihren Mitgliedern zählten der Leiter der späteren Israelischen Nationalbibliothek, Hugo Bergmann, der Augenarzt Aryeh Feigenbaum, der Anwalt Siegfried van Friesland, der als holländischer Konsul in Jerusalem und später als Finanzverwalter der Jewish Agency amtierte, und die Lehrerin Greta Obernik, die als einziges Mitglied der Gruppe der ein Jahrzehnt später gegründeten Psychoanalytischen Gesellschaft Palästinas angehören sollte. Die Gruppe traf sich regelmäßig in Frieslands Haus zur Lektüre und Diskussion psychoanalytischer Literatur.[28] Bergmann, der damals bei Feigenbaum in Behandlung war, entwickelte eine kritische Haltung zu Meir Ya'aris Ansinnen, die psychoanalytische Theorie für die kollektiven Geständniszeremonien zu verwenden, denen sich die Einwanderer der Haschomer Hatzair hingaben. In einem eindringlichen Brief an seinen Freund Robert Weltsch in Berlin schilderte Bergmann eine Entdeckung, die er in Palästina gemacht hatte:

»Ich leide selbst unter diesen Zuständen, wie Du sie beschreibst, so sehr, daß ich einen mir befreundeten Analytiker bat, mich zu analysieren, und er tut das seit zwei Wochen. Ich verspreche mir davon sehr viel, wie ich überhaupt in der letzten Zeit durch den Verkehr mit ihm und das Studium einiger Bücher über Psychoanalyse erst von der ungeheuren Bedeutung der Psychoanalyse für den Einzelnen, aber auch für die Psyche der Massen und das Verständnis der Politiker und vor allem für die Pädagogie überzeugt worden bin. Ich bedauere es jetzt sehr, dass ich nicht in Europa dies an der Quelle studiert habe, obwohl doch Psyche sozusagen mein Fach ist. Jedenfalls erhoffe ich mir viel Selbstklärung und mehr Verständnis meines verwirrten Lebens durch diese Sache.«[29]

Abb. 2: Muhammad Asad (1900–1992).

Doch Bergmanns Enthusiasmus war von kurzer Dauer. Sporadisch publizierte er in der hebräischen Presse Artikel über die Psychoanalyse, worin er Freud mangelnde metaphysische Vertiefung und übertriebenen biologischen Positivismus vorwarf. »Immerhin kann ich mir vorstellen«, schrieb er 1935 in seinem Tagebuch, »dass man hier im Lande die mit der Psychoanalyse verbundenen deduktiven Tendenzen bekämpfen könnte, indem man den Leuten Jung statt Freud geben würde.«[30]

Im Gegensatz zu David Eder, der seine Energie in jenen Jahren größtenteils für die zionistische Aufbauarbeit einsetzte, konzentrierte sich Dorian Feigenbaum darauf, die lokalen Mediziner und das Personal von Ezrat Nashim für die Psychoanalyse zu gewinnen. Er hielt einige Vorträge über Traumdeutung und über Psychopathologie im Alltag, und im April 1923 wurde ihm angeboten, in Jerusalem vor Ärzten, Pädagogen und deutschen Gästen eine Vortragsreihe zum Thema Psychoanalyse zu halten. Die Vortragsreihe »Die Seele im gesunden und kranken Menschen« bestand aus den drei Vorträgen »Das Unbewußte«, »Träume« und »Die moderne Neurosenlehre«. Doch das Publikum reagierte auf den ersten Vortrag so wütend, dass ihm die Klinikleitung die weiteren Vorträge untersagte.[31]

Etwa zur selben Zeit wurde Feigenbaum gebeten, zum Thema »Einführung in die moderne Psychologie« vor Absolventinnen der Hadassah-Schwesternschule zu sprechen. Hadassah war unter dem britischen Palästinamandat die führende Organisation in den Bereichen Präventivmedizin und Hygiene. Im Januar 1924 hielt Feigenbaum an drei aufeinanderfolgenden Tagen Vorträge zu den Themen »Experimentelle Psychologie und Freuds Tiefenpsychologie«, »Das Unbewusste« und »Hypnose, Schlaf und Träume«. Das rege Interesse des Publikums an der Psychoanalyse veranlasste Feigenbaum anschließend noch zu einem weiteren Vortrag über »Kindermasturbation«.

Kurz darauf wurde Feigenbaum seines Amtes enthoben, und die ersten Versuche, die psychoanalytische Theorie in den öffentlichen klinischen Rahmen des Jischuw zu integrieren, fanden ein jähes Ende. Wütend berichtete Bergmann seinem Freund Weltsch über den Zwischenfall:

»Ich schreibe diesen Brief unter dem Eindruck einer Gemeinheit, die soeben an Dr. Feigenbaum, dem Psychiater, verübt worden ist. Er ist plötzlich entlassen worden und an seiner Stelle ein alter Arzt eingesetzt worden, der schon früher im Irrenhaus war. Das ganze ist eine Intrige von ein paar dummen, blöden Frauen von Jerusalem, an deren Spitze Frau Yellin steht und die Einfluss genug haben, um einen modernen, wissenschaftlichen Menschen einfach vor die Tür zu setzen, wenn es ihnen behagt [...]. Es sind hier dieselben Dinge wie in der ganzen Welt, nur daß es hier noch schwerer ist, gegen sie zu kämpfen, weil wir alle abhängig sind. Wenn ich etwa gegen Frau Yellin auftreten wollte, so werde ich morgen in der Bibliothek gekündigt. Manchmal möchte man aus dieser Welt davonlaufen, aber wohin?«[32]

Feigenbaum siedelte in die Vereinigten Staaten über und gründete zusammen mit Bertram Lewin, Gregory Ziboorg und Frankwood Williams die Zeitschrift *Psychoanalytic Quarterly.*

Parallel zum vorzeitigen Rückzug Eders und Feigenbaums aus der psychoanalytischen Szene in Palästina zeichnete ein anonymer Bericht in der Zeitschrift *International Journal of Psychoanalysis* ein düsteres Bild von der Situation der Psychoanalyse in Jerusalem:

»Es sei nicht unerwähnt, dass der analytische Praktiker in Palästina, der einerseits um Positives schwer zu kämpfen hat, sich andererseits dort, wo – wie in den Kreisen der jungen Immigranten – viel zu leicht importierte und modeartig vulgarisierte ›Psychoanalyse‹ unverkennbaren Schaden stiftet, genötigt sieht, klärend: hemmend einzugreifen.«[33]

In New York unternahm Feigenbaum dann noch einen letzten Versuch, die zionistischen Pädagogen mit der psychoanalytischen Sicht des Kindes im Erwachsenen vertraut zu machen. »Ich habe mich stets als Erzieher betrachtet«, schrieb er in der hebräischen Fachzeitschrift *Hed Hachinuch* (Echo der Erziehung), »doch während sich der Pädagoge nur für Kinder im Alter von 5 bis 15 Jahren interessiert, sind die Kinder des Psychoanalytikers zwischen 5 und 70 Jahre alt.«[34] Als er sich 1925 um die Aufnahme in die New York Psychoanalytic Society bewarb, ließ er die Jahre in Palästina in seinem Lebenslauf unerwähnt. Über die Gründe dafür kann man nur spekulieren.[35] Vielleicht befürchtete er, die kurze zionistische Episode in seinem Leben könnte seinem Ruf schaden. Oder wollte er vermeiden, dass die Frauen der Hadassah ihm auch an seinem neuen Wohnort nachstellten?

Freuds Theorien flossen jedenfalls weiterhin in den Jischuw ein, selbst in Abwesenheit klinischer Psychoanalytiker, die von der Bewegung in Europa ausgebildet worden waren. Paradoxerweise erschienen einige von Freuds Arbeiten ausgerechnet in der zweiten Hälfte der 1920er Jahre, auf dem Tiefpunkt des kulturellen und intellektuellen Lebens im Jischuw, erstmals in hebräischer Sprache.

Freud auf Hebräisch

An einem Tag im Oktober 1926 erlebte Hugo Bergmann »eine kleine Freude«, über die er seinem Berliner Freund Robert Weltsch noch am selben Tag berichten wollte: Einige Fakultätsmitglieder des arabischen Lehrerseminars seien in die Nationalbibliothek gekommen und hätten Bücher von Freud und Jung leihen wollen.[36] Die Übersetzung von Freuds Schriften in andere Sprachen spielte in der Rezeption der Psychoanalyse außerhalb des deutschsprachigen Kulturkreises eine wichtige Rolle.[37] Freud war an der Übersetzung seiner Werke sehr interessiert und schrieb eine Vorrede zu den hebräischen Ausgaben von zweien seiner Werke.

Die Übersetzung psychoanalytischer Literatur vom Deutschen ins Hebräische ist nicht nur im Zusammenhang mit der Rezeption von Freuds Ideen im Jischuw zu sehen, sondern auch im breiteren kulturellen Kontext der Übersetzung deutscher Werke ins Hebräische in der ersten Hälfte des 20. Jahrhunderts. Die Renaissance der hebräischen Sprache war wesentlicher Bestandteil des modernen jüdischen Nationalgedankens. Von Zionisten wurde erwartet, in dieser Sprache zu schreiben, und bedeutende Werke wurde ins Hebräische übersetzt.[38] Juden osteuropäischer Herkunft waren in der Übersetzungs- und Verlegertätigkeit im Jischuw führend. Auch nach der ersten größeren Einwanderung deutscher Juden, der Fünften Alija in den 1930er Jahren, wurden fast alle Übersetzungen vom Deutschen ins Hebräische von osteuropäischen Juden angefertigt. Es handelte sich vor allem um Klassiker, Werke jüdischer Autoren und solche, die als erzieherisch wertvoll angesehen wurden. Der Anteil der übersetzten Werke in den verschiedenen Kategorien hing von den jeweiligen ideologischen und nationalen Umständen ab. Zwei Jahrzehnte vor der Gründung des Staates Israel erschienen zahlreiche Werke deutschsprachiger Intellektueller in hebräischer Sprache. Theodor Herzl war der beliebteste Autor dieser Kategorie. Zwanzig seiner Bücher erschienen in dieser Zeit auf Hebräisch. Den zweiten Platz belegte Max Nordau, Freud den dritten. Von ihm wurden in jener Zeit acht Werke in hebräischer Sprache veröffentlicht.[39] Zur Veranschaulichung dieser Zahlen sei erwähnt, dass in derselben Zeitspanne in Palästina rund fünfzig Artikel in hebräischer Sprache publiziert wurden, die sich direkt oder indirekt mit Nietzsche befassten, der zu den beliebtesten und am meisten gelesenen Denkern im Jischuw zählte. Freud und seiner Theorie waren dagegen über einhundert Artikel gewidmet.[40]

1928 war ein schwieriges Jahr für den Jischuw. Das Land war in eine schwere Wirtschaftskrise geraten, die sich auch auf das intellektuelle Leben auswirkte. Doch 1928 war auch das Jahr, in dem Freuds *Massenpsychologie und Ich-Analyse* (1921) als erstes seiner Bücher in hebräischer Übersetzung erschien (Abb. 3). Dass die Wahl ausgerechnet auf diesen Titel fiel, ist nicht ohne Weiteres nachzuvollziehen, da er nicht leicht verständlich und weder ein klinisches noch ein metapsychologisches Werk ist. Im Gegensatz zu den meisten anderen Werken Freuds, bei denen die Motive der Entstehung und die Schwierigkeiten, die den Autor dabei begleiteten, leicht ersichtlich sind, bleiben hier Ursprung und Motivation unsicher. Freud berichtete Sándor Ferenczi im Jahr 1919 in einem Brief, er habe, inspiriert von einem simplen Einfall, versucht, eine psychoanalytische Grundlage für die Massenpsychologie zu konstruieren. Die *Massenpsychologie und Ich-Analyse* entstand in der Zeit, als Freud seine Theorie komplett revidierte und dabei ein dualistisches Triebkonzept entwickelte. Doch zwischen diesem und nachfolgenden Werken scheint es abgesehen von der chronologischen Ebene kaum einen Zusammenhang zu geben. Seinem Inhalt nach ist es früheren Arbeiten wie *Totem und Tabu* (1912/13), *Zur Einführung des Narzissmus* (1914) und *Trauer und Melancholie* (1917) zuzuordnen. Es nimmt auch Bezug auf Freuds präanalytische Schriften aus der Zeit seines Gaststudiums bei Charcot, wo er die Kraft der Suggestion und der Hypnose kennenlernte, die für die französische Psychiatrie des neunzehnten Jahrhunderts so zentral waren.

Massenpsychologie und Ich-Analyse ist der Untersuchung der Beziehung zwischen Gruppen und ihren Anführern gewidmet. Freud zeigt, dass die Psychologie der Massen als Funktion der Veränderung des seelischen Zustandes

Abb. 3: Sigmund Freud (1856–1939).

der Individuen zu deuten ist. Dem Werk kommt eine Schlüsselfunktion für das Verständnis von Freuds politischem Denken zu. Zwar beruht es auf anderen Teilen der klinischen psychoanalytischen Theorie, wie sie sich in den Jahren vor dem Ersten Weltkrieg entwickelt hatte, doch ist es als politisch-soziales Manifest ein eigenständiges Werk.[41]

In *Totem und Tabu* legt Freud dar, dass die Rebellion der Mitglieder eines Stammes gegen den Urvater, der ihre sexuellen Ansprüche unterdrückt, unweigerlich zu einer sozialen Organisation, einer Art Gesellschaftsvertrag führt. Die Rebellion gegen den Stammesältesten löse bei den Mitgliedern des primitiven Stammes Schuldgefühle aus und wecke das Verlangen nach einer symbolischen paternalistischen Ordnung. Als Freud seine Arbeit über die Massenpsychologie begann, stand ihm die Psychologie des Ich als Grundlage für das Verständnis des gesellschaftlichen Zusammenhalts zur Verfügung, den die Menschen aus Gründen anstrebten, die nicht im rationalen und utilitaristischen Bereich anzusiedeln seien. In *Totem und Tabu* untersucht Freud die Abwehrmechanismen, die der Mensch den Urtrieben entgegenstellt, womit dieser die Entstehung neurotischer Verzerrungen begünstige. In *Massenpsychologie und Ich-Analyse* betrachtet er diese Schutzmechanismen wiederum als lebensnotwendige unbewusste Faktoren, die zum Ich gehören und zur gesunden Entwicklung des Individuums und seines Anpassungsvermögens beitragen. Freud zufolge verhält sich eine Masse als solche ausschließlich irrational. Demnach erlaubt sich das Individuum in der Gruppe Verhaltensweisen, die es sich als Einzelmensch nicht erlauben würde. Andererseits könne der Einfluss der Gruppe das Individuum auch auf eine höhere moralische Ebene heben. Die Gruppe sei geprägt von der Hingabe an die Sublimation, aber auch von der Neigung zu rücksichtslosen und totalitären Idealen. Der Wandel, den ein Individuum in einer Gruppe durchlaufe, sei somit darauf zurückzuführen, dass die Unterdrückungs- und Verdrängungsmechanismen der Gruppe auf die Triebe des Individuums wirkten.

Welche Kräfte stehen sich bei der Auseinandersetzung des Individuums mit der Gruppe gegenüber? Hier ersetzt Freud die – von früheren massenpsychologischen Modellen betonte – Suggestion, die von der Gruppe und deren Anführer genutzt wird, um das Individuum zu beeinflussen, durch die Libido des Triebmodells. Er verbindet den Ödipuskomplex, wie er in der Entwicklung des Individuums zur Geltung kommt, mit dem Identifikationsprozess des Individuums mit der Gruppe. Der psychologische Mechanismus der Identifikation nimmt in Freuds Abhandlung eine zentrale Funktion ein. Die Identifizierung des Individuums mit den Gruppenzielen ist demnach die direkte Fortsetzung der Verinnerlichung der Vaterfigur, der Höhepunkt des Ödipuskomplexes. Während Freud in seinen Werken nie von der Dominanz der Triebe und der ödipalen Dynamik als den Ursachen des menschlichen Verhaltens abrückte, sind seine Formulierungen hinsichtlich der verinnerlichten Objekte im Geistes- und Liebesleben des Individuums etwas komplexer. Hier entwickelt Freud eigene Erklärungen zur Entwicklung von Konzepten wie Gerechtigkeit und Gleichheit. Gerechtigkeit wird als Transformation des Neidgefühls betrachtet. Durch Gerechtigkeit, schreibt Freud, spreche man sich und anderen Vorrechte ab, die man ursprünglich nur anderen vorzuenthalten versuche.

Freud unterstreicht die Wirkung libidinöser Kräfte für den Zusammenhalt in der Gruppe und die Hinwendung zum Anführer. Der Persönlichkeit des Anführers misst er hingegen nur wenig Bedeutung bei. Da die Präsenz des Urführers Bestandteil der Psychologie der Individuen sei, aus denen sich die Gruppe zusammensetzt, scharten sich diese Individuen um einen symbolischen, überirdischen Anführer, dessen Autorität sich auf den jeweiligen irdischen Anführer überträgt. Mose war eine solche ahistorische Führungsgestalt, und tatsächlich wird der hebräische beziehungsweise ägyptische Mose, der Anführer der alten Hebräer, auch in diesem Werk kurz erwähnt. In *Massenpsychologie und Ich-Analyse* bezeichnet Freud Mose – 15 Jahre vor der Veröffentlichung seiner Gedanken zu dessen ägyptischem Ursprung –

als archetypischen Führer, der zwischen der Gruppe und dem göttlichen Urvater vermittelt.

Freud zeigt in seinem Werk auf, dass niemand, weder das Ich noch die anderen, für das Leid »verantwortlich gemacht« werden könne, das das Leben in der Gesellschaft mit sich bringe. Die Kräfte der Phylogenese und der Evolution seien im noch jungen rationalen Zeitalter stärker als die Kräfte des Verstandes. Regeln und Reformen reichten nicht aus, um sie außer Kraft zu setzen. Aus Freuds Sicht spielt es keine Rolle, wie Menschen ihr Zusammenleben organisieren. Kein Versuch, dieses Zusammenleben beziehungsweise das Verhältnis zwischen Menschen und ihren Anführern neu zu gestalten, könne die inhärent irrationalen Komponenten der gesellschaftlichen Existenz überdecken und den gordischen Knoten durchschlagen, der die Psychologie des Individuums mit der Psychologie der Masse verbinde.

Die hebräische Ausgabe von *Massenpsychologie und Ich-Analyse* wurde vom Verband der Hebräischen Lehrer herausgegeben. Es stellt sich die Frage, weshalb der Verband ausgerechnet dieses Werk gewählt hat, um das gebildete hebräischsprachige Publikum mit der psychoanalytischen Theorie vertraut zu machen. Es könnte daran gelegen haben, dass sich dieses Werk mit den Ursprüngen der sozialen Gerechtigkeit und der Stammesbildung beschäftigt, mit zwei Themen also, die den Erziehern im Jischuw wichtig waren. Im Gegensatz zur sozialistisch geprägten nationalen Anschauung der aus den Arbeiter- und Landwirtschaftssiedlungen in Palästina hervorgegangenen Mehrheit der jüdischen politischen Elite vertraten die Lehrer liberalere Ansichten. Von seiner Gründung im Jahr 1903 bis zu den 1930er Jahren genoss der hebräische Lehrerverband relative Autonomie und seine Mitglieder hatten einen gewissen Sonderstatus. Der hebräische Lehrer – das Adjektiv steht hier auch für das nationale Kulturprogramm – wurde als Vorkämpfer der sprachlich-kulturellen Renaissance des jüdischen Volkes und dementsprechend als moralische Instanz empfunden.[42] Kurze Zeit nach Erscheinen wurde die Übersetzung zur Pflichtlektüre für die Erzieher des Jischuw erklärt. In diesem Werk behandelte Freud den Zusammenhang zwischen Privatheit und Öffentlichkeit, zwischen der subjektiven, individuellen »Politik des Geistes« und der *body politic,* also dem Gemeinwesen. Freud stellt auch die beiden Achsen, um die sich Ideologien wie die zionistische drehen, einander gegenüber: einerseits den Narzissmus, der sich zu Gemeinschaftssinn und Gruppensolidarität transformiert, andererseits die Aggressivität gegenüber jenen, die dem Stamm nicht angehören.

Zahlreiche Arbeiten über die Rolle des kollektivistischen Ethos junger Menschen im Jischuw und die frühen Einwanderungsschübe in Palästina zeigen, dass die Verpflichtung, die das Individuum gegenüber den erklärten

Zielen der Gruppe empfand, ständig auf die Probe gestellt wurde und der Stamm sich gegenüber Einzelnen, die von den gemeinsamen Idealen abwichen, wenig tolerant erwies. Das Bestreben des Individuums wurde nur so lange akzeptiert, wie es der Einheit der Gruppe und deren Zusammenhalt diente und mit den Gruppenzielen vereinbar war.[43] Ein brutales soziales Kontrollregime dominierte jeden Aspekt der Privatsphäre: Umgangssprache, Kleidung, das Verhältnis zwischen Mann und Frau, Beziehungen zwischen den Gruppenmitgliedern und Umgangsformen, also Bereiche, für die sich politische Kräfte normalerweise nicht zuständig fühlten. Freuds Werk sei besonders jenen zur Lektüre empfohlen, die »nationales Gedankengut propagieren und an der Verbreitung neuer Ideen teilnehmen«, vermerkte eine Rezension beim Erscheinen des Buches.[44]

Sigmund Freud reagierte auf die Nachricht des Vorsitzenden des Hebräischen Lehrerverbandes Aviezer Yellin über das Erscheinen der hebräischen Ausgabe seines Werks erfreut, aber auch mit einer gewissen Zurückhaltung:

»Mit besonderer Genugtuung habe ich die Übersetzung meiner Massenpsychologie in unsere heilige Sprache zur Hand genommen. Ich, unwissendes Kind einer vorzionistischen Zeit, kann sie leider nicht lesen [...]. Noch mehr beglückt mich Ihre Zusage, daß diese Übersetzung einer kleinen aus der Schar meiner Arbeiten herausgegriffenen Schrift nicht vereinzelt bleiben wird. So darf ich hoffen, daß das Befremden, welches die erste Wirkung eines psychoanalytischen Buches zu sein pflegt, bald anderen und freundlicheren Einstellungen weichen mag.«[45]

Zwei zentrale Motive prägen diese Zeilen, die Freud in Berlin verfasste, wo er sich für eine erneute Operation zur Entfernung eines Krebsgeschwürs in der Mundhöhle aufhielt. Das erste Motiv ist sein schwieriges Verhältnis zum Judentum und zum Zionismus. Er nennt das Hebräische »unsere heilige Sprache«, um sich unmittelbar anschließend als »Kind der vorzionistischen Zeit« zu charakterisieren, ganz als wolle er seinem zionistischen Briefpartner mitteilen, dass er, Freud, nur ein entfernter Verwandter sei, ein Landsmann zwar, aber auch ein Fremder. Seine Voraussage hinsichtlich der Aufnahme dieser Übersetzung beim Publikum war zutreffend: Die Reaktionen auf *Massenpsychologie und Ich-Analyse* waren geteilt. »Die Tage, in denen das Publikum mit Herzklopfen das Erscheinen jedes neuen Werks des Weisen von Wien erwartete, sind vorbei«, schrieb ein Kritiker und fügte hinzu:

»Angesichts der Tatsache, dass der intellektuelle Aufruhr, den Freuds Entdeckungen ausgelöst haben, an uns vorbeigezogen ist, ohne uns zu betreffen, ist die Wahl des Texts durch den Übersetzer sicherlich zu begrüßen, der, auch wenn er nicht die neueste Strömung reflektiert, vor allem jenen zu empfehlen ist, die über Demokratie sprechen und schreiben. […] Die Übertragung Freuds vom Deutschen ins Hebräische ist ein steiniges Feld, das wir lange bearbeiten müssen, bis wir eine wissenschaftliche, präzise hebräische Sprache haben, die verständlich, allen vertraut und von den meisten Fachleuten akzeptiert ist.«[46]

Hugo Bergmann veröffentlichte einen Artikel, in dem er neben zahlreichen Übersetzungsfehlern die Passagen auflistete, die der Übersetzer seiner Meinung nach missverstanden hatte.[47] Etwa zur selben Zeit veröffentlichte Bergmann zwei Betrachtungen zur psychoanalytischen Theorie in der Tagespresse. Einen dieser Artikel sandte er Freud, der ihm versprach, ihn ins Deutsche übersetzen zu lassen.[48] Den zweiten – kritischeren – Artikel schickte er nicht nach Wien. Bergmann kritisierte darin die reduktionistischen Aspekte der freudianischen Psychoanalyse. Diese sehe nur das Individuum und ignoriere das von ihm verinnerlichte soziale Gefüge. Die Neurose des freudianischen Individuums könne auch dadurch geheilt werden, dass die »Ganzheit des Bewusstseins hergestellt« werde, mit anderen Worten, indem die Verdrängung beseitigt werde, die das bewusste Selbst daran hindere, Ganzheit zu erlangen. Doch Freud, so Bergmann, ignoriere den Fakt, dass das Individuum nicht mehr als ein »Teil des umfassenden Bewusstseins, eine Zelle in einem Königreich der Zellen« sei. Die freudianische Analyse bezwecke somit die Verdrängung eines Teils der Realität des individuellen Lebens, nämlich den Fakt, dass das Individuum nicht die absolute Grundeinheit sei.[49]

Der Wunsch, nicht materielle und nicht kausale Elemente in Freuds Psychologie und Epistemologie einzufügen, weckte bei Bergmann immer mehr Vorbehalte gegenüber Freuds biologischem Positivismus. In seinem Argument, wonach »die Wirkung des Ich auf das Du nicht im Materiellen stattfindet, sondern vielmehr direkt, sozusagen durch die unstofflichen Kanäle, die uns alle verbinden«,[50] wird der bedeutende Einfluss von Buber (und Fichte) auf sein Denken deutlich. Aus der Perspektive der psychoanalytischen Theorie der damaligen Zeit war die Idee, dass sich Individuen zu einer »Geisteseinheit« verbinden, ein mystisches Konzept von der Sorte, die Freud von seiner Theorie fernzuhalten bestrebt war. Doch wie Hermann Cohen sah auch Bergmann keinen Widerspruch zwischen dem Gottglauben und dem Rationalismus. Er stellte sich deshalb gegen Freuds Beharren darauf, dass religiöser Glaube jeder Art der Ausdruck einer infantilen Wunschvorstellung sei. In einem Artikel zum Anlass des dreißigsten Todestages von Freud würdigte er dessen Skepsis, merkte aber auch an, seine Religionskritik habe nicht auf demselben Niveau gestanden wie sein wissenschaftliches Werk und sein metaphysisches Denken.[51]

Im Jahr, in dem die hebräische Ausgabe von *Massenpsychologie und Ich-Analyse* erschien, bat der Übersetzer Yehuda Dvir-Dwosis Freud um die Erlaubnis, weitere Werke zu übersetzen. Er hatte dieses Projekt während seiner Amtszeit als Sekretär des Hebräischen Lehrerverbandes begonnen. Der aus der Ukraine stammende Dvir-Dwosis war den größten Teil seines Lebens als Hebräisch- und Bibellehrer tätig. In den frühen 1930er Jahren beherbergte er zudem einen psychoanalytischen Lesezirkel. Seine Korrespondenz mit Freud wurde später durch Telefongespräche zu Übersetzungsfragen ergänzt. Da Dwosis über keinen eigenen Telefonanschluss verfügte, pflegte ihn Freud zu verabredeten Zeiten in einem Kaffeehaus im Jerusalemer Stadtteil Ein Kerem anzurufen.[52] Das Bild, das der oben zitierte Brief Freuds an Yellin zeichnet, wird durch einen Brief von Freud an Dwosis ergänzt:

»Es ist mir eine außerordentliche Freude und Genugtuung, daß einige meiner Bücher in hebräischer Sprache erscheinen werden. Mein Vater sprach die heilige Sprache wie Deutsch oder besser. Mich ließ er in voller Unwissenheit über alles, was das Judentum betrifft, aufwachsen. Erst als reifer Mann begann ich ihm darob zu grollen. Ich hatte aber schon früher mich als Jude gefühlt unter dem Einfluss des deutschen Antisemitismus, dessen natürlicher Einbruch in meine Universitätszeit fiel.«[53]

Die Übersetzung war nicht nur deshalb von Bedeutung, weil sie die Ideen der Psychoanalyse auch hebräischsprachigen Lesern zugänglich machte, besonders der jüngeren Generation, die mit Hebräisch aufwuchs und die europäischen Sprachen nicht mehr fließend beherrschte. Sie diente auch dazu, Freud im Jischuw offiziell zu sanktionieren und ihn auf die kulturelle und ideologische Tagesordnung der zionistischen Elite zu setzen. Als Folge dessen wuchs das Interesse an der Psychoanalyse als Behandlungsmethode. Mehrere Psychiater, die weder eine psychoanalytische Ausbildung absolviert hatten noch Mitglieder der IPV waren, bemühten sich sehr, ihre Patienten nach psychoanalytischen Grundsätzen zu behandeln. Sie zögerten nicht, Freud direkt anzuschreiben oder Zeitschriftenbeiträge zu publizieren. Der erste in einer offiziellen Zeitschrift der psychoanalytischen Bewegung publizierte klinische Artikel eines Autors aus dem Jischuw erschien in derselben Ausgabe wie Freuds Aufsatz über den Fetischismus. Es handelte sich um einen Beitrag aus Tel Aviv mit dem Titel *Analyse eines Coitus-interruptus-Traumes*.[54] Die Themenwahl war typisch für die Mischung aus Leidenschaft und Unbehagen, die den Jischuw bei der Begegnung mit Freuds Ideen befiel.

Ein Brief Freuds an Dr. Havkin aus Jerusalem, der einen Artikel mit dem Titel *Ein Fallbeispiel des Verliebens* zur Veröffentlichung vorgelegt hatte, veranschaulicht, wie stark Freud die Veröffentlichungspolitik nach wie vor selbst bestimmte:

»Ich habe den Eindruck, daß Sie Ihre Liebesgeschichten darum für interessanter halten als die anderer Leute, weil in ihnen Männer die Geliebten sind. Darin teilen wir Ihre Meinung nicht. Wenn Sie aber die Aufmerksamkeit unseres Kreises als ein Fall von glücklich überwundener Dementia Praecox (Schizophrenie) in Anspruch nehmen, so stellen Sie sie als solche dar, nicht in Tagebuchblättern, sondern in einer verständlichen Krankengeschichte, die dann bei meinen ärztlichen Redakteuren gewiss Würdigung finden wird.«[55]

Über Mäuse, Araber und Telepathie

Immanuel Velikovsky, der 1924 von Berlin nach Palästina übergesiedelt war und dort bis 1939 lebte, gab den Lesern von *Imago* und *Die Psychoanalytische Bewegung* Gelegenheit, sich ein Bild von seiner Anwendung der Theorien Freuds im Laufe seiner klinischen Arbeit in Palästina zu machen. Wie manch andere jüdische Leser Freuds – und im völligen Gegensatz zum ausdrücklichen Wunsch des Meisters – richtete Velikovsky sein Augenmerk auf Freuds Traumtheorie und deren Beziehung zum Judentum.[56]

Ein Jahr später veröffentlichte er seine Erkenntnisse über den Zusammenhang zwischen dem Unbewussten seiner Patienten und der Neubelebung der hebräischen Sprache in der von Freud herausgegeben Zeitschrift *Imago.* In dem Artikel *Kann eine neu erlernte Sprache zur Sprache des Unbewussten werden?* legte Velikovsky dar, dass für Personen, die die hebräische Sprache nur teilweise beherrschten, die Sprachsymbolik vom Klang der Wörter und nicht von ihrer wörtlichen Bedeutung bestimmt werde.[57] Hebräische Wortspiele in Träumen von russisch-, arabisch- oder jiddischsprachigen Patienten setzten sich aus Wortklängen zusammen, die sowohl dem Hebräischen als auch der Muttersprache der Träumenden entnommen seien. Velikovsky führt hierzu das Beispiel einer jiddischsprachigen Patientin an, die in der Nacht vor einer Lotterieziehung von Mäusen träumte. Das jiddische Wort für Mäuse sei *Maislech,* das dem hebräischen *mazalekh* (»dein Glück«) ähnlich sei und den Wunsch der Patientin zum Ausdruck bringe, die Lotterie zu gewinnen. Ein anderes Beispiel betrifft einen Patienten, der davon geträumt hatte, dass Mäuse in seinem Körper wühlten. Velikovsky interpretierte das als »Gewissensbisse«. Mäuse seien Nagetiere, hebräisch *mekharsemim,* wörtlich »Nager«. Wenn Russischsprachige von Gewissensbissen redeten, sagten sie wörtlich, ihr Gewissen »nage« an ihnen. In der unbewussten Symbolsprache äußere sich dieses Gefühl also im Bild der Mäuse, die am Körper des Träumenden nagten.

Eine weitere Anwendung solcher lexikografischen Methoden betraf den Traum eines Familienvaters aus dem nördlichen Landesteil, der an Impotenz litt und zur psychotherapeutischen Behandlung für einige Wochen nach Tel

Aviv gekommen war. Der Träumende wurde von einem Mann angesprochen, der Kalk kaufen wollte. »Warum sorgst du dich darum«, fragte er den Mann, »dort bei deinem Haus ist doch eine Grube voll Kalk.« Nachdem ihm der Traum erzählt worden sei, habe Velikovsky den Patienten gefragt, ob er kürzlich einer Frau ein Geschenk gemacht habe, um ihr Herz zu erobern, worauf dieser verlegen geworden sei. Er habe seine Frau, der er immer treu gewesen sei, zu Hause gelassen. In Tel Aviv habe er dann eine Frau kennengelernt, der er sich mittels eines Geschenkes anzunähern versucht habe. Die Frau sei darauf jedoch nicht eingegangen. Vor seinem Gewissen habe er sich dadurch gerechtfertigt, dass er das Behandlungsresultat, die Zurückerlangung der Potenz, habe prüfen müssen. Velikovsky erklärte seinem Patienten die Mehrdeutigkeit seines Traumes so: *Sit* bedeute auf Arabisch »Frau«, und im Traum wolle er *sid* (das hebräische Wort für »Kalk«), also eine Frau »kaufen«. Sein Gewissen antworte ihm, er habe genug *sid* – also eine Frau – zu Hause.

Ein anderer Patient Velikovskys befand sich in einem gerichtlichen Streit mit einem arabischen Nachbarn über ein Grundstück. In einer Nacht habe der Patient dann von Mäusen geträumt, die in einen Eimer gefallen seien und versucht hätten, durch ein Loch im Deckel des Eimers zu entkommen. Darauf habe der besorgte Träumende das Loch mit einer Steinplatte abgedeckt. Velikovsky stufte diesen Traum als Meisterstück hebräisch-arabischen Wortspiels ein. Das hebräische Wort *akhbar* (»Maus«) sei mit dem arabischen *khbar* verwandt, das sowohl »Bittsteller« oder »Ankläger« als auch »Maus« bedeute. Mäuse nun seien ein häufiges Motiv in Träumen von Arabern gewesen, die in einen Rechtsstreit verwickelt gewesen seien. Die arabischen Nachbarn hätten versucht, über die Ländereien des Patienten »herzufallen«, die sich an einem Ort namens Chor al-Wasa (im Hebräischen bedeutet *chor* »Loch«) befinden, und sie in Besitz zu nehmen. Somit habe er sich veranlasst gesehen, ihnen eine Falle zu stellen (»lehapil otam bapach«, wörtlich »sie in einen Eimer zu stoßen«). Tatsächlich hatte der Patient kürzlich darüber nachgedacht, wie er die Behörde davon überzeugen könne, dass das umstrittene Land ihm gehöre. Sein Plan war, eine Straße nach Chor al-Wasa zu bauen, um seinen Besitzanspruch zu untermauern.

Velikovsky fasste seinen Beitrag zur Trauminterpretation in Palästina so zusammen:

»[D]as Denken bei einem Teil der neu eingewanderten jüdischen Bevölkerung in Palästina [geht] auch im Unbewußten bereits in hebräischer Sprache vor sich [...]. Das häufige Vorkommen der Wortspiele im Hebräischen, das uns auch bei der Denkweise der Traumdeutungskunst der alten Hebräer aufgefallen ist, ist wohl mit der Denkweise der jüdischen Rasse verbunden; auch die Neigung zu Vergleich und Witz stammt aus derselben Quelle.«[58]

Im jüdischen Palästina war die Sprache des Unbewussten nicht wie irgendeine andere Sprache strukturiert, sondern es war die Sprache der Propheten.

Einen systematischeren und psychodynamischeren Versuch, psychoanalytische Modelle auf die Untersuchung der sprachlichen Eingliederung von Neueinwanderern in die neue Heimat anzuwenden, unternahm der nach Großbritannien emigrierte Erwin Stengel, ein ehemaliges Mitglied der Wiener Psychoanalytischen Vereinigung. Die erste Veröffentlichung Stengels nach seiner Aufnahme in die British Psychoanalytic Society beschäftigte sich, seinem früheren Interesse an der Aphasie entsprechend, mit den psychologischen Mechanismen beim Erwerb einer neuen Sprache. In vielen, so Stengel, schlummere die Hoffnung, dass ihre Sprache überall gesprochen werde, weshalb sie eine gewisse Verachtung für die neue Sprache hegten. Sie seien ernsthaft davon überzeugt, dass ihre Muttersprache die beste Sprache sei, die einzige, die eine der Realität angemessene Ausdrucksvielfalt zulasse. Die neue Sprache werde oft als arm und irgendwie primitiv angesehen. Die »fremdsprachigen« Formulierungen würden als falsch empfunden. Der ethnisch-atavistisch-nationale Unterton, der Velikovskys Analyse prägte, fehlt in Stengels Diskussion ganz:

»Der Erwachsene, der einem fremdsprachigen Idiom begegnet, wird zu einer Regressionsbewegung gezwungen, das heißt zu einer Bewegung in Richtung des primären Prozesses, der der Enstehung des Idioms zugrunde lag. Sein Widerstand gegen manche Idiome ist vergleichbar mit dem Widerstand von Patienten gegen die Analyse ihrer Träume. Wir vergessen Idiome so, wie wir Träume vergessen, und empfinden fremdsprachige Idiome als seltsam, weil sie uns zu dem bildhaften Denken zwingen, das wir sowohl als Verlockung als auch als Gefahr erleben.«[59]

In seiner Korrespondenz mit Laienlesern in Palästina gab sich Freud in der Regel neugierig, bescheiden und großzügig. Er begnügte sich nicht mit Höflichkeitsfloskeln, ging auch auf wenig fundierte Aussagen ein – und nutzte sie, um seine Ideen einem breiteren Publikum zu erklären.

Dr. Yochanan Lewinson, ein Zahnarzt, der 1933 von Berlin nach Palästina emigriert war und Mitglied des Kibbuz Givat Brenner wurde, schrieb Freud im August 1936 einen Brief, vor allem um ihm seinen Dank mitzuteilen. Dank der Psychoanalyse sei er in der Lage gewesen, einige bedeutsame Entscheidungen in seinem Leben zu treffen und eine akademische Karriere in Deutschland zugunsten eines gemeinschaftlichen Lebens in einem Kibbuz in Israel aufzugeben. Lewinson sprach aber auch einige Fragen an, die Freud drei Jahre zuvor in der *Neuen Folge der Vorlesungen zur Einführung in die Psychoanalyse* behandelt hatte.

Die erste Frage betraf die Rolle des Nachtschrecks *(Pavor nocturnus)* in der psychoanalytischen Traumtheorie. Es handelt sich um eine Schlafstörung, bei der die betroffene Person nachts aufschreckt und in kurze Panik verfällt. Solche Träume, die den Schlaf von Personen mit traumatischen Neurosen (oder mit posttraumatischen Belastungsstörungen, wie sie im heutigen psychiatrischen Jargon heißen) stören, stehen offensichtlich im Widerspruch zu Freuds Grundschema der Traumbildung, wonach in Träumen unbewusste Wünsche erfüllt werden.

Nachschreckepisoden stellen für die Theorie ganz klar ein Problem dar, da sie das Gegenteil von Wunscherfüllung zu sein scheinen. Wie Freud selbst versuchte auch Lewinson, das Phänomen mit Freuds konzeptionellem Bezugsrahmen in Einklang zu bringen. Er wies darauf hin, dass bei Personen, die an traumatischer Neurose litten, Angstträume die Funktion der Aufarbeitung traumatischer Erfahrungen haben konnten, wodurch sie zum Abbau von Emotionen beitrügen, die sich durch die traumatisierende Situation aufgestaut hätten.

Eine weitere Frage, die Lewinson Freud gegenüber ansprach, betraf die Telepathie, ein Phänomen, das in Freuds Werk unter »Träume und Okkultismus« behandelt wird. Während der blutigen arabischen Revolte 1936–1939 gelangte Lewinson zu der Ansicht, dass einige arabische Dorfbewohner in Palästina über telepathische Kräfte verfügten:

»Ich kann bestätigen, daß während der jetzigen Unruhen hierzulande die Araber manchmal so schnell Kenntnis von Ereignissen haben, daß keine andere Möglichkeit der Nachrichtenübermittlung als eben die auf dem Wege der Gedankenübertragung in Betracht gezogen werden kann. Nach bestimmten Andeutungen scheint der Vorgang so vonstatten zu gehen, daß bestimmte Personen als Sender, und wieder Andere als Empfänger funktionieren. Näheres zu erfahren war unmöglich, also auch unter welchen Bedingungen die Sendung, bzw. der Empfang stattfindet. Diese Erscheinungen dürften ein dankbares Forschungsgebiet für einen Psychoanalytiker darstellen; er müßte allerdings sehr vertraut sein mit Sprache und Kultur der in Frage stehenden arabischen Bevölkerung.«[60]

Freud kam die Gelegenheit, seinen Standpunkt zu diesen Themen erneut klarzustellen, sehr gelegen. Innerhalb von zwei Wochen erhielt Lewinson eine ausführliche Antwort auf seinen Brief:

»Ich bin ganz Ihrer Meinung. Diese Angstträume sind Bewältigungsversuche, Abreaktionen. Ich wußte es auch und muß es an anderer Stelle einmal ausgesprochen haben. Weiß nicht mehr, warum ich in dem Kapitel Revision der Erörterung ausgewichen bin. Wir dürfen ja nicht die grundlegende Definition des Aristoteles vergessen, daß wir ›Träumen‹ jede geistige Tätigkeit heißen, die im Schlafzustand vorfällt, so daß wir auch auf andere Leistungen gefaßt sein müssen, als der Wunscherfüllung dienen. Die psychische Bewältigung des Unerledigten ist eine Funktion, die vor die Wunscherfüllung fällt, sie ist sozusagen ›Jenseits des Lustprinzips‹. Sie beeinflußt auch die Auswahl des Traummaterials. Natürlich wird dieses traumatische Unerledigte im Traum wiederholt, um es in Wunscherfüllung umzusetzen, aber dieser Versuch mißglückt in der Regel ohne analytische Nachhilfe [...]. Der Sachverhalt ist, ich glaube an die Telepathie, aber nicht gern, ich habe die Abneigung gegen das sog. Okkulte nicht ganz überwunden und fordere darum weitere Beweise. Diese ließen sich auf dem von Ihnen bezeichneten Weg wahrscheinlich erbringen. Seitdem ich beachte, wie sich meine liebe Hündin, die Chow, in gewissen Situationen benimmt, ist mein Unglaube um ein Stück mehr abgebröckelt.«[61]

Freud machte keinen Hehl aus seiner Neugier im Hinblick auf abergläubische Vorstellungen und scheinbar übernatürliche Phänomene. Es war eine Faszination, die er mit C. G. Jung und Sándor Ferenczi teilte. Letzterer schrieb Freud, er beabsichtige nach Wien zu kommen und sich als »Hofastrologe der Psychoanalytiker« vorzustellen. Bei einer anderen Gelegenheit begleitete Ferenczi Freud zu einer Gedankenleserin in Berlin. Beide waren tief beeindruckt von den telepathischen Fähigkeiten der Frau. Freud zweifelte nicht daran, dass sogenannte übernatürliche Phänomene durch physikalisch-energetische Prozesse erklärt werden können, aber die Wissenschaft, so Freud, sei noch nicht in der Lage sie zu messen. So beschloss er, dem ohnehin schon umfangreichen Werk der *Traumdeutung* in der dritten Auflage von 1910 eine Abhandlung über »prophetische und telepathische Träume« anzufügen. Wilhelm Stekel ging noch einen Schritt weiter und widmete telepathischen Träumen eine ganze Monografie. Während Jung und Ferenczi die Erforschung übernatürlicher Phänomene in die Psychoanalyse integrieren wollten, taten Ernest Jones und Max Eitingon alles in ihrer Macht stehende, um Freud in diesem Punkt zurückzuhalten, manchmal offenbar mit Erfolg. Doch Experimente mit Telepathie und Gedankenlesen, die Freud mit seiner Tochter Anna und mit Ferenczi durchführte, führten ihn zur Einsicht, dass »diplomatische Erwägungen beiseite geschoben werden sollten« und Telepathie im Kontext der Traumtheorie zu behandeln sei. »Mir graut auch vor dem saueren Apfel [Okkultismus], aber es wird sich nicht vermeiden lassen, hineinzubeißen«, schrieb er Eitingon.[62] Auch Jones teilte er mit, diesmal unmissverständlich, dass er sich die Richtung der psychoanalytischen Forschung weder durch die öffentliche Meinung noch durch Kritik seiner Schüler vorschreiben lasse: »Wenn jemand meinen Sündenfall anführt, antworten Sie ihm ganz ruhig, daß meine Konversion zur Telepathie meine Privatsache ist, ganz wie mein Judentum, meine Leidenschaft für das Rauchen und für viele andere Dinge.«[63]

Freud wandte sich also wieder seinem alten Interesse zu und veröffentlichte zwei Artikel: *Träume und Telepathie* (1922) und *Psychoanalyse und*

Telepathie (1934). Sie ließen keinen Raum für Zweifel. Wie für einen Psychoanalytiker angemessen, war er bei der Betrachtung wissenschaftlicher Phänomene, die andere eher dem Bereich des Okkulten und Übernatürlichen zuordneten, bereit, einen Mittelweg zwischen Skepsis und Beweismittel, Zweifel und Überzeugung einzuschlagen.

Zionismus als Geisteszustand

In den frühen 1920er Jahren galt Freud als große jüdische Persönlichkeit. Seine Unterstützung der nationalen Aspirationen des jüdischen Volkes hätte dem Anliegen des Zionismus in den Gemeinden der Diaspora und in der Weltöffentlichkeit einigen Auftrieb geben können. Obwohl Freud den Ansatz einiger seiner Schüler ausdrücklich ablehnte, das psychoanalytische Projekt mit politischen Herausforderungen oder dem geschlechtsbezogenen Selbstverständnis der Juden in Zusammenhang zu bringen, ist kaum zu bestreiten, dass die »Judenfrage« auf Freuds intellektueller Tagesordnung immer größere Bedeutung erlangte. Von Zeit zu Zeit wurde Freud auch zu seiner Meinung über die nationalen Bestrebungen der Juden im Palästina unter der britischen Mandatsverwaltung befragt. Seine öffentlichen Äußerungen zu beiden Themen hatten einen gewissen Einfluss auf die Einstellung der Intellektuellen des Jischuw gegenüber seinen Theorien und gegenüber denjenigen seiner Schüler, die sich dieser Gemeinschaft anschlossen. Freud war ganz klar kein politischer Zionist, weder vor der Machtübertragung an Hitler noch danach. Wenn sich Freuds enigmatische Äußerungen zur jüdischen Frage mit einer Hauptströmung des zionistischen Denkens deckten, dann vermutlich am ehesten mit Aḥad Ha'ams Kulturzionismus. Von allen zionistischen Denkern unter Freuds Zeitgenossen war es Aḥad Ha'am gewesen, der das Paradox der jüdischen Existenz besonders prägnant formulierte, ohne das jüdische Zugehörigkeitsproblem als Krankheit zu brandmarken und eine sofortige historische Lösung anzubieten. Der Rationalist aus Odessa erkannte, dass sich die »normale« Zugehörigkeit, nach der sich seine Glaubensgeschwister so sehr sehnten, weder durch die Verdrängung der jüdischen Geschichte und Tradition noch durch die Wandlung antiker jüdischer Mythen in eine ewige transzendentale Gegenwart erreichen ließ. Der spirituelle Zionismus, wie er von Aḥad Ha'am vertreten wurde, war unter den Ideologien, die der Zionismus auf der Suche nach einem (psychologisch fundierten) Lösungsmodell für die besonderen Umstände des jüdischen Volkes hervorbrachte, die am stärksten analytisch ausgeprägte.

Gleichwohl konnte er im praktischen Lebensalltag der Juden kaum unmittelbare Wirkung entfalten.[64]

Freuds Zionismus war aber noch psychologischer und noch strukturalistischer als jener Aḥad Ha'ams. Er ist vor allem als Geisteshaltung zu verstehen und nicht als politischer Standpunkt. »Eigentlich freut mich jetzt nur die Einnahme von Jerusalem und das Experiment der Engländer mit dem auserwählten Volke«, schrieb er Karl Abraham, nachdem er von der Balfour Deklaration vom 2. November 1917 erfahren hatte, die das Wohlwollen der britischen Regierung gegenüber der Errichtung einer jüdischen Heimstätte in Palästina zum Ausdruck brachte.[65] In einer Grußbotschaft anlässlich der Einweihung der Hebräischen Universität 1925 schrieb Freud trocken: »Es bedrückt mich, dass mich meine schlechte Gesundheit daran hindert, an den Eröffnungsfeierlichkeiten der jüdischen Universität in Jerusalem teilzunehmen.«[66] Doch Ende 1933 versuchte er nicht mehr, zu verbergen, dass es vor allem der emotionale Faktor war, der ihn an einer solchen Reise hinderte. Er schrieb Judah Magnes, dem Präsidenten der Universität: »Eine Reise nach Jerusalem ist für mich nicht etwa schwierig, doch mit Opfern ausführbar, sondern sie ist psychisch unmöglich.«[67] Freud lehnte auch die Bitte der Universität ab, ihr nach seinem Tod seine Schriften zu vermachen, und wies den Vorschlag, einen Beitrag in einer von der Universität herausgegebenen hebräischen Zeitschrift zu publizieren, kategorisch zurück:

»Ich habe aus meinen Sympathien für die Sache des Judentums und für eine Universität in Jerusalem nie ein Geheimnis gemacht. Aber die Publikation von Arbeiten aus den verschiedensten Wissensgebieten scheint mir eher eine Demonstration als ein für die Wissenschaft zweckmäßiger Vorgang, insofern diese Arbeiten nicht wirklich gemeinverständlich sind. Meine eigenen Arbeiten aus dem Spezialgebiet der Psychoanalyse veröffentliche ich in den von mir herausgegebenen Zeitschriften […]. An anderen Stellen würde man sie nicht suchen; sie gingen für meine Leser verloren, während sie den Lesern der Hebräischen Zeitschrift unverständlich bleiben müssen. Ich habe also kein Anrecht darauf, mich Ihnen als ständiger Mitarbeiter anzutragen.«[68]

Daniel Boyarin unternahm einen bemerkenswerten Versuch, Freuds wenige Äußerungen zugunsten des Zionismus in den Kontext des Diskurses über das sexuelle Selbstverständnis jüdischer Männer zu stellen. Er behauptete, nicht der Wunsch, das jüdische Volk nach Palästina zurückzuführen, habe Freuds innere Welt geprägt, sondern vielmehr der – wohl unbewusste – Wunsch »nach *Phallostine*« zurückzukehren – das heißt, die Rückkehr zu ungehemmter Maskulinität, frei von jüdischer Kraftlosigkeit und Feminität.[69]

Nicht nur Freud und seine Schüler empfanden den Zionismus als Ideologie mit maskuliner Ausstrahlung. Als Ernest Jones erfuhr, dass die Frau eines Sohnes von Freud einen Jungen gebar, gratulierte er dem Professor mit folgender ironischer Zeile: »Ein weiterer Gewinn für den Zionismus!«[70]

Gestützt wird die Behauptung, dass Freud ein »psychologisch-emotionaler« Zionist war, auch von den Vorworten, die er für die hebräischen Ausgaben zweier seiner Werke schrieb. 1930 verfasste er ein kurzes Vorwort zur hebräischen Übersetzung der *Neuen Folge der Vorlesungen zur Einführung in die Psychoanalyse,* worin er auch die Frage historischer Kontinuität von jüdischer Antike und modernem hebräischem Leser ansprach und dabei seine eigene Person in den Mittelpunkt stellte, eine Person, die des Hebräischen nicht mächtig war:

»Dem hebräisch lesenden Publikum und insbesondere der wißbegierigen Jugend wird durch dieses Buch die Psychoanalyse im Gewand jener uralten Sprache vorgestellt, die durch den Willen des jüdischen Volkes zu neuem Leben erweckt worden ist. Der Autor hat eine gute Vorstellung davon, welche Arbeit der Übersetzer dabei zu leisten hatte. Er braucht den Zweifel nicht zu unterdrücken, ob wohl Moses und die Propheten diese hebräischen Vorlesungen verständlich gefunden hätten. Ihren Nachkommen aber, – zu denen er selbst zählt, – für die dieses Buch bestimmt ist, legt der Autor die Bitte vor, nicht zu rasch nach den ersten Regungen von Kritik und Mißfallen mit Ablehnung zu reagieren.«[71]

Die Tatsache, dass seine Werke auf Hebräisch erschienen, berührte Freud offensichtlich. Doch sie hinderte ihn auch nicht daran, einen ziemlich subversiven Gedanken zu äußern: Hätten Mose und die Propheten seine Einführungsvorlesungen in hebräischer Sprache verstanden? Freud war einerseits in keiner Weise davon überzeugt, dass diese biblischen Figuren überhaupt Hebräer, also die Vorfahren der Juden waren. Andererseits betrachtete er sich selbst und seine Hebräisch lesenden Zeitgenossen als ihre geistigen Nachfahren. Er schrieb 1932 an Arnold Zweig:

»Palästina hat nichts gebildet als Religionen, heiligen Wahnwitz, vermessene Versuche, die äußere Scheinwelt durch innere Wunschwelt zu bewältigen, und wir stammen von dort (obwohl sich einer von uns auch einen Deutschen glaubt, der andere nicht), unsere Vorfahren haben dort vielleicht durch ein halbes Jahrtausend, vielleicht ein ganzes, gelebt (aber auch dies nur vielleicht), und es ist nicht zu sagen, was wir vom Leben in diesem Land als Erbschaft in Blut und Nerven (wie man fehlerhaft sagt) mitgenommen haben.«[72]

Während Freud das Vorwort zu den *Vorlesungen zur Einführung in die Psychoanalyse* als »bedacht und sachbezogen« charakterisierte, verfasste er für die hebräische Ausgabe von *Totem und Tabu* ein Vorwort in »wärmerem Ton«.[73] In diesem Text, der in einem Jahr geschrieben wurde, in dem er den größten Teil seiner Energie für sein Werk über Mose verwendete, und fünf Jahre bevor diese Arbeit veröffentlicht wurde, thematisierte Freud eine Frage, die er auch in *Der Mann Moses und die monotheistische Religion* behandelte.

»Keiner der Leser [der hebräischen Fassung] dieses Buches wird sich so leicht in die Gefühlslage des Autors versetzen können, der die heilige Sprache nicht versteht, der väterlichen Religion – wie jeder anderen – völlig entfremdet ist, an nationalistischen Idealen nicht teilnehmen kann und doch die Zugehörigkeit zu seinem Volk nie verleugnet hat, seine Eigenart als jüdisch empfindet und sie nicht anders wünscht. Fragte man ihn: Was ist an dir noch jüdisch, wenn du alle diese Gemeinsamkeiten mit deinen Volksgenossen aufgegeben hast?, so würde er antworten: noch sehr viel, wahrscheinlich die Hauptsache. Aber dieses Wesentliche könnte er gegenwärtig nicht in klare Worte fassen. Es wird sicherlich später einmal wissenschaftlicher Einsicht zugänglich sein.«[74]

Freud erwähnt in einem Atemzug die hebräische Sprache, die jüdische Religion und den jüdischen Nationalismus. Da er diese drei Elemente seiner Zugehörigkeit alle aufgegeben hatte, konnte er keine klare Aussage mehr darüber machen, worauf seine Verbindung zum Judentum beruhte. Doch seine kokettierende Ambivalenz hinderte ihn nicht daran, dem Leser eine der überraschendsten Definitionen dieser Zugehörigkeit vorzustellen, die man von einem modernen säkularen Juden erwarten konnte, nämlich dass das Fehlen dieser Elemente sein Jüdischsein nicht vermindere, sondern vielmehr verstärke. Freud war nicht bereit, die Sache als hoffnungslos abzuschreiben und sie dem Reich des Unerforschlichen und Geheimnisumwobenen anheimzustellen. Die beiden letzten Sätze, in denen er seine Hoffnungen auf den wissenschaftlichen Fortschritt setzt, dürften die Leser seiner psychologischen Texte nicht überraschen. In großen Teilen seiner Theorie suchte er nach biologischen Gesetzmäßigkeiten für psychologische Phänomene. Damit akzeptierte er die Konventionen des Rassendiskurses des späten 19. Jahrhunderts, der die »jüdische Rasse« und die jüdische Zugehörigkeit vor allem als wissenschaftliche Konzepte sah. Doch in seinem Werk über Mose präsentierte er eine eigene analytische Lösung des Rätsels der jüdischen Zugehörigkeit. Gewiss, man kann den Schlusssatz seines Vorworts als Beispiel von »Ausweichrhetorik« gegenüber seinem hebräischsprachigen Publikum werten. Aber genau besehen entwarf er ein radikales Modell, das Sprache und ethnische Zugehörigkeit als Belanglosigkeiten darstellt, die die Sicht auf das eigentliche Wesen des Judentums verstellen. Diese freudianische Interpretation deutet auf die Identifizierung des »Mannes Freud« mit dem »Mann Moses« hin. Beide befinden sich an der Nahtstelle zwischen Zugehörigkeit und Fremdsein, am Grat zwischen dem Politischen und dem Psychologischen. So wie Mose kein Jude sein musste, um das Judentum zu begründen, hing Freuds individuelles und subjektives Jüdischsein nicht von konventionellen Stammesmerkmalen ab. Dass Freud Wert darauf legte zu betonen, dass von seiner Identifikation mit den jüdischen »Volksgenossen« nicht auf die Identifikation mit deren nationalen Bestrebungen in Palästina geschlossen werden konnte, kam 1930 deutlich zum Ausdruck, als er sich nach einer Welle blutiger arabischer Angriffe auf Juden in Palästina im Vorjahr weigerte, an einer PR-Kampagne des zionistischen Gründungsfonds Keren Hajessod teilzunehmen. Er nutzte sogar die Gelegenheit, seine Vorbehalte gegenüber den nationalen Bestrebungen des jüdischen Volkes in Palästina deutlich zu machen:

»Ich kann Ihrer Bitte nicht entsprechen. Meine Abneigung, die Öffentlichkeit mit meiner Persönlichkeit zu beschäftigen ist nicht zu überwinden und der gegenwärtige kritische Anlaß scheint mir nicht einmal geeignet dazu. Wer eine Menge beeinflussen will, muß ihr etwas Volltönendes, Enthusiastisches zu sagen haben und das gestattet meine nüchterne Beurteilung des Zionismus nicht. Ich habe gewiß die besten Sympathien für freie Bestrebungen, bin stolz auf unsere Universität in Jerusalem und freue mich des Gedeihens unserer Siedlungen. Aber andererseits glaube ich nicht, daß Palästina jemals ein jüdischer Staat werden kann und daß die christliche wie die islamitische Welt je bereit sein werden, ihre Heiligtümer jüdischer Obhut zu überlassen. Mir würde es verständiger erscheinen, ein jüdisches Vaterland auf einem historisch unbelasteten Boden zu gründen, ich weiß zwar, daß man für eine so rationale Absicht nie die Begeisterung der Massen und die Mittat der Reichen gewonnen hätte. Auch gebe ich mit Bedauern zu, daß der wirklichkeitsfremde Fanatismus unserer Volksgenossen sein Stück Schuld trägt an der Erweckung des Mißtrauens der Araber. Gar keine Sympathie kann ich für die mißgedeutete Pietät aufbringen, die aus einem Stück der Mauer von Herodes eine nationale Reliquie macht und ihretwegen die Gefühle der Einheimischen herausfordert.

Urteilen Sie selbst, ob ich bei so kritischer Einstellung die richtige Person bin als Tröster des in einer unberechtigten Hoffnung erschütterten Volkes aufzutreten.«[75]

Der Begründer der Psychoanalyse konnte den Holocaust in Europa freilich nicht voraussehen, von dessen Folgen für die Realisierung des Mythos der Rückkehr in das Land der biblischen Vorväter ganz zu schweigen. Doch seine Worte, so scharf sie scheinen mögen, offenbaren keinerlei ideologischen Widerspruch zur jüdischen Nationalbewegung. Er beschuldigte weder die jüdischen Siedler als Gruppe, die einzige Quelle politischer Aufstachelung zu sein, noch stellte er sich grundsätzlich gegen die territoriale Ausformung des jüdischen Nationalgedankens. Im Gegenteil, er äußerte sich pragmatisch zum jüdischen Siedlungsprojekt und war nicht gegen die jüdische Nationalstaatlichkeit per se, sondern gegen ihre Umsetzung in Palästina. Sein Argument ist im Grunde sowohl praktischer als auch psychologischer Natur. Er erwähnt die »historische Last« Palästinas und die zu erwartende Weigerung der christlichen und muslimischen Gemeinden, ihre Heiligtümer jüdischer Obhut zu überlassen. Die große Bedeutung, die die Führung des Jischuw dem Einfluss von Freuds Ansichten auf die öffentliche Meinung beimaß, spiegelt sich auch in der Antwort des Direktors des Keren Hajessod in Wien, Chaim Koffler, auf die Bitte des Direktors der Nationalbibliothek in Jerusalem, Avraham Schwadron, um Überlassung des Originals von Freuds ablehnender Antwort für die Handschriftensammlung der Bibliothek:

»Zur Sache selber ahnen sie kaum, wie sehr ich mich auf eine Gelegenheit freuen würde, Ihnen einen Wunsch zu erfüllen. Allein in diesem Falle muß ich Ihren Vorschlag ablehnen. Der Brief Freuds ist bei aller Herzlichkeit und Wärme für uns doch ungünstig. Und da es in Palästina keine Geheimnisse gibt, so wird er gewiß aus der Autographensammlung der Universitätsbibliothek den Weg in die Öffentlichkeit finden. Wenn ich dem Keren-Hajessod schon nicht nützen kann, so halte ich mich doch für verpflichtet, ihm zumindest nicht zu schaden. Sollten Sie jedoch selber sich die Handschrift ansehen wollen, um sie mir dann zu retournieren, so will ich Ihnen diese Handschrift durch eine Touristin, die nach Palästina fährt, Frau Dr. Manka Spiegel, übersenden, die mir die Überbringerin nachher zurücksenden wird.«[76]

Koffler war wie andere führende Zionisten sehr an der Unterstützung durch den Säkularismus und die Aufklärung interessiert, die Freud verkörperte. Doch gleichzeitig sahen sich die Fürsprecher des Zionismus gezwungen, so zu handeln wie Koffler und Verschweigungs- und Verdrängungsmechanismen zu entwickeln, um Freuds komplexer Haltung zur Dialektik zwischen Logos und Mythos zu begegnen, wie sie in der menschlichen Psyche zum Ausdruck kommt – und in der jüdischen Existenz.

3. Berlin ist uns verloren

»Es gibt, wie ich mich überzeugt habe, in der geheimen Staatspolizei, in welcher ich bisher äußerst selbstbewusst aufgetreten bin, keine Rubrik ›Psychoanalyse‹, wohl aber eine Rubrik ›Psychoanalytiker‹.«

Felix Boehm, 1935

Während die Psychoanalyse im Ersten Weltkrieg als Bewegung fast zu existieren aufgehört hatte, errang sie zwischen 1918 und der Machtübertragung auf die Nationalsozialisten in Deutschland 1933 bedeutende Erfolge. Freuds Schüler verbreiteten seine Lehre in Wien, Prag, Budapest, Amsterdam, Berlin, London, Bombay, Chicago und New York. Die psychoanalytische Bewegung, einst eine kleine Gruppe brillanter, aber kaum wahrgenommener Intellektueller, hatte sich zu einer geistigen Elite gewandelt, deren Stimme in breiten Schichten der Gesellschaft gehört wurde und benachbarte Disziplinen in den Sozial- und Geisteswissenschaften beeinflusste.

Als Hitler an die Macht kam und sein Arisierungsprogramm einleitete, sahen sich die psychoanalytischen Gesellschaften mit Herausforderungen konfrontiert, auf die sie nicht vorbereitet waren. Rund 90 Prozent der etwa 200 Psychoanalytiker, die in den 1930er Jahren in Mitteleuropa wirkten, wanderten zwischen 1933 und 1939 aus. Diese Migration hatte weitreichende Folgen. Die Organisationsstruktur der Bewegung und der Charakter der psychoanalytischen Gesellschaften in anderen Ländern, vor allem in den Vereinigten Staaten und in Großbritannien, die die meisten Exilanten jener Zeit aufnahmen, wurde stark verändert.[1]

Beim Ausbruch des Zweiten Weltkrieges zählte die IPV 560 Mitglieder. Davon lebten 30 Prozent in den Vereinigten Staaten, der Rest gehörte einer der zwölf anderen Gesellschaften in Dänemark/Norwegen, Deutschland, Finnland/Schweden, Frankreich, Großbritannien, Indien, Italien, Japan, den Niederlanden, Österreich/Tschechoslowakei, Palästina, der Schweiz und Ungarn an. Während des Krieges waren die Verbindungen zwischen diesen lokalen Gesellschaften und der internationalen Vereinigung beinahe unterbrochen, und 1942 hatten einige europäische Gesellschaften nicht einmal eine offizielle Adresse.[2]

Durch die Einwanderung deutschsprachiger Psychoanalytiker wurde die Solidarität innerhalb der Bewegung zuweilen starken Belastungen ausgesetzt. Die psychoanalytischen Gesellschaften im Westen, die die Flüchtlinge vom europäischen Festland aufnahmen oder sich, wie oft geschehen, weigerten oder es nur widerwillig taten, realisierten, dass der Strom von Neuankömmlingen mit anderen Anschauungen und Lebensgeschichten die Bewegung als Ganze tiefgreifend veränderte. Für die geflüchteten Psychoanalytiker war die Aufnahme in die psychoanalytischen Gesellschaften der jeweiligen Länder von entscheidender Bedeutung. Davon hing ab, ob sie ihren Beruf weiter ausüben konnten und ein Auskommen fanden. In manchen Fällen erteilten die Aufnahmeländer nur jenen Neuankömmlingen eine Einwanderungs- oder Aufenthaltsgenehmigung, die nachweisen konnten, dass die dortige Fachgemeinde bereit war, sie aufzunehmen und ihren Lebensunterhalt zu garantieren. Für die Männer und Frauen, die damals aus Mitteleuropa flüchteten, konnte diese Aufnahme lebensrettend sein. Beim Studium der Protokolle der verschiedenen Komitees, die sich mit der Aufnahme von Immigranten beschäftigten, und der Korrespondenz unter Freuds Schülern entsteht der Eindruck, dass die Machtkämpfe, die innerhalb der psychoanalytischen Bewegung ausgefochten wurden, teilweise einer psychologischen Schutzfunktion gleichkamen.[3] Charakteristisch für die Heftigkeit der theoretischen Dispute in den Kriegsjahren war das Beispiel der Britischen Psychoanalytischen Vereinigung. Die ideologische Debatte zwischen den Freudianern und Kleinianern während der kontroversen Diskussionen wurde so hitzig geführt, dass Donald Winnicott seine Kollegen und Kolleginnen unterbrechen musste, um sie darauf aufmerksam zu machen, dass ein Luftangriff im Gange war.[4]

Max Eitingons Niedergang

Bildete das Wien des Fin de Siècle den fruchtbaren Boden für die Entstehung der Psychoanalyse, war das Berlin der 1920er Jahre das Milieu, in dem die Disziplin ihre entscheidende Entwicklung durchlief. Die Berliner Psychoanalytische Poliklinik veränderte den Status von Freuds Schülern. Die kleine Gruppe weitgehend isolierter jüdischer Intellektueller entwickelte sich zu einer Gesellschaft, deren Mitglieder ehrenamtlich einen Teil ihrer Zeit und Energie dafür einsetzten, wirtschaftlich schwächeren Großstadtbewohnern zuzuhören und ihre Sorgen und Nöte zu behandeln.[5]

Aufstieg und Fall der Berliner Psychoanalytischen Poliklinik erstreckten sich über einen Zeitraum von nur 14 Jahren. Gegründet im Februar 1920, fand sie 1934 mit der Emigration fast aller Mitarbeiter ein jähes Ende. So wie die unmittelbaren Bedürfnisse der Weimarer Republik eine Basis für das Gedeihen der Poliklinik bildeten, bewirkte das politische Klima nach der Machtübergabe an die Nationalsozialisten im Januar 1933 eine radikale Veränderung ihres Wesens und kurz darauf ihre Schließung.

Weitgehend von Max Eitingons privaten Mitteln getragen, ermöglichte die Berliner Psychoanalytische Poliklinik ärmeren Bevölkerungsschichten psychoanalytische Behandlung zu ermäßigten Preisen oder unentgeltlich. Gleichzeitig diente die Klinik als Ausbildungseinrichtung für angehende Psychoanalytiker. In ihr wurde erstmals ein dreiteiliges psychoanalytisches Ausbildungsprogramm angewandt, das als Eitingon-Modell bekannt wurde und bis heute Ausbildungsstandard ist. Es besteht aus einer theoretischen Ausbildung, einer Lehranalyse durch einen erfahrenen Psychoanalytiker und der psychoanalytischen Behandlung von Patienten unter der Aufsicht erfahrener Mitarbeiter der Poliklinik.[6]

Auf dem siebten Psychoanalytischen Kongress, der 1920 in Berlin stattfand, wurde beschlossen, den Abschluss einer psychoanalytischen Ausbildung zur Bedingung für die Mitgliedschaft in psychoanalytischen Gesellschaften zu machen. Dem Berliner Beispiel folgend, setzten auch die älteren Gesellschaften – jene in Wien und London – Unterrichtskomitees ein. 1925 wurde das Internationale Unterrichtskomitee der IPV gegründet, dessen Vorsitz Eitingon bis zu seiner Auflösung 1938 innehatte.[7] Die Standardisierung der Ausbildung steigerte das Ansehen der psychoanalytischen Institute Berlins, Wiens und Londons, führte aber auch zu Reibungen und Disputen zwischen den einzelnen Gesellschaften. Aufgrund der reichen klinischen Erfahrung ihrer Mitglieder wurde die Berliner Gesellschaft als Hauptautorität im Bereich der psychoanalytischen Ausbildung anerkannt. Dem Lehrkörper gehörten neben Eitingon und Karl Abraham auch Franz Alexander, Alice Balint, Siegfried Bernfeld, Paul Federn, Otto Fenichel, Edith Jacobson, Melanie Klein, Wilhelm Reich, Theodor Reik und Ernst Simmel an. Das Berliner Institut war zudem das erste, das Frauen in die psychoanalytische Bewegung aufnahm. Seine Mitbegründerin Karen Horney wurde die erste Lehranalytikerin des Instituts.[8] Die Gründung des Berliner Psychoanalytischen Instituts führte zur ersten systematischen Diskussion von grundlegenden therapeutischen Parametern wie der Dauer der Analyse, Kosten, Indikation oder dem Verhältnis zwischen der Psychoanalyse und anderen psychiatrischen und psychotherapeutischen Behandlungsmethoden. Das Behandlungshonorar wurde in Absprache mit dem Patienten nach dessen Einkommen und Zahlungsfähigkeit festgelegt. Eitingon bestand darauf, dass Therapeuten kein finanzielles Interesse an der Behandlung haben dürfen, und zögerte nicht, diese Forderung auch gegenüber führenden Kollegen durchzusetzen, die anderer Meinung waren. Anna Smiliansky, die später mit Eitingon nach Palästina übersiedelte, stand ihm und Simmel als vollamtliche Assistentin zur Seite. Zwölf Stunden am Tag ohne Unterbrechung geöffnet, wurden in der Poliklinik 300 Behandlungsstunden pro Woche durchgeführt. Die Altersspanne der Patienten lag zwischen fünf und sechzig Jahren, ebenso groß war die Vielfalt der Diagnosen. Mehr als fünfzig Kinder unter zehn Jahren wurden zur Behandlung angenommen und verschafften Melanie Klein die Gelegenheit zu Pionierstudien im Bereich der Kinderanalyse. Das Budget der Poliklinik wuchs in den ersten Jahren stetig, doch nur 10 Prozent der laufenden Ausgaben wurden von Behandlungsgebühren gedeckt. Eitingon, der das Fehlende aus seinem Privatvermögen bestritt, war stolz auf das aussagekräftige statistische Datenmaterial, das in der Klinik zusammengetragen wurde und die psychoanalytische Disziplin in der Bestrebung um Anerkennung in medizinischen Kreisen unterstützte.

Die Pionierarbeit Eitingons und seiner Kollegen entkräftete die Argumente, die die Gegner der Psychoanalyse in ihrer Frühzeit vorbrachten, weitgehend. So wurde behauptet, Freuds Theorien seien suspekt, weil sie auf Erkenntnissen beruhten, die aus der Untersuchung einer nicht repräsentativen Bevölkerungsgruppe, gemeint waren jüdische Frauen der Mittelschicht, gewonnen worden seien. Weiter sei eine effektive psychoanalytische Behandlung nur in privaten Praxen möglich, unter den Bedingungen einer öffentlichen Klinik könne sie nicht funktionieren. Auf dem Höhepunkt ihrer Tätigkeit wurden in der Poliklinik 120 Patienten gleichzeitig analytisch behandelt. Im Januar 1930 berichtete Eitingon, dass in der Klinik seit ihrer Eröffnung insgesamt 721 Personen eine Psychoanalyse durchlaufen hätten.[9]

Das Berliner Institut war fast von Anfang sowohl innovativ als auch konservativ orientiert. Es beherbergte Studienzirkel mit verschiedenen analytischen Ansätzen. Im Berlin der Weimarer Republik, nicht im kaiserlichen Wien, unternahm die Psychoanalyse ihre ersten Schritte als sozialkritische Theorie. Eines der bedeutendsten Foren, die aus dem Institut hervorgingen, war das sogenannte Kinderseminar, das von Otto Fenichel über ein Jahrzehnt geleitet wurde. Es handelte sich hierbei nicht um eine Einrichtung für die Analyse von Kindern, sondern um ein Seminar für junge Psychoanalytiker, die eine klinische Ausbildung durchliefen. Doch wandelte es sich allmählich zu einer Gruppe, die sich der psychoanalytischen Gesellschaftskritik aus einer sozialistischen Perspektive verschrieb. Fenichel war der Vordenker der politischen Psychoanalyse und blieb es auch nach seiner Übersiedlung in die Vereinigten Staaten. Gern spottete er über manche orthodoxen Freudianer, die nicht begriffen, dass ein Patient etwa seinen Arbeitsplatz nicht nur aufgrund unbewusster Konflikte, sondern auch aus rein sozioökonomischen Gründen verlieren könne.[10]

1930 feierte das Berliner Psychoanalytische Institut sein zehnjähriges Bestehen. Schon damals war offensichtlich, dass die umstrittene siebenköpfige psychoanalytische Oligarchie – das Geheime Komitee, das die psychoanalytische Bewegung in ihrer Frühzeit gesteuert hatte – zwar nicht mehr aktiv war, die organisatorischen Entscheidungen aber nach wie vor ausschließlich von drei Schlüsselfiguren – Anna Freud, Ernest Jones und Max Eitingon – getroffen wurden.[11] Anlässlich der Jubiläumsfeier hielt Freud eine für ihn untypische Laudatio auf Eitingon, der im selben Jahr seinen fünfzigsten Geburtstag feierte.[12] In der emotionalen Rede zitierte Freud einige Zeilen von Ludwig Uhlands Gedicht *König Karls Meerfahrt:* »Der König Karl am Steuer saß / Der hat kein Wort gesprochen / Er lenkt das Schiff mit festem Maß / Bis sich der Sturm gebrochen.« Doch zu jenem Zeitpunkt war noch kein Sturm am Horizont. Freud konnte nicht ahnen, dass Eitingon, der stumme Steuermann, sein Schiff bald zum selben Ziel steuern würde wie König Karl und seine zwölf Genossen in Uhlands Ballade – ins Heilige Land.

Freud schenkte Eitingon das Manuskript von *Das Unbehagen in der Kultur.*[13] In dieser Arbeit legt Freud dar, dass die Entwicklung der Kultur mit einem Glücksverlust auf der bewussten Ebene und mit wachsenden Schuldgefühlen auf der unbewussten Ebene verbunden sei. Das Unbehagen, das die menschliche Existenz begleitet, ist nach Freud die Folge seines unbewussten Schuldgefühls. *Das Unbehagen in der Kultur* war kein subversives politisches Manifest, doch Freud nutzte das Konzept des Unbewussten offensichtlich, um die Unterscheidung zwischen Kultur und Zivilisation infrage zu stellen, die von Historikern oft als eines der grundlegendsten und problematischsten Konzepte des deutschen Denkens der vergangenen zwei Jahrhunderte betrachtet wird. Die deutsche Idee, wonach Kultur und Zivilisation divergente Konzepte darstellen, wurde unterschiedlich gedeutet. Die wichtigste Deutung besagt, dass das deutsche Bürgertum die Erniedrigung, den Mangel an politischer Repräsentation und an Freiheit im 18. Jahrhundert durch die Schaffung einer apolitischen und sogar antipolitischen Kultursphäre kompensierte. Der deutsche Idealismus, der sich dem Metaphysischen und dem menschlichen Innenleben widmete, und die deutsche Literatur der Weimarer Klassik, angeführt von Goethe und Schiller, kamen dem deutschen Nationalstaat etwa ein Jahrhundert zuvor. Sie legitimierten die Abwendung des mitteleuropäischen Individuums vom Politischen und Sozialen und dessen Hinwendung zur individuellen, kulturellen Ebene. »Zivilisation« wurde als Oberflächenebene der menschlichen Existenz begriffen, Kultur hingegen als kompromissloses Streben nach dem Guten, Richtigen und Schönen. Kultur war die Antithese der als ambivalent, oberflächlich und vorübergehend geltenden Politik. Mit dem Niedergang der deutschen Politik, der sich nach dem Ersten Weltkrieg weiter akzentuierte, gewann der Staatskult von Goethe und Schiller zusätzliches Gewicht und wurde zum Schrittmacher des eigentlichen kulturellen Pulses der Nation.[14] Die Juden im deutschen Kulturraum hatten ein besonderes Interesse an diesem Kulturkonzept und an der Kulturtradition, die auch jenen Eingliederung und ein Zugehörigkeitsgefühl versprach, die noch nicht über volle Bürgerrechte verfügten. Unter der Naziherrschaft wurden die deutschen Kulturgüter dann nach rassischen Gesichtspunkten klassifiziert, die Psychoanalyse als »jüdische Wissenschaft« gebrandmarkt. Heute wird der deutsche Nationalsozialismus gemeinhin als pures Gegenteil von Kultur aufgefasst, dabei darf aber nicht vergessen werden, dass der Nationalsozialismus weder die Dichotomie zwischen Kultur und Zivilisation noch zwischen Geist und Macht aufhob. Selbst britische und französische Staatsmänner und zahlreiche Intellektuelle waren genau deshalb fasziniert vom Nationalsozialismus und vom italienischen Faschismus, weil sie glaubten, Hitler zöge für die Kultur in den Krieg.[15]

Am 28. Dezember 1932 sandte der Leipziger Stadtrat Max Eitingon ein Beileidsschreiben zum Tod von dessen Vater, worin der Oberbürgermeister Carl Friedrich Goerdeler – später ein prominenter Gegner der NS-Herrschaft – die bedeutenden Leistungen Chaim Eitingons für die Gemeinschaft, wie etwa den Bau des modernen Israelitischen Krankenhauses, würdigte.[16] Doch bis Ende 1935 hatte die Leipziger Universität bereits sämtliche jüdischen Dozenten aus ihren Ämtern entfernt, und es dauerte nicht lange, bis auch das von Eitingon gestiftete Krankenhaus keine jüdischen Patienten mehr aufnahm. Die Ez-Chaim-Synagoge, die zweitgrößte in Leipzig, 1922 von Eitingon gestiftet, wurde bei den Pogromen im November 1938 zerstört.[17]

Wenige Tage nach seiner Vereidigung zum Reichskanzler am 30. Januar 1933 hielt Hitler eine Rede im Berliner Sportpalast, die den Auftakt zur nationalsozialistischen Terrorkampagne bildete. Am 28. Februar, einen Tag nach dem Reichstagsbrand, verabschiedete der Reichstag eine Notstandsverordnung, die dem Kanzler die unbeschränkte Macht einräumte. Ab März wurden die Aufenthaltsbestimmungen für Ausländer verschärft, und am 1. April wurde ein Boykott jüdischer Geschäfte und Einrichtungen, darunter Arztpraxen und Anwaltskanzleien, ausgerufen.[18] Zwei Wochen später wurden die deutschen Ärztegesellschaften angewiesen, sämtliche »Nicht-Arier« von Verwaltungspositionen zu entfernen. Ein Leitartikel im *Deutschen Ärzteblatt* (erschienen, nachdem mehr als die Hälfte der Mitglieder der Deutschen Ärztegesellschaft der NSDAP beigetreten waren) begrüßte die »energischen Anstrengungen« des Führers, die Ärztegemeinschaft von fremden

Rassenelementen zu säubern und dabei jungen deutschen Ärzten das Auskommen zu erleichtern. Binnen eines Jahres stieg das Durchschnittseinkommen der nichtjüdischen deutschen Ärzte um 11 Prozent. 1933 waren in Deutschland rund 5 500 jüdische Ärzte zugelassen. Fünf Jahre später unterzeichnete der Kanzler einen Erlass, der den jüdischen Ärzten die Approbation entzog und 700 von ihnen eine Spezialbewilligung als »Krankenpfleger« für die Behandlung jüdischer Patienten gewährte. Bis 1939 war die Zahl der jüdischen Ärzte in Deutschland auf 285 gesunken.[19] »Wenn ich mich gelegentlich etwas einsam fühle, so ist gerade jetzt ein Blick in die Zeitung genug, um jedes Heimweh zu heilen«, schrieb Hanns Sachs, Jurist und ehemaliges Mitglied des Geheimen Komitees, Max Eitingon.[20] Sachs emigrierte 1932 in die Vereinigten Staaten und war Mitbegründer der Bostoner Psychoanalytischen Gesellschaft.

Dass Eitingon gezwungen sein könnte, Deutschland zu verlassen, kam zum ersten Mal drei Monate nach der Machtübertragung auf die Nationalsozialisten zur Sprache. Er weigerte sich, die Leitung des Instituts an zwei nichtjüdische Kollegen, Felix Boehm und Carl Müller-Braunschweig, abzugeben, die nicht gezögert hatten, sich für diese Aufgabe anzubieten. Boehm und Müller-Braunschweig wiesen darauf hin, dass dem Institut nichts anderes übrig bleibe, wenn es seine öffentliche psychoanalytische Klinik weiterbetreiben wolle, ohne gegen das Verbot, Juden von Führungsaufgaben in öffentlichen Einrichtungen auszuschließen, zu verstoßen.[21]

Eitingon tat alles in seiner Macht Stehende, um die Leitung des Instituts zu behalten. Er stimmte zunächst zu, seine Vollmachten abzugeben, wenn er nicht mehr in der Lage sein sollte, sein Amt auszuführen. Doch als deutlich wurde, dass die Rassengesetzgebung auch für das Institut galten, versuchte er Freud und Jones davon zu überzeugen, dass die deutsche Psychoanalyse ohne ihre jüdischen Mitglieder nicht funktionieren würde, und dass es deshalb das Richtige wäre, das Berliner Institut zu schließen und in einem anderen Land wiederzueröffnen. Eitingon lebte seit vierzig Jahren in Deutschland, war aber nicht deutscher Staatsbürger. An Freud schrieb er 1933:

»Wäre es ein Unrecht an meinem hiesigen Kollegen, wenn ich, bei so veränderten Verhältnissen, nicht mehr an eine auch nur annähernde Kontinuität der Weiterexistenz des Instituts glauben würde und so gleichsam die Absicht hätte, das Institut mitzunehmen, wenn ich einmal gezwungen würde, meine Arbeitsstätte und das Land, wo ich seit vierzig Jahren gelebt habe, zu verlassen? Ich meine es ganz wörtlich, gezwungen, denn nicht eine Sekunde früher und nicht unter geringerem Druck würde ich an ein Weggehen denken. Viele meiner Kollegen sind in den letzten Jahren gegangen, und andere werden sehr wahrscheinlich aufhören hier zu arbeiten oder werden noch vor mir dazu gezwungen werden. Ich habe jedes Recht, mich mit diesem

Institut zu identifizieren, oder besser, das Institut mit mir zu identifizieren. Einige meiner Kollegen hier haben bereits angedeutet, daß sie diesen Ansatz nicht verstehen oder zurückweisen. Doch ich werde mich nicht davon abbringen lassen. Sehr gerne würde ich Ihre Meinung dazu erfahren, Herr Professor. Zumindest gegenwärtig, und wer weiß wie lange noch, ist es noch eine theoretische Frage. Ich selbst bin mir über meinen Standpunkt völlig im Klaren, und ich weiß genau, was ich zu tun habe und wie es getan werden muß. Das ist eine große Hilfe in einer Zeit wie dieser.«[22]

Diese Zeilen wurden offensichtlich im Zustand großer emotionaler Erregung geschrieben. Eitingon fühlte, dass ihm förmlich der Boden unter den Füßen weggezogen wurde, und fürchtete – sollte er sich dazu entscheiden, das Institut zu schließen – das zu verlieren, was ihm am teuersten war: Freuds Vertrauen. Niemand konnte an Eitingons Bindung zum Institut zweifeln, doch unterstellten ihm einige, er habe schon vor der Machtübergabe an die Nationalsozialisten beschlossen, Deutschland zu verlassen, und beabsichtige nun, die gegenwärtige Situation als Vorwand für die Verlegung des Instituts an seinen neuen Wohnort zu nehmen. Solche Behauptungen wurden nicht nur von nichtjüdischen Kollegen geäußert, die das psychoanalytische Projekt unter der neuen politischen Ordnung weiterführen wollten. Der zionistische Erzieher David Idelson, der zur damaligen Zeit eine psychoanalytische Ausbildung am Institut in Berlin durchlief, behauptete später, Eitingon habe ihm 1925 bei einem Gespräch in einem Kaffeehaus beiläufig mitgeteilt, er beabsichtige, bald nach Palästina auszuwandern. Zudem habe Eitingon gesagt, Freud selbst sehne sich danach mitzuerleben, dass Jerusalem zum Zentrum der Psychoanalyse werde.[23] Im selben Jahr begegnete Eitingon zum ersten Mal David Eder und stellte fest, dass er nicht der einzige Zionist in der psychoanalytischen Bewegung war.[24] Vielleicht hatte er die Vorträge der Zionistenführer Kurt Blumenfeld und Chaim Weizmann über die »Entwicklung der Hebräischen Universität« und die »Politischen und wirtschaftlichen Bedingungen der jüdischen Kolonisierung Palästinas« besucht,[25] doch in der intensiven Korrespondenz, die Eitingon und Freud in den zwanzig Jahren vor 1933 führten, findet man nicht die geringste Andeutung einer prozionistischen Äußerung. Im Gegenteil, Eitingon erwies sich als einer der Schüler Freuds, die dessen Warnung, ihre ethnische Zugehörigkeit oder ihre patriotischen Neigungen nicht in die psychoanalytische Arbeit einfließen zu lassen, am meisten verinnerlichten. Doch wie Freuds Verhältnis zum jüdischen Nationalgedanken durchlief auch Eitingons Bindung zur zionistischen Idee verschiedene Phasen. Eine Postkarte, die er Freud 1910 von einer Reise nach Haifa, in den Libanon und nach Damaskus schickte, mag auf ein amorphes, orientalistisch geprägtes Verhältnis zu diesen Orten hindeuten. In den 1920er Jahren tauchten in seiner Korrespondenz einige zionistische

Briefpartner auf – Aḥad Ha'am, Salman Schocken, Arthur Ruppin, David Idelson und Shmuel Golan, und von den 1930er Jahren bis 1943 häufte sich auf seinen Schreibtischen in Berlin und später in Jerusalem die Korrespondenz über die zionistische Bewegung und die Bedürfnisse des Jischuw.

Aus seiner langen Bekanntschaft mit Freud wusste Eitingon, dass der Gründer der Psychoanalyse, vor die Alternative gestellt, sich für die Zukunft der Disziplin oder die Zukunft einer Freundschaft zu entscheiden, Erstere wählen würde, umso mehr, wenn das Schicksal des blühenden Berliner Psychoanalytischen Instituts auf dem Spiel stand. Eitingon rang mit allen Mitteln um Freuds Vertrauen. Er erinnerte den Professor daran, dass ihm mehrere etablierte psychoanalytische Institute in den Vereinigten Staaten angeboten hatten, sich ihnen anzuschließen. Er habe es jedoch – im Gegensatz zu manchen anderen Schülern Freuds, die nun über die ganze Welt verstreut seien – vorgezogen, nahe bei seinem Meister zu bleiben. Er irrte sich nicht in der Annahme, dass es Freuds natürlicher Neigung entsprach, das Beste zu hoffen und die Möglichkeit nicht auszuschließen, dass das Berliner Institut auch unter Hitler weiter funktionieren könne.

Doch Eitingons nichtjüdische Kollegen blieben nicht untätig. Felix Boehm lud sich selbst nach Wien ein und versuchte, den Professor von der Reinheit seiner Absichten zu überzeugen, worauf Eitingon Freud vorwarf, Boehm in gutgläubiger Absicht empfangen zu haben: »Boehm kann also, nach Wien reisend, wohl nur gewollt haben, sich von Ihnen salben zu lassen.«[26] Freud agierte offensichtlich an zwei Fronten: Er versuchte, Eitingon dazu zu bewegen, das Gebot der Stunde zu akzeptieren und die Leitung des Instituts an einen seiner »arischen« Kollegen abzutreten. Gleichzeitig wollte er aber sicherstellen, dass Eitingon seine großzügige finanzielle Unterstützung – Hauptteil des Institutsbudgets seit dessen Gründung – nicht einstellte. Eitingons Aussage, dass er und das Institut ein und dasselbe seien und er beabsichtige, das Institut mitzunehmen, wo immer er auch hingehe, war nicht realistisch. Obwohl von ihm finanziert, stand das Institut in Trägerschaft der Deutschen Psychoanalytischen Gesellschaft, die auch nach ihrem Ausschluss aus der IPV weiterwirkte. Eitingon sah sich in seinen Briefen an Freud immer wieder gezwungen, den Vorwurf zu widerlegen, er beabsichtige das Institut abzubauen, um es an einem anderen Ort wieder aufzubauen:

> »Daß ich nicht freiwillig und nicht eine Sekunde früher als der Zwang der äußeren Verhältnisse mich dazu nötigen würde, Berlin verlasse, war der stillschweigende Hintergrund meiner Ausführungen. Und daß eine eventuelle Verlegung des Institutes anderswohin die persönliche Frage meiner äußeren Zukunft irgendwie erleichtern könnte, ist eine sekundäre Frage; und nicht in diesem Sinne ist von mir die Rede.«[27]

Das war vermutlich das letzte Schreiben Eitingons an Freud auf dem Briefpapier des Berliner Psychoanalytischen Instituts. Im März 1933, vor seiner Abreise in die Osterferien, unterzeichnete Eitingon eine Ermächtigung, die Mueller-Braunschweig und Boehm das Recht gab, an seiner Stelle zu handeln, sollte er aus irgendeinem Grunde nicht in der Lage sein, nach Berlin zurückzukehren, oder sollte das Berliner Institut gezwungen sein, anstatt des bisherigen einen neuen, rein deutschstämmigen und christlichen Vorstand zu bestellen.

Auf Jones' Bitte hin hatte Eitingon bereits Anfang des Jahres eine Liste mit den Namen von fünfzig jüdischen Psychoanalytikern erstellt, deren Tätigkeit mit dem Berliner Institut verbunden war, und darin ihre bevorzugten Emigrationsländer verzeichnet.[28] Diese Liste enthielt auch Psychoanalytiker, die bereits zwischen 1930 und 1932 in die Vereinigten Staaten emigriert waren (darunter Franz Alexander, Sándor Radó, Erich Fromm, Hanns Sachs und Karen Horney). Seinen eigenen Namen setzte Eitingon nicht auf diese Liste, vermutlich, um seine Entschlossenheit zu demonstrieren, in Berlin zu bleiben. Er unterrichtete Freud darüber, dass er weiterhin beabsichtige, als »Emigrationsbüro« für jüdische Psychoanalytiker zu wirken, selbst wenn er gezwungen sein sollte, das Land zu verlassen.

Kollegen, die außerhalb Berlins lebten und nicht unter der Ägide des Berliner Instituts arbeiteten, berichteten Eitingon über die Lage in anderen deutschen Städten. Die Berichte deuten darauf hin, dass ihre Situation noch schlechter war. Im Februar 1933 hielt der Augenarzt und Psychoanalytiker Erwin Hirsch, der später nach Palästina emigrierte, einen Vortrag vor einem kleinen Kollegenkreis in Stuttgart zum Thema »Die Psychologie des Gewissens«.[29] Das war die letzte Gesprächsrunde dieser Art, die er in der Stadt durchführen konnte. Therese Benedek, die erste Psychoanalytikerin Leipzigs, berichtete im selben Jahr, sie nehme keine neuen Patienten mehr auf.[30] Eitingon wies ihr Aufnahmegesuch für das Berliner Institut jedoch kategorisch zurück:

»Daß Berlin besser ist als Leipzig, leuchtet mir ein; schwer ist es nur, bei der Entwicklung der Dinge zu sagen, wie gut Berlin ist. Die Prognose darüber ist sehr dunkel, jedenfalls darf man in Bezug auf die Juden alles sehr pessimistisch beurteilen. Beim Einzelnen kommt es ganz darauf an, wieviel Schwierigkeiten er ertragen kann.«[31]

Die Psychoanalytiker, die Deutschland 1933 und Anfang 1934 verließen, waren in einer besseren Lage als ihre österreichischen Kollegen, die später emigrierten. In den ersten Jahren der NS-Herrschaft genügten ein warmes Empfehlungsschreiben von Eitingon oder sein persönlicher Appell an Abraham Brill, den Gründer der New Yorker Psychoanalytischen Gesellschaft, »im

Namen des Alten Kontinents und seinen gegenwärtigen Nöten«, um dem Immigranten und Kollegen aus Europa die Tore des Instituts in New York zu öffnen. »Die Tatsache, daß Dr. Happel aus einer alten und gut situierten jüdischen Familie aus Berlin stammt, sollte ihrer Emigration von Hamburg nach Amerika gewiß nicht im Weg stehen«, schrieb Eitingon Brill.[32] Daraufhin taten Brill und Sachs ihr Bestes, um ihr die Übersiedlung zu erleichtern, doch sie entschied sich schließlich für Detroit, wo sie in eine schwere Depression verfiel.[33] 1941 wurde sie auf Erlass des FBI-Präsidenten unter dem Verdacht der Spionage und »unamerikanischer Aktivitäten« verhaftet. Später stellte sich heraus, dass sie von einem ehemaligen Schizophreniepatienten als angebliche Anführerin eines Nazispionagerings denunziert wurde. Im September 1945 beging sie Selbstmord.[34]

Bereits in den ersten Monaten der NS-Herrschaft zeichnete sich ab, dass das neue Regime nicht die Absicht hatte, den jüdischen Psychoanalytikern den weiteren Aufenthalt im Land zu ermöglichen. Doch einige Mitglieder der Bewegung glaubten, dass es der Psychoanalyse gelingen könne, einen Platz in Deutschland unter Hitler zu finden, wenn sie sich ihrer »jüdischen Aspekte« entledige. Dieser Versuch, die fortschreitende Nazifizierung des öffentlichen Lebens in Deutschland mit der klinischen Tätigkeit und der Forschung des Psychoanalytischen Instituts in Einklang zu bringen, wurde von nichtjüdischen deutschen Mitgliedern der Disziplin zusammen mit Kollegen aus dem Ausland unternommen. Unter Letzteren tat sich der Brite Ernest Jones besonders hervor. Die Hoffnung, Therapie und Forschung auch nach der Emigration aller jüdischen Mitglieder fortzusetzen, führte zu starken Spannungen zwischen den nichtjüdischen und den jüdischen Mitgliedern der Deutschen Psychoanalytischen Gesellschaft, die ihren Höhepunkt erreichten, als die deutsche Gesellschaft aus dem internationalen Dachverband ausgeschlossen wurde. Am 6. Mai 1933 – Freuds Geburtstag, der in besseren Zeiten vom Institut jeweils mit einer großen Feier begangen wurde – stimmte die Deutsche Psychoanalytische Gesellschaft über den Ausschluss von Juden aus der Leitung der Gesellschaft ab. Acht Mitglieder des Exekutivkomitees stimmten dafür, fünfzehn dagegen. Zum selben Zeitpunkt wurde die Begründung des Boykotts von Freuds Schriften durch den NS-Staat öffentlich bekannt: »Gegen seelenzerfasernde Überschätzung des Trieblebens, für den Adel der menschlichen Seele!«[35] Mit diesem Worten wurden am 10. Mai 1933 Freuds Bücher an verschiedenen Stellen in Berlin öffentlich verbrannt. Zwei Monate später berichtete Eitingon seinem Freund Brill, alles sei beim Alten geblieben, doch die Berliner Gruppe werde immer kleiner.[36]

Bevor er als Mitglied der Deutschen Psychoanalytischen Gesellschaft zurücktrat, setzte Eitingon noch einen Beschluss durch, wonach die frei gewordenen Plätze der jüdischen Mitglieder im Exekutivkomitee nicht neu besetzt werden sollten. Drei Tage später sandte er Boehm seine Glückwünsche für das neue Amt als Direktor und bat ihn, seinen Namen von der Mitgliederliste der Gesellschaft zu streichen:

»Lieber Doktor Boehm

Die Entwicklung der Dinge in unserer Vereinigung hat anscheinend zwangsläufig die Diskussion entschieden, die wir so lang geführt haben. Ich hoffe, Sie werden es zumindest begreiflich finden, daß ich nun einen Schritt tue, der mir sehr schwer fällt, sind doch die letzten 24 Jahre, deren Hauptinhalt die Arbeit für die Psychoanalyse war, mit uns und für unsere Gesellschaft war, wahrscheinlich der wesentlichste und entscheidende Abschnitt meines Lebens. Ich bitte meinen Namen aus dem Vereinsregister der Mitglieder der Deutschen Psychoanalytischen Gesellschaft zu löschen. Meinen Austritt anmeldend, drücke ich allen hiesigen Mitarbeitern, Kollegen und Freunden im Geiste die Hand, allen denen, die durch das mir so lang erwiesene Vertrauen und durch ihre Mithilfe mir die vergangenen Berliner Jahre zu so unvergeßbaren gemacht haben. Ich wünsche jedem Einzelnen von Euch und unserer gemeinsamen Sache hier alles Gute.

Ihr M. M. E.«[37]

Zum ersten Mal in seiner Geschichte musste das Berliner Institut nun ohne ein Mitglied des Geheimen Komitees auskommen, das heißt ohne direkte Verbindung zu Freud. Von Wien aus gesehen, schien das Schicksal der deutschen Psychoanalyse besiegelt zu sein, und am 23. August 1933, nur sechs Monate nach der Machtübertragung auf die Nationalsozialisten, schrieb Freud Ernest Jones, »Berlin ist uns verloren.« Er informierte Jones über Eitingons Beschluss, nach Palästina zu fahren, und fügte hinzu: »In gewisser Weise wird er [Eitingon] damit unerreichbar und tritt in den Hintergrund. Ich meine, man sollte Ersatz schaffen.«[38]

Der erzwungene Rücktritt schadete Eitingons Ansehen nicht. Sein Verhalten, sein Fleiß, die wirtschaftliche Unabhängigkeit und die kompromisslose Loyalität Freud gegenüber sowie der Umstand, dass er keine persönlichen klinischen oder theoretischen Ambitionen hatte, machten ihn zum willkommenen Gast aller ausländischen Gesellschaften, die der IPV angehörten. Unmittelbar nach der Machtübergabe an die Nationalsozialisten boten ihm mehrere von ihnen an, sich ihnen anzuschließen – eine seltene Geste, die nur den angesehensten unter den emigrierenden Wissenschaftlern Mitteleuropas zuteil wurde. Eitingons Beschluss, ausgerechnet nach Palästina überzusiedeln, traf Freud und seine Tochter Anna gänzlich unvorbereitet. In einer Zeit, in der sich die wachsende Psychoanalytikergemeinde ständig mit neuen Streitfragen konfrontiert sah, war die Bedeutung des in organisatorischen Dingen äußerst begabten Eitingon unermesslich. Einige Psychoanalytiker, die für das Berliner Institut tätig gewesen waren, zogen 1933 nach Wien, und eine Zeit lang erschien es Anna Freud, als würden die Entwicklungen in Deutschland das Wiener Institut zu altem Glanz zurückführen. Sie hoffte, dass Freuds nächster Vertrauter Wien als Emigrationsziel wählen würde: »Wenn Sie wirklich von Berlin fortmüssten, wo gingen Sie hin? Nicht nach Wien? Sollen wir hier nicht noch einmal ein neues Zentrum der Analyse aufbauen? Ich glaube, man wird uns hier arbeiten lassen. Die Hilfskräfte wären da.«[39]

Zu den Stimmen, die sich gegen Eitingons Hinwendung nach Jerusalem aussprachen, gesellte sich unerwartet eine außerhalb der Psychoanalytikergemeinde stehende Person: Albert Einstein, der 1932 Berlin in Richtung Amerika verlassen hatte, zeichnete ein düsteres Bild dessen, was Eitingon in Palästina seiner Ansicht nach erwarten würde. Die Idee an sich, in Palästina psychoanalytisch tätig zu sein und wissenschaftliche Forschung zu betreiben, hielt er für verrückt:

»Sie werden sich wundern, einen Brief von mir zu bekommen, und noch dazu einen solchen, der eine Art Einmischung in Ihre privatesten Angelegenheiten betrifft. Aber ich bin sicher, Sie werden es doch verstehen.

Die Zeiten bringen es mit sich, daß sich jeder von uns mit den Möglichkeiten beschäftigen muß, wie geistige Arbeiter in diesem Lande und anderwärts zu einer passenden Betätigung gelangen können. Da erfahre ich, daß gerade auf dem Gebiete der psychischen Heilmethoden hier [in den Vereinigten Staaten] ein Mangel an tüchtigen und gewissenhaften Fachleuten ist. Andererseits höre ich, daß Sie es unternehmen wollen, sich in dem von Ärzten aller Sparten naturgemäß überschwemmten engen Palästina ein Wirkungsfeld zu schaffen. Bei dieser Sachlage drängt es mich dazu, Ihnen zu raten, Sie möchten doch einmal ernsthaft in Erwägung ziehen, sich in Amerika statt in Palästina niederzulassen. Ich bin davon überzeugt, daß Sie hier mit leichterer Mühe ein größeres und befriedigenderes Arbeitsfeld finden würden als in Palästina, wo sich die Intellektuellen gegenseitig im Wege stehen. Ich würde es nicht wagen, dies einem Arzte von anderem Spezialgebiete gegenüber zu behaupten, da es in den amerikanischen Zentren von sonstigen Ärzten wimmelt, und auch an tüchtigen Kräften nicht gerade Mangel herrscht.

Was die Jerusalemer Universität anlangt, so muß ich leider sagen, daß dies für die gesamte geistige Judenheit an sich so wichtige Institut, um dessen Realisierung auch ich mich seinerzeit außerordentlich bemüht habe, sich in recht schlechten Händen befindet. Seit Jahren kämpfe ich um eine Erneuerung der Leitung, aber bisher ohne Erfolg. Ich habe es zwar durchgesetzt, daß dort eine Untersuchungskommission tagt, aber bei dem Zusammenwirken aller gegenwärtigen Nutznießer habe ich nur wenig Hoffnung auf wirkliche Besserung. Bisher war es so, daß gerade die Besten mit bitteren Gefühlen der Anstalt wieder den Rücken gekehrt haben. Warum sollen auch Sie solche Erfahrungen machen?

Aber selbst in dem Falle, daß Sie sich auf private Praxis beschränken wollen, bleiben immerhin die Gründe übrig, die ich zuerst angeführt habe.

Wenn Sie es nicht nett von mir finden, daß ich Ihnen all dies ungefragt schreibe, so legen Sie diesen Brief einfach beiseite. Ich konnte aber nicht anders, als Ihnen meine Überzeugung mitteilen.«[40]

Einsteins Brief beunruhigte Eitingon so sehr, dass er umgehend Freud konsultierte. Dieser antwortete ihm, er habe weder mit den Versuchen, ihn von der Übersiedlung nach Palästina abzuhalten, noch mit solchen, ihn von der Emigration in die Vereinigten Staaten abzubringen, etwas zu tun, da doch jedermann wisse, dass Frau Eitingon Amerika nicht möge. Einsteins Brief, so Freud, offenbare zudem zwei seiner bekanntesten Eigenschaften: »Er kann es nicht unterlassen, jemandem einen Gefallen zu tun, und er muß sich in alles einmischen, das ihm in den Weg kommt.«[41]

Im Rahmen seiner fieberhaften Anstrengungen, Eitingon in Europa zu halten, charakterisierte Jones die Wahl Palästinas als Emigrationsziel als Laune von Eitingons Frau. Er hoffe und erwarte jedoch, dass in dem Moment, wo ihr zarter Fuß den Boden Palästinas betrete, »sie die relative Unattraktivität« dieses Landes realisieren und umgehend nach Europa zurückkehren werde. Jones hoffte, dass sich die beiden schließlich in Frankreich niederlassen und Eitingon die Gelegenheit nutzen würde, Ordnung in der Pariser Psychoanalytischen Gesellschaft zu schaffen und sie zu neuer Blüte zu führen.[42]

Max Eitingons zweite Ehefrau Mira Yakovlevna, eine attraktive, leichtlebige russische Schauspielerin, hatte bereits Freuds Zorn geweckt, als sie ihm stolz von ihrer riesigen Schuhsammlung erzählte. Auch andere Kollegen Eitingons betrachteten sie als Frau, die sich vor allem für teure Mode interessierte und zwischen extravaganten Empfängen und mysteriösen Migräneanfällen schwankte. Sie verübelte es der Psychoanalyse wiederholt, ihren Ehemann so stark in Anspruch zu nehmen, dass er keine Zeit mehr mit ihr verbringen konnte. »Sie hat die Natur einer Katze, die ich ja auch nicht mag«, schrieb Freud Arnold Zweig und fügte noch ein paar Spekulationen über »neurotische Liebesbedingungen« zwischen den Eitingons hinzu.[43] Doch Eitingons Frau ist nicht von Palästina zurück nach Europa geflohen. Stattdessen gelang es ihr dank ihrer Fähigkeiten, sich im Palästina der 1930er Jahre mit der eleganten Atmosphäre zu umgeben, die sie in der Weimarer Republik gewohnt gewesen war. Trotz der Hitzewellen und Migräneanfälle überlebte sie ihren Ehemann und widerlegte zudem die Gerüchte über ihr eigennütziges Wesen auf eindrückliche Weise. Kurz nach dem Tod ihres Ehemannes vermachte sie der Psychoanalytischen Gesellschaft Palästinas das prachtvolle Gebäude, in dem das psychoanalytische Institut untergebracht war, mit kompletter Einrichtung. Es war ein Akt der Großzügigkeit ohne Beispiel in der Geschichte der Psychoanalyse, ganz in der Tradition der legendären Großzügigkeit des Verstorbenen. Diese Gabe stellte die Weiterführung der Tätigkeit der jungen Gesellschaft in ihrer größten Krise sicher.

Als Eitingon im Oktober 1933 von Berlin nach Palästina emigrierte, besaß er ein Empfehlungsschreiben Freuds, das ihm den Erhalt einer Arbeitserlaubnis von den Mandatsbehörden erleichtern sollte. Der Brief, adressiert an Eitingons vorübergehende Adresse (King David Hotel in Jerusalem), war freundlich formuliert und voll des Lobes für Eitingon, doch Freud unterließ es nicht, seine Hoffnung auszudrücken, dass der Aufenthalt der Eitingons in Palästina nur vorübergehend sei: »Ich bin der sicheren Überzeugung, dass seine [Eitingons] Loslösung von der Stätte seiner bisherigen Tätigkeit nur einen Zwischenfall und kein Ende seiner für unsere Sache unschätzbaren Leistung bedeutet.«[44]

Kurze Zeit später folgten Eitingon der Wiener Neurologieprofessor Martin Pappenheim sowie weitere Kollegen aus Berlin: Kilian Bluhm, Ilja Schalit, Anna Smiliansky, Walter Kluge und Moshe Wulff. Zudem wurden David Eder in London und Anna Freud in Wien zu Ehrenmitgliedern der Psychoanalytischen Gesellschaft Palästinas ernannt. Vier Wochen nach seiner Ankunft in Jerusalem berichtete Eitingon Freud über die Gründung der Gesellschaft.[45] Der Prominenz des Gründers entsprechend, wurde die Gesellschaft unverzüglich in die IPV aufgenommen, und Anna Freud bemühte sich Ernest Jones gegenüber schnell, die Nachrichten in die richtige historische Perspektive zu rücken:

> »Mein Vater hat heute einen Brief von Eitingon erhalten. Sie werden demnächst von ihm über die Gründung einer neuen Gruppe in Palästina erfahren. Die Mitglieder sind fast alle ehemalige Berliner Mitglieder. Neue Gruppen pflegten Anlass zur Freude zu sein. Im Moment sind sie's nicht.«[46]

Doch Jones gab Berlin nicht so schnell verloren. Einige jüdische Psychoanalytiker blieben nach Eitingons Abreise noch dort in der Hoffnung, der neue Vorstand würde es dem Institut ermöglichen, unter dem neuen Regime weiterzuwirken. Der Internationale Psychoanalytische Kongress in Luzern bot den nichtjüdischen deutschen Psychoanalytikern die erste Gelegenheit nach der Machtübertragung auf die Nationalsozialisten und dem erzwungenen Rücktritt Eitingons und anderer jüdischer Psychoanalytiker, ihre Kollegen aus anderen Ländern und ihre früheren deutschen Kollegen persönlich zu treffen. Jones war bestrebt, Felix Boehm und die nichtjüdischen deutschen Psychoanalytiker auf das bevorstehende Treffen mit ihren früheren jüdischen Kollegen vorzubereiten:

»Sie sollen wissen, daß ich für diese Emotionen und die ultra-jüdische Haltung überhaupt kein Verständnis habe und es ist mir klar, daß Sie und Ihre Kollegen zur Zielscheibe solcher Emotionen und solchen Grolls geworden sind, die sich gegen andere richten sollten, nicht gegen Sie. Mir geht es einzig und allein um das Wohl der Psychoanalyse, und ich werde die Ansicht, von der ich überzeugt bin, verteidigen, daß auch Ihre Handlungen ausschließlich von diesem Motiv geleitet sind.«[47]

Jones legte großen Wert darauf, Anna Freud eine Vorabversion der Hauptrede zu schicken, die er zu halten plante. Doch etwas an dieser Rede schien sie zu stören. Sie hatte den Eindruck, dass er die Haltung der Nationalsozialisten gegenüber der psychoanalytischen Wissenschaft als das Hauptproblem darstellte, während die Nationalsozialisten in Wirklichkeit nur gestört habe, dass so viele Psychoanalytiker Juden gewesen seien. »Tatsache ist, so merkwürdig das sein mag, daß die Behörden die Psychoanalyse nie angegriffen oder ihre Tätigkeit in irgendeiner Form beschränkt haben«, schrieb sie und fügte hinzu: »Die 25 Mitglieder, die gegangen sind, haben dies getan, weil sie Juden waren, nicht weil sie Analytiker waren.«[48]

Tatsächlich gelang es dem neuen Vorstand nach Eitingons dramatischem Rücktritt von der Leitung des Berliner Instituts, die unvermeidliche Konfrontation mit dem neuen Regime noch einmal für kurze Zeit abzuwenden. Doch die Furcht, die Verbindungen zu den anderen psychoanalytischen Gesellschaften zu verlieren, besonders zu Wien, veranlasste Eitingons Nachfolger, alles zu tun, um die Umwälzungen als Akt der Rettung und nicht als Verrat erscheinen zu lassen. In der kurzen Zeit bis zum Ausschluss der Deutschen Psychoanalytischen Gesellschaft aus der Internationalen Vereinigung bemühte sich Felix Boehm mit aller Kraft, die Gesellschaften in Wien und London davon zu überzeugen, dass das neue Regime in Deutschland nicht zwangsläufig eine Bedrohung für die deutsche Psychoanalyse darstelle. »Es gibt, wie ich mich überzeugt habe, in der geheimen Staatspolizei, in welcher ich bisher äußerst selbstbewusst aufgetreten bin, keine Rubrik ›Psychoanalyse‹, wohl aber eine Rubrik ›Psychoanalytiker‹«, schrieb er Jones.[49] Dieser befürchtete die Spaltung der Bewegung, da das Berliner Institut nun einen anderen Kurs zu verfolgen schien als seine Schwesterinstitution in Wien. Besondere Sorge bereitete ihm das Verhältnis zwischen Freud und seinen deutschen Anhängern. Er schilderte Anna Freud seine Eindrücke eines Besuchs in den Niederlanden, wo er mit einigen Psychoanalytikern aus Berlin gesprochen hatte, die sich dort niedergelassen hatten. Die Disziplin sei in Deutschland noch nicht verloren, schrieb er und sprach sich dafür aus, die deutschen Kollegen in ihren Anstrengungen zu unterstützen, die Arbeit aufrechtzuerhalten.[50] Seine Hoffnung stützte sich auf die Annahme, dass die Nationalsozialisten keinen ideologischen oder gesetzlichen Vorwand mehr hätten, das Fach zu unterdrücken, wenn es gelänge, »frisches Blut« in die Bewegung zu bringen und sie von ihren jüdischen Ursprüngen zu lösen. Er sah diese Annahme durch die Tatsache bestätigt, dass die nichtjüdischen Psychoanalytiker gewillt waren, die psychoanalytische Tätigkeit innerhalb des Berliner Instituts weiterzuführen.

Einer der Zwischenfälle, die die Psychoanalytikergemeinde erzürnten, war im Oktober 1935 die Verhaftung von Edith Jacobson, einer jungen jüdischen Psychoanalytikerin, die sich dank ihrer außergewöhnlichen klinischen Fähigkeiten einen Namen gemacht hatte. Sie war rasch aufgestiegen und in den Lehrkörper des Berliner Instituts aufgenommen worden. Doch Jacobson gehörte nicht zu Eitingons Protegés und trat weder gemeinsam mit ihm und den ihm gegenüber loyalen Mitgliedern zurück, noch verließ sie Berlin. Einige ihrer Patienten wurden verhaftet und einer starb beim Verhör der Gestapo. Deren Mitarbeiter zogen später einen Koffer aus dem Grunewaldsee, der Dokumente und Flugblätter einer sozialistischen Widerstandsgruppe enthielt und Jacobson angeblich mit dem Widerstand in Verbindung brachte. Bei ihrer Verhaftung soll sie zudem ein Notizbuch bei sich getragen haben, das den Namen eines Patienten enthielt, der als Kommunist bekannt war, sowie eine Einladung zur Generalversammlung der Deutschen Psychoanalytischen Gesellschaft. Die Einladung wurde als belastendes Indiz gewertet, da sie mit »freundlichen Grüßen« statt mit der gesetzlich vorgeschriebenen Formel »mit deutschem Gruß« schloss.[51] Jones setzte sich energisch für Jacobsons Freilassung ein, doch gleichzeitig unterstützte er Boehms Standpunkt, wonach jede Intervention der Deutschen Psychoanalytischen Gesellschaft zugunsten eines Kollegen, der unerwünschter politischer Aktivitäten verdächtigt wurde, dem Ruf der deutschen Analytiker schaden und das Ende der psychoanalytischen Tätigkeit in Deutschland bedeuten könne.

Die deutschen Psychoanalytiker fühlten sich von ihren Kollegen im Ausland wegen ihres Verhaltens im Falle Jacobson vorverurteilt. Boehm reagierte darauf mit einem langen Brief an Jones,[52] worin er die Ereignisse vor ihrer Verhaftung ausführlich rekonstruierte. Jacobson habe ihm versprochen, ihr Bestes zu tun, um sich der neuen Herrschaft und ihren Forderungen anzupassen, und sie habe die Gerüchte bestritten, wonach sie der Kommunistischen Partei angehöre. Zudem habe sie erklärt, sie werde Deutschland nie verlassen.

»Die absolute Gewissheit, daß in unserem Kreise niemand war, der uns durch seine Beziehungen zum Kommunismus in Gefahr bringen konnte, war für mich die wesentliche Grundlage zur Aufnahme von Verhandlungen und zur Möglichkeit, unsere Gesellschaft zu verteidigen, im Ministerium, im Polizeipräsidium, beim Kreisarzt etc.«

Als er erfahren habe, dass Jacobsons Aussagen »nicht den Tatsachen entsprechen«, und dass sie 1933 bei Zusammenkünften kommunistischer Arbeiter mehrere Vorträge gehalten habe, habe er sich hintergangen gefühlt. Ausgerechnet sie, die sich der heiklen Beziehungen, die er mit den Vertretern verschiedener Behörden unterhalten habe, bewusst gewesen sei, habe wissen müssen, dass selbst das geringste Missgeschick das Weiterbestehen der Deutschen Psychoanalytischen Gesellschaft gefährden konnte. Boehm bekräftigte, den Behörden gegenüber versichert zu haben, dass kein Mitglied der Gesellschaft in verbotene politische Aktivitäten verwickelt sei. Kollegen im Ausland verstünden die Stimmung in Deutschland falsch und verurteilten die deutsche Psychoanalytikergemeinde, ohne die gewaltigen Anstrengungen anzuerkennen, die psychoanalytische Praxis »unter unmöglichen Bedingungen« und in einer Umgebung am Leben zu erhalten, die die Psychoanalyse mit dem Judentum gleichsetze.

»Sollte der Fall E. J. [Edith Jacobson] – was ja durchaus nicht ausgeschlossen ist – einem Vertreter des Kultusministeriums bekannt werden, so wäre meine Stellung ein für allemal unmöglich geworden. Entweder man wird mich in einem Kreis, in dem ich mir durch jahrelange Arbeit höchsten menschlichen Respekt erzwungen habe, für einen Betrüger halten, oder aber, wenn ich angeben würde, daß ich mich auf das Wort der Kollegin verlassen habe, für einen Idioten halten, dessen als merkwürdig empfundener Philosemitismus ihn dazu geführt hat, daß er dem Ehrenwort einer Jüdin geglaubt hat. Aus beiden Gründen wird man mich hinausschmeißen.«

Klarer hätte Boehm seine Not nicht in Worte fassen können. Die Wortwahl deutet zwar nicht auf eine Identifizierung mit der Rassenideologie der Nationalsozialisten hin, zeigt aber, wie rasch deren Begrifflichkeiten in die Sprache der deutschen Intellektuellen eingedrungen waren. Zum Abschluss des Briefes drückte Boehm die Hoffnung aus, dass seine ausländischen Kollegen eines Tages die Anstrengungen ihrer deutschen Kollegen, die psychoanalytische Arbeit unter schwierigen Bedingungen weiterzuführen, würdigen werden:

»Hier staunt man ganz allgemein, welches Paradies, welches Eldorado ich hier für unsere jüdischen Kollegen aufrecht erhalten habe und welcher Mut meinerseits dazu gehört; – eine Gesellschaft, in welcher jetzt noch Juden und Nichtjuden vollkommen gleichberechtigt arbeiten, dürfte wohl einzig in Deutschland sein.«

Die Edith-Jacobson-Affäre demoralisierte die nichtjüdischen deutschen Psychoanalytiker nicht. Einige von ihnen glaubten nach wie vor, dass einzig die jüdische Herkunft Freuds und der Mehrheit seiner Schüler die Psychoanalyse daran hindern konnte, sich ihren Platz in Deutschland unter Hitler zu erhalten. Jacobson entzog sich den Fängen der Gestapo mit knapper Not. Sie entkam aus dem Hausarrest und konnte sich in die Vereinigten Staaten durchschlagen, wo sie eine bedeutende Theoretikerin wurde. Einer ihrer weniger bekannten Beiträge zur analytischen Theorie in der Nachkriegszeit beruhte auf ihren persönlichen Erfahrungen als Gefangene. Jacobsons Analyse der psychologischen Auswirkungen der Gefangenschaft auf das Ich ist ein einzigartiges Zeugnis, das seine autobiografischen Züge nicht verbirgt.[53]

Boehm konnte sich nur noch kurze Zeit damit brüsten, im Berliner Psychoanalytischen Institut ein »Paradies« für die jüdischen Mitglieder geschaffen zu haben. Im Dezember 1935 traten die meisten jüdischen Psychoanalytiker, die noch Mitglieder waren, aus. Boehm berichtete dies Anna Freud und bat darum, sie und ihr Vater mögen die Deutsche Psychoanalytische Gesellschaft weiterhin unterstützen, im Geiste der Kollegialität und aus Dankbarkeit ihm gegenüber, der alles in seiner Macht Stehende getan habe, um diese schmerzliche Entwicklung hinauszuschieben.[54]

1936 wurde das von Karl Abraham und Max Eitingon gegründete psychoanalytische Institut endgültig aufgelöst. Die Poliklinik wurde in das Deutsche Institut für psychologische Forschung und Psychotherapie eingegliedert, besser bekannt als Göring-Institut, benannt nach seinem neuen Leiter Matthias Heinrich Göring, einem Vetter und Protegé von Hermann Göring. Göring, Boehm, Müller-Braunschweig und Jones trafen sich in Basel, und Letzterer glaubte, Göring davon überzeugt zu haben, dass das psychoanalytische Ausbildungsprogramm keine Elemente aufwies, die seinen Anschauungen widersprachen. Der neue Leiter, dessen enge Verbindungen zur NS-Elite für besonders großzügige staatliche Alimentierung sorgten, ermöglichte tatsächlich 14 nichtjüdischen Psychoanalytikern ihr Weiterwirken in der »Arbeitsgruppe A« des neuen Instituts. Sie akzeptierten zahlreiche Beschränkungen, darunter ein Verbot, psychoanalytische Terminologie zur Beschreibung mentaler Prozesse zu verwenden. Zudem mussten sie die Sexualtheorie und den Ödipuskomplex aufgeben. Es war das goldene Zeitalter des Carl Müller-Braunschweig. Ungestört konnte auch Herald Schultz-Hencke seine eigene neopsychoanalytische Theorie entwickeln, die sich von Freuds Theorie erheblich abhob. In einem verschlossenen Schrank, dem »Giftschrank«, bewahrte das Institut je ein letztes Exemplar von Freuds Werken auf.

Felix Boehm und Carl Müller-Braunschweig, die Eitingon als Leiter des Instituts ablösten, wie auch die Arbeit des Göring-Instituts sind Gegenstand zahlreicher Forschungsarbeiten über die deutsche Psychoanalyse unter der NS-Herrschaft. Dieses strittige Thema, das bis heute einen Schatten auf die deutsche Psychoanalyse wirft, soll hier nicht behandelt werden. Doch gleichgültig, was man über die Frage denkt, ob die Psychoanalyse als Praxis, als Ethik oder als Denkstruktur in Nazideutschland eine wirkliche Überlebenschance hatte, ist anzumerken, dass sich deutsche Psychoanalytiker nicht besonders hartnäckig zeigten, wenn es darum ging, sich den Forderungen der NS-Diktatur zu widersetzen. Das Berliner Psychoanalytische Institut fiel der nationalsozialistischen antijüdischen Diskriminierungspolitik bereits relativ früh zum Opfer. 1938 gab es in Deutschland immer noch einige symbolische Oppositionsnester gegen die Arisierungspolitik. Ein solcher Hort des Widerstands war der Deutsche Kunsthistorikerverband, der sich damals noch weigerte, den Anweisungen des Erziehungsministeriums zu folgen und seine jüdischen Mitglieder auszuschließen.[55]

Die Dritte Diaspora

Kurze Zeit nach der Machtübertragung auf die Nationalsozialisten wurde Otto Fenichel von einem Berliner Kollegen gefragt, mit welchen Themen sich die psychoanalytische Forschung zu jener Zeit vorrangig beschäftige. Seine Antwort war kurz und prägnant: Ob und wann die Nazis die Macht in Wien erlangen werden.[56] Fenichel erzählte diese Anekdote 1938 mitten auf seiner langen Irrfahrt, die ihn von Berlin nach Wien, von dort nach Prag und Oslo und schließlich nach San Francisco führte. 1933 mag es noch den Anschein gehabt haben, als würde die Katastrophe am kleinen Österreich vorbeiziehen, doch 1934 wurden die Wiener Juden daran erinnert, wie eng ihr Schicksal mit dem der deutschen Juden verbunden war. Grassierende Arbeitslosigkeit von über 30 Prozent und die Furcht vor einer nationalsozialistischen Machtübernahme in Österreich gaben dem autoritär und antisemitisch, aber auch antinationalsozialistisch regierenden Kanzler Engelbert Dollfuss den nötigen Rückhalt, um den sozialistischen Widerstand im »Roten Wien« zu brechen. Er ließ die Führung der sozialdemokratischen Partei verhaften und stürzte das Land in einen Bürgerkrieg. Doch das Einparteienregime, das er nach seinem Sieg im innenpolitischen Konflikt errichtete, hatte nicht lange Bestand. Am 25. Juli wurde Dollfuss bei einem Überfall österreichischer Nationalsozialisten auf das Bundeskanzleramt getötet.

Freud und seine jüdischen Schüler erwartete ein anderes Schicksal als viele der übrigen jüdischen Intellektuellen Wiens. Das lag teilweise daran, dass die meisten von ihnen am Rand der österreichischen Gesellschaft wirkten und gesellschaftlich kaum exponiert waren. Nur eine Handvoll Psychoanalytiker war vom Staat angestellt oder bekleidete ein hohes akademisches Amt. Dementsprechend waren sie dem offiziellen Antisemitismus der austrofaschistischen Herrschaft weniger stark ausgesetzt.[57] Wer politisch tätig war, spürte die Repression zuerst. Josef Karl Friedjung, Psychoanalytiker, Kinderarzt und sozialdemokratischer Gemeinderat in Wien, war 1934 im Gefangenenlager Wöllersdorf inhaftiert und emigrierte später nach Palästina. Martin Pappenheim, Mitglied der Wiener Psychoanalytischen Vereinigung seit 1912 und Dozent für Neurologie an der Universität Wien, war ebenfalls für kurze Zeit inhaftiert und nutzte die Gelegenheit eines Besuchs im Jischuw, um sich in Palästina niederzulassen. Siegfried Bernfeld, eine der Stützen des Wiener Instituts, emigrierte 1934 nach Frankreich. Ein Jahr später verließen auch Felix und Helene Deutsch Österreich. Vor seiner Abreise aus Wien warnte Bernfeld seinen Institutskollegen Richard Sterba: »Sterba, merken Sie sich, wenn ich Österreich verlasse, ist es hohe Zeit, das gleiche zu tun. Ich habe ein Gefühl dafür wenn es Zeit ist zu fliehen.«[58]

Nach der Verhaftung von Edith Jacobson in Berlin verabschiedete die Wiener Psychoanalytische Vereinigung einen ähnlichen Beschluss wie ihre Schwestervereinigung in Deutschland, nämlich dass »jede illegale politische Betätigung, wie auch die Behandlung politisch engagierter Patienten verboten war.«[59]

Bei ihrem Versuch, die klinische Tätigkeit vom stürmischen politischen Umfeld abzuschirmen, offenbarten die Wiener Freudianer zweifellos politische Naivität. Doch davon abgesehen untergrub dieser Beschluss, der vorgeblich dazu diente, die psychoanalytische Praxis ungestört weiterzuführen, einen ihrer wichtigsten fachlichen und ethischen Grundsätze. Paradoxerweise führte gerade die durch den Versuch, die Politik vom Sprechzimmer fernzuhalten, angestrebte Neutralität zu einem Beschluss, der den Sieg des Ideologischen und Politischen über die private psychologische Sphäre markierte.[60]

Im Februar 1938 zitierte Hitler Dolfuss' Nachfolger Kurt Schuschnigg nach Berchtesgaden, dorthin also, wo Freud seine *Traumdeutung* vollendet hatte. Hitler legte ein Ultimatum vor: Schuschnigg musste dem ungehinderten Einmarsch der Wehrmacht in Wien am 12. März zustimmen. Am selben Tag notierte Freud in seinen Terminkalender: »Finis Austriae«.[61] In dieser Zeit traf ein sehr ungewöhnlicher Brief aus Jerusalem in der Berggasse 19 ein, unterzeichnet von den 16 Mitgliedern der eben erst gegründeten Psychoanalytischen Gesellschaft Palästinas, die dem Professor ihr Beileid ausdrückten und ihm versprachen, das von ihm Geschaffene zu verteidigen und weiterzuführen (Abb. 4).[62]

Die Verfolgung der Juden in Österreich und besonders in Wien ab März 1938 gestaltete sich systematischer und grausamer als unter der antisemitischen Politik in Deutschland, die Auflösung des Wiener Psychoanalytischen Instituts erfolgte sofort nach dem Anschluss. Ein »Besuch« von Gestapoagenten in Freuds Haus war das erste Zeichen, dass der Psychoanalyse in Wien dasselbe Schicksal wie in Deutschland drohte. Der psychoanalytische Buchverlag hatte sich bereits vor der deutschen Machtübernahme in großen finanziellen Schwierigkeiten befunden. Eitingon, der zu seinen treuesten Kunden gehörte, begann unbegründete Rechnungen zu erhalten, die so aussahen, als seien sie auf Geheiß der Nazis verschickt worden. Er bat Jones um Rat, der ihm empfahl zu zahlen, obwohl er einen Erpressungsversuch vermutete. In der Zwischenzeit erkundigte sich Eitingon, ob der befreundete Verleger Salman Schocken in der Lage sei, den Lagerbestand des psychoanalytischen Verlages aufzukaufen und außer Landes zu bringen, um die Bücher vor der Vernichtung zu bewahren. Seine intensive Korrespondenz mit Schockens Vertretern trug jedoch keine Früchte, unter anderem aufgrund der Haltung der NS-Behörden, die trotz großen Devisenbedarfs Verhandlungen ablehnten. Psychoanalytische Literatur sei derzeit »a white elephant«, wertloses Papier, meinte Jones.[63]

Zahlreiche Psychoanalytiker aus Berlin waren nach der »Arisierung« des Berliner Instituts nach Wien gezogen und hatten dort ihre Praxen eröffnet. Obwohl einige von ihnen Österreich später wieder verließen, arbeiteten in Wien unmittelbar vor der Annexion mehr Psychoanalytiker als jemals zuvor. Doch während Freuds Schicksal international stark beachtet war, wurde die Emigration seiner Anhänger von den Konsuln und Außenministern nicht diskutiert. Ihr Schicksal wurde in den Händen von Jones und Eitingon belassen, die sich nicht nur um Freuds Familie, sondern auch um die rund siebzig anderen Psychoanalytiker kümmerten, die ein Exil suchten. »Ich glaube wirklich, wenn man in so kritischen Momenten die Menschen einfach im Stich läßt, dann muß etwas passieren und dann ist man mitschuldig. Erinnern Sie sich noch: Es ist schade um die Menschen«, schrieb Freuds Tochter Max Eitingon, bevor sie Wien mit ihrer Familie am 4. Juni 1938 verließ.[64] Jones, der in der ersten Hälfte der 1930er Jahre sehr viel Erfahrung mit der Organisierung der Emigration von Psychoanalytikern aus Deutschland gesammelt hatte, erhöhte die Frequenz seiner Briefe an Eitingon und Anna Freud und kündigte an: »Selbstverständlich werden wir die dritte Diaspora in die Wege leiten, sobald es erlaubt ist.«[65]

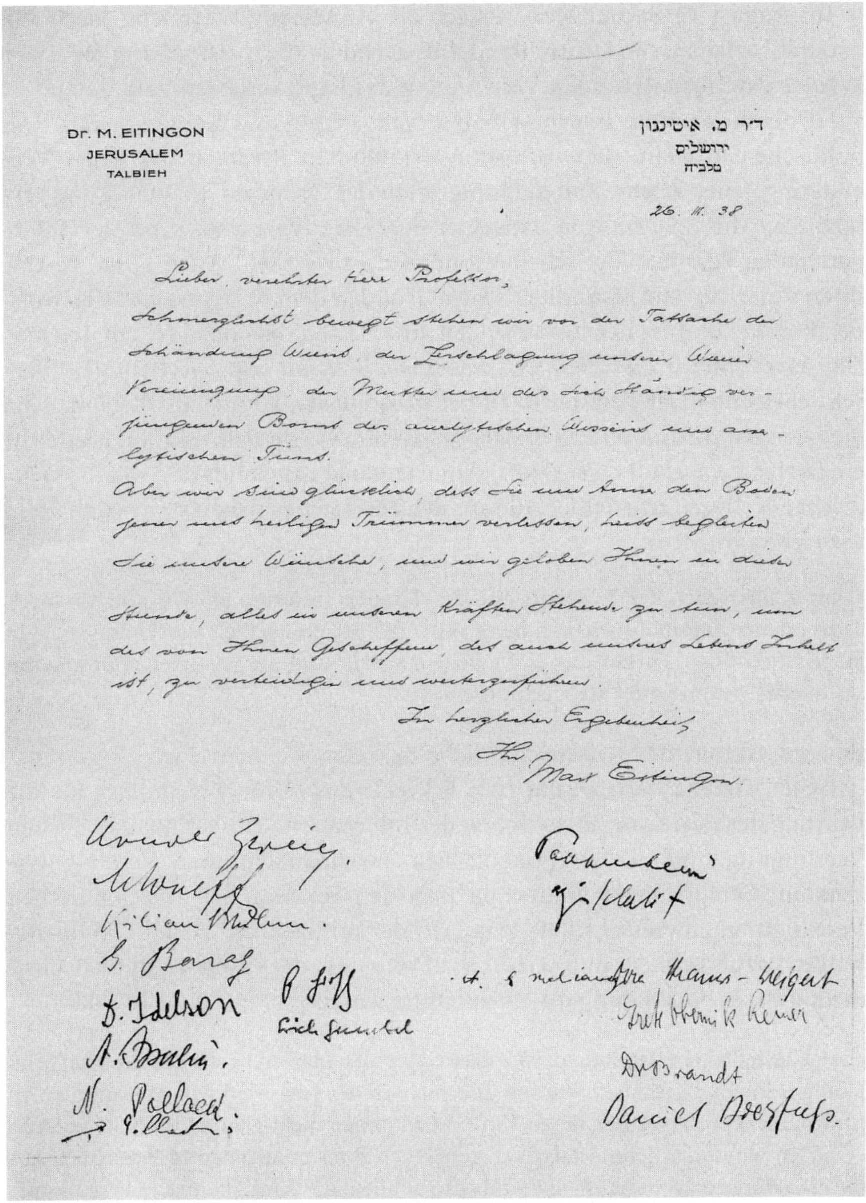

Dr. M. EITINGON
JERUSALEM
TALBIEH

ד״ר מ. איטינגון
ירושלים
טלביה

26. III. 38

Lieber, verehrter Herr Professor,

Schmerzlichst bewegt stehen wir vor der Tatsache der Schändung Wiens, der Zerschlagung unserer Wiener Vereinigung, der Mutter und des sich ständig verjüngenden Borns des analytischen Wissens und analytischen Tuns.

Aber wir sind glücklich, dass Sie und Anna den Boden jener mit heiligen Trümmer verlassen, heiss begleiten Sie unsere Wünsche, und wir geloben Ihnen in dieser Stunde, alles in unseren Kräften Stehende zu tun, um das von Ihnen Geschaffene, das auch unseres Lebens Inhalt ist, zu verteidigen und weiterzuführen.

In herzlicher Ergebenheit
Ihr
Max Eitingon.

Arnold Zweig
M. Wulff
Kilian Bluhm
G. Barag
D. Idelson
Erich Gumbel
Dr Brandt
Daniel Dreyfuss

Abb. 4: Brief von Max Eitingon an Sigmund Freud vom 26. März 1938.

Im August 1938, drei Monate nach der Annexion Österreichs durch das nationalsozialistische Deutschland und nachdem die meisten Mitglieder der Wiener Psychoanalytischen Vereinigung das Land verlassen hatten, fand in Paris der fünfzehnte Internationale Psychoanalytische Kongress statt. Die politische Situation, die Auflösung der ältesten Psychoanalytischen Vereinigung, jener Wiens, und die Emigration des Gründers der Bewegung verschärften die Spannungen zwischen der Amerikanischen und der Internationalen Psychoanalytischen Vereinigung zusätzlich. Anna Freud vertrat ihren Vater, der aus gesundheitlichen Gründen dem Kongress nicht beiwohnen konnte, und las den Anwesenden eine Passage aus dem dritten Teil von *Der Mann Moses und die monotheistische Religion* vor. Die Passage, überschrieben mit »Der Fortschritt in der Geistigkeit«, konnte als Metapher für die neue psychoanalytische Diaspora verstanden werden und war vielleicht ein letzter Versuch des Gründers, seine Anhänger zu Solidarität mit ihren jüdischen Kollegen aufzurufen, die aus den Ländern, in denen sie gelebt hatten, vertrieben wurden:

»Unmittelbar nach der 2. Zerstörung des Tempels in Jerusalem (70 n.u.Z.) durch Titus erbat sich Rabbi Jochanan ben Sakkai die Erlaubnis, die erste Thoraschule in Jabne zu eröffnen. Fortan war es die heilige Schrift und die geistige Bemühung um sie, die das versprengte Volk zusammenhielt.«[66]

Edward Glover, der wissenschaftliche Sekretär der Britischen Psychoanalytischen Gesellschaft, wurde zum Sekretär des »Unterausschusses für die Prüfung der Beziehungen zwischen der Internationalen Psychoanalytischen Vereinigung und der Amerikanischen Psychoanalytischen Vereinigung« ernannt. Er appellierte eindringlich an den Sekretär der amerikanischen Vereinigung, Lawrence Kubie, das Leid der mitteleuropäischen Psychoanalytiker anzuerkennen, und wies darauf hin, dass die Psychoanalytiker ohne medizinische Ausbildung die ersten Opfer waren:

»Es ist deshalb klar, daß man das Problem der Laienanalytiker, die aus ihren eigenen Ländern ins Exil geschickt wurden und nicht in der Lage sind, ein Auskommen zu finden, nicht einfach ausradieren kann. Wir können nicht glauben, daß Sie von uns erwarten würden, solche Analytiker nur wegen ihres politischen Mißgeschicks aus unseren Rängen zu verbannen, und da es vor allem die Amerikanische Vereinigung betrifft, möchten wir Sie erneut um freundliche Mithilfe und um Rat bitten, damit die beste Lösung dafür gefunden werden kann.«[67]

Doch die Amerikaner ließen sich von den Appellen nicht beeindrucken und forderten schmerzhafte Zugeständnisse. Glover und seine Kollegen in der IPV mussten eine Reihe von Bestimmungen akzeptieren, die sie zweifellos abgelehnt hätten, wenn sie die Amerikaner nicht hätten beschwichtigen müssen, um Dutzenden von Psychoanalytikern zu helfen, die sich bereits auf dem Weg in die Vereinigten Staaten befanden. Eines dieser Zugeständnisse war die rückwirkend gültige Aufnahme der Psychoanalytischen Gesellschaft von Topeka, Kansas, in die Amerikanische und die Internationale Psychoanalytische Vereinigung. Eine weitere amerikanische Forderung war, dass sich ehemalige Mitglieder der aufgelösten psychoanalytischen Institute Wiens, Prags und Roms einem anderen psychoanalytischen Institut anschließen mussten, um Mitglieder der Bewegung zu bleiben. Zudem konnten die aus Deutschland geflüchteten Psychoanalytiker erst dann in die IPV aufgenommen werden, wenn sie in einem der anderen psychoanalytischen Institute ein gewisses Ansehen erreicht hatten.[68] Insgesamt markierten diese Zugeständnisse das Ende der europäischen Vorherrschaft in der internationalen Vereinigung.

Die distanzierte Haltung der amerikanischen Institute gegenüber den Neuankömmlingen aus Europa betraf nicht nur die Psychoanalytiker ohne medizinischen Abschluss, und sie hielt auch nach dem Krieg noch an. Obwohl 1948 von den 150 Mitgliedern der New Yorker Psychoanalytischen Gesellschaft rund ein Drittel Emigranten waren, dauerte das Misstrauen der Aufnahmekomitees der amerikanischen Institute gegenüber den deutschsprachigen Immigranten noch viele Jahre an.[69] Als Max Stern, nach Abschluss seiner psychoanalytischen Ausbildung in Palästina, 1943 in New York ankam, verlangte das Aufnahmekomitee des New Yorker Instituts Dokumente, die belegen sollten, dass er während seines Medizinstudiums aufgrund eines Magengeschwürs sein Studium für mehrere Monate aussetzen musste, worauf sich Stern veranlasst fühlte, das Komitee an seine Lebensumstände in Berlin und Palästina zu erinnern:

> »Wie Sie diesem Bericht entnehmen können, gibt es in meinem Leben eine desaströse Wechselwirkung zwischen politischen Katastrophen (Krieg-Hitler-Emigration), fast hoffnungsloser Krankheit und finanziellen Schwierigkeiten (Inflation). Ich habe sämtliche Details offengelegt, um zu beweisen, daß ich die allgemeine Notsituation nicht – wie es oft getan wird – nutze, um von persönlichen Unzulänglichkeiten abzulenken. Nachfolgend gebe ich Ihnen die gewünschten Details zu meiner psychoanalytischen Arbeit, beginnend mit meiner Lehranalyse bei Dr. Wulff.«[70]

Stern gehörte als Student von Moshe Wulff zu den ersten Absolventen des Jerusalemer Psychoanalytischen Instituts. Er verfasste zahlreiche Artikel über den Zusammenhang zwischen Trauma und Angst, und seine Arbeit wurde von den angesehensten Theoretikern jener Zeit – Ernest Jones, Edward Glover und Margaret Mahler – gut aufgenommen.[71] In einer Geste, die an ein Bußsakrament erinnert, reichte Stern dem Aufnahmekomitee seinen

Artikel über die Krankheit ein, an der er gelitten hatte, *Die psychische Ätiologie des peptischen Geschwürs.*[72] Von all den Prüfungen und dem Leid in seinem Leben muss für ihn das Jahrzehnt, in dem seine amerikanischen Kollegen darüber berieten, ob seine Qualifikationen ihn zur Vollmitgliedschaft in der New Yorker Psychoanalytischen Vereinigung berechtigten, besonders schmerzlich gewesen sein.

Trennung und Individuation

Für manche deutschsprachigen Psychoanalytiker war es nicht die erste erzwungene Emigration. Über 1,25 Millionen Juden hatten Russland im Jahrzehnt vor dem Ausbruch des Ersten Weltkrieges verlassen (mehrheitlich in Richtung Vereinigte Staaten). Viele mitteleuropäische Psychoanalytiker der ersten Generation waren Immigranten oder deren direkte Nachkommen und hatten ihre Kindheit in den östlichen Provinzen der Österreichisch-Ungarischen Monarchie oder im russischen Zarenreich verbracht. Die Emigration von 1933 unter ihren katastrophalen Umständen war im Grunde genommen ein wiederholtes Trauma, da es mit frühen Erinnerungen an Verlassenwerden und Verlust der Zugehörigkeit verbunden war.[73] Während nur wenige Psychoanalytiker auch persönliche Erfahrungen mit der Gefangenschaft in Konzentrationslagern machten, unter ihnen Bruno Bettelheim und Edith Jacobson, floss das Leid, das die meisten emigrierten Psychoanalytiker in den 1930er und 1940er Jahren erfuhren, auch in ihre psychoanalytische Praxis ein. Zudem machten sich ihre Lebenserfahrungen in der einen oder anderen Form gelegentlich auch in ihrer wissenschaftlichen Arbeit bemerkbar. Die ehemaligen jungen Mitglieder der Wiener Psychoanalytischen Vereinigung entwickelten sich in den Vereinigten Staaten zu einem großen Teil zu führenden Persönlichkeiten ihrer Disziplin. Zu ihnen zählten Kurt Eissler, Heinz Hartmann, Heinz Kohut, Margaret Mahler und Helene Deutsch, die ihrem Mann kurz nach der Ankunft in Amerika Folgendes schrieb:

> »Eines ist klar: Jeder, wer immer er ist – du, ich, berühmt oder unbekannt – muß von vorne beginnen. Die glanzvollste Vergangenheit ist nichts als eine Visitenkarte, die eher Schwierigkeiten verursachen kann, weil sie Erwartungen weckt und einen kritischer macht. Man muß einen Schlußstrich unter die eigene europäische Vergangenheit ziehen und nur darauf aufbauen, was man ist und wozu man fähig ist.«[74]

Ob sie sich als Vertreter der klassischen orthodoxen Psychoanalyse oder als Postfreudianer betrachteten, die neue Wege gingen, nur wenige Analytiker erkannten rückblickend den formativen Einfluss des Krieges, der Emigration und der Anpassung an eine neue Sprache, Kultur und Heimat auf ihre Persönlichkeit und ihr Schaffen an.

Kurze Zeit nach ihrer Ankunft in den Vereinigten Staaten begann sich die in Budapest geborene Margaret Mahler empirischen Untersuchungen des Kind-Mutter-Verhältnisses und der Entwicklung von Theorien zur kindlichen Entwicklung und Individuation zu widmen. In jener Zeit erfuhr sie, dass ihre in Ungarn gebliebene Mutter von den Deutschen nach Ausschwitz deportiert und kurz vor Kriegsende ermordet worden war. Paul Stepansky, Verfasser und Herausgeber von Mahlers Memoiren, zufolge ist Mahlers persönliches Schicksal eine Exemplifizierung ihrer eigenen Entwicklungstheorie, besonders der Betonung auf Separation und Individuation.[75] Hartmann und Mahler wollten in Europa bestattet werden.

Mahler, deren Forschung im psychoanalytischen Diskurs der zweiten Hälfte des 20. Jahrhunderts einen zentralen Platz einnahm, zögerte nicht, die Übersiedlung von Europa in die Vereinigten Staaten als Voraussetzung für ihre intellektuelle Entwicklung zu bezeichnen:

»In Wien habe ich mich eineinhalb Jahrzehnte lang im Schatten von Titanen abgemüht … Erst die belastende Situation der Emigration konnte meine Kreativität mobilisieren und mich dazu veranlassen, Ideen neu zu beleben, die lange in der Versenkung schlummerten, sie mündlich zu kommunizieren und aufzuschreiben. Die Belastung der Emigration, so ernst und destabilisierend sie sein mochte, war für mich gleichzeitig der Vorbote eines ›Neuanfangs‹ … Die Trennung vom Wiener Psychoanalytischen Institut war gewiß schmerzlich, doch sie hatte auch etwas Befreiendes und Belebendes … Ich hatte nicht mehr das Gefühl im Schatten von Titanen zu arbeiten.«[76]

Mahler, Hartmann, Jacobson und Eissler gehörten zu den am besten bekannten jungen Analytikern, die im Zenit ihres Lebens emigrierten. Doch nicht allen Emigranten gelang es, sich an die neue Umgebung anzupassen und in den Vereinigten Staaten eine eigene psychoanalytische Handschrift zu entwickeln. Einige unter ihnen waren bis zu ihrem Tod davon überzeugt, dass zwischen der amerikanischen und der europäischen Psychoanalyse eine unüberbrückbare Kluft bestehe. Einige warfen der amerikanischen Psychoanalyse vor, alles zu tun, um die sozialkritischen Ansätze von Freuds Denken zu neutralisieren oder gar zu unterdrücken. Russell Jacoby verfasste ein Buch mit dem Titel *The Repression of Psychoanalysis,* worin er zunächst die Korrespondenz einiger immigrierter Psychoanalytiker enthüllte, die er als »politische Freudianer« bezeichnete. Die politischen Freudianer hätten, so Jacoby, eine psychoanalytische Subkultur dargestellt, die in Europa entstanden, aber nie in den zentralen psychoanalytischen Diskurs eingedrungen sei.[77] Die Bedingungen, die Leute wie Edith Jacobson und Otto Fenichel erfüllen mussten, um in das amerikanische psychoanalytische Establishment aufgenommen zu werden, hätten sie dazu gezwungen, ihre psychoanalytische Gesellschafts- und Kulturkritik aufzugeben, und zwar ausgerechnet zu dem Zeitpunkt, als die Fragen, die sie angesprochen hatten, für sie selbst am akutesten gewesen seien. Erst die Veröffentlichung der gesamten Korrespondenz, die Fenichel mit seinen Fachkollegen geführt hatte, offenbarte das Paradox, das der von dieser Gruppe vertretenen marxistischen psychoanalytischen Kulturkritik innewohnte – einer Kritik, die die psychoanalytische Perspektive, statt sie zu fördern, wie sie es vorgab, oft eher verhüllte. Fenichel offenbart sich in seinen späteren Briefen trotz seiner marxistischen Weltanschauung als enthusiastischer Verfechter des American Way of Life mit dessen Betonung des extrovertierten Individuums und der Ablehnung des Determinismus eines übermächtigen, das Schicksal des Individuums bestimmenden Unbewussten. Jedenfalls drohte die Auswanderung der Psychoanalyse aus Mitteleuropa dem Sonderstatus der jungen Disziplin insofern ein Ende zu setzen, als sie zwischen dem Objektiven und Subjektiven, zwischen dem wissenschaftlichen Positivismus und dem soziohistorischen Konstruktivismus angesiedelt war.

In den 1940er, besonders aber in den 1950er und 1960er Jahren entwickelte sich in der amerikanischen Psychoanalyse ein objektivistischer psychoanalytischer Diskurs. Erwartungsgemäß nahm jedes der rivalisierenden Lager für sich in Anspruch, Freuds Lehre am genauesten wiederzugeben und die wichtigsten neuen Erkenntnisse zu produzieren. Doch Vertreter der klassischen Lehre und Idolzerstörer offenbarten mehr Gemeinsamkeiten, als sie sich eingestanden. Während die Trennlinie in diesen Fragen nicht zwangsläufig zwischen Immigranten und eingesessenen Psychoanalytikern oder zwischen früher oder später Eingewanderten verlief, wurde der Status der Psychoanalyse als sozialkritischer Theorie – als Antithese zur naturalistischen medizinisch-wissenschaftlichen Theorie – zum Hauptthema des Dialogs zwischen den verschiedenen Ansätzen der Disziplin.

Das vorherrschende wissenschaftliche und kulturelle Klima in den Vereinigten Staaten der 1940er Jahre gab den Bio- und Naturwissenschaften den Vorzug. Diese Präferenz machte sich auch in den Sozial- und Geisteswissenschaften bemerkbar, die sich kaum noch mit ethischen und politischen Themen beschäftigten. Entsprechend wurden auch das psychische Gesundheitsideal und die theoretischen Modelle formuliert, auf denen die Ausbildung der Psychotherapeuten beruhte.[78] Das ging zum Teil so weit, dass vereinzelt behauptet wurde, die mitteleuropäische Kultur, die von intellektuellen

Immigranten in die Vereinigten Staaten importiert worden sei, habe einen destruktiven Effekt. Amerika habe Deutschland im Zweiten Weltkrieg zwar besiegt, sei aber von derselben deutschen Kultur infiltriert, die zur verheerenden nationalsozialistischen Zerstörung geführt habe.[79] In Literatenkreisen war es Vladimir Nabokov, der keine Gelegenheit ausließ, die »Wiener Delegation« und deren »freudianische Voodoo-Medizin«, die sie in den 1940er und 1950er Jahren in der amerikanischen Kultur ausgebreitet habe, zu verhöhnen.

Populäre, Sympathie erweckende stereotype Figuren wie die Hollywoodgestalt des allwissenden Psychoanalytikers, der seine Weisheiten mit starkem deutschem Akzent zum Besten gibt, machten den eingewanderten Freudianern das Leben auch nicht leichter. Ernst Federn aus Wien, dessen Vater zu den frühen Schülern Freuds zählte, hatte Schwierigkeiten, einen Platz in der amerikanischen psychoanalytischen Kultur zu finden. Nicht der Verlust von Heimat, gesellschaftlichem Status und Eigentum sei die Haupttragödie gewesen, die er und seinesgleichen erlitten hätten, sondern die Trennung von ihrem philosophischen Milieu. Amerikanische Psychoanalytiker, so Federn, hätten kein wirkliches Verständnis von Freud, da sie seine Lehre auf den Kopf stellten. Sie würden die Psychoanalyse in erster Linie als Therapiemethode und nur sekundär als Theorie zur Deutung der Struktur der menschlichen Psyche betrachten. Die amerikanische Version des Unbewussten sei nichts weiter als eine Hypothese, die durch Therapie zu bestätigen sei, doch die Wahrheit sei, dass Freud das Unbewusste als Entdeckung betrachtet habe, die nicht jedes Mal von Neuem bestätigt werden müsse, so wie der amerikanische Kontinent nicht von jedem Einwanderer neu entdeckt werde, der seine Küste erreiche.[80] Ein weiterer Immigrant, der in Amerika bekannt wurde, war Bruno Bettelheim. Sein 1943 erschienener Aufsatz *Individual and Mass Behaviour in Extreme Situations* hat als eine der ersten »Analysen« des NS-Konzentrationslagers den Status eines Standardwerkes erlangt.[81] Später warf Bettelheim angelsächsischen Psychoanalytikern und dem monumentalen Übersetzungswerk von James und Alex Strachey (die Standardausgabe von Freuds Werken in englischer Sprache) vor, die freudsche Sprache systematisch fehlinterpretiert und Freuds Denken seiner humanistischen Grundlagen beraubt zu haben.[82]

Auch die biologistische Ich-Psychologie von Heinz Hartmann zeigt Spuren der folgenschweren historischen Ereignisse. In *Ich-Psychologie und Anpassungsproblem,* das Hartmann noch vor der Übersiedlung von Wien in die Vereinigten Staaten veröffentlichte, bekennt er sich einerseits zu Freuds Lehre, deutet aber andererseits auf ihre logischen Widersprüche hin.[83] Doch die besondere Betonung, die Hartmann und seine Kollegen auf die Abwehr- und Anpassungsmechanismen des Ichs legen, passt auffallend gut zum philosophischen und wissenschaftlichen Optimismus, den Freuds amerikanische Anhänger hervorheben, seit sie zu Beginn des Jahrhunderts mit der Theorie der kindlichen Sexualität vertraut geworden sind. Die Ich-Psychologie als Weiterentwicklung der positivistischen Version der psychoanalytischen Idee ermöglichte es ihren Anhängern, zwei Bestrebungen miteinander zu verbinden: Freuds Lehre der amerikanischen wissenschaftlichen Tradition zugänglich zu machen und das symbolische Kapital der Psychotherapeuten zu erhöhen, indem die Disziplin epistemologisch näher an die Naturwissenschaften und die exakten Wissenschaften herangeführt wurde. Die Ich-Psychologie führte die psychoanalytische Theorie also in eine Zeit zurück, in der die innere psychische Realität nicht als Spiegel externer Realitäten, sondern als regulier- und anpassungsfähiger, der Stufe der Persönlichkeitsintegration entsprechender Faktor aufgefasst wurde.[84] Zumindest theoretisch bot die Ich-Psychologie dem Psychotherapeuten ein Modell, in dem nicht historische oder biografische Umstände, sondern die Psyche den Lebensweg des Individuums bestimmte. Die Behandlung der Psyche ermöglichte es so, die Art, wie der Patient die äußere Realität in seiner inneren Welt erlebte und empfand, permanent zu verändern. Der Titel, den Heinz Hermann für sein Buch *Ich-Psychologie und Anpassungsproblem* wählte, das nach Freuds Schriften zum meistzitierten Werk der psychoanalytischen Literatur wurde, bezieht sich also nicht nur auf das Problem der biologischen Adaption, mit der sich Charles Darwin in der ersten Hälfte des 19. Jahrhunderts beschäftigt hatte, sondern auch auf ein existenzielles psychologisches Problem von Hartmanns Generation, die zwei Weltkriege miterlebt hatte, die die Menschheit an die Grenze ihrer Anpassungsfähigkeit gebracht hatten. Es ist nicht auszuschließen, dass Hartmanns Ich-Psychologie gerade deshalb so überzeugend schien, weil einige ihrer führenden Vertreter eingewanderte Psychoanalytiker waren, deren Persönlichkeit die psychische Flexibilität – soweit nicht durch neurotische Hemmungen beeinträchtigt – selbst verkörperte. Diese von immigrierten Freudianern entwickelte Theorie führte den Trend der Verinnerlichung weiter, die Freuds Werk seit der Verwerfung der Verführungstheorie in seiner frühen klinischen Arbeit prägte. Vor allem ermöglichte die klassische Psychoanalyse – klassisch nach amerikanischer Auffassung der 1940er Jahre – die Lenkung des Blickes von der äußeren Realität auf die Anpassungs- und Abwehrmechanismen der Psyche. Dass die Entwicklung einer solchen Theorie für die eingewanderten Psychoanalytiker unter den historischen Umständen der 1930er und 1940er Jahre auch ein Trost war, ist verständlich.

Etliche deutschsprachige Psychoanalytiker besannen sich auf bestimmte Elemente ihrer Zugehörigkeit, die sie scheinbar aufgegeben hatten, als sie sich der Psychoanalyse anschlossen. Einige von ihnen begannen sich für ihren jüdischen Hintergrund zu interessieren. Eine kleine Gruppe entschloss sich, wie im nächsten Kapitel gezeigt werden soll, ihre Zukunft mit der zionistischen Bewegung zu verbinden. Manche entwickelten ein solides sozialistisches Selbstverständnis und wiederum anderen ermöglichten es die tragischen Lebenserfahrungen, eine klare Trennung zwischen Vergangenheit und Gegenwart vorzunehmen und neue Wege zu gehen. Wer sich etwa daran gewöhnt hatte, der ausdrücklich christlichen Persona mit empathischer Nachsicht zu begegnen, die Heinz Kohut – dank seiner Narzissmustheorie einer der angesehensten Psychoanalytiker Amerikas – bei seiner Ankunft in den Vereinigten Staaten angenommen hatte, konnte sich kaum vorstellen, dass Kohut – der, geboren als Wolff Hirsch, beschnitten war und seine Bar Mitzwa im Stadttempel, der großen Synagoge in Wien, gefeiert hatte – einen seiner Kollegen darum bitten würde, für ihn die Bedeutung des hebräischen Begriffs *Brit Mila* (die jüdische Beschneidungszeremonie) herauszufinden.[85] Die Darstellungen einiger jüdischer Kollegen Kohuts werfen hinsichtlich der aktiven und kompromisslosen Leugnungstaktik, mit der dieser einflussreiche Begründer der psychoanalytischen Selbstpsychologie jedem Versuch begegnete, ihn mit seiner jüdischen Herkunft zu konfrontieren, unbequeme Fragen auf.

Kohut mag ein extremer Fall gewesen sein, doch für manche emigrierten Psychoanalytiker war jeder Diskurs, der ihre theoretischen Ideen mit persönlichen Kriegserlebnissen verband, inakzeptabel. Solche Gedanken wurden in publizierten Arbeiten nur selten thematisiert. Sie beschränkten sich in der Regel auf private Gespräche mit Kollegen oder auf die Lebensrückschau alternder Psychoanalytiker. Die persönliche Erfahrung von Verfolgung, Migration, Trennung und Verlust zu diskutieren war – ähnlich wie das Sprechen über das eigene Jüdischsein – im wissenschaftlichen Kontext ein Tabu.

Befürchteten die Analytiker, die Verbindung ihrer Theorien mit ihren persönlichen Lebensgeschichten könnte ihren wissenschaftlichen Objektivitätsanspruch gefährden? Fürchteten sie, den Einfluss ihrer persönlichen Kriegserlebnisse auf ihre theoretischen Ansätze einzugestehen würde bedeuten, den Blick von der inneren psychischen Realität und der unbewussten Fantasie ihrer Patienten abzuwenden oder, noch schlimmer, der Versuchung »traumazentrischer« Theorien zu erliegen? Emily Kuriloff legt in dem jüngst erschienenen Buch *Contemporary Psychoanalysis and the Legacy of the Third Reich* dar, dass jeder Diskurs, der die historische Realität und die persönliche Lebenserfahrung bei der Entwicklung von Theorien hervorhebt, gewisse Ängste in der Analytikergemeinde wecken könnte, da er als Rückkehr des Unterdrückten in der Psychoanalyse, das heißt als Rückkehr von Freuds »Verführungstheorie« gewertet würde.

Glücklicherweise blieb nach dem Krieg die Aufgabe, die Geschichte des 20. Jahrhunderts und die Entwicklung der Psychoanalyse einander gegenüberzustellen, nicht mehr allein den Psychologen und Psychiatern überlassen, die die Historisierung ihrer Theorie oft als deren Relativierung missverstanden. Ein Beispiel der späteren intellektuellen Auseinandersetzung mit dieser Thematik ist die Arbeit neomarxistischer Flüchtlinge, die 1950 gemeinsam das Werk *The Authoritarian Personality* verfassten. Für diese ehemaligen Intellektuellen der Frankfurter Schule waren Psychoanalyse und Antisemitismus untrennbar miteinander verbunden.[86] Es sei dringend zu fordern, schrieb Adorno 1959, eine »genaue und unverwässerte Kenntnis« der freudschen Theorie zu erlangen, damit man die Grundlage erkunden könne, die den Fremdenhass nähre, denselben Hass, der sich auch gegen die Psychoanalyse richte. »Der Hass gegen sie ist unmittelbar eins mit dem Antisemitismus, keineswegs bloß, weil Freud Jude war, sondern weil Psychoanalyse genau in jener kritischen Selbstbesinnung besteht, welche die Antisemiten in Weißglut versetzt.«[87]

4. Migration und Interpretation

> »Ich habe von der Eröffnung eines psychoanalytischen Instituts in Jerusalem gehört und erlaube mir, Eure Exzellenz zu fragen, ob Sie mir einen Psychoanalytiker in Tel Aviv zu empfehlen wüssten, der sich um mich kümmern könnte, damit es mir gelingt, mich aus meiner schwierigen Lage zu befreien und einen Nervenzusammenbruch zu vermeiden. [...] Ich bin von fürchterlichen Ängsten geplagt. Jede Kleinigkeit, die ein normaler Mensch kaum wahrnimmt, empfinde ich als große Gefahr [...]. Jede Kleinigkeit bringt mich in Rage [...]. Ich spreche nicht mit Leuten, wegen meines inneren Ärgers und weil ich stets in Gedanken versunken bin. [...] Am Anfang könnte ich 10 Grush pro Sitzung zahlen, und dann, sobald sich meine Probleme lindern und ich täglich arbeiten und Geld verdienen kann, allmählich mehr. [...] Ich spreche fließend Russisch. Meine Hebräischkenntnisse sind nicht besonders gut. Diesen Brief schreibe ich mit Hilfe eines Wörterbuchs [...]. In der Hoffnung, der Herr Doktor möge mein Ersuchen nicht ungehört lassen und mir baldestmöglich antworten.«
>
> Herr A. an Dr. Eitingon, 1934

Durch die jüdische Einwanderung von 1929 bis 1939, in der zionistischen Historiografie Fünfte Alija genannt, wuchs die jüdische Bevölkerung Palästinas von 175 000 auf 475 000 Personen an. Nur 20 Prozent dieser Neueinwanderer waren deutsche Juden, doch ihr Einfluss auf den Jischuw war beträchtlich. Bei vielen von ihnen handelte es sich um hoch qualifizierte Fachleute verschiedener Berufe und um Geschäftsleute. Sie bildeten eine neue Mittelschicht, die sich von der abhob, die von den 1924 bis 1929 im Rahmen der Vierten Alija eingewanderten polnischen Juden gebildet wurde. Die deutschen Juden unterschieden sich von der stark sozialistisch geprägten Elite des Jischuw unter anderem dadurch, dass die deutsche Lesart des Zionismus die jüdische Besiedlung Palästinas zwar auch befürwortete, gleichzeitig aber der deutschen Sprache und Kultur verhaftet blieb und Palästina ursprünglich vor allem als Heimstätte für das verfolgte osteuropäische Judentum betrachtet hatte. Zwischen 1933 und 1939 emigrierten 650 jüdische Ärzte aus Deutschland nach Palästina, gefolgt von einigen Hundert Ärzten aus Österreich.

Doch die Ärzte, die in jenem Zeitraum in Palästina ankamen, unter ihnen auch deutschsprachige Psychologen und Psychiater, bildeten keine homogene Gruppe. Einige von ihnen stammten selbst aus Osteuropa oder waren in Deutschland und Österreich-Ungarn geboren, nachdem ihre Eltern aus dem russischen Ansiedlungsrayon emigriert waren. Diese Ärzte hatten das Potenzial, die ideologische Kluft zwischen den neu eingewanderten deutsch-jüdischen Ärzten und den bereits eingesessenen Ärzten osteuropäischen Ursprungs zu überbrücken.[1]

Die zweite und entscheidende Phase der Etablierung der Psychoanalyse auf dem Gebiet des späteren Staates Israel begann also mit dem Einsetzen der Fünften Alija. Wie bei den früheren jüdischen Einwanderungswellen in Palästina kamen die Neueinwanderer vor allem aus Osteuropa. Unter ihnen befanden sich aber auch etwa 90 000 deutschsprachige Juden, die nach der Machtübertragung auf die Nationalsozialisten 1933 und der deutschen Annexion Österreichs und des Sudetenlandes aus Mitteleuropa geflüchtet waren. Während die politischen Umstände, die sie zur Flucht aus Europa bewegten, keiner weiteren Erklärung bedürfen, ist auf die jeweilige besondere Charakteristik ihrer Eingliederung im Jischuw hinzuweisen, die stark von ihrem ideologischen Hintergrund abhing. Die früheren Einwanderer betrachteten die deutschen Neuankömmlinge, denen sie den spöttischen Übernamen »Jeckes« gaben,[2] als bürgerlich und frei von ideologischer Überzeugung. Als solche wurden sie als potenzielle Gefahr für die Sache des Zionismus angesehen. Die britischen Behörden beschränkten die jüdische Einwanderung auf eine jährliche Quote, und da die Zahl der Einwanderungszertifikate stark limitiert war, wurde deutsch-jüdischen Ärzten zuweilen vorgeworfen, »richtigen« Zionisten die Einwanderungsplätze weggenommen zu haben.

Die zionistische Überzeugung einiger deutschsprachiger »neuer Zionisten« war die direkte Folge der Diskriminierungs- und Vertreibungspolitik, der sie in ihren Ursprungsländern ausgesetzt waren. Hoch motiviert, sich im Jischuw zu integrieren, gelang ihnen die Akklimatisierung in Palästina recht gut. Dieser Schritt fiel den sogenannten Zionisten der ersten Stunde, einer Minderheit unter den deutschsprachigen Immigranten, die in ihrer Jugend eine idealisierte Form des mitteleuropäischen Zionismus absorbiert hatte, viel schwerer. Sie konnten ihren Traum kaum mit der vorgefundenen Wirklichkeit vereinbaren. Diese kleine Gruppe entwickelte eine überaus kritische Haltung zur osteuropäischen Dominanz des Jischuw und hielt nach Möglichkeiten Ausschau, ihre eigentümliche mitteleuropäische zionistische Anschauung zum Ausdruck zu bringen.[3] Eine weitere Gruppe deutschsprachiger Immigranten hatte gar keinen zionistischen Hintergrund. Sie betrachteten sich als Flüchtlinge oder Exilanten, die nach Palästina gekommen waren, weil sie keine andere Wahl hatten. Sie beabsichtigten nach Europa zurückzukehren, sobald die Gefahr vorüber war. Angehörige dieser Gruppe, darunter Schriftsteller wie Arnold Zweig, Max Brod, Else Lasker-Schüler und der viel jüngere Wolfgang Hildesheimer, sahen sich auch als Vertreter einer weltweiten »humanistischen Front« gegen den deutschen Faschismus. Kurzum, auch wenn sie dem Zionismus ein gewisses Verständnis entgegenbrachten, zogen Sie es vor, sich, sobald sie in Palästina waren, als Deutsche im Exil zu betrachten und nicht als Juden, die in ihre Heimat zurückkehrten. Zionismus, soll Arnold Zweig einmal gesagt haben, sei eine Erkrankung, von der man nur in Palästina geheilt werden könne.[4] Doch bei genauerem Hinsehen stellt man fest, dass es sich bei den Mitgliedern dieser Gruppe fast ausschließlich um ausgeprägte Antizionisten handelt, überwiegend Intellektuelle, auch einige überzeugte Kommunisten. Alle waren sie dem jüdischen Nationalismus in seiner osteuropäischen Ausprägung und der von den früheren Einwanderern geförderten neuen hebräischen Kultur abgeneigt. Diese deutschen Immigranten zelebrierten ihre kulturelle Eigenart bei elitären kulturellen Veranstaltungen, in kritischen Artikeln in der deutschsprachigen Zeitschrift *Orient* und vor allem durch ostentative Sehnsucht nach Europa.[5]

Eine kleine Notiz in der *Palestine Post* informierte die Öffentlichkeit über die Eröffnung eines Psychoanalytischen Instituts in Jerusalem. Zahlreiche Möbel und Gemälde aus Max Eitingons Besitz waren vom Berliner Institut nach Jerusalem überführt worden. Die Bibliothek des Berliner Instituts, die sich weitgehend aus Eitingons riesiger Privatsammlung zusammensetzte, und die Institutsakten erreichten Jerusalem unversehrt. Diese materiellen Güter stärkten das Selbstvertrauen der Gründer des Jerusalemer Instituts. Das Unternehmen, das in Berlin ein abruptes und schmerzliches Ende gefunden hatte, konnte nun aus ihrer Sicht in Jerusalem weitergeführt werden. Das implizierte die Botschaft, dass das nach wie vor existierende Berliner Institut nicht mehr Teil der psychoanalytischen Bewegung war, weder formell noch de facto.

Als Vertreter einer Subkultur innerhalb der intellektuellen Emigration aus Mitteleuropa waren die Psychoanalytiker in Palästina mit Umständen konfrontiert, die ihren Bewegungsspielraum sehr beengten. Im Gegensatz zu anderen Intellektuellen, deren Integration durch die Vermittlung akademischer Institutionen erleichtert wurde, und zu Kollegen, die in andere Länder emigriert waren und von gut etablierten psychoanalytischen Gesellschaften aufgenommen wurden, waren die emigrierten Psychoanalytiker im Jischuw gezwungen, bei Null anzufangen. Dabei versuchten sie, denselben Rahmen neu zu schaffen, den sie in Europa mitgeprägt hatten.[6] Die Gründer der Psychoanalytischen Gesellschaft Palästinas teilten zwei biografische Merkmale, die die psychoanalytische Praxis in diesem Land in ihrer Anfangszeit wesentlich beeinflussten: Sie waren Mediziner und hatten, wenigstens mehrheitlich, einen Teil ihres Lebens in Russland oder der Sowjetunion verbracht. In diesem Zusammenhang ist daran zu erinnern, dass rund 20 Prozent der Juden, die 1933 in Deutschland lebten, ausländische Staatsbürger waren.[7] Als es Zeit wurde, Deutschland zu verlassen, hatten die ethnogeografischen Traditionen und individuellen historischen Erinnerungen, die diese Immigranten seit ihrer Kindheit mit sich trugen, einen entscheidenden Einfluss auf die Wahl des Auswanderungszieles. Die jiddischen und russischen Sprachkenntnisse erleichterten der Gruppe, die sich für Palästina entschied, die Eingliederung im Jischuw und verbesserten ihre Fähigkeit, die Psychoanalyse über die Grenzen der kleinen deutschsprachigen Gemeinschaft hinaus bekannt zu machen, die mit diesem Gebiet bereits in Europa vertraut geworden war. Der Fakt, dass die Gründer der Psychoanalytischen Gesellschaft Palästinas ethnisch auch mit den osteuropäischen Juden verbunden waren, die die Mehrheit der jüdischen Einwanderer der vier ersten größeren Einwanderungswellen stellten, und nicht nur mit den deutschen Juden der Fünften Alija, der sie formal angehörten, erleichterte ihre Eingliederung im Jischuw beträchtlich. Die Muttersprache von Anna Smiliansky, Moshe Wulff, Ilja Schalit, Max Eitingon und Fania (Fanny) Lowtzky (der Schwester des Philosophen Lev Shestov, der sich dieser Gruppe etwas später anschloss) war Russisch. Die Jahre, die sie als Studenten in Marburg, Freiburg und Heidelberg oder als Psychoanalytiker in Zürich, Wien und Berlin verbrachten, hatten ihre Beziehung zur russischen Kultur und ihre jüdische Ethnizität osteuropäischer Prägung nicht geschwächt. Von dieser tiefen Bindung zur gemeinsamen osteuropäisch-jüdischen Zugehörigkeit und der engen Beziehung zum Zionismus zeugte der »private Jahrestag«, den die Gründungsmitglieder der Psychoanalytischen Gesellschaft an jedem 3. Februar zelebrierten. Es handelte sich um eine Tradition, die 1904 in Marburg begann, als sie bei einer Zusammenkunft in einem Studentenzimmer unter dem Eindruck des Pogroms von Kischinjow dem Zionismus die Treue schworen.[8] Sie leisteten diesen Schwur in einer Zeit, als sich die Bewegung in einer Krise befand, im Jahr nach dem umstrittenen sechsten Zionistenkongress in Basel, an dem Herzls Vorschlag, eine jüdische Kolonie in Ostafrika zu errichten, vor allem an der Opposition der Delegationen aus dem östlichen Europa, besonders aus Russland, gescheitert war. Diese Tradition veranschaulicht das starke Solidaritätsbewusstsein, das die Weltanschauung dieser emigrierten Psychoanalytiker in ihrer

Ausbildungszeit und am Anfang ihrer beruflichen Karriere in der deutschsprachigen Welt formte.

Doch die Mehrzahl der deutschen Immigranten der Fünften Alija, die Psychoanalytiker unter ihnen eingeschlossen, war vor der Ankunft in Palästina nicht zionistisch aktiv. War die Tatsache, dass sie sich nun zum Zionismus bekannten, nur ein Versuch, ihren nach 1933 gefassten Beschluss zur Emigration im Nachhinein als Akt des freien Willens oder als Verwirklichung eines alten Jugendtraumes darzustellen? Aus historischer Perspektive scheint sich die Frage in diesem Fall nicht bloß auf die Debatte zu beschränken, ob die jüdische Heimstätte im Land der Vorväter bei den deutschsprachigen Juden, die nach der Machtübertragung an die Nationalsozialisten nach Palästina emigrierten, eine zentrale Rolle spielte.[9] Den Kindheitserinnerungen dieser Psychoanalytiker und ihrer Affinität zu den Vertretern früherer Einwanderungswellen sowie zu den in der Studienzeit und im frühen Erwachsenenleben erworbenen mitteleuropäischen Zugehörigkeiten kam in diesem Zusammenhang in verschiedener Hinsicht eine bedeutende Funktion zu. Sie ermöglichten ihnen, sich selbst als Einwanderer zu betrachten, die aus zionistischer Überzeugung und aus Solidarität mit dem jüdischen Kollektiv nach Palästina kamen, und nicht bloß als Immigranten, denen nichts anderes übrig blieb. Darüber hinaus erleichterten sie die Entwicklung der Psychoanalyse im Jischuw der 1930er und 1940er Jahre. Die meisten Vertreter dieser kleinen Gruppe von Psychoanalytikern konnten neben den symbolisch-kulturellen und intellektuellen Werten, die sie mitbrachten, auch ein zionistisches Vermächtnis vorweisen, das über jeden Zweifel erhaben war. Beispielsweise gehörte die in Kiew geborene Anna Smiliansky, die sich 1912 ein Jahr in Palästina aufgehalten hatte, zum Kreis des Gründers des Kulturzionismus, Aḥad Ha'am. Diesem Kreis gehörte auch ihr Bruder an, der legendäre Schriftsteller und Landwirt Moshe Smiliansky, der als Einwanderer der Ersten Alija ins Land gekommen war. Dem in Odessa geborenen Moshe Wulff, seit 1911 Mitglied der Wiener Psychoanalytischen Vereinigung und zugleich Mitbegründer der ehemaligen Russischen Psychoanalytischen Gesellschaft, dürfte es ebenfalls leichtgefallen sein, die Pioniere der Arbeiter- und Landwirtschaftssiedlungen des Jischuw von seiner großen russischen und zionistischen Seele zu überzeugen, die auch nach seiner Übersiedlung von Moskau nach Berlin in ihm wohnte. Zu Wulffs Patienten in den späten 1920er Jahren in Berlin hatten auch Mitglieder der Jugendbewegung Haschomer Hatzair gehört, die später ihn und nicht Max Eitingon als führende psychoanalytische Autorität des Jischuw betrachteten. Da die jüdische Gesellschaft in Palästina stark auf ethnische und ideologische Dichotomien fixiert war, war es nur natürlich, dass Wulff bei seiner Ankunft in Palästina die proletarisch-russischen Aspekte seiner Jugendzeit in Odessa und Moskau hervorhob, um sich von seinen bürgerlichen »Jeckes«-Kollegen abzuheben. Ilja Schalit, der ursprünglich aus Riga stammte und seine Medizinstudien an der Militärakademie in St. Petersburg begonnen hatte, war 1929 der Deutschen Psychoanalytischen Gesellschaft beigetreten und arbeitete vor seinem Aufbruch nach Palästina kurze Zeit am Berliner Institut.[10]

Eitingon zeigte sich in einem Brief, den er kurz nach seiner Ankunft in Palästina an Freud schrieb, entschlossen, den Einfluss der historischen und gesellschaftlichen Umstände auf die Etablierung der Psychoanalyse in Palästina auf ein vertretbares Maß zu beschränken: »Wir gehen unseren Weg sozusagen privat, ohne daran zu denken, bei dem intensiven Aufbau hier zu früh in das öffentliche Leben einzumünden«, schrieb er und fügte hinzu: »Es ist dieselbe Menschenart und es sind dieselben Probleme, mit denen wir uns auch bisher beschäftigt haben, da weder die Araber noch die länger hier angesessenen Orthodoxen für die Analyse in Betracht kommen.«[11] Indem er die beiden Antipoden des Zionismus, die jüdische Orthodoxie und die arabische Bevölkerung, ignorierte, übernahm Eitingon kurzerhand die Strategie der Schöpfer des neuen zionistischen Selbst.

Unter normalen Umständen hätte die Bearbeitung des Gesuchs der neuen Psychoanalytischen Gesellschaft Palästinas um Aufnahme in die IPV Jahre gedauert. Doch durch rasche Aufnahme der neuen Gesellschaft gelang es, einen Eindruck der Kontinuität zu erzeugen, der für die emigrierten Analytiker in ihrer neuen Umgebung von entscheidender Bedeutung war.[12] Der Auftritt des Instituts in Jerusalem, gleichsam als Reinkarnation des Berliner Instituts, vermittelte den Analytikern und ihren Patienten das Gefühl, unter den tragischen Umständen, die zu ihrer Emigration nach Palästina geführt hatten, ein »kleines Berlin« geschaffen zu haben, das ihnen die Eingliederung in die neue Heimat erleichterte. Die Psychoanalytiker waren nicht mehr nur »Wissensvermittler«, sondern eine Verkörperung des psychoanalytischen Wissens als solches. Die Satzung des Jerusalemer Instituts enthielt eine ungewöhnlich drakonische Bestimmung, die bezweckte, die unbefugte Nutzung von Freuds Theorie zu verhindern. Laut dieser Bestimmung musste ein Mitglied, das eine öffentlich zugängliche Vorlesung zu einem Thema im Zusammenhang mit der Psychoanalyse halten wollte, den Lenkungsausschuss des Instituts im Voraus informieren und dessen Erlaubnis einholen.[13]

> »Das Jerusalemer Psychoanalytische Institut ist ein direkter Abkömmling und, wie es sich ergeben hat, der Nachfolger des Berliner Instituts […]. Dieses Stück Berliner Institut, das hierher mitgekommen ist […] bedeutet, dass auch ein guter Teil vom alten Geist mitgekommen ist, die Liebe und Verehrung für Freud, das ›orthodoxe‹ Festhalten an seiner Lehre.«[14]

Abb. 5: Margarete Brandt (1892–1977).

So steht es in einem Bericht, der von Margarete Brandt (Abb. 5) zum Anlass des siebten Jahrestages der Gründung des Jerusalemer Instituts herausgegeben wurde. Selbst Bewohner des alten Jischuw (der traditionellen, religiösen jüdischen Gemeinschaft also, die bereits vor dem Einsetzen der modernen zionistischen Einwanderung in Palästina lebte), die sich im Institut behandeln ließen, hätten ein psychoanalytisches Verständnis offenbart. Das freudianische System des Traumsymbolismus und der Traumdeutung habe sie direkt angesprochen, und ihre mystischen Erklärungen für neurotische Zustände wie etwa die dämonische Besessenheit habe als Analogie für psychoanalytische Konzepte gedient. Diese frommen Juden hätten ihre anfängliche Enttäuschung darüber, dass die neuen Seelenheiler ihnen keine Zaubereien, keinen magischen Trunk boten, rasch überwunden. Doch das sei nicht neu gewesen, schrieb Brandt in ihrem Bericht. Auch in Berlin seien die Psychoanalytiker mit einer ähnlichen Enttäuschung konfrontiert gewesen, da sie keine somatischen Behandlungen von der Art angeboten hätten, die in der Psychiatrie sehr verbreitet gewesen sei. Die Psychoanalytiker hätten auf diese Erwartung flexibel reagiert und verschiedentlich Bereitschaft gezeigt, Hypnosetherapie mit der »klassischen« psychoanalytischen Behandlung zu verbinden, wodurch es gelungen sei, die Behandlung stark zu verkürzen.[15]

Nicht wenigen deutschsprachigen Immigranten diente die Psychoanalyse entweder in ihrer »angewandten« kulturkritischen Form oder als klinisch-therapeutische Praxis als symbolisches Übergangsobjekt, wenn nicht als Identitätsersatz schlechthin. Die Analyse, der sich Arnold Zweig bei Ilja Schalit in Haifa unterzog, schwächte weder seine Bindungen an Europa, noch entfachte sie in ihm Begeisterung für den Zionismus. Er empfand das Leben in Palästina als Bedrückung, und ganz besonders schmerzlich empfand er die Tatsache, dass die lokale Literatengemeinde sich weigerte, einen Schriftsteller, der in deutscher Sprache schrieb, in ihre Reihen aufzunehmen.[16] In Artikeln im *Orient,* in Briefen an Freud und an Ruth Klinger sowie in zwei Romanen, die er während seines Aufenthalts in Palästina zu schreiben begann, *De Vriendt kehrt heim* und *Traum ist teuer,* brachte er seine düstere Sicht der Begegnungen des Sozialismus mit dem Zionismus und des Zionismus mit der Psychoanalyse zum Ausdruck. Der erste Roman war vom Mord am niederländisch-jüdischen Poeten Jacob Israel de Haan inspiriert, der nach Palästina emigriert war und später zum Fürsprecher der antizionistisch-ultraorthodoxen jüdischen Gemeinschaft in Palästina und auch in Europa wurde. De Haan wurde homosexueller Beziehungen zu arabischen Jungen bezichtigt und 1924 von zwei Mitgliedern der Haganah, der paramilitärischen Selbstschutzorganisation des Jischuw, ermordet. Der Protagonist von *Traum ist teuer,* der deutschsprachige Neurologe und Psychoanalytiker Dr. Richard Karthaus, der vom zionistischen Traum ernüchtert nach Europa zurückkehrt, wurde bereits erwähnt.

Zu dieser Kategorie der deutschen Juden in Palästina gehörte auch Wolfgang Hildesheimer (Abb. 6). In Hamburg geboren, konnte sich der Schriftsteller und bildende Künstler schon in jungen Jahren nicht mehr völlig mit der Entschlossenheit seiner Eltern, sich in Palästina niederzulassen, identifizieren. Der Sohn des Chemikers und Industriellen Arnold Hildesheimer und Urenkel des jüdischen Schriftgelehrten und Begründers der modernen jüdischen Orthodoxie in Deutschland Esriel Hildesheimer kam nach Jerusalem, wo er zwischen 1934 und 1936 eine Tischlerlehre und eine Ausbildung zum Innenarchitekten und Bühnenbildner machte. Dort veröffentlichte er auch sein erstes Gedicht.[17] Nach Kriegsende kehrte er nach Deutschland zurück, betätigte sich als Dolmetscher bei den Nürnberger Prozessen und gehörte zu den Gründern der deutschen Literaturbewegung Gruppe 47. Er verwies mehrfach auf die Analyse, der er sich in seiner Jugend in Jerusalem unterzogen hatte und die ihm geholfen habe, sowohl die psychischen Konnotationen seines Jüdischseins zu ergründen als auch jene Traumata zu verarbeiten, die ihn während der Nürnberger Prozesse heimgesucht hatten. »Ich wäre mir ohne sie [die Psychoanalyse] gar nicht denkbar«, schrieb er 1975.[18] Der

Abb. 6: Wolfgang Hildesheimer (1916–1991).

spätere Mozartbiograf glaubte, durch die Psychoanalyse wertvolle Einsichten über den menschlichen Geist, besonders über dessen Kreativität und Prozesse der ästhetischen Transformation, gewonnen zu haben.

»Manchmal empfinde ich, dass es zwischen dem Analysierten und dem Nicht-Analysierten keine Möglichkeit der Verständigung gibt. Mit der Bezeichnung ›der Analysierte‹ meine ich noch nicht einmal den durch psychoanalytische Therapie Geheilten, sondern den, dem sie, über die eigene Person hinaus, Einblicke in die menschliche Seele vermittelt hat. Denn für den einigermaßen geschulten und intelligenten Analysanden enthält seine Analyse gleichsam Elemente einer Lehranalyse, indem sie, sich den Pfad hinab ins Unbewusste ertastend, Nebenwege aufzeigt, das heißt: das, was hätte sein können, aber in diesem Falle nicht ist.«[19]

Die sich verändernde demografische Zusammensetzung des Jischuw kann das erhebliche Interesse an psychoanalytischer Behandlung in der damaligen Zeit offensichtlich nicht vollständig erklären. Eine bedeutende Rolle spielte zweifellos die wachsende Zahl von Juden mitteleuropäischer Herkunft, von Einwanderern also, die schon vor ihrer Ankunft in Palästina mit der Psychoanalyse vertraut gewesen waren, doch war das nicht der einzige Grund. Der psychoanalytischen Theorie zufolge waren die Härten und das Leid der realen Welt nicht losgelöst von der inneren, mentalen und symbolischen Welt des Individuums. Demzufolge konnte der Mensch das Leid seiner Zeit besser verarbeiten, wenn er sich mit den Angst einflößenden Inhalten seiner inneren Welt vertraut machte und sie durch Transformation abmilderte. Ausgerechnet als die jüdische Existenz zunehmend von einer essenzialistisch-faschistischen Ideologie bedroht wurde, die das dynamische Konzept des Geistes ablehnte, bot die Psychoanalyse Einwanderern in Palästina die Möglichkeit, die Grenzen zwischen dem Inneren und Äußeren, zwischen ihren Fantasiewelten und der Realität erneut auszuloten.

Bedingt durch ihr psychoanalytisches und zionistisches Selbstbild, betrachteten die nach Palästina eingewanderten Psychoanalytiker die Übersiedlung an sich nicht als seelische Belastung. Margarete Brandt behauptete, dass sie bei ihren Patienten keinen Zusammenhang erkennen konnte zwischen der Entstehung von Neurosen und dem Fakt, dass sie Immigranten waren. »Vielleicht kommen diese Fälle darum nicht in unsere Behandlung, weil ihnen die real bewusste Begründung ihrer Depression zu einleuchtend zu sein scheint«, legte sie dar.[20] Ihr Kollege Ilja Schalit mied das Wort »Immigration« gänzlich. Bei einem Vortrag anlässlich des siebten Jahrestages der Gründung des Jerusalemer Instituts bezeichnete er die Umstände, unter denen er und seine Kollegen nach Palästina gekommen waren, als »geografische Umgruppierung der Psychoanalytiker seit 1933«.[21] Arnold Zweig (Abb. 7) vertrat in seinem Gastvortrag am Psychoanalytischen Institut zum Thema »Immigration und Neurose« einen etwas analytischeren Standpunkt. Die Erfahrung der Immigration und der Vertreibung sei seit der Zerstörung des Tempels tief in der jüdischen Psyche verwurzelt und sollte als Ursache für die Tatsache gewertet werden, dass die Juden einen angeborenen Hang zu seelischen Krankheiten hätten, und dafür, dass sie ihrer Umgebung den Eindruck von sozialer und politischer Instabilität vermittelten. Der jüdische Immigrant, so Zweig, sei für seine Umgebung viel bedrohlicher als der nichtjüdische, weil er einen Instinkt besitze, der ihn für sozialrevolutionäre Bewegungen besonders empfänglich mache. Zweig ordnete die besonderen Akklimatisierungsschwierigkeiten, mit denen Immigranten wie er zu kämpfen hatten, den Erinnerungen an die Vertreibung aus dem Kindheitsparadies

Abb. 7: Arnold Zweig (1887–1968).

zu – der Trennung vom Körper der Mutter oder der Verbannung aus dem elterlichen Schlafzimmer. Zweig nutzte die Gelegenheit, um Zweifel an der »zionistischen Lösung« der ruhelosen jüdischen Wanderexistenz zu äußern. Palästina sei keine wirkliche Lösung, das Land nicht in der Lage, alle Juden der Welt aufzunehmen, und die Immigranten seien der Täuschung erlegen, ihre Wanderungen hätten ein Ende gefunden.[22] Zweig kehrte 1948 mit seiner Familie nach Ostberlin zurück.

Geeignete Kandidaten

Zwischen Moshe Wulff und Max Eitingon herrschte ein gespanntes Verhältnis, das sich belastend auf die Arbeit der Gruppe auswirkte. Die Entfernung zu Europa verwischte den vormals ungleichen Status der beiden Freudschüler: In Palästina angekommen, begnügte sich Wulff nicht mehr mit einer untergeordneten Rolle und war gewillt, unabhängig und nicht mehr im Schatten anderer zu wirken. Wulff war ein überaus produktiver Autor. Bei seiner Ankunft in Palästina umfasste die Liste seiner Veröffentlichungen bereits mehr als einhundert Titel und zeugte von seinem breiten Horizont, seinem umfassenden Wissen und seiner klinischen Sensibilität.[23] Auf sein Werk wurde später von führenden Theoretikern der Disziplin verwiesen. Die Arbeiten über die kindliche Sexualität, die Wulff 1912 publizierte, trugen ihm eine Fußnote in Freuds *Totem und Tabu* ein. Donald Winnicott, der nur spärlich aus anderen Werken zu zitieren pflegte, wies darauf hin, dass das Konzept des »Übergangsobjekts«, das er 1953 vorstellte, eine Weiterentwicklung des »Fetischobjekts« war, das Wulff ein paar Jahre früher vorgeschlagen hatte.[24] Zu Beginn der 1940er Jahre reichte Wulff von Palästina aus einen Artikel mit einer der ersten Fallstudien in der psychoanalytischen Literatur über Homosexualität ein. Der Artikel beschäftigte sich mit den homosexuellen Fantasien eines verheirateten Kibbuzbewohners russisch-jüdischer Herkunft, die sich seit seiner Ankunft in Palästina gewandelt hatten; anstelle russischer Bauern kamen jetzt Araber, genauer einfache Fellachen aus arabischen Dörfern, darin vor.[25]

Wulff verfasste auch psychoanalytische Schriften interdisziplinärer Art, etwa über die psychologischen Wurzeln jüdischer Bräuche, und Artikel in hebräischer Sprache, die sich an ein breiteres Publikum richteten. Er ließ keine Gelegenheit aus, auf seinen Reisen in Städten oder auf dem Land Vorträge über die Psychoanalyse zu halten. Eitingon beklagte sich in einem seiner Briefe an Anna Freud darüber, dass sich Wulff so verhalte, als könne er die psychoanalytischen Bedürfnisse des ganzen Jischuw allein befriedigen.[26] Eitingon selbst hingegen verhielt sich so, als müsse er niemandem etwas beweisen außer seinem Lehrmeister Freud. Er widmete sein nicht unbeträchtliches Schreibtalent vollständig der internen Politik der psychoanalytischen Bewegung, und sein gesellschaftlicher Kontakt beschränkte sich weitgehend auf die Elite des Jischuw und die Einwanderer der Fünften Alija. In den späten 1930er Jahren entbrannte in der Psychoanalytischen Gesellschaft Palästinas ein innerer Konflikt, der den Machtkämpfen ähnelte, die beinahe zur Auflösung der Schwestergesellschaften in London, New York, Wien und

Paris geführt hatten. Die Spannungen zwischen den beiden Führungsfiguren Wulff und Eitingon erreichten ihren Höhepunkt, als Wulff eine unabhängige Organisation gründete, das David-Eder-Institut für Psychoanalyse in Tel Aviv. Obwohl das neue Institut nicht den Anspruch auf ein vollständiges psychoanalytisches Ausbildungsprogramm erhob und der IPV nicht angegliedert war, unterstrich es sowohl den Status des Gründers als auch dessen Störpotenzial.[27] Eitingon versuchte Wulff unablässig zu beschwichtigen. Seinem diplomatischen Geschick ist es zu verdanken, dass die kleine psychoanalytische Gemeinde zumindest äußerlich ein Bild der Einheit bot. In Krisenzeiten, wenn etwa Wulffs verletzte Würde wissenschaftliche Veranstaltungen gefährdete, wurde Eitingon vom Sekretär der Gesellschaft gebeten, einen mahnenden Brief zu schreiben, vorzugsweise auf Russisch, und er erinnerte daran, dass es mehr Gemeinsamkeiten als Trennendes zwischen den beiden in Russland geborenen Psychoanalytikern gab. Eitingon schrieb:

»Nun, Moissej Wladimirowitsch, ich hoffe wirklich, Sie glauben nicht ernstlich daran, daß Ihre Anwesenheit bei unseren Sitzungen nicht notwendig wäre. Es liegt uns daran, daß alle Mitglieder mitarbeiten, und es liegt uns besonders an Ihrer Mitarbeit. Und es ist wirklich nicht unsere Schuld, daß es zu letzterem nicht kommen will. Sie kennen die Daten unserer Vereinigungssitzungen, und da ist es doch wirklich an Ihnen, uns mitzuteilen, daß und wann Sie verhindert sind. Denn wir sind wirklich nicht irgendjemand, der Sie einmal zufällig einlädt, sondern das sind festgesetzte Versammlungen einer Institution, zu der Sie doch genau so wie wir gehören und für die wir von Ihnen genau das Gleiche warme und tätige Interesse erwarten dürfen. Ich hoffe, Sie geben mir bei der nächsten Sitzung in Tel-Aviv am 13. April Gelegenheit, mich mit Ihnen über diese Dinge auszusprechen.«[28]

Die hebräischsprachige Presse berichtete über das Schicksal von Freuds Familie nach der Annexion Österreichs und erhöhte damit zusätzlich die öffentliche Aufmerksamkeit für die eingewanderten Analytiker, die in Palästina arbeiteten. Eitingon führte den starken Anstieg der Zahl von Personen, die sich im zweiten Halbjahr 1938 für eine Therapie interessierten, auf diese Publizität zurück.[29] Er berichtete Freud im Zusammenhang mit den Pogromen vom November 1938, die von seiner Familie erbaute Synagoge in Leipzig sei zerstört und das jüdische Krankenhaus, das die Familie der Stadt gestiftet habe, »steht auch vor seinem Ende«.[30] Unter dem Eindruck dieser Ereignisse tat er alles in seiner Macht Stehende, um für sämtliche Bekannten der Familie Freud Einwanderungszertifikate für Palästina zu beschaffen. »Alles Äußerliche ist heute so trüb«, schrieb Freud an seinen Schwiegersohn Max Halberstadt, nachdem er von den Bemühungen Ernstl Freuds erfahren hatte, nach Palästina einzuwandern, »unser junges Volk sollte uns wenigstens nur

Anlaß zur Hoffnung geben«.[31] Mit 21 Jahren hatte Ernstl, der älteste Sohn von Sophie Freud, immer noch keinen Schulabschluss und auch Sigmund Freud hoffte, dass Palästina dem Jungen gut bekäme. Ein sechsköpfiges Komitee der Jewish Agency prüfte die Kenntnis der »jüdischen und zionistischen Probleme« und stellte Fragen zur jüdischen Geschichte, zur Geografie Palästinas und zum Zionismus. Ernstl scheint »einen recht kläglichen Eindruck gemacht zu haben«, berichtete Martin Freud an Eitingon. »Er wußte mit Mühe und Not und unter kräftiger Nachhilfe gerade noch, wer Theodor Herzl war.«[32]

Die jüdische Gemeinschaft in Palästina wollte sich nicht nur als Asyl für Flüchtlinge verstanden wissen, wie etwa der Fall Martin Pappenheim zeigt: 1933 wurde erwogen, den Wiener Neurologen mit der Leitung der psychiatrischen Klinik zu betrauen, die für die Region Tel Aviv geplant war. Pappenheim war Dozent für Neurologie an der Universität Wien (der erste Universitätsprofessor dieses Fachbereichs, der die Einwanderung nach Palästina beantragte), langjähriges Mitglied der Wiener Psychoanalytischen Vereinigung und Vertreter Österreichs bei der Internationalen Gesellschaft für Mentalhygiene. Er schien der ideale Kandidat für das vorgeschlagene Amt zu sein und legte der Tel Aviver Stadtverwaltung einen detaillierten Plan vor, in dem er sich für die Einrichtung einer offenen psychiatrischen Abteilung aussprach, um die »Erniedrigung« zu vermeiden, die traditionell mit der psychiatrischen Verwahrung verbunden sei. Eine solche Abteilung erleichtere Patienten in frühen Phasen ihrer Krankheit den Zugang zur Behandlung.[33]

Doch Mitglieder der jüdischen Gemeinde Wiens warnten Tel Aviver Stadtvertreter vor den »nichtzionistischen« Motiven Pappenheims, worauf Bürgermeister Meir Dizengoff und sein Stellvertreter Israel Rokach ihre Kontakte zu ihm abbrachen. Pappenheim, hieß es in den Briefen aus Wien, habe sich von der jüdischen Gemeinde in Wien losgesagt. Einige behaupteten, er habe die Absicht gehabt, sich taufen zu lassen, andere meinten, Pappenheim wäre ohne das Angebot aus Tel Aviv versucht gewesen, seinen Sympathien für den Kommunismus zu folgen und sein Glück in Russland zu versuchen – ein sicheres Zeichen für das Fehlen echten zionistischen Engagements.[34] Waren diese Gerüchte einmal in Umlauf, konnten auch Prominente wie der Dichter Chaim Nachman Bialik, die angesehenste Kulturinstanz des damaligen Jischuw, oder der Oberrabbiner Avraham Yitzchak Hacohen Kook – um nur zwei Persönlichkeiten zu nennen, die zu Pappenheims Patienten gehörten und sich für ihn einsetzten – die Stadtverwaltung nicht mehr davon überzeugen, dass sie eine fatale Fehlentscheidung getroffen habe.[35] Die erste hebräische Stadt brach ihre Verhandlungen mit Pappenheim ab und erklärte in einem offenen Brief an die zionistisch orientierte Wiener Zeitung *Die Neue*

Welt, sie sei verpflichtet, »keinen Kontakt mit Leuten zu unterhalten, die als Verräter unseres Volkes gelten.«[36]

Die Episode Pappenheim veranschaulicht das schwierige Verhältnis zwischen den jüdischen Intellektuellen aus Mitteleuropa und der Führung des Jischuw, die die deutschsprachigen Immigranten – trotz ihres Rufs als ausgezeichnete Ärzte, Juristen oder fleißige Arbeiter – als Zionisten »zweiter Klasse« betrachteten und sie dementsprechend von öffentlichen Institutionen und Organisationen fernhielten.[37] In diesen Kontext gehört auch die Auslese, die Eitingon selbst vornahm. Die wenigen Analytiker, die in Palästina Zuflucht suchten, mussten sich Eitingon zuerst brieflich vorstellen, damit er »ihre Eignung für die besonderen Bedingungen dieses Landes« prüfen konnte.[38]

Fünf Jahre nachdem er die Psychoanalytische Gesellschaft Palästinas gegründet und sich im öffentlichen Leben etabliert hatte, erlaubte sich Eitingon, bei der Mandatsverwaltung Einreisezertifikate für mehrere Psychoanalytiker zu beantragen, die die Emigration nach Palästina beabsichtigten. Er berichtete dem britischen Hochkommissar über das Leid des Lehrkörpers des Wiener Instituts, dem alles genommen worden war – Studenten, Patienten, Bücher, Zeitschriften und Verlag –, und legte einen gemeinsam mit Ernest Jones ausgearbeiteten Plan für die Aufnahme von siebzig jüdischen Psychoanalytikern aus Wien und zwanzig ihrer Studenten vor, die sich in verschiedenen Ausbildungsphasen befanden. Nach Palästina wolle er lediglich fünf Psychoanalytiker einladen, diese würden keine Auswirkung auf den Status der einheimischen Ärzte haben und es bestehe kein Grund zur Befürchtung, sie könnten der Öffentlichkeit zur Last fallen, da die lokale Psychoanalytische Gesellschaft für sie bürge, versicherte Eitingon.[39] Jones organisierte in London ein Treffen mit dem Präsidenten des britischen Zionistenverbandes Chaim Weizmann und mit dessen Stellvertreter Selig Brodetsky, um zu klären, ob sie bei der Beschaffung der Einwanderungszertifikate für die potenziellen Immigranten behilflich sein könnten. Die beiden Zionistenführer erklärten, die einzige Möglichkeit für Psychoanalytiker, solche Zertifikate zu erhalten, bestehe im Rahmen der von den Mandatsbehörden eingerichteten Kategorie »private Initiative«. Bei der Beantragung eines solchen Visums sei eine Summe von 1 000 Pfund zu hinterlegen.[40] Eitingon bezweifelte nicht, dass die Praktiker in der Lage waren, für ihren Lebensunterhalt zu sorgen, und erklärte sich bereit, persönliche Bürgschaften für ihre Einwanderungszertifikate zu leisten. So blieb nur die Frage, wie man die »richtigen« Psychoanalytiker zur Emigration nach Palästina bewegen konnte. Jones versicherte Eitingon, dass sich das »Innenministerium bei der Gewährung von Zulassungen für psychoanalytische Tätigkeit in diesem Land im Hinblick auf verschiedene Emigranten stets an unsere Empfehlungen gehalten hat.«[41] Bis 1939 nahm die Britische Psychoanalytische Gesellschaft 39 Immigranten auf.[42]

Die Frage der Eignung gewisser Psychoanalytiker für die Emigration nach Palästina kam auch in der Korrespondenz zwischen Eitingon und Anna Freud zur Sprache. Jones' Briefe waren praxisorientiert: »Zusätzlich zu den analytischen Fähigkeiten sollte die persönliche Eignung für verschiedene Länder sorgfältig geprüft werden. Das ist besonders der Fall bei England und Palästina.«[43] Jones' Erfahrungen im Umgang mit früheren Immigranten hatten ihn zu der Überzeugung gebracht, dass die »streitsüchtigen Mitteleuropäer« dazu neigten, ihre Angewohnheiten auch in anderen Ländern beizubehalten und ihren »engstirnigen Kleinkrieg« von Wien und Berlin nach London und New York zu verlagern.[44] Neuankömmlinge in Amerika, schrieb er Brill, würden eine besonders rebellische Psychologie entfalten. »Das heißt schlicht, dass der Vater-Sohn-Komplex immer noch ungelöst ist und dass er sich in allen möglichen unpassenden Situationen manifestiert.«[45]

Von wenigen Ausnahmen abgesehen emigrierten führende Vertreter der Disziplin, die geeignet gewesen wären, der Psychoanalyse in den medizinischen und pädagogischen Kreisen im Jischuw mehr Geltung zu verschaffen – Freuds Schüler des »Roten Wien« etwa –, entweder gar nicht nach Palästina oder erst in einer späteren Phase. Heinrich Zvi Winnik, geboren in Rumänien und Mitglied der Jugendbewegung Haschomer Hatzair, zog es vor, von Berlin zunächst nach Wien überzusiedeln, um seine Ausbildung abzuschließen. 1942 kam er dann doch noch nach Palästina und bekleidete seither verschiedene Schlüsselpositionen beim Aufbau der psychiatrischen Versorgung des Staates Israel. Zudem gründete Winnik die erste psychiatrische Zeitschrift Israels.[46] Selbst Siegfried Bernfeld und Otto Fenichel, in den 1920er Jahren enthusiastische Anhänger des Haschomer Hatzair, deren sozialistische und zionistische Überzeugung sie zu idealen Kandidaten für die Mitgliedschaft in der Psychoanalytischen Gesellschaft Palästinas machten, zogen die europäische oder amerikanische Diaspora der jüdischen Heimstätte in Palästina vor. Die Korrespondenz von Sigmund und Anna Freud mit Eitingon und Jones lässt daran keinen Zweifel: Mit Ausnahme einiger junger Analytiker wie Gershon und Gerda Barag, Aharon Isserlin, Friedrich Rothschild, Daniel Dreyfuss und Erich Gumbel, die ihre Ausbildung noch nicht abgeschlossen hatten, entschieden sich mitteleuropäische Psychoanalytiker nur dann für Palästina, wenn ihnen nichts anderes übrig blieb und die Versuche, andere Emigrationsziele zu erreichen, gescheitert waren. Zu den Ausnahmen gehörten der Kinderarzt Josef Karl Friedjung und der Neurologe Martin Pappenheim, beide angesehene Mitglieder der Wiener Psychoanalytischen

Vereinigung. Theodor Reik kam 1937 zu einem Besuch nach Palästina und hielt einen Vortrag vor der Jerusalemer Gruppe, doch seine kritische Haltung gegenüber der jüdischen Religion, wie sie in seinem Buch *Probleme der Religionspsychologie. Das Ritual* zum Ausdruck kam, war Eitingon, der sich nach seiner Ankunft in Palästina wieder stärker der jüdischen Tradition zuwandte, nicht sympathisch. Darüber hinaus wurde Reik als Gefahr für das neutrale, nicht subversive Image der Psychoanalyse empfunden, das Eitingon im Jischuw zu pflegen bestrebt war.[47] Einige Immigranten reisten nach kurzem Aufenthalt in Palästina an andere Orte weiter, so etwa Max Stern, Kilian Bluhm und Ellen Simon. Elsa Pappenheim, Martin Pappenheims Tochter, hielt sich ebenfalls nur kurze Zeit in Palästina auf. Da sie Wien vor dem Abschluss ihrer medizinischen Studien verlassen hatte, waren sich Anna Freud und Eitingon einig, dass ihr geholfen werden sollte, ein anderes Emigrationsland zu finden, was dazu führte, dass auch sie in die Vereinigten Staaten weiterreiste und Mitglied der New Yorker Psychoanalytischen Gesellschaft wurde.[48] Eitingon zeigte sich auch sonst empfänglich für die Bedürfnisse junger Psychoanalytiker, die ihre Ausbildung noch nicht abgeschlossen hatten. Daniel Dreyfuss, der sich unmittelbar vor der Machtübertragung auf die Nationalsozialisten einer Analyse bei Frieda Fromm-Reichmann in Heidelberg unterzogen hatte, erhielt von ihr ein Empfehlungsschreiben, das auch einige Worte zu seinem psychoanalytischen und zionistischen Hintergrund enthielt. Dreyfuss bot sich Eitingon gegenüber als Vermittler zwischen Neurologie und Psychoanalyse an: »Wie ich hoffe, ist es mir gelungen, einige wesentliche Feststellungen zum Problem der Epilepsie als narzisstische Neurose zu bringen, die Anschauungen Freuds über traumatische Neurose (Jenseits des Lustprinzips) zu erweitern und Beziehungen zwischen Epilepsie und traumatischer Neurose aufzuzeigen.«[49]

Fromm-Reichmann, die zur damaligen Zeit eine Reise nach Palästina für einen längeren Aufenthalt bei ihrer Cousine Esther Agnon plante, schlug Eitingon sogar vor, während ihres Aufenthalts im Land die Analyse von Dreyfuss weiterzuführen.[50] Die jungen Auszubildenden, die unter seiner Supervision arbeiteten, bereiteten Eitingon besondere Freude. Stolz war er vor allem auf Erich Gumbel, den ersten Absolventen des Jerusalemer Instituts. In einem Brief an Freud sagte er dem jungen Mann eine große Zukunft voraus. Tatsächlich wurde Gumbel später zu einem der meistgeschätzten Psychoanalytiker Israels.[51]

Eitingon bat Anna Freud um ihre Liste der Psychoanalytiker, die eine Übersiedlung nach Palästina erwogen, »damit ich selbst urteilen kann, ob sich jeder von ihnen an die besonderen Verhältnisse dieses Landes anpassen kann«,[52] außerdem um Mithilfe bei der Suche nach »geeigneten Kandidaten«.

Sie nahm die Rolle des Taxierenden, die ihr Jones und Eitingon beimaßen, mit gemischten Gefühlen an und bat darum, die Erwägungen über die Immigration vertraulich zu behandeln.

»Zur Frage der Placierung der Immigranten wollte ich Dich noch einmal bitten, niemanden der Wiener Immigranten (besonders nicht Bibring oder Hoffers) wissen zu lassen, daß wir über diese Frage in Korrespondenz sind. Du weißt wie schwierig die persönlichen Verhältnisse in einer Vereinigung gewöhnlich sind, wie viel sich da von Übertragungen, Freundschaften, Konkurrenz etc. durcheinanderkreuzt. Die Entscheidungen jetzt muß man nach sächlichen, nicht persönlichen Motiven treffen. Es ist dabei sehr viel leichter für mich und auch für die Leute selbst, wenn sie nicht wissen, daß ich auch etwas im negativen oder positiven Sinn damit zu tun habe.«[53]

Nicht immer stimmte sie mit Eitingons Kriterien überein, bemühte sich jedoch, ihm das psychologische und soziologische Profil der an einer Übersiedlung interessierten Psychoanalytiker zu liefern. In der ersten Jahreshälfte 1938 war nur eine einzige Wiener Psychoanalytikerin, Bertha Grünspan, bereit, die Auswanderung nach Palästina zu vollziehen. Voraussetzung war, dass die Frage der dafür nötigen Mittel geregelt werden würde und die angestrebte Auswanderung nach Südafrika scheiterte. Anna Freud schrieb Eitingon:

»Frau Grünspan ist eine sehr brave und fleißige Therapeutin mit einer langjährigen Spitalspraxis hinter sich und einer Vorvergangenheit als Krankenpflegerin. Sie hat nicht viel Phantasie und sie wird sicher nie Lehrer der Analyse werden können. In diesem Sinne ist sie also keine Hilfe für eine Vereinigung, aber sie ist ein brauchbares Mitglied, hat auch schon eine Reihe Kinderanalysen gemacht. Ich glaube, ihrer ganzen Art nach würde sie sich gut in Palästina einleben.«[54]

Grünspan ließ sich später in Haifa nieder, wo sie einen ausgezeichneten Ruf erwarb. Ab den 1950er Jahren gehörte sie zu den fünf Lehranalytikern der Israelischen Psychoanalytischen Gesellschaft.

Als ehemaliger Direktor des Berliner Instituts, in dem die besten Psychoanalytiker Europas und Amerikas ausgebildet wurden, war Eitingon enttäuscht, dass ihm in dieser Krise nur wenige etablierte Kollegen nach Palästina folgten. Jones, dem Eitingons Enttäuschung nicht entgangen war, versuchte ihn auf seine britische Art zu trösten: »Wir warten hier alle gespannt auf Hitlers Rede am Abend. Ich hoffe, wir alle werden nicht bald gezwungen sein, Zuflucht in Palästina zu suchen.«[55]

Psychologie versus Ideologie

Im Gegensatz zu den meisten psychoanalytischen Gesellschaften Europas strahlte diejenige Palästinas in den Kriegsjahren, die zu den schwierigsten Zeiten des Jischuw gehörten, ungewöhnliche Vitalität aus. Im Verlauf der arabischen Revolte 1936–1939 und während des Zweiten Weltkrieges führte das Psychoanalytische Institut in Jerusalem etwa fünfzig wissenschaftliche Veranstaltungen durch. Als für Juden die Reise nach Jerusalem wegen arabischer Überfälle extrem gefährlich war, wurden diese Treffen in die Wohnungen von Mitgliedern in Tel Aviv verlegt. Bemerkenswert ist auch folgende Zahl: Vierzig der 130 Analysen, die im Jerusalemer Institut in seiner Frühzeit durchgeführt wurden, fanden auf Jiddisch oder auf Hebräisch statt.[56] Das widerspricht in gewissem Maße der allgemeinen Überzeugung, wonach die Psychoanalyse als therapeutische Praxis in Palästina unter britischer Mandatsverwaltung allein von den »Jeckes« getragen wurde. Die Tatsache, dass Eitingon und seine Kollegen aus Berlin kamen und die Veranstaltungen der Psychoanalytischen Gesellschaft Palästinas bis zu den späten 1950er Jahren auf Deutsch durchführten, hinderte sie nicht daran, Kontakte mit jüdischen Einwohnern osteuropäischen Ursprungs zu pflegen, die einen bedeutenden Teil der Patienten stellten. Eitingon schuf innerhalb seines kleinen Kollegiums eine Atmosphäre, die von mitteleuropäischem Elitismus, aber auch von tief empfundener Solidarität mit den materiellen Bedürfnissen des Jischuw und dessen nationalem, ideologischem Milieu geprägt war. In den Reihen der lokalen psychoanalytischen Gemeinde befand sich freilich auch ein erklärtermaßen nichtzionistischer Intellektueller, der sozialdemokratische Wiener Kinderarzt Josef Karl Friedjung, der nach dem Krieg unbedingt nach Österreich zurückkehren wollte und in der Zeitschrift *Orient* scharfe Kritik am Zustand des Erziehungssystems im Jischuw übte.[57] Über den prosowjetisch eingestellten und angeblich getauften Martin Pappenheim wurde bereits berichtet. Insgesamt war die Psychoanalytische Gesellschaft Palästinas jedoch von Anfang an interessiert an der Integration im Jischuw. Beispielsweise hatte Eitingon zur Förderung des Rufs der Psychoanalyse eine Gesellschaft der Freunde der Psychoanalytischen Gesellschaft gegründet, der sich mehrere Schriftsteller und Persönlichkeiten anschlossen, die sich einer Analyse unterzogen hatten. Mira und Max Eitingons bürgerlich-psychoanalytischer Salon weckte Erinnerungen an das deutsch-russische Ambiente der Soireen im Berlin der Weimarer Republik,[58] die auch als historischer Treffpunkt zwischen Juden aus dem östlichen und aus Mitteleuropa gedient hatten. Im Gegensatz zu seinem Freund Arnold Zweig, der dem Zionismus bald nach seiner Ankunft in Palästina enttäuscht den Rücken kehrte und zum Ziel von Polemiken in der hebräischen Presse wurde, betonte Max Eitingon unablässig seine Sympathie für den Zionismus und unterstützte verschiedene Projekte des Jischuw finanziell nach Kräften. Doch kein Porträt dieser komplexen Persönlichkeit wäre vollständig, wenn unerwähnt bliebe, dass sich Eitingon einer kleinen, aber angesehenen Gruppe von Intellektuellen des Jischuw angeschlossen hatte, die aus Solidarität mit dem sowjetischen Kampf gegen das nationalsozialistische Deutschland die kommunistische Partei Palästinas (PKP) heimlich unterstützte. Nur wenige Mitglieder dieser Gruppe, zu der auch Martin Buber, Akiva Ernst Simon, Judah Leon Magnes, Shmuel Hugo Bergmann und Gershom Scholem zählten, waren Antizionisten oder überzeugte Kommunisten. Sie begnügten sich mehrheitlich mit fundierter Kritik an den Schwächen des politischen Zionismus – und mit kleinen Gesten der Solidarität und Großzügigkeit gegenüber den jungen PKP-Aktivisten unter ihren Schülern. Doch Eitingons Unterstützung soll größer gewesen sein als die anderer Jerusalemer Professoren. Das könnte auch an den erheblichen finanziellen Interessen der Familie Eitingon in Russland gelegen haben. Einer ehemaligen PKP-Aktivistin zufolge hat Eitingon Parteimitglieder in Krisenzeiten ohne Honorar behandelt. Sie selbst habe von Zeit zu Zeit »erhebliche Summen« von ihm für die Partei erhalten. Der Autor einer Geschichte der PKP behauptet, Max Eitingon habe zu den größten Spendern der Partei gehört.[59]

Die akademische Tätigkeit des Instituts reflektierte auch die ideologischen und nationalen Streitfragen der jeweiligen Zeit. Eitingons Artikel *Sexualität und Träume im Talmud* ist ein Beispiel des ethnisch-nationalen Zuschnitts der Institutstätigkeit. Bezeichnenderweise fanden jedoch weder der Vernichtungsantisemitismus in Europa noch der jüdisch-arabische Konflikt in unmittelbarer Nähe Widerhall in der frühen Tätigkeit der Gesellschaft. Auch in der analytischen Arbeit wurden sie nicht thematisiert. Die Vorkommnisse in Palästina und der jüdische Nationalismus wurden im Vortragsprogramm des Instituts zwar berücksichtigt, aber die an die IPV gerichteten Jahresberichte hoben die klinische Psychoanalyse als Haupttätigkeitsfeld des Instituts hervor. Die zunehmende Verbreitung und Akzeptanz der psychoanalytischen Praxis im Jischuw erforderte die Klärung einiger organisatorischer und juristischer Grundlagen. Die Frage des Mindesttarifs für die analytische Behandlung führte beinahe zu einem Konflikt zwischen dem Institut und der Ärztevereinigung, einem der mächtigsten Berufsvereine im Jischuw. Schließlich konnte ein Kompromiss gefunden werden: Die Psychoanalytiker durften die – teilweise philanthropisch motivierte – Tradition des Berliner Instituts aufrechterhalten und mittellose Patienten kostenlos behandeln.

Doch in ihren Privatkliniken waren sie verpflichtet, die üblichen, von der Ärztevereinigung festgelegten Mindesttarife nicht zu unterschreiten. In Anspielung auf die deutschsprachigen Psychoanalytiker rief der Sekretär der Ärztevereinigung den Vorsitzenden der Psychoanalytischen Gesellschaft zudem auf, sämtliche Korrespondenz fortan auf Hebräisch zu führen.[60]

Von der partiellen Eingliederung der Psychoanalytiker in das medizinische Establishment wurde die Anerkennung psychoanalytischer Behandlungsleistungen durch die Krankenkasse abhängig gemacht. Diese forderte von den Psychoanalytikern, sich zu bestimmten Behandlungsbedingungen, zu einer bestimmten Behandlungshäufigkeit und zu festen Tarifen zu verpflichten. Die Psychoanalytiker ihrerseits legten dar, dass die Ausübung ihrer Tätigkeit nicht durch feste Regeln beschränkt werden sollte, wie sie für andere medizinische Dienstleistungen gelte. Moshe Wulff versuchte, Vertreter der Krankenkasse jahrelang vergeblich davon zu überzeugen, dass die psychoanalytische Behandlung nicht vergleichbar sei mit somatischen Behandlungen:

»Der Psychoanalytiker kann sich weder auf die Zahl ›dreimal pro Woche‹ noch auf den Behandlungstarif von vier Pfund pro Monat festlegen. Der Arzt muss die Anzahl Stunden, die je nach dem psychischen Zustand des Patienten von der vorgeschriebenen Stundenzahl abweichen kann, individuell festlegen, und auch die Festlegung der Behandlungsgebühr muss dem Arzt unter Berücksichtigung der finanziellen Situation des Patienten überlassen bleiben.«[61]

In ähnlicher Weise scheiterte Ilja Schalit mit dem Versuch, Vertreter des Gesundheitswesens davon zu überzeugen, dass die psychoanalytische Behandlung im kleinen privaten Rahmen weniger kostspielig sei als die Hospitalisierung in Anstalten und Sanatorien, von den Kosten verlorener Arbeitstage aufgrund neurotischer Beschwerden ganz zu schweigen. Doch die Allgemeine Krankenkasse der Arbeiter bestand auf ihrer prinzipiellen Weigerung, für die psychoanalytische Behandlung ihrer Mitglieder aufzukommen.

Zehn Jahre nachdem sich Psychoanalytiker und Ärzte in der Frage der Minimaltarife überworfen hatten, errangen die Psychoanalytiker bei ihren Bemühungen, den Charakter und die besondere Ethik ihres Fachs zu bewahren, zumindest einen kleinen Erfolg. Der Leiter der Einkommensteuerbehörde akzeptierte den Standpunkt der Psychoanalytiker und befreite sie von der Pflicht, den vollen Namen ihrer Patienten auf Rechnungen und in den jährlichen Steuerberichten zu vermerken – eine beispiellose Entscheidung, von der Psychoanalytiker und ihre Patienten in Israel bis heute profitieren.[62]

Mit dem Beharren auf dem philanthropischen Charakter seiner Tätigkeit und dem Schutz der Privatsphäre seiner Patienten bezweckte das Jerusalemer

Institut unter anderem, die Unabhängigkeit der Disziplin zu wahren. Die Psychoanalytische Gesellschaft war offensichtlich gewillt, sich nicht in den Einflussbereich der Ärztevereinigung zu begeben. Doch um mit dieser Strategie Erfolg zu haben, mussten die Psychoanalytiker selbstständig dafür sorgen, ihre Tätigkeit einem breiteren Publikum bekannt zu machen. Eitingon verließ sich nicht auf frühere Erfolge, er gab sich nicht damit zufrieden, dass die »Jeckes« die Psychoanalyse als ihr ureigenes Territorium, gewissermaßen als deutsches Eigentum behandelten, als sei es ein die Akklimatisierung in Palästina erleichterndes »Übergangsobjekt«. Dennoch gelang es der Psychoanalyse nicht, sich an der Hebräischen Universität zu etablieren, was zeigt, dass ihre deutschen Ursprünge kein Garant für den Erfolg der Disziplin in Palästina waren. Die Universität verfolgte ein konservatives Wissenschaftsverständnis nach deutschem Vorbild.[63] Alle Versuche, die Psychoanalyse als eigenes Fach an der jungen Hochschule einzuführen, sollten jedoch weder allein im Kontext des umstrittenen Status der Psychoanalyse als Wissenschaft noch ausschließlich als weiterer Ausdruck des unbewussten Widerstandes gegen die Disziplin gesehen werden, sondern auch vor dem Hintergrund von Freuds Einstellung gegenüber dem jüdischen Nationalismus und im Zusammenhang mit dem Disput zwischen den zwei Hauptfraktionen des Kuratoriums der Universität.

Ein Produkt des jüdischen Geistes

Die Gründer der Hebräischen Universität waren sich schon früh der Sonderstellung der Psychoanalyse und ihres Gründers in der jüdischen Öffentlichkeit bewusst. In den frühen 1920er Jahren kam es zu ersten Kontakten zwischen der Universität und mehreren Schülern Freuds. Teilweise ist das auf Freuds Bereitschaft zurückzuführen, zusammen mit anderen prominenten jüdischen Persönlichkeiten dem Kuratorium der Universität beizutreten. Entscheidender dürften in dieser Hinsicht aber die Bemühungen David Eders gewesen sein, der 1925 das Angebot Siegfried Bernfelds unterstützte, Psychoanalyse an der Hebräischen Universität zu lehren. Doch Bernfelds Gespräche mit dem Präsidenten der Universität, Judah Leon Magnes, blieben erfolglos.[64]

Die Gründung der Hebräischen Universität, die ihren Lehrbetrieb 1925 aufnahm, war ein Schlüsselereignis für den Jischuw. Sie bewirkte einen erstaunlichen Wandel in der komplexen Beziehung zwischen der jüdischen Gemeinschaft in Palästina und der zionistischen Bewegung einerseits und der nichtzionistischen jüdischen Diaspora andererseits. Der Jischuw betrachtete die Gründung der Universität als Bestätigung für die Bereitschaft des Diasporajudentums, die nationalen Aspirationen des Zionismus zu unterstützen. Dagegen hielten die nichtzionistischen Stifter der jungen Institution fest an der Unterscheidung zwischen der Idee jüdischer Nationalstaatlichkeit in ihrer umstrittenen territorialen Form und als intellektuell-kulturelles Unternehmen, das zum Brennpunkt der jüdischen Intelligenz weltweit werden sollte. Diese Spannung zwischen denen, die die Universität als integralen Bestandteil des zionistischen Projekts sahen, und jenen, die es außerhalb des politischen Zionismus anzusiedeln wünschten, prägte die Entscheidungsprozesse der Institution in ihrer Anfangszeit.[65]

Chaim Weizmann und Judah Magnes gaben bei der Hebräischen Universität den Ton an. Während Weizmann um die Unterstützung britischer Regierungsvertreter und jüdischer Wissenschaftler wie Albert Einstein und Paul Ehrlich warb, gewann Magnes das Vertrauen jüdisch-amerikanischer Philanthropen und des Kuratoriums der Universität in Jerusalem. Magnes, Weizmann und Einstein hatten sehr unterschiedliche Vorstellungen vom Weg, den die neue Institution in so verschiedenen Bereichen wie der Beschaffung von Geldmitteln, der Besetzung von Lehrstühlen und der Publikation politischer Erklärungen im öffentlichen Manifest der Universität einschlagen sollte. Während Weizmann großen Wert auf die Errichtung medizinischer und naturwissenschaftlicher Fakultäten legte, ließ sich Magnes von der jüdischen archäologischen Forschung inspirieren, die schrittweise zur Gründung einer geisteswissenschaftlichen Fakultät »mit jüdischer Perspektive« führte. Die daraus resultierenden Spannungen prägten die akademische Ausrichtung der Universität zwischen 1925 und 1935.

Beim Anblick des Berges Skopus, auf dem die neue Universität errichtet wurde, schwebte Freud und einigen seiner Schüler ein ähnliches Unternehmen vor wie jenes, das Karl Abraham, Ernst Simmel und Max Eitingon einige Jahre zuvor in Berlin initiiert hatten. Freuds Schüler hatten damals dem Ministerium für Kultur und Wissenschaft den Vorschlag unterbreitet, Psychoanalyse im Rahmen der medizinischen Fakultät zu lehren. Der Vorschlag beruhte auf der Zuversicht, dass der Generationenwechsel in der deutschen Regierung nach der Revolution von 1918 einen Sinneswandel mit sich gebracht hatte. Man hoffte, die relativ jungen Vertreter des Ministeriums könnten sich gegen den konservativen Lehrkörper der Universitätsfakultäten, dessen misstrauische Haltung gegenüber der Psychoanalyse bekannt war, durchsetzen und ihn zur Aufnahme der Disziplin in den Lehrplan der medizinischen Fakultät zwingen. Nach einem kurzen Briefwechsel beschloss das Ministerium jedoch, den Vorschlag abzulehnen.[66]

Im Oktober 1933 unterbreitete Eitingon Magnes das Angebot, einen Lehrstuhl für psychoanalytische Studien an der Hebräischen Universität einzurichten.[67] Der ungewöhnlich lange Brief Eitingons an Magnes war nichts anderes als eine überarbeitete Fassung des Vorschlags, der zwölf Jahre zuvor dem Berliner Ministerium vorgelegt worden war. Das detaillierte Schreiben und die darin geäußerten Argumente deuten auf Eitingons Hoffnung hin, die Psychoanalyse im Jischuw in einen öffentlichen akademischen Rahmen einzufügen und nicht auf private Initiativen angewiesen zu sein, wie es in Europa der Fall gewesen war. Er präsentierte Magnes eine beeindruckend umfassende und klare historische und thematische Darstellung, die in einigen entscheidenden Punkten vom Berliner Vorschlag abwich. Eitingon versuchte die Art der Aufnahme von Freuds Lehre in den akademischen Wissenschaften zu beeinflussen und die für die akademische Ausrichtung der Universität verantwortlichen Gremien davon zu überzeugen, die Psychoanalyse auch in Abwesenheit einer medizinischen Fakultät als Studienfach anzuerkennen. Die Idee, die Psychoanalyse als Subdisziplin in die Neurologie oder Psychiatrie zu integrieren, lehnte er ab. Erfahrungen hätten gezeigt, dass Vertreter dieser Fachgebiete dazu neigten, die Psychoanalyse als minderwertig zu betrachten und sie negativ darzustellen. Die zahlreichen Neuerungen und Entwicklungen in der Disziplin und ihre blühende wissenschaftliche Literatur bedeuteten zudem, dass nur wenige Analytiker mit größten Fachkenntnissen in der Lage waren, Studenten auszubilden. Die Psychoanalyse sei eine selbstständige wissenschaftliche Disziplin, schrieb Eitingon und schlug Magnes vor, einen Lehrstuhl für »allgemeine und spezifische Psychopathologie« einzurichten und ihn auf eine psychoanalytische theoretische Grundlage zu stellen. Ein solcher Lehrstuhl würde Ärzten und Pädagogen psychoanalytische Studien ermöglichen und könnte sich im Laufe der Zeit zum »Freud-Institut der Hebräischen Universität« entwickeln. Eitingon ging auch auf den Beitrag der Psychoanalyse zur Behandlung psychiatrischer Störungen ein und wies unter anderem auf eine Studie hin, wonach psychiatrische Institutionen, die psychoanalytische Erkenntnisse in ihr Behandlungsprogramm einfließen ließen, besser mit Patienten arbeiteten, die der Therapie nur schwer zugänglich seien, wodurch die Verweildauer in Kliniken verringert werden könne:

»Der Wert der Psychoanalyse erschöpft sich also nicht in ihrer Bedeutung für den einzelnen Erkrankungsfall, sondern liegt nach dem Geschilderten auch auf sozialem Gebiet, insofern, als die Durchdringung der psychiatrischen Praxis mit psychoanalytischem Denken die Leistungsfähigkeit der Anstalt zu Gunsten der Gesamtheit quantitativ und qualitativ steigerte, überdies aber nachweisbare Ersparnisse an Arbeit, Zeit, und Geldmitteln ermöglicht.«[68]

Er vergaß auch nicht zu erwähnen, dass zahlreiche Pädagogen im Jischuw im Berliner Institut ausgebildet worden waren und die dort erworbenen Kenntnisse bei ihrer Arbeit in Palästina anwandten. Eitingon wollte die Abhängigkeit der Psychoanalyse von der Medizin endgültig beenden und betrachtete Palästina als geeignete Plattform für die pädagogische psychoanalytische Tätigkeit und damit auch als Gelegenheit für Freuds Schüler, sich dort eine neue Existenz aufzubauen.

Einige indirekte Anhaltspunkte sprechen dafür, dass Freuds ambivalente Haltung gegenüber den nationalen Aspirationen des jüdischen Volkes in Palästina und selbst gegenüber bestimmten religiösen Bräuchen die Mission auf dem Berg Skopus zusätzlich erschwerte. Martin Bergmann, New Yorker Psychoanalytiker und Sohn des Philosophen Hugo Bergmann, legte dar, dass das Buch *Ritual and Psychoanalysis,* das Theodor Reik 1928 veröffentlicht hatte, die Leitung der Universität auf das subversive Potenzial der psychoanalytischen Kritik an jüdischen Bräuchen aufmerksam gemacht habe. Reiks freudianische Interpretation religiöser jüdischer Bräuche wie des Tragens der Tefillin (Gebetsriemen) und des Blasens des Schofarhorns gehe weit über die Kulturkritik hinaus, die Freuds Publikum von *Totem und Tabu* bekannt gewesen sei, und habe bei den Intellektuellen des Jischuw großen Antagonismus hervorgerufen.[69] Arnold Zweig äußerte die Ansicht, Freuds komplexes jüdisches Selbstverständnis habe dazu geführt, dass die Universität für seine Schüler verschlossen geblieben sei. Er legte Richard Karthaus, dem Protagonisten seines Romans *Traum ist teuer,* in diesem Sinne folgende Worte in den Mund:

> »Wir schämten uns der Tatsache, dass diese Universität sich zwar für internationale Werbung der Worte unseres Professors bediente, wie ja auch derjenigen Albert Einsteins, aber vor törichten Angriffen zurückwich, die in der Tagespresse immer einmal wieder gegen ihn und seine Wissenschaft gerichtet wurden, besonders seit seiner kühnen Moses-Schrift, die er selber manchmal als historischen Roman bezeichnet hatte.«[70]

Konkretere Beweise zur Stützung der These, dass Freuds Haltung zum Judentum, wie sie in seinen Schriften und den Schriften seiner Schüler zum Ausdruck kam, die Haltung der Hebräischen Universität zur Psychoanalyse bestimmte, sind nicht vorhanden. Andererseits ist daran zu erinnern, dass sich Freud selbst in den 1920er und 1930er Jahren der Universität gegenüber sehr zurückhaltend verhielt. Wie bereits erwähnt, weigerte er sich ausdrücklich, ihr seine Manuskripte nach seinem Tod zu überlassen, und war nicht einmal bereit, einen Artikel für eine Zeitschrift der Universität zu schreiben.[71]

Im dem Monat, als Eitingon Magnes sein wortreiches Plädoyer für die Psychoanalyse vorlegte, wandte sich auch der Finanzchef der Jewish Agency,

Siegfried van Friesland, mit verschiedenen Argumenten an Magnes, weshalb die erste hebräische Universität seiner Meinung nach zur Pionierin der akademischen Psychoanalyse werden sollte, zur ersten Universität, die dieser Disziplin einen Lehrstuhl widmet. Van Friesland legte dar, dass sich sein großes Interesse an der Psychoanalyse nicht auf ihren medizinischen Wert beschränke. Wichtiger sei ihr Beitrag zur Psychologie, zur Pädagogik und zur Soziologie. Im Mittelpunkt seiner Ausführungen standen aber politische und ethnische Faktoren:

»Diese neue Wissenschaft ist am besten als spezifisches Produkt des jüdischen Geistes zu bezeichnen, und hat als solches unter der Verfolgung alles Jüdischen zu leiden. Man kann sogar sagen, dass ihre weitere Ausübung in Deutschland, wo sie sich stark entwickelt hatte, verboten wurde. Es wäre deshalb angebracht, ihr an der jüdischen Lehrstätte, der Hebräischen Universität von Jerusalem, einen Platz zu geben [...] und es besteht keine Veranlassung, die Gründung einer medizinischen Fakultät abzuwarten, denn die Psychoanalyse ist eher eine Wissenschaft des Geistes und der Seele als der physischen Seite des Lebens.«[72]

Van Friesland versuchte offensichtlich, Freuds Lehre in den Kontext des damaligen ethnopolitischen Diskurses zu stellen, um ihre Chancen in der Debatte um die Prioritäten der jungen Universität zu erhöhen, bei der Magnes den jüdischen Studien und Weizmann den Bio- und Naturwissenschaften den Vorzug gab. In seinem Brief an Magnes hatte Van Friesland zudem beabsichtigt anzudeuten, dass finanzielle Überlegungen bei der Entscheidung keine Rolle spielen sollten, da sich Max Eitingon bereits verpflichtet habe, einen Teil der Kosten für die Gründung einer psychoanalytischen Fachrichtung zu übernehmen. Doch Eitingon hatte einen Entwurf von Frieslands Brief erhalten und gebeten, diese Passage zu streichen. Im Rahmen seiner Lobbykampagne richtete der Leiter der Finanzen der Jewish Agency außerdem ein Schreiben an die anderen Kuratoriumsmitglieder, worin er im Falle der Ablehnung seines Vorschlags damit drohte, einen Artikel mit dem Titel *Warum ich nicht Mitglied im Freundeskreis der Hebräischen Universität bin* zu schreiben und darin zu erläutern, dass der Grund die Weigerung der Universität sei, die psychoanalytische Theorie in ihren Lehrplan aufzunehmen.[73]

Eitingon berichtete Freud von seinen Kontakten mit Magnes und schilderte ihm seinen Eindruck, dass Magnes große Achtung vor der Psychoanalyse und deren Gründer habe. »Die Struck-Radierung von Ihnen hängt in seinem Empfangszimmer in der Universität«, schrieb er Freud.[74] Doch Magnes bewunderte mehr die Person Freud, als er seine Theorie zu unterstützen bereit war. Zuerst argumentierte er, die Mittelknappheit hindere ihn daran, der Psychoanalyse einen Platz an der Universität zu geben, und als er die Zusage erhielt, dass ein Lehrstuhl für Psychoanalyse extern finanziert und das Budget der Universität nicht belastet würde, versprach Magnes, die Sache erneut zu erwägen und ein Komitee einzusetzen, um über den Vorschlag zu entscheiden. Eitingon hatte das Gefühl, dass sein Vorschlag positiv aufgenommen wurde, weil er zuvor öffentlich die Absicht geäußert hatte, ein psychoanalytisches Institut in Jerusalem zu eröffnen. Wer, wenn nicht Max Eitingon, der Sohn des berühmten Philanthropen Chaim Eitingon, wusste, wie man die richtige Balance zwischen symbolischem und materiellem Kapital findet:

»Besonderen Eindruck hat hier auch das Bekanntwerden meines Entschlusses gemacht, nach meiner endgültigen Niederlassung ein Psychoanalytisches Institut hier zu eröffnen. Eine Neugründung, etwas von einem großen Juden Geschaffenes, Weltgeltung Habendes soll hier eine Heimstätte haben! Und ohne daß man von ihnen etwas dafür will.«[75]

Freuds zionistischer Schüler kannte die »Spielregeln« im Jischuw und die Rhetorik seiner Elite. Er schlug weiterhin stolze Töne an und erwies sich gegenüber verschiedenen Organisationen – von der Hebräischen Schriftstellervereinigung über das Nationaltheater Habima bis zur Kunstakademie Bezalel – als generöser Förderer.[76] Eitingon war offen für alle Hilfesuchenden. Er gewährte auch häufig sozialen Projekten finanzielle und fachliche Unterstützung, wie etwa der Aliyat Hanoar, dem Projekt der Jugendeinwanderung, das 22 000 jüdische Kinder vor dem Zugriff der Nazis rettete.

Am Rande der Bemühungen, die Kuratoren der Universität für die Psychoanalyse zu gewinnen, entbrannte auch ein Kampf um Freuds Präferenz für die Besetzung des Lehrstuhls, sollte er später einmal eingerichtet werden. Eitingon stellte zu seinem Erstaunen fest, dass sich sein Kollege Moshe Wulff für Freuds bevorzugten Kandidaten hielt. Freud bestätigte, Wulff eine Zusage dieser Art gemacht zu haben, ließ aber unerwähnt, dass er den Philosophen David Baumgardt, ein Mitglied des Kuratoriums der Universität, getroffen hatte, um die Sache zu besprechen.[77] Aus irgendeinem Grund verschwieg Freud Eitingon gegenüber die Tatsache, dass er Baumgardt bereits im Dezember 1932 brieflich mitgeteilt hatte, dass er Wulff für den geeignetsten Kandidaten für den Lehrstuhl der Psychoanalyse in Jerusalem hielt.[78]

Während Eitingon und seine Kollegen in Jerusalem die richtige Formel suchten, um der Psychoanalyse die Tore der Hebräischen Universität zu öffnen, machte Freud daraus eine persönliche Angelegenheit und sabotierte so möglicherweise ihre Bemühungen. Er teilte Magnes mit, dass Eitingon die Gründung der Psychoanalytischen Gesellschaft Palästinas beabsichtige, unabhängig davon, ob die Universität beschließe, in Jerusalem Psychoanalyse zu lehren, und es bleibe einzig die Frage, ob und in welcher Form die Universität mit ihm zu kooperieren bereit sei. Magnes war sich Freuds Empfindlichkeiten im Umgang mit Hochschulen nicht bewusst und schrieb, es wäre am besten, die Psychoanalyse nicht zu früh einzuführen, dass heißt nicht bevor die Universität einen Lehrstuhl für Psychologie habe. Zu allem Überfluss bat er ihn außerdem um seine Meinung zum führenden Kandidaten für den Lehrstuhl für Psychologie, Professor Kurt Lewin aus Berlin.[79] Noch bevor er den Namen Lewins, des Gründers der Gestaltschule, vernahm, erkannte Freud in Magnes' Zweifel klassische Merkmale der Opposition gegen die Psychoanalyse, nämlich den Versuch, sie akademisch der Psychologie unterzuordnen. Er gab Magnes zu verstehen, dass er diese Haltung als Andeutung für die Ablehnung von Eitingons Vorstoß sah und dass ihm nun einzig der Trost bleibe, dass sein Schüler in Jerusalem entschlossen sei, die Psychoanalyse außerhalb der Universität zu praktizieren.[80]

Am 14. Februar 1934 trat der Senat der Universität zu einer Sitzung zusammen, bei der Martin Buber zum Professor der soziologischen Abteilung ernannt wurde. Im Protokoll heißt es:

»Aufgrund des Memorandums, das die Kommission verfasste, entbrennt eine längere Diskussion. Meinungsverschiedenheiten bezüglich der wissenschaftlichen Natur der Psychoanalyse tun sich auf. Der Vorsitzende Magnes erklärt, dass Eitingon, Direktor eines Psychoanalytischen Instituts in Berlin, dieses nach Jerusalem zu verlegen gedenkt. Der Vorschlag ist, dieses Forschungsinstitut unter die Schirmherrschaft der Universität zu stellen, wobei der Institutsleiter als Privatdozent vor Studenten, die ihr reguläres Studium beendet haben, Vorlesungen halten kann. Es wurde beschlossen, dass nach einer weiteren Unterredung mit Dr. Eitingon und Professor Lewin noch einmal in der Ratsversammlung verhandelt wird.«[81]

Die Tatsache, dass in dieser Sitzung Martin Buber und Kurt Lewin genannt wurden, deutet auf die Haltung der Entscheidungsträger zur Psychologie im Allgemeinen und zur Psychoanalyse im Besonderen hin. Buber drückte seine Wertschätzung gegenüber Freud aus, betonte aber nicht zum ersten Mal, dass er sich zu gegebener Zeit offen gegen die Psychoanalyse äußern werde. Lewin praktizierte die forschungsorientierte Gestaltpsychologie, die damals als diametrales Gegenstück zur Psychoanalyse aufgefasst wurde.[82] Die Universität lehnte die negativen Gutachten des ersten Komitees ab und beschloss, ein neues Komitee unter dem Vorsitz des Chemieprofessors Andor Fodor, Mitglied des Freundeskreises der Psychoanalytischen Gesellschaft, zu bestellen. Das Fodor-Komitee erarbeitete ein der Psychoanalyse wohlgesinntes Gutachten, und Fodor selbst bat, Freud mitzuteilen, dass »es unter den Universitätslehrern hier, die nicht Parasitologen und orthodoxe Hebraisten sind, Menschen gibt, die wissen, was die Welt und besonders eine hebräische Universität Ihnen [Freud] zu danken und zu tun hätte der Psychoanalyse gegenüber.«[83]

Besonders anschaulich zeigte sich Freuds damaliger Status an der Hebräischen Universität bei dem kleinen Skandal, den Fodors Wunsch verursachte, eine Büste Freuds in seinem Chemielabor aufzustellen. Die Gegner erwähnten das biblische Gebot »Du sollst dir kein Bildnis machen« und forderten die Entfernung der Statue. Schließlich einigte man sich auf einen Kompromiss: Die Statue erhielt im Aufgang zur Universitätsbibliothek einen Platz.[84]

Den Bemühungen um die Psychoanalyse schloss sich auch der amerikanische Neurologe Israel Wechsler an, ebenfalls ein Mitglied des Kuratoriums der Universität. Er sammelte bei einigen amerikanischen Unterstützern Spenden im Umfang von 100 000 Dollar für die Errichtung einer Abteilung für Neurologie und Psychiatrie an der Hebräischen Universität. Zudem informierte Wechsler den Vorsitzenden der New Yorker Psychoanalytischen Gesellschaft, Abraham Brill, über seine Absicht, an dieser Abteilung auch psychoanalytische Studien anzusiedeln. Darauf sagte Brill 5 000 Dollar für einen Lehrstuhl für psychoanalytische Studien unter der Bedingung zu, dass Eitingon das Lehramt übernimmt, und gewann mehrere bekannte amerikanische Psychoanalytiker für die Kampagne. Doch als Brill erfuhr, dass die Universitätsleitung dazu neigte, für den neuen Lehrstuhl nicht die Bezeichnung »Psychoanalyse«, sondern »Psychologie«, »Psychiatrie« oder »Neurologie« zu verwenden, kam bei ihm der Verdacht auf, dass die Universität die Spende annehmen und das Geld dann zweckentfremden könnte.[85] Die Argumente für die Psychoanalyse schienen auf dem Berg Skopus insgesamt wenig zu bewirken. Die Disziplin musste sich mehr als vierzig Jahre mit der symbolischen Präsenz im Aufgang zur Bibliothek begnügen, bevor sie ihren eigenen Platz an der Hebräischen Universität erhielt. 1977 wurde in Jerusalem die erste Konferenz der IPV außerhalb Europas abgehalten. Im selben Jahr wurde der Sigmund-Freud-Lehrstuhl für Psychoanalyse gestiftet, dessen erster Ordinarius der britische Psychoanalytiker Joseph Sandler war.

Berlin in Jerusalem

Freud zeigte kaum Anteilnahme an Eitingons Sorge um das Schicksal der Juden in Palästina und machte keinen Hehl aus seiner Skepsis hinsichtlich Eitingons Zionismus. Seine Tochter Anna hingegen war an der Entwicklung des levantinischen Zweigs der psychoanalytischen Bewegung lebhaft interessiert. Eitingon, reserviert im Charakter und eher praktisch orientiert, berichtete ihr von seinen Reisen durch das Land, von den Streifzügen durch die Wüste und zur südöstlich des Toten Meeres gelegenen Ruinenstätte Petra, der in roten Fels gehauenen antiken Hauptstadt der Nabatäer, vom betörenden Duft der Zitrusblüten und vom warmen Wetter.[86] Er schickte Kisten mit Orangen und Grapefruits nach Wien, und Anna Freud entgegnete ihm: »Wir schwelgen in Grapefruits und denken dabei an Sie und die Palästinasonne [...] sogar Papa, der sonst kein Obst essen soll, genießt sie.«[87] Anna Freud wollte vor allem wissen, ob die Zukunft der jüdischen Nation im Land Israel auch das Öffentlichkeitsbild der Psychoanalyse und deren Entwicklung beeinflusse:[88]

»Ich bin sehr neugierig darauf, ob die Entwicklung lehren wird, daß es auch dort für die Analyse am natürlichsten ist, sich allein und selbständig zu entwickeln oder ob es die Einmündung ins öffentliche Leben unter diesen neuen Bedingungen für sie geben kann. Fühlt man die Beziehung zum Land und zur Erde anders als hier? Werden Sie noch Landbesitzer werden? Wenigstens einen Orangengarten?«[89]

Die idyllischen Landschaftsbilder, die Anna Freud von Eitingon – beide hatten sich früher auch emotional sehr nahegestanden – aus Palästina erhielt, berührten sie: »Gestern Nacht«, schrieb sie Eitingon, »habe ich sehr lebhaft von Jerusalem geträumt, aber es war eine Mischung von Wienerwald mit Berchtesgaden – vielleicht scheint meine Vorstellung es nicht weiter zu bringen.«[90]

Die Analytiker in Palästina hatten bald reichlich Beschäftigung. Eitingon behandelte täglich neun Patienten und nahm sich zusätzlich eine Stunde am Tag Zeit für den Hebräischunterricht. Es gelang der kleinen Psychoanalytischen Gesellschaft Palästinas, nach außen ein Bild der Einheit zu wahren, selbst als einige Mitglieder wegen angeblicher Abweichung von der »klassischen freudianischen Psychoanalyse« vor ein Disziplinarkomitee gestellt wurden. Das war eine verbreitete Anschuldigung unter Psychoanalytikern weltweit, eine Gepflogenheit, um Rituale und Erinnerungen aus Berlin und Wien am Leben zu erhalten. Ungefähr zur selben Zeit, als Anna Freud Eitingon schrieb, sie habe »nichts übrig« für die »neue Art Analyse«, wie sie von Jones als »die einzige richtige Freudsche Analyse« propagiert worden sei,[91] waren ihre Kollegen in Palästina ebenfalls damit beschäftigt, sich gegenseitig zu belehren, welche die wahre freudsche Analyse sei. So waren der Sekretär Ilja Schalit und Moshe Wulff, der nach Eitingons Tod die Präsidentschaft übernommen hatte, schockiert über die Beiträge der Analytikerin Fania Lowtzky in *Mental Hygiene*, einer weit verbreiteten pädagogischen Zeitschrift. Sie argwöhnten, Lowtzky leite in ihrer analytisch informierten Ausbildung von Kindergärtnerinnen diese an, die Kinder zu »verwöhnen«.

Die Analytikerin musste vor einem Sonderkomitee einen theoretischen Vortrag halten, »in welchem sie den Beweis bringen soll, dass ihre theoretischen Anschauungen von den Grundsätzen der klassischen freudschen Analyse nicht abweichen [...] zum Zweck der Feststellung, ob diese Lehrtätigkeit den Grundlagen der klassischen, Freudschen Psychoanalyse entspricht«. Der Sekretär der Gesellschaft warf ihr vor; »Sie haben sich entschieden geweigert, den theoretischen Vortrag zu halten, und damit haben Sie die Bedingungen zur Durchführung der freien Lehrtätigkeit nicht erfüllt.«[92] Einige Jahre später verließ Lowtzky Palästina und ließ sich in Zürich nieder.[93]

Doch was ist eigentlich die »klassische freudsche Analyse«, zu der sich die Mitglieder des Jerusalemer Instituts einheitlich bekennen mussten? Was galt als Maßstab für die Frage, ob die Arbeitsweise einzelner Mitglieder des Instituts noch Psychoanalyse war? Diese Frage beschäftigte die psychoanalytische Bewegung seit Freuds Veröffentlichung *Zur Geschichte der psychoanalytischen Bewegung* im Jahr 1914, gewann jedoch nach dem Exodus der Psychoanalyse aus Europa und der Schließung der Institute in Berlin und Wien besondere Bedeutung. Das Adjektiv »klassisch« mag für jene, die von ihrer Arbeitsumgebung, ihrer Sprache und ihrer Kultur abgeschnitten worden waren, eine zusätzliche symbolische und psychologische Bedeutung gehabt haben. Abgesehen von seiner umstrittenen klinischen oder theoretischen Bedeutung mag das Konzept der »klassischen Psychoanalyse« den Emigranten in den Jahren der Anpassung an die neue Heimat Palästina vor allem auch als Identifikationsersatz gedient haben.[94] Unabhängig davon aber, wie »klassisch« jeder Analytiker seine eigene Richtung empfand, musste sich die Psychoanalyse in Palästina täglich ihren alten Kämpfen stellen. Die Disziplin hatte etablierte und wortgewandte Opponenten in Palästina, unter ihnen Martin Buber und Gershom Scholem, mit denen behutsam umzugehen war, ohne in der Sache nachzugeben. Zudem wurden Freuds Ideen häufig in der allgemeinen Presse kritisiert, insbesondere in der hebräischsprachigen Tageszeitung *Haaretz,* die unter den deutschen Immigranten beliebt war. Eitingon ließ sich solche Kritik nicht gefallen und protestierte beim verantwortlichen Redakteur, der ihm antwortete:

»Seien Sie versichert, dass ich gegen die Psychoanalyse als solche nichts einzuwenden habe, sondern vielmehr gegen das blinde Vertrauen bin, dass ihr die Öffentlichkeit als Hilfsmittel für alle Fälle entgegenbringt. Ich hoffe, mit diesem Brief etwaige Missverständnisse ausgeräumt zu haben.«[95]

Doch auch innerhalb der Psychoanalytischen Gesellschaft gab es kritische Stimmen. Ein Psychoanalytiker und Mitglied eines Kibbuz beklagte in einem Brief an Otto Fenichel die »Privatisierung« der Psychoanalyse:

»Dr. Eitingon will die ›noble‹ Tradition von Berlin fortsetzen und die Gesellschaft in ein Noli-me-Tangere-Dunkel hüllen. Die sollen warten [das Publikum], sie werden noch kommen, wir haben nichts zu tun, als zu warten. Jedes Popularisieren, d. h. jeder aktive Kampf, wird sorgsam vermieden.«[96]

Innere Machtkämpfe und Säuberungskampagnen im Zusammenhang mit theoretischen Fragen gehörten von Anfang an zum Alltag der psychoanalytischen Gesellschaften. Worin unterschied sich also das Institut in Jerusalem von den Instituten in Wien und Berlin? Es dauerte nicht lange, bis sich die ideologischen und nationalen Themen, mit denen sich die zionistische Bewegung und der Jischuw beschäftigten, auch in der akademischen Tätigkeit des Instituts niederschlugen. Greta Obernik-Reiner hielt beispielsweise einen Vortrag »Zum Beitrag der Beobachtung von Individuen in Kindergruppen zur Gestaltung der kollektiven Erziehung«. Eitingon trug eine Abhandlung über »Sexualität und Traum im Talmud« vor. Die moderne jüdische Nationalbewegung, so radikal und subversiv sie in ihrer Frühzeit gewesen sein mag, war nicht besonders tolerant jenen gegenüber, die die elementarsten Grundsätze des Zionismus infrage zu stellen wagten. »Taten statt Worte« war das Motto des Jischuw. Philosophische Skepsis, unvoreingenommene Kritik und Selbstbetrachtung wurden als Bedrohung für den Wandel sowie für den Zusammenhalt der Gruppe und die Gruppenbildung betrachtet.[97] Die Psychoanalyse hatte aus Sicht der Erzieher des Haschomer Hatzair nicht mehr den psychologischen Bedürfnissen des Individuums zu dienen, sie wandelte sich rasch zu einem Instrument der Erfüllung ideologischer Zwecke der Gruppe.

War der Preis, den die Psychoanalyse zahlen musste, um sich in Palästina zu etablieren, das Aufgeben essenzieller Bestandteile der freudianischen Theorie? Veranlasste die kollektivistische und ideologisch geladene Atmosphäre im Jischuw vor der Staatsgründung Eitingon und seine Nachfolger dazu, die Psychoanalyse in eine prononciert antiintellektuelle und unkritische Richtung zu lenken und dadurch ihren Horizont zu schmälern? Die formativen Jahre der Psychoanalyse im Jischuw waren von anhaltenden Spannungen geprägt. Während der populäre psychoanalytische Diskurs unablässig darauf hinarbeitete, den Sozialpessimismus zu zerstreuen, der Freuds Arbeiten anhaftete, wurde den Analytikern die Aufgabe zugedacht, die therapeutischen Funktionen der Psychoanalyse zu pflegen.

Der Umstand, dass die Psychoanalytiker des Jischuw sich in ihre Privatkliniken zurückziehen konnten, war von größter Wichtigkeit. Unabhängig davon, wie emotional die Menschen waren, wie sie sich artikulieren konnten, ob sie fähig waren, stundenlang mit ungeheurer Leidenschaft über Nietzsche, Stalin, Freud oder Jabotinsky zu diskutieren, »sobald sie in privaten Dingen ihren Gefühlen Ausdruck zu geben versuchten, hatte das immer etwas Verklemmtes, Dürres und sogar Verschrecktes, das Resultat generationenlanger Verdrängung und Verbote«, schrieb Amos Oz in seinen autobiografischen Schilderungen des Lebens in Jerusalem in den 1940er Jahren.[98] Doch der Rückzug in die Klinik, hinter verschlossene Türen, hinderte die Psychoanalyse an der Teilnahme am intellektuellen Diskurs, wo sie als Gegengewicht zu den damals vorherrschenden messianischen Ideen hätte wirken können.[99] Und paradoxerweise büßte sie gerade dort ihre Fähigkeit ein, zur Befreiung des Individuums beizutragen, wo sie Teil des öffentlichen gesellschaftskritischen Diskurses wurde, im Kibbuz.

Max Eitingon: Eine letzte Begegnung

1943 konnte Eitingon (Abb. 8), nach zehnjähriger Tätigkeit in Jerusalem, seinen sechzigsten Geburtstag feiern und stolz die Glückwünsche zahlreicher prominenter Persönlichkeiten entgegennehmen, zu denen Vertreter der meisten Fraktionen des Jischuw mit oft gegensätzlichen ideologischen und intellektuellen Anschauungen gehörten. Wenige empfanden die Psychoanalytiker aus Berlin als Bedrohung oder die psychoanalytische Theorie als zu kritisch oder subversiv.

Das vorliegende Buch handelt von der Migration der Psychoanalyse von Mitteleuropa nach Palästina, nicht von Max Eitingons Lebensgeschichte. Doch Eitingons Persönlichkeit und seine Bemühungen waren für die Entwicklung der Analyse im Jischuw und später in Israel von entscheidender Bedeutung. Keiner der Psychoanalytiker, die in Palästina ankamen, dürfte das mitteleuropäische psychoanalytische Ethos authentischer repräsentiert und gleichzeitig alle Spannungen, die dessen Begegnung mit dem osteuropäischen zionistischen Selbstverständnis barg, stärker verkörpert haben als Eitingon. Die unter britischer Mandatsverwaltung erfolgte Rekonstruktion des Modells einer Klinik mit integriertem Ausbildungsinstitut in Jerusalem wie auch deren Leitung sind nicht zuletzt dem Mann zu verdanken, der 13 Jahre zuvor das Berliner Institut gegründet und dessen Ausbildungsprogramm zusammengestellt hatte. Frühere Historiker der Psychoanalyse neigten dazu, Eitingon als farblosen Verwalter darzustellen, der Freud bedingungslos ergeben war. Doch dieses Bild, das mit Blick auf seine ersten zwanzig Jahre psychoanalytischer Tätigkeit gerechtfertigt sein mag, greift als Interpretation seiner letzten zehn Lebensjahre, die von diesen Autoren weitgehend ignoriert wurden, zu kurz.

Abb. 8: Max Eitingon (1881–1943).

Eitingons Verhältnis zu Freud war von einer Demut geprägt, die selbst die damals verbreitete fast kultartige Heldenverehrung in den Schatten stellte. Sie manifestierte sich in nicht geringem Maße auch materiell. Eitingon sandte Freud seine Lieblingszigarren, teure Bücher und teure Blumenarrangements, er bot mehrmals an, die Defizite des psychoanalytischen Verlags in Wien und des Berliner Instituts zu decken. Freud seinerseits hing in den schwierigen Jahren nach dem Ersten Weltkrieg von Eitingons Unterstützung ab, und auf Freuds Bitte gab Eitingon auch Lou Andreas-Salomé, die durch die Oktoberrevolution ihren gesamten Besitz in Russland verloren hatte, ein Darlehen. Eitingons Beschluss, nach Palästina überzusiedeln, war das erste Zeichen, dass seine Tagesordnung mit jener Freuds nicht mehr ganz übereinstimmte. Es mag zutreffen, dass die historische Situation, in der er sich zu diesem Schritt entschloss, Eitingons Position in der nun dezentralisierten psychoanalytischen Bewegung begünstigte. Doch durch die Entfernung von Europa entfernte sich Eitingon auch von Freud, der dem Interesse an der Psychoanalyse außerhalb des Alten Kontinents zunehmend misstraute. Berücksichtigt man daneben noch Freuds Vorbehalte gegenüber den nationalen Bestrebungen des jüdischen Volkes, wird die Abkühlung des Verhältnisses zwischen ihm und Eitingon schnell verständlich.

Eitingon, der sich auf seinen jugendlichen Streifzügen quer durch Europa gern den schönen Seiten des Lebens hingegeben hatte, wandelte sich mit zunehmender Reife zu einem enigmatischen Charakter, seine Geschäfte tätigte er mit großer Verschwiegenheit. Jedermann wusste, dass er über ein großes Vermögen verfügte und dass das Leder- und Pelzhandelsgeschäft der Eitingons die Familie zwang, gute Verbindungen zu hohen sowjetischen Regierungsstellen zu unterhalten. 1937 schien er in einen mysteriösen Spionagefall verwickelt zu sein, bei dem ein weißrussischer General durch zwei sowjetische Agenten verschleppt wurde. Die beiden Agenten wurden im selben Jahr in Paris vor Gericht gestellt und die französische Presse berichtete über einen mysteriösen russisch-deutschen Millionär, der die politischen Schaltstellen der Sowjetunion frequentiere. Vielleicht hat seine umstrittene Verwandtschaft mit General Naum Isaakowitsch (auch: Leonid Alexandrowitsch) Eitingon, Stalins gefürchtetem Meisterspion, der unter anderem für die Ermordung Trotzkis im August 1940 mitverantwortlich war, zu den Gerüchten beigetragen, die Max Eitingon mit der sowjetischen Spionage in Verbindung brachten. Zu Verwirrung könnte auch die Tatsache geführt haben, dass es in der Familie Eitingon noch einen weiteren Nachum Isaakowitsch gab, der bis 1934 den polnischen Zweig des Familiengeschäfts von Łódź aus leitete.[100] Da seither keine neuen Anhaltspunkte für eine Beteiligung Max Eitingons an dieser Affäre aufgetaucht sind, geht die vorliegende Studie, wie auch andere Arbeiten, davon aus, dass es sich um ein unbestätigtes Gerücht handelt, das sich hartnäckig hielt.[101] Der sagenumwobene jüdisch-russische Immigrant und Psychoanalytiker, Sohn eines russischen Pelzmagnaten und anonymer Spender der lokalen kommunistischen Partei, wäre zweifellos die perfekte Besetzung für die Rolle des stalinistischen Agenten in einem Spionageroman gewesen. Tatsächlich handelte Vladimir Nabokovs erster englischsprachiger Roman 1943 von der Verschleppung des ehemaligen Generals aus dem russischen Bürgerkrieg. Als Ernest Jones erfuhr, dass Eitingons Name im Zusammenhang mit dem Prozess gegen den Spionagering genannt wurde, bemerkte er trocken, er wünschte, er könnte glauben, was die Zeitungen in Paris über Eitingon schreiben, und er wüsste gar nicht sicher, auf welcher Seite er in dieser Sache stehen würde.[102] Partei ergreifen *(taking sides)* und Verrat waren führende Tropen im 20. Jahrhundert. Freuds schweigsamer Steuermann, illustrer Loyalist und fleißiger »Parteiergreifer« war geradezu prädestiniert, in diese Geschichte verwickelt zu werden.

Mit zunehmendem Alter begann sich auch Freud an Eitingons rätselhafter Persönlichkeit zu stören. Eitingons Beschluss, nach Palästina überzusiedeln, und seine enthusiastischen Briefe, in denen er plötzlich die Tugenden des Zionismus entdeckte, konnten Freud kaum begeistern. Eitingon reiste häufig nach Europa und verpasste keinen der jährlich stattfindenden psychoanalytischen Kongresse. Doch seine Korrespondenz mit Freud wurde in den Jahren 1934–1939 immer spärlicher. Freud beantwortete weder die Berichte seines Schülers über die arabische Revolte, die 1936 ausbrach, noch seine besorgten Briefe über das britische Weißbuch von 1939, das die jüdische Einwanderung in Palästina beschränkte. Freud und Eitingon befanden sich nicht mehr auf derselben Ebene. Freud hatte bereits einen anderen Korrespondenten in Palästina, Arnold Zweig. Zweig verehrte Freud nicht weniger, als es Eitingon tat. Im Gegensatz zu diesem stand Zweig jedoch dem zionistischen Projekt sehr kritisch gegenüber. »Ich mache mir nichts mehr aus dem Land der Väter. Ich habe keinerlei zionistische Illusionen mehr«, schrieb Zweig Freud, als Eitingon Freud und seiner Tochter noch ekstatische Briefe über die Gründung der Psychoanalytischen Gesellschaft Palästinas und über blühende Zitrusbäume schickte. »Fest auf Ihrer Künstlerschaft fußend, sollten Sie auch eine Weile allein sein können. In Palästina haben Sie wenigstens persönliche Sicherheit und Ihre Menschenrechte«, riet Freud Zweig.[103] Der Briefwechsel zwischen Zweig und Freud, in mancherlei Hinsicht die aufschlussreichste und bedeutendste Korrespondenz, die Freud in seinen letzten Lebensjahren führte, wurde in den 1960er Jahren von Ernst Freud sowohl auf Englisch als auch auf Deutsch veröffentlicht, wenngleich nur in Teilen und in zensierter Form. In einem der darin nicht enthaltenen Briefe ließ Freud seinen Vorbehalten gegenüber Eitingon freien Lauf, nachdem ihn dieser gerade an ihre dreißigjährige Bekanntschaft erinnert hatte.[104] Zweig befragte Freud zu den finanziellen Möglichkeiten seines vermögenden Freundes Eitingon, weil er, Zweig, eine Bekanntschaft, die sich in finanziellen Schwierigkeiten befand, an ihn verweisen wollte. Zweig drückte zudem seine Besorgnis darüber aus, dass Frau Eitingon Jerusalem plötzlich für einen längeren Besuch bei ihrer Familie in Paris verlassen hatte. Freuds Antwort war für seine Verhältnisse ungewöhnlich detailliert:

»Mit Freund Eitingon ist es keine einfache Sache. Er hat mich vor wenigen Wochen gemahnt, daß wir uns jetzt 30 Jahre kennen, d.h. daß er mir so lange treu anhängt, aber ich weiß noch immer nicht viel über ihn. Eigenes Vermögen besitzt er nach meiner Orientierung überhaupt nicht, aber er gehört zum Clan der Eitingons und hat als einer der Erben einen Anteil am Familiengeschäft, in Amerika wie bekannt. Dies Geschäft wird von einem Vetter jetzt in New York geleitet, den er sehr liebt und als kommerzielles Genie verehrt. Die Firma war tatsächlich bis zum Untergang der Prosperität sehr groß, erlitt damals eine furchtbare Erschütterung, soll sich aber seither sehr gut erholt haben. Unser Freund hilft anderen oft und gern mit Geld und sonstiger Bemühung, aber irgendwie richtet er es so ein, daß er nicht viel

Dank dafür hat, daß sich ihm seine Schützlinge entfremden. Auch kann er manchmal überraschend knauserig sein. Im ganzen kommt er also schlecht mit den Menschen aus, d.h. man findet Andeutungen von Übergüte, von nicht ganz gelungener Kompensation [...] Über Frau Dr. Eitingon ist viel zu sagen. Sie kennen sie doch von früheren Besuchen? Ich mag sie nicht. Sie hat die Natur einer Katze, die ich ja auch nicht mag. An dem Charme und der Grazie einer solchen hat sie ihr gutes Teil, nur ist sie kein allerliebstes junges Kätzchen mehr, sondern älter als er und abgeschmackt in der Handhabung ihres Lebensrestes. Was echt menschlich an ihr war, ist in ihrer Existenz steckengeblieben oder dort aufgebraucht worden. Sie war eine angeblich geliebte Schauspielerin, hatte einen Mann und zwei Söhne, einer verstorben, der andere glaube ich in Sibirien für sie unauffindbar. Unser Freund hat sie sicherlich auf Grund neurotischer Liebesbedingungen erworben. Sie hat nicht die leiseste Sympathie für seine Interessen, Freunde, Ideale; was sie mir bezeigt, ist geheuchelt. Sie ist sehr eifersüchtig auf all das, weil es sie im ausschließlichen Besitz seiner Person stört. Ich weiß nicht, ob er ihr mehr bedeutet als der Portier, der den Zugang öffnet zu allem möglichen sinnlosen Luxus und zur Befriedigung ihrer sonderbaren Launen und Vermeidungen. Muß so ein altes Weib einen Kasten haben mit genau hundert Paar Halbschuhen, wie sie es mir einmal demonstriert hat? [...] Ich glaube nicht, daß [Frau Eitingon] unseren [Freund] verlassen wird. Sie hat keinen anderen, der sie betreut und verhätschelt, wie sie es gewohnt ist. Sie wird ihn durch ihre Entfernung bewegen wollen, ihr nachzukommen. Bleibt er fest, so kommt sie wieder. Sie ist nicht boshaft, nicht stark genug dazu.«[105]

Freuds Schmähbrief blieb nicht lange in Arnold Zweigs Schreibtischschublade in Haifa. Nach Freuds Tod begann Eitingon auf Wunsch von Anna Freud, systematisch die Briefe ihres Vaters einzusammeln, und 1940 wandte er sich auch an Zweig mit der Bitte, ihm sämtliche Briefe Freuds zuzusenden, damit er Kopien anfertigen könne.[106] Zweig überlegte lange, ob er ihm auch den oben zitierten aushändigen soll, und versuchte Eitingon mit der Andeutung des Leids, das ihm dieser Brief voraussichtlich zufügen würde, davon abzubringen. »Unser Freund war wie Moses in Liebe und Zorn. Es macht nichts.« Doch Eitingon insistierte. Er wollte den Wunsch von Freuds Tochter ganz erfüllen. Zweig gab nach und sandte ihm auch diesen Brief.

Dass dieser Brief Eitingon tief kränkte, bedarf keiner weiteren Erklärung. Schwieriger zu verstehen ist hingegen seine Entscheidung, das Original zu vernichten und Anna Freud trotzdem eine Kopie zu senden, die er unter Auslassung seines Namens und des Namens seiner Frau selbst anfertigte. Er sah nur eine Möglichkeit, wie dieser beleidigende Brief sein Ziel dennoch erreichte konnte, nämlich indem er tat, was ihm vermutlich am schwersten fiel – ein Manuskript Freuds zu zerstören. Eitingon, der sämtliche Briefe Freuds stets aufbewahrte, akribisch sämtliche Erstausgaben von Freuds Werken in jeder nur erdenklichen Sprache zusammentrug und jedes einzelne

Papierstück behielt, das ihm Freud einst überreicht hatte, verbrannte eigenhändig Freuds Brief an Arnold Zweig.

Drei Monate später plagte Zweig noch immer das schlechte Gewissen wegen der Übergabe des beleidigenden Briefes: »So schwer ich mich von einem so langen und persönlichen Dokument aus Freuds Hand trenne, hier ist der Brief [...]. Irgendwann einmal könnte er ja wieder mit seinesgleichen vereint werden, wenn wir alle nicht mehr leben«, schrieb er Eitingon, der Zweig für seine tröstenden Worte dankte:

»Ich denke gar nicht daran, wie spätere Zeiten einmal darüber denken werden. Mir war und ist genug, wie sehr wir diesen außerordentlichen Menschen geliebt haben. Er hat auch Unrecht gehabt, daran zu zweifeln, wie sehr auch sie [Mira Eitingon] ihn geliebt hat. Doch auch das ist nicht wesentlich neben dem Umstand, dass er dagewesen und so liebenswert gewesen ist.«[107]

Max Eitingon starb im Juli 1943 in Jerusalem an Herzversagen und wurde auf dem Ölberg begraben. Sieben Jahre nach seinem Tod gab die Israelische Psychoanalytische Gesellschaft einen Gedenkband heraus, ein bescheidenes, aber sehr bewegendes historisches Dokument, das das Ende der formativen Phase der Psychoanalyse in Israel markierte.[108]

Im ersten Jahrzehnt seines Bestehens etablierte sich das Jerusalemer Psychoanalytische Institut sowohl im Jischuw als auch in der internationalen psychoanalytischen Gemeinschaft als Ausbildungs- und Forschungsstelle sowie als klinisches Institut, das der Tradition Berlins und Wiens verpflichtet war. Eitingons umstrittener Beschluss zur Übersiedlung nach Palästina, der anfänglich fast als Verrat aufgefasst wurde, erwies sich in den ersten Jahren nach dem Krieg als Quelle des Trosts für Anna Freud, als die verschiedenen psychoanalytischen Gesellschaften in Europa und Amerika jede Verbindung zur mitteleuropäischen intellektuellen Tradition verloren zu haben schienen.

Nach Eitingons Tod stiftete seine Witwe das Institutsgebäude und dessen gesamte Ausstattung der Psychoanalytischen Gesellschaft. Ilja Schalit und Moshe Wulff versuchten zudem, Eitingons Bibliothek in den Besitz des Instituts zu überführen, doch ohne Erfolg. Es handelte sich um eine der besten Bibliotheken im Land. Sie umfasste über 8000 Bände.[109] Wenigstens symbolisch konnte man die Versuche, die Bibliothek für die Israelische Psychoanalytische Gesellschaft anzukaufen, als erste Prüfung nach dem Tod ihres Gründers werten. Doch Eitingons Nachfolger waren dieser Aufgabe unter den Bedingungen der Nachkriegszeit offensichtlich nicht gewachsen. Sie hatten kaum Verbindungen zu amerikanischen psychoanalytischen Instituten und es gelang ihnen deshalb auch nicht, von dort finanzielle Unterstützung für dieses Anliegen zu erhalten. Die einzige Person, die ihnen zu Hilfe kam, war Anna Freud. Doch sie hatte keine Illusionen und erinnerte Schalit und Wulff daran, dass die meisten etablierten psychoanalytischen Gesellschaften nach der Aufnahme zahlreicher Immigranten, nach Jahren voller Spannungen aufgrund der politischen Entwicklungen während des Krieges nun dazu neigten, sich um ihre eigenen Probleme zu kümmern, statt sich mit mitteleuropäischen Psychoanalytikern und ihren Berliner und Wiener Reminiszenzen solidarisch zu zeigen:

»Darf ich Ihnen sagen, was mich für Ihren Aufruf pessimistisch gestimmt hat? Ich habe einen ähnlichen Schritt nach dem Tod meines Vaters unternommen und habe verschiedene Leute in Amerika um Hilfe beim Abschluß der neuen Ausgabe der gesammelten Schriften gebeten, die in Wien vernichtet wurden, oder bei der Vorbereitung einer vollständigen englischen Ausgabe der Werke meines Vaters. Ich erhielt nur Absagen von allen Seiten (außer von der Prinzessin) und habe wirklich die Überzeugung gewonnen, daß die Vereinigungen unter den gegenwärtigen Bedingungen sehr wenig gewillt sind, irgendeinen gemeinsamen Schritt zu unternehmen oder Opfer dieser Art zu bringen. Viele Mitglieder der verschiedenen Vereinigungen haben Erhebliches getan, um die Emigration und Immigration von Mitgliedern vor sechs Jahren zu unterstützen. Es sieht so aus, als habe ihr Wunsch zu helfen sich damit erschöpft. Aber ich bin vielleicht zu pessimistisch, und ich hoffe von Ihnen zu hören, daß der Plan gelungen ist. In der Vergangenheit haben wir uns in solchen Angelegenheiten an Dr. Eitingon selbst um Hilfe gewandt, und er hat immer den Wert eines Vorhabens verstanden. Die Vereinigung hier [in Großbritannien] ist in einem traurigen Zustand, und es ist schwer vorherzusagen, was weiter geschehen wird. Ernst Jones läßt sein Amt ruhen, seit er sich aufs Land zurückgezogen hat, und bleibt ein bloßer Ehrenvorsitzender. Edward Glover hat die Vereinigung ganz verlassen als Protest gegen die Lehraktivitäten, die sich fast ausschließlich auf der Linie Melanie Kleins entwickelt haben, mit desaströsen Ergebnissen für Theorie und Technik. Ich und die kleine Gruppe von Kontinentalen um mich herum haben die Kooperation mit der Vereinigung aufgegeben, obwohl wir im Moment Mitglieder bleiben müssen. Es bedeutet tatsächlich, daß wir ohne Vereinigung leben und unter uns wissenschaftlich zu arbeiten suchen. Ich hoffe auf die Zukunft und die Rückkehr der Prinzessin, um wieder etwas aufzubauen. All das macht es um so notwendiger, die Institute, die wir noch haben, zu bewahren und zu retten.«[110]

»Wir sind Gäste in diesem Land, und man hat uns nicht hergebracht, um Ärger zu stiften«, sagte Anna Freud zu Barbara Lantos bei der Eröffnung der »kontroversen Diskussionen«, einer Veranstaltungsreihe der Britischen Psychoanalytischen Gesellschaft, bei der sich die Anhänger der Wiener Schule und jene Melanie Kleins vor allem über die Frage stritten, welche Schule die Ausbildung von Kandidaten in der britischen Gesellschaft bestimmen soll.[111] Als Sigmund Freuds Tochter schrieb, sie warte auf die Rückkehr der Prinzessin, das heißt Marie Bonapartes, meinte sie offenbar keine konkrete

Rettungsmission, es war eher ein Ausdruck der Sehnsucht nach dem »Ancien Régime«, nach einer Epoche, in der Prinzessinnen und andere Königstöchter noch das absolute Sagen in der psychoanalytischen Bewegung hatten. Anna Freuds Brief ist Ausdruck ihrer Sehnsucht nach Eitingons unternehmerischen Begabungen, ihres Pessimismus im Hinblick auf eine mögliche Koexistenz zwischen Freudianern und Kleinianern in der Britischen Psychoanalytischen Gesellschaft und möglicherweise auch Ausdruck der konkreten Absicht, ein neues psychoanalytisches Institut aufzubauen. Ihr Appell an Schalit, »die Institute, die wir noch haben, zu retten und zu bewahren«, ist ein klares Zeichen dafür, dass für nicht wenige emigrierte Analytiker, deren Leben von der Erfahrung der Trennung und des Verlusts geprägt war, die »gute alte« freudianische Psychoanalyse den Zweiten Weltkrieg in Palästina überlebt hatte und dort gedieh.

5. Psychoanalyse Made in Palestine

»Es wird hier, wo man die Kinder mehr zu lieben glaubt, als irgendwo, in Wahrheit mehr geweint, als irgendwo.«
Josef Karl Friedjung, 1942

Unter dem britischen Mandat durchlief der Jischuw eine rasche gesellschaftliche und politische Konsolidierung. Es wurden nationale Institutionen gegründet und zahlreiche Programme formuliert, auch im öffentlichen Gesundheitswesen. Der Zustrom von jüdischem Vermögen und wissenschaftlichem Know-how, der der Errichtung einer vom britischen Mandat sanktionierten »nationalen Heimstätte für das jüdische Volk« diente, ermöglichte der gut organisierten jüdischen Gemeinschaft in Palästina den Aufbau und Unterhalt einer umfassenden, hoch entwickelten Gesundheitsversorgung ohne wesentliche Hilfe und Kontrolle der Mandatsverwaltung.

Im Verlauf der dreißigjährigen britischen Herrschaft in Palästina, die der Gründung des Staates Israel vorausging, beruhte die psychiatrische Versorgung des Jischuw auf wenigen niedergelassenen Psychiatern, zwei von den Mandatsbehörden geführten psychiatrischen Kliniken, zwei karitativen und wenigen privaten Einrichtungen. Da es an der jungen Hebräischen Universität noch keine psychologische Fakultät gab, nahm das Psychoanalytische Institut neben der Verbreitung der Psychoanalyse und der Behandlung von Patienten, die keine stationäre psychiatrische Behandlung benötigten, eine Reihe weiterer Aufgaben wahr, etwa bei der Weiterbildung von Ärzten, Pädagogen und Sozialarbeitern, drei Schlüsselberufe im Jischuw. Die Psychoanalytiker engagierten sich von Anfang an im Erziehungswesen und – zunächst nur marginal, obwohl es sich zu dieser Zeit mehrheitlich um Ärzte mit psychiatrischer Fachausbildung handelte – in der öffentlichen psychischen Gesundheitsversorgung oder »Mentalhygiene«.[1] Als die Psychoanalytiker später zudem Schlüsselpositionen in der psychiatrischen Versorgung des Staates Israel einzunehmen begannen, entsprach ihre Haltung im Wesentlichen der anderer Fachkräfte der psychischen Gesundheitsversorgung, die in sozialen Problemen eine Gefahr für das nationale Projekt des Aufbaus der zionistischen Heimstätte sahen.

Die Grundpfeiler der Gesundheitsversorgung des Jischuw in jener Epoche bildeten die 1921 von der amerikanisch-zionistischen Frauenorganisation

Hadassah gegründete Hadassah Medical Organization und die Allgemeine Krankenkasse der Arbeiter Kupat Cholim, die 1911 von der durch landwirtschaftliche Siedler ins Leben gerufenen jüdischen Arbeitergewerkschaft Histadrut gegründet wurde. Hadassah und Kupat Cholim unternahmen unter anderem große Anstrengungen in den Bereichen Gesundheits- und Hygieneaufklärung.

Der Hygienediskurs betraf nicht nur die konkrete Auseinandersetzung mit Problemen im Zusammenhang mit Sexualität, Kriminalität, Prostitution und Verwahrlosung, er wirkte sich auch auf die Formulierung und Bestätigung der Ideale und der psychologischen, ethischen und kulturellen Elemente des vorherrschenden Selbstverständnisses im Jischuw aus. Das Verhältnis zwischen wissenschaftlichen und populären Kindheitsbildern einerseits und politischem Denken, politischen Stimmungen und politischen Überzeugungen andererseits wird unter Historikern sehr häufig debattiert.[2] Wissenschaftliche Arbeiten über Kindheiten im Jischuw – über Erziehung, Jugendbewegungen und Kinderliteratur – decken die nationalen Indoktrinierungsmethoden auf, die außerhalb des Familienrahmens bei Kindern angewandt wurden, um den Prozess der nationalen Vereinnahmung der Kindheit zu vervollständigen. Die ungefragte Verwendung von Kindern als Personifizierung nationaler Loyalität zur Mobilisierung nationaler Zugehörigkeit war im 19. und 20. Jahrhundert in Europa offensichtlich weit verbreitet und kein Sondermerkmal der zionistischen Kultur. Während zionistische Jugendliche, die nach Palästina auswanderten, das Ideal des »Neuen Juden« verkörperten, wurden Kinder und Jugendliche, die sich von diesem Ideal entfernten, als potenzielle Gefahr für die Zukunft der Nation dargestellt. Die Lösung des Problems der Verwahrlosung von Kindern und der Jugenddelinquenz wurde in einer Zeit, in der gewaltige Einwandererströme das Land – insbesondere Tel Aviv – erreichten, als eine Schlüsselaufgabe betrachtet. Als sich die ersten mitteleuropäischen Psychoanalytiker in Palästina niederließen, verschob sich hierbei die Zuständigkeit allmählich von den Strafverfolgungsorganen auf therapeutische Einrichtungen. Verwahrloste oder verhaltensauffällige Jugendliche wurden als das absolute Gegenteil des »Neuen Juden« dargestellt, den zionistische, produktive junge Männer und Frauen verkörperten.[3]

Die neuen Ansätze, die Freuds Schüler nach Palästina brachten, machten sich etwa in einem Expertengutachten bemerkbar, das der angesehene Pädagoge David Idelson bei einem britischen Gericht im Falle eines Jugendlichen einreichte, der der Vergewaltigung eines Mädchens angeklagt war. Der Verdächtige, schrieb Idelson in dem Gutachten, stamme aus einer gutbürgerlichen Tel Aviver Familie, arbeite als Bauarbeiter, interessiere sich für hebräische Literatur und sei politisch aktiv. Seine beschämende Tat sei auf einen

»besonderen Geisteszustand« zurückzuführen. Idelsons psychologistische Argumentation zugunsten des Angeklagten gipfelte in der Empfehlung an den Richter, das Mädchen nicht zu zwingen, die Vergewaltigung öffentlich zu machen, da »sich der psychologischen Theorie zufolge Reue und moralische Hemmung in diesem Alter erst richtig entfalten [...]. Für das Mädchen ist die sittliche Zurückhaltung – Sittsamkeit – am wichtigsten. Sie wird sie vor ausschweifendem Verhalten bewahren.«[4]

Eines der vordringlichsten Probleme, mit denen die Psychoanalytiker im Jischuw konfrontiert waren, betraf die Ausbildung neuer Therapeuten. Es galt, einen Mittelweg zwischen der Bewahrung maximaler Unabhängigkeit und großer Sensibilität zu finden, um bei Ärzten und Erziehern – beides Berufszweige, die gut organisiert und gut repräsentiert waren – keine Widerstände auszulösen. Die wachsende Rolle der Psychoanalytiker in diversen erzieherischen und »psychohygienischen« Bereichen führte einmal mehr zum Problem der Legitimität von Laienanalytikern, also der Praxiszulassung für Psychoanalytiker ohne medizinische Ausbildung. Eitingons erster Bericht an die IPV zeigt, wie rasch sich diese Frage aufdrängte und drohte, die psychoanalytische Weltbewegung und die lokale psychoanalytische Gemeinde zu entzweien:

»Es sieht so aus – und ich sage dies mit aller Vorsicht – als ob wir absolvierte Lehrer für die Heilpädagogik, d. h. also auch für Kinderanalyse, ausbilden können werden. Die Frage der Laienanalyse sonst ist hier eine sehr schwierige, und wir bitten, es unserem Takt zu überlassen, diese Frage einmal zu lösen, die – ich wiederhole – eine sehr schwierige ist. Ich hoffe, ihnen zwei Jahre später eingehenderes über bis dahin gelungenes erzählen zu können.«[5]

Nicht alle Kollegen Eitingons teilten seinen Standpunkt in dieser Angelegenheit. »Spätestens in 10 Jahren wäre die Gesellschaft durch eine Mehrheit ›analysierter‹ Lehrer und Kindergärtnerinnen überflutet«, warnte Gershon Barag in einem Protestbrief, in dem er sich neben dem raschen Zuwachs von Mitgliedern ohne medizinische Ausbildung auch über die mangelhaften Verbindungen der Vereinigung zum medizinischen Establishment beklagte.[6]

Gestützt auf Freuds bekannten Standpunkt, dass Vertreter anderer Berufe bei der Psychoanalyse Medizinern gleichzustellen seien, verwarf die Psychoanalytische Gesellschaft unter Eitingons straffer Führung jeden Vorschlag, der darauf abzielte, Medizinern bei der psychoanalytischen Ausbildung Vorrang zu geben.[7]

Doch die Bewerber aus der Medizin ließen sich nicht abschrecken. Der Krankenkassenarzt Dr. Rudolphson bewarb sich um Mitgliedschaft bei der Psychoanalytischen Gesellschaft und erhielt von Eitingon zur Antwort, trotz seines fortgeschrittenen Alters von 45 Jahren müsse er sich einer Lehranalyse unterziehen, bevor sein Antrag in Betracht gezogen werden könne. Ein gewisser Wilhelm Nofen aus Oslo, der eine Reise nach Jerusalem erwog, um sich von Eitingon zum Psychoanalytiker ausbilden zu lassen, erkundigte sich 1934 nach dem Preis dafür. Eher ungewöhnlich waren zwei Anfragen aus Ägypten: Ein Dr. Ziwar aus Alexandrien bat um Aufnahme in die Gesellschaft und schrieb, an der König-Farouk-Universität, an der er lehre, bestehe großes Interesse an der Psychoanalyse. Aus Kairo bewarb sich auch Abdel Hamid, Untersekretär des Präsidenten des Nationalen Ägyptischen Appellationsgerichts, um Aufnahme in die Psychoanalytische Gesellschaft Palästinas. Hamid nannte eine Reihe von Werken Freuds und seiner Schüler, die er in den vergangenen Jahren mit großem Interesse gelesen habe. Alle diese Gesuche wurden höflich abgelehnt.[8]

Der Diskurs um die Psychohygiene wurde nicht nur in der Öffentlichkeit, sondern auch innerhalb des Psychoanalytischen Instituts geführt, wie die Titel von Vorträgen zeigen, die dort in den ersten zwanzig Jahren seines Bestehens gehalten wurden: »Das Kind in der gemeinschaftlichen Kibbuzerziehung«, »Über das Sexualproblem des Jischuw-Kindes«, »Über die Anpassung an die Realität als erzieherisches Ziel«, »Individuelle psychoanalytische Observation und deren Bedeutung für den Aufbau der gemeinschaftlichen Erziehung«, »Revolution und Triebleben«, »Psychoanalytische und pädagogische Forschung zu eigenwilligen Kindern«.[9]

Die Schaffung einer »gesunden Nation« war nicht nur Selbstzweck, sie galt als Voraussetzung für die Umsetzung der physischen Aufgabe der Errichtung einer jüdischen Heimstätte. Ärzte qualifizierten Krankheit mitunter als Verlust von Arbeitskraft, die für den Erfolg des zionistischen Besiedlungswerks benötigt werde, und manchmal als Verschwendung nationaler Ressourcen. Dr. Mordechai Brachyahu (Abb. 9), ein ehemaliger Student des britischen Psychoanalytikers David Eder, der Palästina 1923 verließ, gründete die Bildungsabteilung des Jewish National Council (Vaad Leumi), des höchsten Selbstverwaltungsgremiums des Jischuw. Er hatte die erstaunliche Begabung, triviale Probleme der öffentlichen Gesundheit mit dem Schicksal des gesamten zionistischen Projekts zu verknüpfen. Ein Beispiel war seine Kampagne gegen schlechte Zähne und »schnelles, ungenügendes Kauen«:

»Der jährliche Verlust für die Wirtschaft des Jischuw wegen schlechter Zähne und mangelhaft verwerteter Nahrung aufgrund von Zahnkrankheiten wird auf 220 000 Palästinensische Pfund geschätzt [...] wie viele Höfe, wie viele großartige Schulen hätten wir jedes Jahr gründen können, wenn es uns gelungen wäre, unsere Zähne gesund zu erhalten, richtig zu kauen und dadurch von gesparten Ausgaben für Nahrungsmittel zu profitieren?«[10]

Abb. 9: Mordechai Brachyahu (1882–1959).

Obwohl er kein Mitglied der Psychoanalytischen Gesellschaft Palästinas war, spielte Brachyahu eine führende Rolle im psychoanalytischen Diskurs des Jischuw – im Rahmen des Psychoanalytischen Instituts, durch seine wissenschaftlichen Publikationen, seine Beiträge für die breite Öffentlichkeit, durch seine Übersetzung von Freuds *Traumdeutung* ins Hebräische und seine Tätigkeit in der von ihm geführten Liga für Psychohygiene.[11] »Der Königsweg zur Heilung der Psyche der Nation ist lang und beschwerlich«, schrieb er.[12] Brachyahu hatte eine besondere Vorliebe für Vergleiche zwischen dem Reifeprozess des jüdischen Volkes und der geistigen Entwicklung eines Kindes:

»So wie wir bei der Erschaffung des Staates dem Leid der Schöpfung ins Auge blicken, wenn die zersetzenden Kräfte die konsolidierenden Kräfte manchmal überwältigen, wenn politische Parteien sich in zu viel Polemik ergehen, ihre parteipolitischen Instinkte nicht im Zaume halten können und damit die Kräfte der Solidarität und Einheit schwächen, so ergeht es dem Jüngling in der Phase der Persönlichkeitsbildung, gewöhnlich eine Periode des Leidens und der Unbeständigkeit, eine Zeit des Fortschritts und des Rückschritts.«[13]

Seine psychoanalytischen Einsichten führten Brachyahu dazu, die Befreiung sexueller Energien zu befürworten und sie für gemeinschaftliche Zwecke zu kanalisieren. Als orthodoxer Freudianer mit puritanischer Neigung versuchte er, die Psychoanalytiker für sein Psychohygieneprojekt zu gewinnen. Einige von ihnen unterstützten seine Bemühungen um eine psychoanalytische Ausbildung für Schulärzte aktiv. In den späten 1930er Jahren arbeiteten fünf Ärzte mit einer solchen Ausbildung in der Jerusalemer Psychohygienestation.[14]

Die psychoanalytische Theorie und insbesondere Freuds frühe Werke über kindliche Sexualität gaben Brachyahu die wissenschaftliche Legitimität für die Verschmelzung von Erziehung, Zionismus und psychischer Gesundheit. So konnte er die Hygiene zu einem integralen Bestandteil der zionistischen Ideologie formen. Indem er das individuelle, vergangenheitsbedingte Trauma der Schulkinder mit der Diasporavergangenheit der jüdischen Gemeinschaft gleichsetzte, verlieh Brachyahu dem Schularzt den Status einer übergeordneten Bezugsperson, die im Voraus die Lebensumstände jedes Kindes kannte und somit die Fähigkeit besaß, die in jedem Kind verborgenen psychischen Kräfte freizulegen und in den Dienst des nationalen Kollektivs zu stellen. Die Schul- und Vorschulärzte waren deshalb bestrebt, sich näher mit dem psychischen Wohlbefinden jedes Kindes zu befassen. Eine psychiatrische Ausbildung und psychiatrische Lehrtätigkeit wurden als Vorzüge gewertet und beim Antritt seiner Stelle wurde vom Schularzt erwartet, zusätzlich eine psychohygienische Ausbildung zu absolvieren. Ärzte in der Hygieneabteilung mussten sich ebenfalls einer Psychoanalyse unterziehen und an Seminaren des Psychoanalytischen Instituts teilnehmen.[15]

Brachyahus Verschmelzung von individuellem seelischem Leid und zionistischem Projekt war für jeden, der sein Sprechzimmer betrat, klar zu erkennen: Gegenüber der Couch hing eine große Landkarte von Palästina.[16]

Orientalischer Hedonismus

Das zionistische Manifest, das die Juden in aller Welt zur Rückkehr in das Land der Vorväter aufrief, barg von Anfang an eine gewisse Zwiespältigkeit. Einerseits betonte die zionistische Rhetorik die heilende und befreiende Kraft der Alija. Andererseits betrieb die Führung des Jischuw Auswahl und Klassifizierung, um taugliche Kandidaten für das zionistische Projekt zu finden. Diese Bestrebung kam im Bildungs-, Hygiene- und Psychiatriediskurs des Jischuw ab den 1920er Jahren zum Ausdruck, der Ästhetik- und Verhaltensnormen entwickelte, die Bestandteil eines neuen, »verbesserten« jüdischen Selbstverständnisses sein sollten. Doch darüber hinaus spielte dieser Diskurs eine zentrale Rolle bei der Definierung von Gruppen und bei ihrer Abgrenzung von anderen Gruppen. Die im ersten Kapitel beschriebene wissenschaftliche Debatte über die Frage der psychopathologischen Besonderheit der Juden beschäftigte auch den Jischuw, wenngleich mit anderen Akzenten. Während im europäischen Diskurs die osteuropäischen Juden traditionell den westeuropäischen gegenübergestellt wurden, wurde in Palästina die Trennlinie zwischen den Juden europäischer Herkunft und dem »alten Jischuw« gesehen, den Juden also, die bereits vor der zionistischen Einwanderung in Palästina gelebt hatten. Eine weitere Unterscheidung wurde zwischen Juden und Arabern getroffen sowie, nach Gründung des Staates Israel, zwischen den europäischen Juden, die in der Zeit des Jischuw eingewandert waren, und den späteren jüdischen Einwanderern aus der islamischen Welt. Die Psychiater waren einerseits bestrebt, zwischen den zionistischen Einwanderern und dem alten Jischuw zu unterscheiden, um das zionistische Siedlungsprojekt zu legitimieren. Da jedoch die historische Kontinuität der Verbindung zwischen den Juden und dem Land der Bibel zentral war für diese Legitimität, betonten sie andererseits auch die gemeinsamen genetischen Wurzeln, das gemeinsame Exil der über die ganze Welt verstreuten Juden. Über dem lokalen psychiatrischen und hygienischen Diskurs lag also eine ständige Spannung zwischen den Standpunkten, die psychopathologischen Erscheinungen – konzentriert auf bestimmte ethnische Untergruppen innerhalb der jüdischen Bevölkerung – seien entweder Zivilisationskrankheiten oder aber die Konsequenz kultureller Rückständigkeit.[17]

Mit anderen Worten, die Ost-West-Unterscheidung blieb ein zentrales Kriterium der Differenzierung im Hygienediskurs des Jischuw, wenn auch in neuer Besetzung: Statt Ost- und Westeuropa standen nun Europa und der Orient gegeneinander. Ost- und westeuropäische Neuankömmlinge wurden als »europäische Einwanderer« »all ›jenen‹ Nicht-Europäern« – gemeint waren Araber und »orientalische« Juden – gegenübergestellt. Henrietta Szold, die Gründerin der Hadassah, schrieb:

»Das Kind einer persischen oder jemenitischen Familie, das nach Palästina kommt und sich in unser aschkenasisch-zionistisches Milieu integriert, wird praktisch fünf Jahrzehnte nach vorne katapultiert. Wie das aschkenasische Kind, das an den Entbehrungen extremer Armut leidet und der Enge der Einzimmerwohnung einer Großfamilie auf der Straße zu entkommen versucht, fällt auch dieses Kind dem arabischen Hedonisten in die Hände.«[18]

Die Verurteilung des orientalischen »Hedonismus« und der jüdischen Erziehung in der Diaspora wurde – in wissenschaftliche Begriffe gefasst – von Fachleuten der Hygieneabteilung auch als Entscheidungsgrundlage genutzt, um über die Tauglichkeit von Eltern zu entscheiden, ihre eigenen Kinder aufzuziehen. Das führte in bestimmten Fällen dazu, dass Kinder fern von ihrem Elternhaus aufwuchsen. Brachyahus paternalistischem ideologischem Ansatz zufolge sollten »Problemkinder« vor dem Einfluss ihrer Eltern geschützt werden. Der Psychohygienediskurs brachte oft extreme eugenische Konzepte zum Ausdruck, wie sie im späten 19. Jahrhundert verbreitet waren. Das offizielle Organ der Hebräischen Ärztekammer, *Harefuah* (Die Medizin), publizierte zum Teil haarsträubende Polemiken. Mordechai Brachyahu spekulierte über die Notwendigkeit eines Gesetzes, um sämtliche Paare vor der Hochzeit einer obligatorischen Elterntauglichkeitsprüfung zu unterziehen. Ein gewisser Dr. Rabinowitz schlug ein Heiratsverbot für Leute der »erwähnten Sorte« vor und ein Dr. Einhorn sprach sich für die »Sterilisierung von Geisteskranken und potenziellen Verbrechern« aus. Martin Pappenheim, dem es gelungen war, sich nach seiner Ankunft 1933 trotz Akklimatisierungsschwierigkeiten als lokale Autorität auf dem Gebiet der Psychohygiene zu etablieren, vertrat die Ansicht, die eugenische Sterilisation geistig Behinderter sei wie die Landesverteidigung oder die Steuergesetzgebung Aufgabe des Staates.[19] Erwin Hirsch, ein Psychoanalytiker aus Stuttgart, schloss sich der Debatte über den Zusammenhang zwischen Geisteskrankheit und Einwanderung unmittelbar nach seiner Ankunft in Palästina an: Das Vertrauensverhältnis des Patienten zu seinem Therapeuten, der wichtigste Faktor bei der Behandlung psychischer Krankheiten, sei in Palästina nicht gegeben. Das Problem bestehe nicht nur darin, dass der Therapeut die Sprache und die Kultur des primitiven Patienten nicht verstehe. Die Bewohner des alten Jischuw seien den Ärzten gegenüber generell misstrauisch. Wie Rakefet Zalashik in ihrer Arbeit über die Ursprünge der israelischen Psychiatrie darlegt, hielt der zionistische Standpunkt, der eine historische Verwandtschaft der Juden hinsichtlich ihrer ethnischen und territorialen Herkunft postulierte, die eingewanderten jüdischen Psychiater jedoch davon ab, eine kolonialpsychiatrische Haltung einzunehmen, die von einem hierarchischen Rassenkonzept geleitet war, das die eingeborene Bevölkerung als minderwertig und rückständig betrachtete.[20]

Der Diskurs, der sowohl Geisteskrankheit als auch elterliches Unvermögen mit bestimmten ethnischen und kulturellen Wurzeln assoziierte, passte zu der aus Europa importierten modernen Wohlfahrtstradition der zunehmenden Einmischung der Behörden in die Privatsphäre.[21] Doch während in Europa der Klassenkontext entscheidend war und sich solche Interventionen im Namen bürgerlicher Werte und durch Vertreter des Bürgertums vor allem an Familien der Arbeiterklasse richteten, kam im Jischuw ein spezifischer ethnischer und kultureller Kontext hinzu. Die Institution als Alternative zur nicht funktionierenden urbanen Familie anzusehen, fügte sich nahtlos in das marxistische Misstrauen gegenüber der bürgerlichen Familie ein, wie es damals in den Kibbuzim zum Ausdruck kam und vom Grundsatz der kollektiven Erziehung reflektiert wurde. Die Bestrebung, Aufgaben der Kernfamilie zu beschränken, ihr die Betreuung und insbesondere die Erziehung der eigenen Kinder zu entziehen, korrespondiert mit Anschauungen früher zionistischer Utopien, die die Übertragung der Kindererziehung auf die Gesellschaft als Grundvoraussetzung für die Revolution des jüdischen Lebenswandels betrachteten.[22]

Ein Großteil von Brachyahus Tätigkeit zielte darauf ab, Einfluss auf das Wissen und die Machtverhältnisse im Erziehungsbereich zu nehmen. Psychiatern, die Freuds Doktrin gegenüber loyal waren, gab er in seiner Hierarchie Schlüsselpositionen. Martin Pappenheim und Moshe Wulff genossen längere Zeit den Status von psychiatrisch-psychoanalytischen Überberatern von Brachyahus Gnaden. In dieser Funktion hatten sie die Aufgabe, die von Schulschwestern zusammengetragenen Informationen auszuwerten und die Schulärzte entsprechend zu instruieren. Schulschwestern wurden auch zu Hausbesuchen geschickt. Durch diese Besuche gewann das Erziehungssystem bis in die Familien der Schulkinder hinein einen Einfluss, der sich über die Prüfung der materiellen und hygienischen Lebensumgebung hinaus auch auf die Heranbildung der noch leicht beeinflussbaren Psyche erstreckte. Brachyahu und seine Mitarbeiter definierten Normen für gute Elternschaft und Erziehung sowie – gestützt auf »objektive« medizinische Modelle – für die geistige und emotionale Entwicklung und Abweichungen davon. Die meisten Empfehlungen der Hygieneabteilung waren vernunftorientiert, jedoch vom dogmatischen, anmaßenden Ton geprägt, in dem Brachyahu seinen Hygienediskurs führte. Der lange Arm der Abteilung reichte sogar in die

Schlafzimmer der Eltern und in den Lendenbereich der Jugendlichen, und sie blickte mit den Augen der Kinder in die intimsten Winkel des Elternhauses.

Das Thema Masturbation bei Jugendlichen brachte Brachyahu und seine Abteilung offensichtlich in Verlegenheit. Sie achteten darauf, sie nicht offen zu verurteilen, gaben den Eltern aber Empfehlungen, wie sie sie ihren Kindern abgewöhnen könnten – durch Waschen mit kaltem Wasser, Vermeiden von scharfen Speisen, indem sie darauf achteten, dass die Kinder mit den Händen auf und nicht unter der Decke zu Bett gingen, und indem sie dafür sorgten, dass ihr Bett weder zu weich noch zu warm sei. Und vor allem: »Jedem, der sich selbst befriedigt, wird dringend empfohlen, einen Experten, d. h. einen Arzt und Psychologen aufzusuchen [...] er ist der einzige, der die junge Person retten kann.«[23] Andererseits versuchten Psychoanalytiker ihre Fortschrittlichkeit zu demonstrieren, indem sie Eltern eindringlich auf die Folgen altmodischer und harscher Methoden zur Verhinderung der Masturbation hinwiesen. David Idelson etwa warnte Eltern davor, entgegen psychoanalytischem Rat die Geschlechtsteile ihrer Kinder beim Reinigen und Waschen zu berühren. Bei einem so aufwachsenden Kind sei nicht auszuschließen, dass es als Erwachsener »geistig gestört sei, an Alkoholsucht leide und sogar Opium rauche«.[24] David Idelson und Shmuel Golan interpretierten Freuds Doktrin ähnlich wie sowjetische Psychoanalytiker und Sexologen und machten geltend, dass Erwachsene unbewusste Konflikte ihrer eigenen Kindheit nachlebten und ihre eigenen unbewussten Sehnsüchte und Hemmungen den Nachkommen einpflanzten. Die Nation sei darauf angewiesen, dass die Kinder von der Umklammerung durch sexuelle Konflikte befreit würden, die ihnen die in der Diaspora geborenen scheinheiligen Eltern eingepflanzt hätten. Brachyahu warnte die Eltern seinerseits vor dem »zersetzenden Einfluss des Zeitgeists auf die gesunde psychische Entwicklung der jungen Menschen«, weil er Aggression und Sadismus freien Lauf lasse. Die Opferung der Kultur auf dem Altar der sexuellen Leidenschaft, wie sie in Hollywood-Filmen dargestellt werde, lasse die Liebe der jüdischen Jugend zu einer banalen prosaischen Angelegenheit fern jeder Romantik verkommen:

»Sehen Sie bloß, wie der Liebhaber in heutigen Filmen dargestellt wird, wie er seiner Angebeteten sein Herz ausschüttet; er trägt einen Strohhut, hat eine Zigarette im Mund und einen leichten Stock. Er gibt sich locker und fröhlich, ist bereit, das Leben in vollen Zügen zu genießen; er trägt leichte Sportkleidung, wie auf einem kurzen Spaziergang in der Morgenbrise. Er ist geschmeidig und ungezwungen wie seine Angebetete, und seine Gefühle sind es ebenso. Er bekommt, was er will, ohne sich anzustrengen und psychische Kräfte aufzubieten [...]. Es scheint, als wäre der Lebensbaum in unserer Zeit bis tief in seine Wurzeln erschüttert und würde nur wenige gesunde Früchte tragen.«[25]

Die Masturbation war auch ein zentrales Thema in den Berichten, die der Arzt Josef Karl Friedjung seinen Auftraggebern vorlegte. Friedjung, Kinderarzt und Mitglied der Wiener Psychoanalytischen Gesellschaft seit 1909, wurde von Eitingon und Henrietta Szold, nachdem er 1938 nach Palästina übergesiedelt war, zum psychiatrischen Berater des Jugendeinwanderungswerks Aliyat Hanoar ernannt.[26] Aliyat Hanoar führte vor und während des Zweiten Weltkrieges eine massive Rettungsoperation in Europa durch und brachte rund 22000 jüdische Kinder aus dem Einflussbereich der Nationalsozialisten nach Palästina in Sicherheit. Friedjung machte ausführliche Aufzeichnungen zu seinen 423 Besuchen bei verschiedenen Kindergruppen der Aliyat Hanoar und zu den 2291 Einzelgesprächen mit Jugendlichen im Alter von 14 bis 18 Jahren.[27] Die Haltung der Jugendleiter, die mit diesen Jugendlichen arbeiteten, schwankte von uneingeschränkter Annahme und Toleranz bis zum Propagieren asketischer Selbstverleugnung. Friedjung fragte sich, wie der von zahlreichen Erziehern des Jischuw verinnerlichte »pseudorevolutionäre Konservatismus« bekämpft werden könne. Die Situation erforderte seines Erachtens äußerst entschlossene Anstrengungen, um eine »breite psychoanalytische Umerziehung« zu erreichen. Sein erster Änderungsvorschlag kam in den Anweisungen an die Jugendleiter der Aliyat Hanoar zum Ausdruck, zugänglicher und mehr für die Jungen und Mädchen da zu sein. Nur Jugendleiter, die ein ernsthaftes Interesse an ihren Schützlingen zeigten, könnten deren Vertrauen gewinnen. Jugendleiter hätten Gespräche über sexuelle Themen in der Gruppe anzuregen und auf sämtliche Bitten um Privatgespräche einzugehen. Zum ersten Mal wurde offen über Masturbation gesprochen. Friedjung zeigte sich vor allem besorgt über das Phänomen der »teilweise jungfräulichen Mädchen«, womit er Mädchen meinte, die bereits sexuelle Kontakte gehabt hatten, bei denen zwar der Partner, nicht aber sie zum Orgasmus gelangt waren – »mit allen neurotischen Implikationen dieses Sachverhalts«. Friedjung befasste sich auch mit Gruppen, in denen ein »Don Juan« oder das weibliche Pendant, das er (nach der promisken Frau des römischen Kaisers Claudius) »Messalina« nannte, vorhanden war. Das Verhalten solcher Jungen und Mädchen führe in der Regel zu Unruhe in der Gruppe. Oft gingen die – generell sexuell früher reifen – Mädchen Beziehungen mit älteren Jungen ein, was zu Rivalitäten und starken Neidgefühlen zwischen verschiedenen Altersgruppen führe. Friedjung zufolge spalteten sich daher Jungen und Mädchen einer Gruppe manchmal in zwei verfeindete Lager.

Friedjung berichtete über die besonderen Schwierigkeiten der Einwanderer aus Südosteuropa, insbesondere der Jungen aus Ungarn und Rumänien. Diese hätten die Gewohnheit gehabt, ihre Triebe durch Besuche bei

Prostituierten zu befriedigen. Friedjung erklärte Jugendleitern der Aliyat Hanoar, dass in der Kultur, in der diese Jungen aufgewachsen seien, das Tabu der Selbstbefriedigung besonders stark gewesen sei. Eltern und Lehrer in diesen Ländern fänden es legitim, dass Jungen Bordelle aufsuchten. In der neuen Gesellschaft in Palästina sei ihnen aber sexuelle Abstinenz verordnet worden. Das Resultat sei aggressives Verhalten gegenüber allen Mädchen gewesen, die ihnen begegnet seien. Friedjung wies Jugendleiter darauf hin, sowohl die Übertragungsbeziehung zwischen ihnen und den Kindern als auch die Prozesse, die die Tätigkeit des Jugendleiters in der Gruppe auslöse, zu beachten. Als Beispiel nannte er eine bestimmte Gruppe, bei der Jugendliche starke Neidgefühle und Feindseligkeit gegen eine Gruppenleiterin gezeigt hätten, die vorher sehr beliebt gewesen sei. Die Änderung sei eingetreten, als die Gruppenleiterin schwanger geworden sei. Die Aggressionen der Gruppe hätten sich gegen das Neugeborene oder gegen einen der jüngeren Jungen in der Gruppe gerichtet, indem Neid und Rachegefühl auf sie übertragen worden seien. Als Gruppenleiter würden sich deshalb am besten Verheiratete eignen, die bereits mindestens ein Kind hätten. Solchen Gruppenleitern würde es erstens leichter fallen, väterliche oder mütterliche Gefühle für ihre Zöglinge zu entwickeln, zweitens hätten diese nicht das Gefühl, dass Kind oder neuer Partner des Gruppenleiters ihnen Aufmerksamkeit entzögen. Solche Gruppenleiter könnten den emotionalen Bedürfnissen der jugendlichen Einwanderer besser entsprechen.[28]

Der erfahrene linke Wiener Kinderarzt und Psychoanalytiker machte keinen Hehl aus seiner Enttäuschung über die Erziehung im Jischuw. In leidenschaftlichen Artikeln in der deutschsprachigen Exilzeitschrift *Orient* äußerte er die Ansicht, die jüdischen Kinder in Palästina seien im Hinblick auf ihre psychische Not nicht bessergestellt als die jüdischen Kinder in der Diaspora:

»Es wird hier, wo man die Kinder mehr zu lieben glaubt, als irgendwo, in Wahrheit mehr geweint, als irgendwo. Wollte ein altes Wort die Kultur eines Volkes an dem Maße seines Seifenverbrauches messen, so möchte ich es an der Menge unnötig vergossener Kindertränen. Es ergäbe sich dabei fast überall, daß wir die Epoche der Vorkultur noch nicht überwunden haben.«

»Unsere Kinder kennen keine Autorität und keine Distanz«, beklagte sich Friedjung an anderer Stelle, »sie achten weder Gebrechliche noch Alte, neigen zu Gewalttätigkeit untereinander, gegen Tiere und Dinge.«[29] In einer flammenden Vorrede zu Brachyahus Werk über Jugenddelinquenz äußerte sich Arnold Zweig ähnlich über das psychische Profil der Jugend des Jischuw.

Ödipus im Kibbuz

Das Selbstverständnis der Jugendbewegung Haschomer Hatzair, deren Mitglieder erstmals in den 1920er Jahren im Rahmen der Dritten Alija in Palästina eintrafen, war vom individualistischen Denken Siegfried Bernfelds und Martin Bubers geprägt, doch zur Zeit der Fünften Alija in den 1930er Jahren sahen sich die im Haschomer Hatzair organisierten Jugendlichen nicht mehr als Teil einer zwar revolutionären, aber individualistisch geprägten Jugendbewegung. Die Organisation befand sich zu dieser Zeit in einem Wandlungsprozess. Ihr freigeistiger romantischer Charakter wurde allmählich von marxistischer Ideologie abgelöst, die in einigen Teilen der Bewegung zunehmend doktrinäre Züge entwickelte. Die neu eingewanderten Mitglieder des Haschomer Hatzair identifizierten sich mit den monolithischen Grundsätzen, die überwiegend von der prosowjetischen Orientierung der Führung in Galizien geprägt waren. Bei der Herausbildung dieser neuen Linie, die als »ideologischer Kollektivismus« bezeichnet wurde, verkam die psychoanalytische Theorie zu einem ideologischen Werkzeug und büßte dabei die romantische Färbung ein, die ihr Meir Ya'ari und seine Weggefährten in der Frühzeit der Bewegung verliehen hatten. Die Betonung des revolutionären Eros durch die frühen Erzieher der Bewegung wurde von einem neuen Schwerpunkt abgelöst – von der Sexualität als Werkzeug der Revolution. Kindliche Sexualität wurde nun zum Interventionsobjekt auf die menschliche Natur. Bernfeld selbst, der die Jugendkultur ursprünglich als Selbstzweck betrachtete, änderte seinen Standpunkt in den späten 1920er Jahren, indem er auf die Notwendigkeit hinwies, das revolutionäre Potenzial der Jugend zu nutzen und in den Dienst des Klassenkampfes zu stellen.[30] In den 1930er Jahren endete Bernfelds historische Rolle als Vermittler zwischen Psychoanalyse und zionistischer Jugend, nachdem sich die Jugendbewegungen Psychoanalytikern mit eindeutiger politischer und ideologischer Orientierung zuwandten. Um die etwas amorph anmutenden freudianischen Einflüsse, die den Haschomer Hatzair seit seiner Gründung prägten, greifbarer und zweckdienlicher zu machen, beschlossen die Gestalter seiner Erziehungsphilosophie, im Verlag der Organisation eine Reihe von Übersetzungen herauszugeben, die den Erziehern der Bewegung die Psychoanalyse näherbringen sollten. Freuds Werk *Die Zukunft einer Illusion* und Fritz Wittels Schrift *Die Befreiung des Kindes* waren die ersten psychoanalytischen Werke, die dafür vorgesehen waren. 1929 kam es zu einem Treffen zwischen Zvi Zohar, einem Vertreter der Bewegung, und Paul Federn, dem Sekretär der Wiener Psychoanalytischen Gesellschaft. Dabei wurde eine Bezuschussung des Übersetzungsprojektes durch die Gesellschaft in Höhe von 1 000 Schilling vereinbart.[31] Die Übertragung psychoanalytischer Literatur ins Hebräische sei keine kommerzielle Angelegenheit, sondern vielmehr ein Erziehungs- und Kulturprojekt, betonten Vertreter des Haschomer Hatzair gegenüber Federn:

»[U]nserer Meinung nach soll man immer mit dem didaktischen Standpunkte rechnen, wenn man [an] eine Wissenschaft, eine Methode des Denkens über Lebens- und Seelenprobleme an eine Gesellschaft herangeht. Die ›Illusion‹ mit dem angeschnittenen religiösen Probleme und die leichte, wenn auch manchmal feuilletonistische, Einführung in die psych. Denkensweise des praktischen Erziehers scheinen uns für unsere Verhältnisse sehr angepasst.«[32]

Etwa zwei Jahre nach seiner Rückkehr aus Berlin, wo er Vorlesungen in der Psychoanalytischen Poliklinik besucht, die führenden Theoretiker der Psychoanalytischen Bewegung kennengelernt und sich einer Analyse bei Moshe Wulff unterzogen hatte, berichtete Shmuel Golan [Goldschein] Eitingon in Palästina über die Teilnahme von achtzig Pädagogen des Haschomer Hatzair an dem von ihm und Wulff ins Leben gerufenen psychoanalytischen Ausbildungsprogramm. Die Teilnehmer seien in eine deutsch- und eine russischsprachige Arbeitsgruppe aufgeteilt worden und hätten an wöchentlichen Vorlesungen von Wulff über die freudianische Theorie teilgenommen.[33]

Ein weiterer Bewunderer der Anstrengungen der Pädagogen des Haschomer Hatzair, die Lehren von Freud und Marx in ihr Erziehungsprogramm einzubinden, war Otto Fenichel, der Golans Berichte regelmäßig seinen Rundbriefen an linksgerichtete Fachkollegen beifügte. Die Psychoanalytiker hätten »keinen Grund zur Klage« hinsichtlich ihrer Privatkliniken, sie hätten Arbeit im Überfluss, so Golan. Doch wie stehe es mit ihrer Verantwortung für die Gesellschaft? Beabsichtigten sie auch weiterhin, sich dem Aufbau einer zionistischen jüdischen Gesellschaft in Palästina zu entziehen? Er habe beschlossen, keine Praxis zu eröffnen: »Es gibt für die hiesigen Verhältnisse Analytiker genug jetzt hier. Außerdem ist die Stadt gar nicht verlockend. Man wird politisch isoliert, so steht man wenigstens in einer kämpfenden Bewegung.«[34] Golan, der selbst einer wohlhabenden Familie entstammte, beschwerte sich bei Eitingon, dem Pelzhändlersohn, allerdings auch über Nachteile der Privatinitiativen in Palästina:

»Die Privatinitiative und das Privatkapital brachten außer dem großen Nutzen auch viel negative Erscheinungen. Der Nationalfond, der bisher die Bodenpolitik in seiner Hand hatte, wurde aus seiner Machtposition verdrängt. Es wird neuer Boden nur in der Orangenzone erstanden. Große Bodenkomplexe, die der Erlösung harren, finden keine Käufer. Hoffentlich wird sich ein Mittel finden, diesem Übel ein Ende zu machen, sonst kann es sich bitter an der ganzen Sache rächen. Wenn man bedenkt, daß in den letzten 6 Monaten – in einer Periode der Hochkonjunktur hier im Lande – im ganzen 5 500 Dunam gekauft wurden.«[35]

Golan beklagte zudem, dass Eitingon und seine Kollegen sich nicht dazu verpflichtet hätten, ihre Tätigkeit voll in das öffentliche Leben des Jischuw zu integrieren. Seine Beschwerde über das junge Psychoanalytische Institut in Jerusalem zeugte nicht nur von der ideologischen Abgrenzung, die er bei seinen Kontakten mit der Mehrzahl seiner deutschsprachigen Kollegen wahrnahm, sondern auch von der Verachtung, die die Mitglieder des Haschomer Hatzair dem nationalen Sentimentalismus der Einwanderer der Fünften Alija entgegenbrachten:

»Hier im Lande ist es leider so gekommen, wie ich es dachte. Die Analytiker, die hier sind, ›privatisieren‹. Die [Psychoanalytische] Gesellschaft – seit einem halben Jahre völlig lahmgelegt, diesmal aus objektiven Gründen – war auch früher von einem recht zweifelhaften Niveau. Der Anschluss an das ›Jüdische‹, der plötzlich aus gewissen sentimentalen, pseudo-nationalen Gründen aufgefrischt wurde – gab einige Referate aus dem ›religiösen‹ Gebiet, die Schilderung einer Neurose, die auf dieser Grundlage entstand, wobei nichts Neues herauskam. Eine Diskussion prinzipieller Natur, die ich zu provozieren versuchte, versandete. Das Schlimme dabei ist, dass der einzige Mensch, der etwas sagen könnte, Dr. Wulff, aus persönlichen Gründen (Spannung zwischen ihm und Eitingon) Opposition treibt und schweigt [...]. Herr Eitingon hat nichts zu sagen. Prof. Pappenheim sagt hie und da ein paar Worte. Die andern Herren, Dr. Barag, Frl. [Dr.] Brandt, Dr. Hirsch sind neu und ich kenne sie nicht. Über aktuelle, prinzipielle Probleme der Ps. A. wurde überhaupt nicht gesprochen.«[36]

Nicht schwer nachzuvollziehen sind Golans Einsamkeit und sein Ärger darüber, dass Palästina, das den Freudianern ein breites Spektrum soziologischer und anthropologischer Gelegenheiten zur Erforschung von Gesellschaft und menschlicher Psyche zu bieten schien, zum Tummelplatz für Berliner Psychoanalytiker geworden war, die sich einzig für die Ergründung des Unbewussten interessierten. Doch trotz seiner Vorbehalte gegen den Charakter der wissenschaftlichen Zusammenkünfte des Jerusalemer Instituts war ein nicht unerheblicher Teil dieser Veranstaltungen Themen gewidmet, die die Pädagogen des Haschomer Hatzair intensiv beschäftigten. In ihrem zusammenfassenden Bericht über die Tätigkeit des Instituts in den ersten sieben Jahren seines Bestehens legte Margarete Brandt Wert auf die Feststellung, dass nur ein kleiner Teil derjenigen, die beim Institut um psychologische Hilfe nachsuchten, in organisierten Gemeinschaften lebe. Daraus folgerte sie, dass der kollektive Lebensrahmen im Kibbuz Schutz vor Rivalität und Einsamkeit biete und dass er auch geeignet sei, den Einwanderer, der Teil der Gemeinschaft in seiner Altersgruppe geworden sei, von der Angst zu befreien, die die elterliche Autorität in ihm ausgelöst habe. Manche Neurotiker, die den Belastungen des »normalen Lebens« ohne psychoanalytische Behandlung vermutlich nicht gewachsen gewesen wären, seien nach ihrer Einwanderung im Kibbuz glücklich geworden, argumentierte Brandt.[37] Eine ähnliche Haltung zu den Vorteilen des Kibbuz nahm später Hillel Klein, ebenfalls Mitglied der Psychoanalytischen Gesellschaft, im Zusammenhang mit der psychischen Morbidität von KZ-Überlebenden ein. Das Leben im Kibbuz, so Klein, ermögliche es den Überlebenden, in die Gemeinschaft zu reinvestieren, vor allem indem es die in dieser Gruppe so verbreiteten Wiedergeburtsfantasien in die Tat umsetze und Mechanismen biete, die die Schuldgefühle der Überlebenden in eine positive Kraft umwandelten. Die Notwendigkeit zu kämpfen, um sich und ihre Gemeinschaft zu schützen, habe ihnen geholfen, die Verinnerlichung der erlebten Aggressionen zu vermeiden. Klein betonte, die Überlebenden hätten ein Bewusstsein für historische Kontinuität entwickelt, und behauptete, das Leben im Kibbuz verbinde das Individuum stärker mit der eigenen Vergangenheit und den eigenen Idealen, als allgemein wahrgenommen werde.[38]

Golans Behauptung hinsichtlich der »Privatisierung« der Psychoanalyse und der nationaljüdischen Färbung von wissenschaftlichen Veranstaltungen der Berliner Psychoanalytiker war nicht nur eine Charakterisierung der Psychoanalytischen Gesellschaft in Jerusalem, sondern auch ein Hinweis darauf, dass die Psychoanalyse in den Kibbuzim der Haschomer Hatzair völlig anders wahrgenommen wurde. Die erste zionistische Jugendbewegung, die bei ihrer Gründung in Wien eine für die damalige Zeit typische romantisch-vitalistische Jugendkultur verkörperte, verfügte nun über eine komplexe, umfassende ideologische und kulturelle Doktrin, vermittelt von Lehrern, Jugendleitern, Pädagogen und einem einzigen Psychoanalytiker. Sie alle waren bestrebt, jeden einzelnen Aspekt des Kindheitsbildes – von der Geburt bis zum Erwachsenenalter – mitzugestalten. Anlässlich einer Tagung der Pädagogen des Haschomer Hatzair im Jahr 1929 wurde behauptet, Eltern tendierten dazu, ihre Kinder »subjektiv« zu behandeln und bei deren Sozialisierung eine Mischung von Furcht und übertriebener Nachgiebigkeit zu zeigen. Eltern sollte nicht erlaubt sein, ihre Kinder »als Spielzeuge« zu behandeln, meinte Golan, der dazu neigte, das Bedürfnis der Eltern, ihren Kindern so nahe wie möglich zu sein, als neurotischen Narzissmus abzutun. Einige seiner Kollegen behaupteten sogar, der Mutterinstinkt sei eine Konsequenz des kapitalistischen Materialismus und daher zu beseitigen, damit das Kind in die Obhut der Gesellschaft gegeben werden könne.[39]

Golan, der Schöpfer des kollektiven Erziehungssystems der Bewegung, betreute rund vierhundert Kinder in dreißig Siedlungen. Im Rahmen der Vorbereitungen für die Herausgabe einer pädagogischen Zeitschrift mit psychoanalytischer Orientierung übersetzte er Fenichels Aufsatz *Über Psychoanalyse als Keim einer zukünftigen dialektisch-materialistischen Psychologie* aus dem Jahr 1934 ins Hebräische. Bei seiner Ausbildung am Berliner Psychoanalytischen Institut war Golan auf die gewaltige Macht aufmerksam geworden, die die Gruppe auf das Individuum ausübt. Freuds Werk *Massenpsychologie und Ich-Analyse* (1921) führte ihm die libidinösen Bindungen vor Augen, die eine Gruppe zusammenhielten und das Individuum befähigten, zugunsten des Allgemeinwohls auf die Objektliebe und die Selbstliebe zu verzichten. Doch Golan war bereits damals der Meinung, dass Freud sich irre, wenn er behaupte, dass die libidinösen Triebe und Bedürfnisse die einzigen wesentlichen Faktoren seien, die im Verhältnis zwischen Individuen und Gruppen eine Rolle spielten. Freud verkenne die Bedeutung ökonomischer und materieller Ursachen. Genau diesen Mangel wollten Golan und seine pädagogischen Mitarbeiter im Geiste der wachsenden Loyalität des Haschomer Hatzair gegenüber der Sowjetunion beheben. Kollektivistische Erziehungsideen waren freilich bereits in die neue progressive Erziehungsbewegung und in das austrosozialdemokratische Denken eingeflossen, das von Siegfried Bernfeld und seinem Kreis in dem 1919 gegründeten Kinderheim Baumgarten umgesetzt wurde. Als Haschomer Hatzair jedoch psychoanalytische Ideen in das kollektivistische Erziehungssystem des Kibbuz einzuführen versuchte, war vor allem das sowjetische Modell von Anton Semjonowitsch Makarenko bedeutsam, der die Elastizität des menschlichen Bewusstseins betonte.[40] Kurz darauf fand Golan das Gebiet, auf dem auch er einen bedeutenden Beitrag zur psychoanalytischen Theorie der Neurose leisten konnte: Er versuchte, die Wirkung der kollektiven Erziehung auf den Ödipuskomplex aufzuzeigen.

Die Kinder im Kibbuz verbrachten die meiste Zeit mit weiblichen Bezugspersonen, Gruppenleitern und Lehrern, und sie spielten und schliefen in gesonderten Kinderhäusern. Mit den Eltern verbrachten sie in der Regel nur zwei Stunden am Tag. Golan gelangte zur Einsicht, dass der Einfluss der Eltern auf ihre Kinder unter diesen Bedingungen viel geringer sei als der Einfluss anderer erzieherischer Gestalten. Dies schien ihm auszureichen, um eine »fundamentale Änderung der ödipalen Situation herbeizuführen.« Die Zuneigung zu den Eltern werde nicht verringert, doch der Vater nehme eine andere Rolle ein, und das Kind schenke ihm mehr Zuneigung als der Mutter.

Auch die Beziehung des Vaters zu seinen Kindern verändere sich insofern, als nun seine mütterliche, sanfte Seite vermehrt zur Geltung komme. Die Tatsache, dass die erzieherische Autorität den Eltern entzogen und auf die Erzieher im Kinderhaus übertragen werde, verbessere die Beziehungen zwischen Eltern und Kindern, behauptete Golan. Die Eltern zeigten sich liebevoller und manchmal sogar zu nachgiebig. Sie stellten auch keine erzieherischen Forderungen mehr, deren Erfüllung den Kindern eine Anstrengung abverlangen würde. Die Eltern-Kind-Beziehung sei deshalb »weniger ambivalent«. Aber die kollektive Erziehung und der Umstand, dass die Kinder nicht bei ihren Eltern wohnten, hatten in Golans Augen noch weitere Auswirkungen: Solche Kinder seien kaum der »Urszene« – ein Begriff, mit dem Freud den vom Kind real beobachteten oder fantasierten Geschlechtsverkehr der Eltern meint, den es als Akt der Gewalt interpretiert – ausgesetzt. Die sexuelle Erziehung und Entwicklung der Kinder im Kibbuz sei »viel weniger von der typischen ödipalen Situation geprägt« als in der bürgerlichen Familie. Das »gesunde Landleben« gebe den Kindern die Gelegenheit, Tiere zu beobachten und sich so das Wissen über die Sexualität anzueignen, nach dem sie in ihrer ödipalen Phase strebten. In dieser Phase würden jüngere Kinder zudem von ihren älteren Kameraden aufgeklärt, die eine größere erzieherische Rolle spielten als Erwachsene. Seine eigenen Befunde bestätigten nach Golans Meinung zweifelsfrei, dass der Ödipuskomplex im Grunde sozial bedingt war, wodurch »Freuds Standpunkt geschwächt« wurde.[41]

Otto Fenichel, dem der Ruf des »Enzyklopädisten der Psychoanalyse« vorausging, begrüßte Golans Untersuchung des Ödipuskomplexes in der Kibbuzgemeinschaft. Er hielt die Debatte darüber, ob es sich bei diesem um eine universale, biologisch bedingte Erscheinung oder vielmehr um den Ausdruck spezifischer sozialer und historischer Umstände handle, für obsolet. Seine sozialistische Weltanschauung erlaubte ihm nicht, den Ödipuskomplex biologischen Faktoren zuzuschreiben, da der Sozialismus die menschliche Natur für formbar hielt. Fenichels Unterstützung war für Golan, der gerade erst in die Psychoanalytische Gesellschaft Palästinas aufgenommen worden war, sehr wichtig – auch in Anbetracht des Argwohns, mit dem seine Lehrer Moshe Wulff und Max Eitingon jedem Versuch begegneten, die Trieblehre zu revidieren. Fenichel selbst mahnte Golan jedoch, die Bedeutung der Familie nicht zu unterschätzen. Fenichel befasste sich mit dem Einfluss der Gesellschaft auf die individuelle Psyche nicht nur im Zusammenhang mit dem Ödipuskomplex. Er kritisierte auch die Neigung der mitteleuropäischen Psychoanalytiker, äußere Faktoren zu ignorieren, und zog den Ansatz der amerikanischen Schule vor, der sich nicht dagegen sträubte anzuerkennen, dass ökonomische Faktoren das Individuum grundlegend beeinflussen.

Das Werk *Sexualerziehung*, das Shmuel Golan zusammen mit Zvi Zohar, dem führenden Pädagogen der Bewegung, verfasste, reflektiert die Spannung im Versuch, Bernfelds Ideen mit dem ideologischen Kollektivismus zu verschmelzen, der die Tagesordnung der Bewegung zunehmend prägte. Die beiden Autoren wiesen auf die zentrale Bedeutung der Sexualität in der Arbeiter- und der Kibbuzbewegung hin, »die die synthetische Erziehung des Individuums als Garant der neuen Lebensform des hebräischen Arbeiters im Land Israel betrachteten«. Der Kibbuzbewegung komme bei dieser Synthese – gestützt auf die Entdeckungen der Psychoanalyse über die menschliche Sexualität – die Rolle zu, neue Lebensformen einzuführen. Die Kibbuzbewegung habe es auf sich genommen, »Formen des Familienlebens, der Erziehung und der sexuellen Aufklärung umzusetzen, die mit der sozialistischen Ethik und neuen Erziehungskonzepten vereinbar sind.«[42]

Doch es war kein Selbstzweck, die jüdische Jugend von den Fesseln kleinbürgerlicher Sexualvorstellungen zu befreien. Erwähnten die Pädagogen des Haschomer Hatzair die Sexualität, taten sie dies stets mit Blick auf die Gruppe. Die wirksamste Methode, um dem Individuum die Macht der Gruppe vor Augen zu führen, war es, den intimsten Privatbereich, die Sexualität, zum Gegenstand der Gruppenintervention zu machen. Die Aufhebung der Trennung zwischen Individuum und Gruppe auf dem Gebiet der Sexualität durch das offene Gruppengespräch über sexuelle Fragen in Form von sogenannten Beichten wurde von den Erziehern als Mittel zur Formung des utopischen Neuen Menschen gesehen, eines Menschen, der, von den Fesseln seiner biologischen Triebe befreit, ausschließlich von der Gesellschaft geformt wurde.

Die Autonomie, die die Jugendlichen im Rahmen der kollektiven Erziehung im Kibbuz genossen, spielte ebenfalls eine zentrale Rolle bei der Verknüpfung von Sexualität und Ideologie. Golan und Zohar selbst sprachen das scheinbare Paradox zwischen angestrebter selbstständiger Jugendgemeinschaft und übergeordnetem Rahmen des Kibbuz an, doch wussten sie natürlich, dass die scheinbare Autonomie in Wirklichkeit einzig den Zweck verfolgte, die Identifikation der Jugendlichen mit dem ideologischen Kollektiv zu vertiefen, für das sie konditioniert wurden. »Der Begriff ›Identifikation‹ bringt das wichtigste Prinzip in dem Prozess zum Ausdruck, mit dem wir uns gerade beschäftigen, und ist im Grunde genommen der archimedische Punkt des Erziehungswerks aller Generationen.«[43] Pädagogen nutzten den sexuellen Aufruhr der Heranwachsenden, um die Kontrolle der Bewegung über die Psyche ihren jugendlichen Mitglieder zu festigen, und versuchten sicherzustellen, dass diese bei der Sublimierung der sie belastenden biologisch-sozialen Konflikte nicht auf Abwege gerieten und nur die ideologisch akzeptablen Lösungen wählten. Paradoxerweise haben die Pädagogen der Bewegung ausgerechnet von der Psychoanalyse, die das Individuum in den Mittelpunkt stellte, gelernt, wie man mit psychologischen Mitteln – ganz ohne die repressiven Methoden diktatorischer Systeme – fast vollständige Kontrolle über die Seele des Individuums erlangte. Sie taten es auf sanfte Weise, indem sie autonome Jugendenklaven schufen, quasi Außenposten der Gesellschaft in der Psyche der Heranwachsenden.

Die historische Forschung zur Kibbuzbewegung hat sich eingehend mit deren pädagogischem Konzept der Sublimation befasst.[44] Mehrere Historiker legten dar, dass das gemeinsame Duschen von Jungen und Mädchen – bis zum späteren Jugendalter in den meisten Kibbuzim die Regel – ein effektives Mittel zur »Sublimation« des Sexualtriebs gewesen sei. Doch dieses freudianische Schlagwort, das sowohl in der sowjetischen Sexualforschung als auch im pädagogischen Diskurs des Haschomer Hatzair seit dessen Anfängen genutzt wurde, kann die enge Verbindung zwischen der Sexualerziehung des Individuums als psychologischem Programm und der Gestaltung des Neuen Menschen im Kibbuz im ideologischen Sinne nicht ausreichend erklären. Die Ursache für die Verbindung zwischen der Sexualität und den gesellschaftlichen Bedürfnissen ist in der Gruppendynamik zu suchen, die von den Gestaltern der kollektiven Erziehung bei der Ausrichtung der Sexualerziehung auf die kollektivistischen Ziele der Bewegung in Gang gesetzt wurde. Der Sexualdiskurs der Bewegung war insofern effektiv, als er bei den Heranwachsenden die Grenze zwischen ihrer Psyche und den Bestrebungen und Zielen der Gruppe verwischte. Die Sexualität diente in erster Linie dazu, das Innenleben des Individuums zugänglich zu machen.

Das Bedürfnis der jungen Einwanderer, ihre persönliche sexuelle Befreiung mit dem nationalen Anliegen zu verbinden, passte nicht zur pädagogischen Ideologie der marxistischen Erzieher. Sie waren deshalb gezwungen, sich jeglicher Solidarität mit Wilhelm Reich zu enthalten, der die völlige sexuelle Befreiung der Jugend predigte. In seinem Werk *Geschlechtsreife, Enthaltsamkeit, Ehemoral. Eine Kritik der bürgerlichen Sexualreform* legte Reich dar, dass die Unterdrückung der Sexualität dem Erhalt der kapitalistischen Gesellschaftsordnung diene. Solange es der kapitalistischen Gesellschaft gelinge, die jugendliche Sexualität zu unterdrücken, könne sie sicherstellen, dass die Jugend nicht auf ihrer Freiheit beharre. Einen medizinisch-wissenschaftlichen Aspekt hinzufügend, meinte Reich, die bei Jugendlichen so verbreitete Masturbation hebe sich in physiologischer Hinsicht nicht von der Sexualität der Erwachsenen ab. Die Unterscheidung zwischen körperlich-sexueller und psychisch-gesellschaftlicher Reife sei künstlich und diene einzig dazu sicherzustellen, dass die Jugend ihre sexuellen Bedürfnisse nur auf gesellschaftlich sanktionierten Ebenen auslebe.[45] Auf eine Anfrage Siegfried Bernfelds, ob dieser eine von Reich zur Publikation vorgelegte Arbeit akzeptieren solle, schrieb Freud:

»Es ist widersinnig, beim Studium von Lebewesen biologische Gesichtspunkte abzulehnen […]. Der praktische Marxist (Bolschevist) ist ein Mensch, der eine Offenbarung in der Hand hat wie jener Kalif den Koran, also von vorne herein ein Gegner der Wissenschaft. Es ist für letztere also gleichgültig, was er unter Berufung auf seinen Koran etwa gelten läßt oder verwirft. Unsere Zeitschriften sollen ihm [Reich] darum nicht offen stehen.«[46]

Da Golan und Zohar mit Reich grundsätzlich übereinstimmten, erwies sich die interne Debatte über Reichs Werke als besonders heikel. Reichs endgültiger Bruch mit Freud, der in Reichs Ausschluss aus der psychoanalytischen Bewegung gipfelte, drehte sich vor allem um Reichs politischen Radikalismus. 1934 wollten deshalb weder Jones noch Eitingon Reich nach Großbritannien oder nach Palästina einladen, aus Furcht, er könnte seine Vorliebe für die Verbindung der Psychoanalyse mit dem Kommunismus auch am neuen Wohnort propagieren. Seine Fixierung auf die politischen und sozialen Aspekte der Psychoanalyse und besonders auf die Rolle der Psychoanalyse als Auslöser der sexuellen Revolution durch ihre schonungslose Kritik der Strukturen der modernen bürgerlichen Familie ist nach wie vor Gegenstand der historiografischen Debatte.[47] In seinen Briefen an Fenichel schilderte Golan sein Dilemma. Sollte er auf Eitingons Feindseligkeit gegenüber Reich mit einem »Skandal« reagieren? Schließlich schloss er sich Freuds und Eitingons Standpunkt an. Die Urheber der kollektiven Erziehung stellten sich entschieden gegen Reichs Behauptung, wonach die Gesellschaft einen hohen Preis in Form von Neurosen für die Unterdrückung der Sexualität zahle. Der kollektive Erziehungsansatz des Haschomer Hatzair musste, so radikal und utopisch er formuliert war, in erster Linie den Zwecken der Bewegung dienen. Das bedeutete, dass die in Europa entwickelten pädagogischen Modelle nicht pauschal übernommen werden konnten. Die sexuelle Befreiung der Jugend war in den Augen der Pädagogen dieser Organisation alles andere als ein Selbstzweck, oberstes Ziel war vielmehr die Beibehaltung des kollektivistischen ideologischen Rahmens. Die Übernahme von Reichs vereinfachender Parallele zwischen Kapitalismus und sexueller Unterdrückung hätte es erschwert, die psychoanalytische Theorie für den konstruktivistischen Zweck der Erschaffung des Neuen Menschen zu nutzen. Im Bestreben Haschomer Hatzairs, die Spannung zwischen den Idealen des Individuums und denen der Gesellschaft durch die Wandlung des Individuums zu einer »Gesellschaft gleichgesinnter Individuen« zu entschärfen, liegt der Schlüssel zum Verständnis von dessen damaliger Interpretation der psychoanalytischen Theorie und seinem instrumentalen Zugang zur Sexualität. Die Auseinandersetzung des Kibbuz mit der Sexualität konzentrierte sich deshalb nicht auf die Frage, ob die sexuelle Abstinenz oder die sexuelle Freiheit zu fördern sei. Allein durch die »Erhellung« der sexuellen Frage erreichten die Erzieher der Bewegung ihr Hauptziel der Formung des Neuen Menschen, der sich frei und autonom fühlt, aber dennoch völlig offen bleibt für den ideologischen Einfluss, den die Gesellschaft auf die Individuen ausübt, um sie ihren Bedürfnissen anzupassen. Das Modell des neuromantischen Neuen Menschen, der den jungen Mitgliedern des Haschomer Hatzair als Hauptmotiv diente, ermöglichte ihnen, Freuds individualistisch geprägte Lehre zu übernehmen. Die Bewohner der Kibbuzim der 1940er Jahre erwiesen sich als Testfall für die Vereinbarkeit von Freuds Lehre mit sowjetischen Auffassungen, die die ständige Präsenz der Gesellschaft in der Psyche des Einzelnen betonten. Doch die Bewegung entfernte sich immer mehr von ihren mitteleuropäischen Wurzeln und richtete ihren Blick ostwärts in Richtung »großes Russland«. Als Folge dessen war die Psychoanalyse bei der zweiten Generation von Pädagogen des Haschomer Hatzair weit weniger angesehen: Ein Kritiker der »freudianischen Pansexualität« schrieb Folgendes:

> »Freud entwickelte seine Lehre unter dem Eindruck hilfsbedürftiger Patienten ohne Rücksicht auf Klassenunterschiede und ohne Bezug zu den realen Problemen und dem besonderen Kampf der Arbeiter. Und was war sein Ideal des normalen Menschen, das er für seinen Patienten anstrebte? Er wollte diese leidenden pathologischen Kreaturen zu normalen gesunden Bürgern verwandeln und sie in ihrer kleinbürgerlichen Klasse zur Blüte bringen oder ins Lager der sozialdemokratischen Arbeiter des ›Goldenen Zeitalters‹ der Weimarer Republik führen.«[48]

In den 1950er Jahren traf der Haschomer Hatzair erste formelle Beschlüsse, die vom Wunsch mancher ihrer Erzieher zeugten, sich gänzlich von der Psychoanalyse zu lösen, da sich Freuds »undialektische« Haltung auf unbewusste psychische Konflikte konzentriere. Freuds marxistische Schüler schätzten seine Religionskritik, mit der Todestriebhypothese, die er 1920 vorstellte, konnten sie sich aber nicht anfreunden. Die Einführung zur hebräischen Übersetzung von Freuds *Drei Abhandlungen zur Sexualtheorie*, die 1954 vom Haschomer-Hatzair-Verlag herausgegeben wurde, enthielt die Feststellung, dass es sich beim Konzept des Todestriebes um eine Begleiterscheinung von Freuds bürgerlicher Erziehung handle, die nicht als grundlegender Bestandteil seiner Lehre aufzufassen sei. Während Mitglieder von Haschomer Hatzair Freuds subversive Doktrin gern auf Gesellschaftsformen anwandten, die sie ablehnten, waren sie nicht bereit, sie auch für ihre eigene

Gesellschaft gelten zu lassen. Die Herausforderung bestand für sie darin, die freudianische Perspektive beizubehalten, ohne die eigenen utopischen Ansichten einer freudianischen Analyse zu unterziehen.[49] Ein anschauliches Beispiel ist die Aufnahme der hebräischen Ausgabe von *Totem und Tabu*.

Mitglieder der Herde

Einige kritische Rezensionen der hebräischen Ausgabe von *Totem und Tabu* forderten, Freuds Lehre von ihren kleinbürgerlichen Elementen zu befreien. Ein Artikel in einer der wichtigsten Zeitschriften der hebräischen Arbeiterbewegung rief dazu auf, »die soziologische psychoanalytische Forschung genau zu studieren und sämtliche Elemente zu übernehmen, die unserer proletarischen Weltanschauung förderlich sind.«[50] Übersetzer Yehuda Dvir-Dwosis sah *Totem und Tabu* jedoch als Plattform für eine ganz andere Auseinandersetzung. Er hielt es für bedeutsam, Freuds Text in den Kontext der jüdischen Quellen zu stellen, und unterrichtete Freud von seiner Absicht, die Übersetzung mit Verweisen auf Bibel- und Talmudstellen zu ergänzen, »zur Bestätigung und Bekräftigung Ihres Buches […] und hie und dort auch angetan, neues Licht auf sie [Freuds Thesen] zu werfen.«[51]

Freud war, so viel sei erwähnt, von der Wahl dieses Textes durch Dwosis von Anfang an nicht besonders überzeugt. Er empfahl, dem hebräischsprachigen Publikum zuerst seine *Vorlesungen zur Einführung in die Psychoanalyse* zugänglich zu machen. Das Werk beruht auf einer Reihe von zweistündigen Vorlesungen, die er zwischen 1915 und 1917 an der Universität Wien gehalten und als Einführung in die Grundlagen der Disziplin sowohl für Ärzte als auch für Laien konzipiert hatte. Der Titel war überaus erfolgreich, allein in deutscher Sprache wurden zu Lebzeiten Freuds 50 000 Exemplare verkauft. Freud schlug Dwosis zudem vor, drei andere »spekulative und schwierige, aber faszinierende« Werke, *Jenseits des Lustprinzips, Das Ich und das Es* und *Das Unbehagen in der Kultur* zu übersetzen, die er auch für wichtiger hielt als *Totem und Tabu*.[52]

Dwosis' Beschluss, seine hebräische Übersetzung von *Totem und Tabu* auf die Grundlage jüdischer Quellen zu stellen, kommt nicht von ungefähr. Zahlreiche zionistische Intellektuelle betrachteten die Wiederbelebung der hebräischen Sprache als wichtigste Voraussetzung für die Entwicklung einer nationalen jüdischen Existenz. Damalige hebräische Übersetzungen großer Werke der Weltliteratur verwendeten häufig Worte und Idiome des religiösen jüdischen Kanons. Doch die Initiative von Dwosis widersprach in gewisser

Weise dem Standpunkt, den Freud in seinem Vorwort zur hebräischen Ausgabe von *Totem und Tabu* einnahm. Seine Sicht von Moral und Religion solle eben nicht mit der jüdischen Tradition in Zusammenhang gebracht werden, sondern auf objektiven, universell gültigen wissenschaftlichen Prinzipien ohne jegliche ethnische oder religiöse Voraussetzung begründet sein:

»Ein Buch überdies, [...] das den Ursprung von Religion und Sittlichkeit behandelt, aber keinen jüdischen Standpunkt kennt, keine Einschränkung zugunsten des Judentums macht. Aber der Autor hofft, sich mit seinen Lesern in der Überzeugung zu treffen, dass die voraussetzungslose Wissenschaft dem Geist des neuen Judentums nicht fremd bleiben kann.«[53]

Der Text, den Dwosis veröffentlichte, war mit pedantischen Übersetzeranmerkungen übersät. Fast jeder Absatz von Freuds Werk wurde von einem Bibelzitat begleitet. An einer Stelle setzte Dwosis einen Kontrapunkt mit einer fortlaufenden Reihe von rund zwanzig Fußnoten. So sieht eine typische Fußnote aus, wie Dwosis sie *Totem und Tabu* beifügte:

»In der Thora wird das Opfer ›das Brot Gottes‹ genannt: ›Sie sollen ihrem Gott heilig sein [...]; denn sie opfern des Herrn Feueropfer, das Brot ihres Gottes, darum sollen sie heilig sein‹ (3. Mose 21.6); so auch sagen die Propheten: ›wenn ihr mein Brot, Fett und Blut opfertet‹; und der Altar wird ›der Tisch des Herrn‹ genannt: ›Der [...] hölzerne Altar‹ [...] ›Das ist der Tisch, welcher vor dem Herrn steht.‹ (Hesekiel 41.22): ›Damit, dass ihr auf meinem Altar verunreinigtes Brot darbringt! Fragt ihr aber: ›Womit haben wir dich verunreinigt? [...]‹ Damit, dass ihr sagt: ›Der Tisch des Herrn ist geringzuschätzen!‹ (Maleachi 1.7).«

Es ging Dwosis aber nicht nur darum, Freuds Text für seine eigenen ideologischen Zwecke zu vereinnahmen oder ihn mit Bibelzitaten zu versehen, die Freuds Argumente stützen. An einigen Stellen wiederlegte er Freuds Behauptungen in den Fußnoten. So kommentierte er Freuds Äußerung, »es gab im späteren Altertum zwei Arten von Opfern, solche von Haustieren, die auch für gewöhnlich gegessen wurden, und ungewöhnliche Opfer von Tieren, die als unrein verboten waren«, mit folgender Fußnote:

»In der israelitischen Religion hat es das freilich nie gegeben. Die Thora betont das mehrmals: ›Will jemand von euch dem Herrn ein Opfer bringen, so soll euer Opfer, das ihr darbringet, vom Vieh, von Rindern oder Schafen genommen sein.‹ (3. Mose 1.2); ›So sollt nun auch ihr das reine Vieh vom unreinen absondern und die unreinen Vögel von den reinen, und sollt eure Seelen nicht verabscheuungswürdig machen durch Vieh, Vögel und alles, was auf Erden kriecht‹ (3. Mose 20.25); oder ›Ist aber das Tier unrein, dass man es dem Herrn nicht opfern darf [...]‹ (3. Mose 27.11) und so weiter.«[54]

Diese nicht autorisierten Fußnoten erinnern an die kritischen Anmerkungen, die Freud ebenfalls ohne Erlaubnis oder Vorwarnung in seine Übersetzung von Jean-Martin Charcots *Leçons du Mardi à la Salpêtrière* einfügte.[55] Die hebräische Ausgabe von *Massenpsychologie und Ich-Analyse* war erschienen, als sich die Literaturszene des Jischuw auf einem Tiefpunkt befand. Beim Erscheinen der hebräischen Fassung von *Totem und Tabu* stand das jüdische intellektuelle Leben in Palästina dagegen in voller Blüte. Die Ereignisse in Europa führten zu einer Wiederbelebung der jüdischen Siedlungstätigkeit in Palästina, die sich nicht nur in wachsenden Einwandererzahlen niederschlug. Die Umsetzung des jüdischen Nationalstaatsgedankens und der Aufbau des Jischuw beschleunigten sich sowohl in physischer als auch in ideologischer Hinsicht. Die neue Freud-Übersetzung wurde in der Tagespresse breit kommentiert. Zu den Kritikern gehörte auch Max Eitingon, der Freud unverblümt Folgendes mitteilte:

»›Totem und Tabu‹ ist in der letzten Zeit auf Hebräisch erschienen. Sie haben das Buch sicher schon erhalten, von einem nicht sehr glücklichen, aber von sich selbst um so überzeugteren und mit sich selbst sehr zufriedenen Übersetzer. Interesse scheint es trotzdem zu erregen.«[56]

Der Bibellehrer Dwosis las *Totem und Tabu* durch das Prisma der Heiligen Schrift und instrumentalisierte so Freud, um nachzuweisen, dass dessen Gedanken mit der jüdischen Tradition übereinstimmten. Ähnlich verfuhr die deutschsprachige Exilzeitschrift *Orient*, die von Arnold Zweig und Wolfgang Yourgrau in Palästina herausgegeben wurde. Der *Orient* veröffentlichte Arbeiten bekannter deutsch-jüdischer Schriftsteller und Poeten, die zu jener Zeit in Palästina lebten, darunter Else Lasker-Schüler, Arnold Zweig und Max Brod. Die Zeitschrift machte keinen Hehl daraus, dass sie die mitteleuropäische Kultur für überlegen hielt, und versuchte, bei ihrem Publikum eine Identifikation mit dem deutschen Kulturerbe zu wecken. Freuds Vorwort zur hebräischen Ausgabe von *Totem und Tabu* war ein Glücksfall für die *Orient*-Herausgeber, die es in einer Wien gewidmeten Ausgabe veröffentlichten. Die Rätsel, die sich um Freuds jüdische Zugehörigkeit rankten, und seine Vorbehalte gegenüber dem politischen Zionismus, die er in diesem kurzen Text zum Ausdruck brachte, passten perfekt zum Bild des deutschsprachigen Intellektuellen, das der *Orient* zelebrierte. Die Erklärung des berühmten Seelenarztes, seine jüdische Zugehörigkeit habe nichts mit jüdischem Nationalismus und jüdischer Religion zu tun, unterstützte jene intellektuell und emotional, die versuchten, ihr deutsch-jüdisches Selbstverständnis trotz der Kriegserklärung Deutschlands gegen die Juden aufrechtzuerhalten.[57]

Einer der heftigsten Kritiker der hebräischen Übersetzung von *Totem und Tabu*, der Schriftsteller und Journalist Israel Cohen, stellte die Frage, ob die Psychoanalyse die Loyalität der Menschen zur bestehenden Ordnung stärke oder sie ihr gegenüber kritisch mache, und hatte dazu eine klare Antwort:

»Jedes einzelne Element der Psychoanalyse ist ein eigentlicher Widerspruch zur bestehenden Ordnung. [...] Die Wiederherstellung der Bedeutung des Individuums, das therapeutische Ziel der Psychoanalyse, ist nur in einer ökonomischen und sozialen Ordnung möglich, in der es keine Höhen und Tiefen gibt, keine Armen und Reichen, in der sich niemand satt isst, während andere verhungern, in der es keine Mächtigen und keine Untertanen gibt [...]. Wir müssen zuerst dem Verfall unserer Gesellschaft Einhalt gebieten, der auch unsere Psyche korrumpiert. Diese Korrumpierung zu beheben, würde der Psychoanalyse helfen, zu einem revolutionären Instrument für die Revitalisierung des Menschen und der Gesellschaft zu werden.«[58]

Cohen war zwar frei von utopischen Illusionen, die die Lesart der Psychoanalyse in der Haschomer-Hatzair-Bewegung und unter linken Freudianern bestimmten, deren Hauptkritik sich gegen die patriarchale Familie richtete,[59] doch auch er spielte den Sozialpessimismus herunter, der in Freuds Werken enthalten war. Die sozialistische Weltanschauung dieser Freud-Leser machte sie nicht automatisch zu Verfechtern von dessen Lehre. Eliezer Yaffe etwa lehnte Israel Cohens optimistische Anschauung der positiven Funktion der Psychoanalyse »bei günstigem sozialen Klima und solange sie in guten Händen sei« ab. Yaffe, der im Rahmen der Zweiten Alija nach Palästina emigriert war, äußerte sich sarkastisch über Freuds Trieblehre und machte sich über dessen anthropologische Befunde in *Totem und Tabu* lustig. Seine Kritik dieses Werks wurde in der bedeutenden hebräischen Literaturzeitschrift *Gazit* veröffentlicht, die über einen Zeitraum von fünfzig Jahren erschien und damals von Eitingon unterstützt wurde. Yaffes beißende Kritik richtete sich vor allem gegen die ethnologisch-anthropologischen Grundlagen, auf denen Freuds Schlussfolgerungen über den unterschwelligen Drang des Mannes, »seinen Vater zu töten und mit seiner Mutter zu kopulieren«, beruhten. Eliezer Yaffe, Mitbegründer von Nahalal, dem ersten *Moschaw Ovdim* (Arbeitermoschaw), eine neue semikollektive Siedlungsform, schrieb aus der Warte des jüdischen Landwirts, der seine »bodenständige« Erfahrung mit dem wirklichen Leben gegenüber der Erfahrung des assimilierten Wiener Professors für überlegen hielt. Im Gegensatz zur Gelehrsamkeit und naturfremden Lebenserfahrung des Großstadtjuden sah sich der Landmensch Yaffe in unmittelbarem Kontakt zur Natur und ihren Schöpfungen. Er empfahl Freud, auf das Land hinauszugehen und Viehherden zu beobachten:

»Freud hat seine Lehre (wie die meisten Wissenschaftler) hinter den hohen Mauern von Großstadthäusern ersonnen und das Leben von Tierherden, die so leben wie die Stämme des Urzeitmenschen, nicht genug untersucht. Hätte er bloß die Viehherden beobachtet, wären ihm manche Probleme in seiner Lehre im Allgemeinen und im Hinblick auf den Ödipuskomplex aufgefallen.«[60]

Yaffe beginnt seinen Artikel mit der Schilderung einer Szene auf einer Viehweide. Eine junge brünstige Kuh weckt die Aufmerksamkeit eines alten Bullen, doch da stürmt ein junger Bulle herbei, der die Kuh ebenfalls bespringen will:

»Frühling, eine heimische Viehherde weidet auf einer Weide in einem alten Wald. Die Herde besteht aus einigen Dutzend Kühen und reifen Kälbern sowie aus einem kräftigen, kampflustigen Bullen (wie der Vater im urzeitlichen Stamm). Die Herde zählt auch ein paar junge Bullen und heranwachsende Kälber (wie die Söhne im urzeitlichen Stamm). Der alte Bulle ist gerade mit einer brünstigen Kuh beschäftigt, doch obwohl sie brünstig ist, versucht sie sich dem alten Bullen zu entwinden, entweder absichtlich, um ihn zu erregen, oder vielleicht, weil sie ein Auge auf einen jüngeren Bullen geworfen hat oder weil sie der Alte mehr umwirbt, als ihr lieb ist. Oder vielleicht sind weibliche Wesen einfach so. Ein paar jüngere Bullen folgen dem alten Bullen und versuchen, von Zeit zu Zeit eine brünstige Kuh zu bespringen, sobald der alte Bulle abgelenkt ist. Es kommt vor, dass der alte Bulle einen der jüngeren Bullen packt und ihm eine ordentliche Tracht Prügel gibt, weil er es gewagt hat, sich einer seiner Kühe zu nähern. Das nutzt ein anderer junger Bulle aus, um die Geliebte des Alten zu bespringen, und noch bevor der alte Bulle Gelegenheit hat, seine Tat gegen den ersten hochnäsigen jungen Bullen zu vollenden, muss er seine Hörner schon gegen einen anderen richten. In der Zwischenzeit schnappt sich ein Dritter seine Geliebte, und auch er bekommt seinen Teil von den Hörnern des alten Bullen ab.«[61]

Anschließend schildert Yaffe, wie einer der »Söhne« den alten Bullen besiegt und die Kuh besteigt, wie er dann seinen jüngeren Bruder, selbst ein Rebell, aus den Augen verliert, und wie es diesem gelingt, die Lieblingskuh des entthronten alten Bullen zu besteigen, worauf der alte Bulle sich mit seinem ältesten Sohn verbündet und beide den Emporkömmling in die Schranken weisen:

»Eine andere Frage: Wenn der gewalttätige Sohn seinen gewalttätigen Vater überwältigt, will er dann wirklich mit seiner alten Mutter kopulieren, nur damit Freud und seine Theorie über den Ödipuskomplex recht behalten? Würde er nicht viel eher seine anmutige Schwester begehren und uns so einen Amnonkomplex[62] vermachen? Oder waren unsere Vorväter solche Dummköpfe, dass sie in der Dunkelheit der Nacht (Elektrizität gab es damals ja noch nicht), während unser Urvater sich mit einem der Weiber paarte, keine anderen Weiber im Stamm fanden, um sich abzukühlen, damit sie nicht den Siedepunkt erreichten und aus Rache unseren Urvater töteten?«

Eliezer Yaffes hallende Kritik an Freuds Version des Patriarchats ist im Kontext seiner Sicht des Verhältnisses zwischen dem hebräischen Siedlungspionier und dessen Land zu verstehen, eine Sicht, die die Mutterfigur in den Mittelpunkt rückt. »Mehr als der Pionier saugen will, möchte das Land säugen«, schreibt Yaffe in Anlehnung an ein Talmudzitat. »Die größte Sünde auf Erden besteht darin, dass die Muttermilch sauer wird, weil der Mensch nicht an der Brust der Mutter Natur hängt, um von ihr zu trinken.«[63] Yaffe erklärte zudem: »Wenn ich einen Mann sehe, der sein Feld bearbeitet, sehe ich ein Kind vor mir, das nach der Brust der schlafenden Mutter greift und versucht, seine Lippen an ihre Brustwarzen zu heften.«[64]

Die für Freuds Denken so charakteristische patriarchalische Neigung wurde auch von Psychoanalytikern kritisiert. Gershon Barag, ein gebürtiger Ukrainer, der seine medizinische und psychoanalytische Ausbildung in Europa absolviert hatte, veröffentlichte unmittelbar nach seiner Aufnahme in die Psychoanalytische Gesellschaft Palästinas einen Artikel über Prostitution, in dem er das sexuelle Verhalten von Prostituierten mit der weiblichen Göttlichkeit assoziierte. In einer anderen Studie über die verschiedenen Verkörperungen der Mutterfigur kam er zu dem Schluss, dass die Wurzeln des Monotheismus nicht in der ödipalen Rebellion gegen den Urvater liegen, sondern vielmehr in der Vorstellung der Einswerdung mit der Mutter.[65]

6. Ein psychoanalytischer Midrasch

> »Dann kamen die Schüler [Freuds] und ihre Schüler und die Anhänger ihrer Anhänger und reihten Übertreibung an Hyperbel: eine Schar von Schwätzern fiel, den ›un aussprechlichen Namen‹ ihres ›Rabbis‹ beschwörend, über seine Werke her, wühlte in ihrem Innersten, verdrehte alles Heilige und Intime und stellte es auf den Kopf, um den Ursprung der ›libido‹, des Sexualdranges, zu entdecken und zu entblößen, die der Ursprung aller Schaffenskraft sein soll. Einige taten es besessen von dem lüsternen Drang, sich ihren zügellosen und schmutzigen Fantasien hinzugeben.«
>
> Chaim Nachman Bialik, 1931

Wie erwartet, neigten manche Kritiker Freuds in Palästina zu Spekulationen über das Verhältnis zwischen den jüdischen Wurzeln des Schöpfers der Psychoanalyse und seinen Theorien. Einige wagten sogar die Behauptung, seine Verdrängungsthese sei als Bekenntnis zu seinem jüdischen Glauben zu werten. Das Komitee des Jischuw, das 1942 dem in Odessa geborenen Zvi Wislavsky den Tschernichowski-Preis für die hebräische Übersetzung der *Psychopathologie des Alltagslebens* verlieh, betonte in der Begründung, die Übersetzung von Freuds Werk zeichne sich durch die Verwendung der Sprache der Mischna und des Midrasch aus, als wäre das Original »von einem unserer Vorväter« geschrieben worden.[1] Die Erklärung des Preiskomitees reflektiert die damals vorherrschende – bereits zuvor bei Dwosis' Übersetzungen erkennbare – Neigung der Literaten des Jischuw, Freuds Theorie als Ausdruck seiner jüdischen Wurzeln zu betrachten. Das Bestreben, Freuds Lehren dem hebräischsprachigen Publikum auf eine prophetisch-biblische Art näherzubringen, wie es Dwosis mit seinen Übersetzungen zwanzig Jahre zuvor getan hatte, und ihn damit gleichsam zu einem biblischen Propheten zu verklären, erreichte seinen Höhepunkt in den 1940er Jahren, die als formative Ära der hebräischen Kultur gelten. Der Zweck dieses Unterfangens war, Freuds Schriften als Teil des hebräischen Literaturkanons darzustellen und nicht als »fremdes Werk«. Dennoch nahm die Begeisterung im Jischuw für die Schriften von Sigmund Freud nach der Veröffentlichung von *Der Mann Moses und die monotheistische Religion* merklich ab. Daran konnte auch die hebräische »Adaptierung« nichts ändern. Manche Leser bedienten sich der Texte Freuds als Projektionsfläche, um ihre tiefsten Assimilationsängste zum Ausdruck zu bringen, wie zum Beispiel der hebräische Poet Shin Shalom (eigentlich Shalom Yosef Shapira), der zu der Überzeugung gelangte, der Begriff der »Verdrängung« offenbare Freuds neurotisches Verhältnis zu seinem jüdischen Ursprung.

Beim Erscheinen der hebräischen Ausgabe der *Psychopathologie des Alltagslebens* veröffentlichte Shalom einen zornigen Artikel mit dem Titel *Freuds verdrängtes Jüdischsein*. Shalom spricht von Freuds »verdrängter Grunderfahrung«, die in seiner Theorie der Selbstoffenbarung und Beichte zum Ausdruck komme. Er beschreibt, wie er sich von der »anfänglichen Euphorie« befreit habe, die Freuds Theorie, in der das Konzept der Verdrängung eine zentrale Rolle spiele, bei ihm ausgelöst habe. Er sei schließlich zu der Erkenntnis gelangt, dass Freud an seinen eigenen Maßstäben zu messen sei. War es nur Zufall, dass der Schöpfer der Psychoanalyse ein Wiener Jude der assimilierten Generation war, der hoffte, in der Auslöschung seines jüdischen Selbst eine Lösung für sein kulturelles Unbehagen zu finden? Für Shalom stand fest, dass das verdrängte Judentum Freuds und seiner Generation die Grunderfahrung hinter seiner Theorie war:

»Der Ruf einer ganzen Generation des darbenden jüdischen Volkes, das gezwungen war, seine Herkunft und seinen Gott, seine Sehnsucht und seine Mission zu verdrängen und zu verschweigen, um sich in der Realität der nichtjüdischen Allmacht zurechtzufinden, war es, der seiner Theorie Flügel verlieh. Herzl, ein Zeitgenosse und zunächst auch Schicksalsgenosse Freuds, war in Wirklichkeit der große Entdecker und Befreier jener verdrängten Grunderfahrung, die Freud, der Schöpfer der Verdrängungstheorie, selbst nicht wahrnahm.«[2]

Herzl und Freud seien, jeder auf seine Art, Produkte der Realität der Unterdrückung gewesen, in der das jüdische Volk gelebt habe. Doch während Herzl die Juden von der nichtjüdischen Herrschaft befreit habe, sei Freuds Theorie Ausdruck der Art gewesen, in der die Juden ihre wahren Sehnsüchte verdrängt hätten, schreibt Shalom. *Zur Psychopathologie des Alltagslebens* in Wislavskys hebräischer Übersetzung war für ihn der Beweis, dass sich hinter Freuds Lehre ein verdrängtes Jüdischsein verbirgt. Als Hauptindiz wertete er eines der Beispiele, die Freud selbst erwähnt, nämlich ein Gespräch mit einem jungen jüdischen Freund über »die soziale Lage des Volksstammes, dem wir beide angehören«. Shalom zufolge verkörpern die Worte, die Freud seinem Gesprächspartner in den Mund legt, sein eigenes verdrängtes Verlangen, über das zu sprechen, was ihn bedrückt, über sein Land und seine Heimat. Shalom glaubte in Freuds Werk die Verkörperung der Tragödie des

Westjudentums und der gesamten Diaspora zu erkennen, die »gezwungen ist, ihr eigenes Selbst zu verdrängen, den Priester und Feldherrn zu fürchten [...] und ihre neugeborenen Söhne im Nil auszusetzen.« An einer anderen Stelle desselben Textes sah Shalom weitere Bestätigung für seine These zu Freuds jüdischem Geheimnis: Die Frage eines Patienten an Freud, ob ihn der Glaube seines Vaters daran gehindert habe, die Braut seiner Wahl zu finden, kommentiert er so: »Waren Sie gezwungen, den Glauben ihrer Väter zu verheimlichen und zu unterdrücken?« Die Antwort lag für ihn auf der Hand: Das Mysterium von Freuds Leben und Werk sei das Geheimnis der verborgenen Juden aller Generationen, von den Conversos in Spanien und Portugal bis zu den assimilierten Juden Berlins und Wiens, den »Deutschen mosaischen Glaubens«.[3]

Shin Shaloms Tirade gegen Freuds verdrängtes Judentum entstand auf dem Höhepunkt des Zweiten Weltkrieges, als es manchen Führern und Intellektuellen des Jischuw besonders schwerzufallen schien, ihre ambivalente Haltung gegenüber den jüdischen Einwanderern aus Mitteleuropa aufzugeben. In die Empathie- und Solidaritätsbekundungen mischten sich etliche Vorwürfe über die zu starke Assimilierung der deutschsprachigen Juden im deutschen Kulturleben. Doch der Wendepunkt im Verhältnis der intellektuellen Kreise des Jischuw der 1930er und 1940er Jahre gegenüber Freud war die Aufnahme seines letzten großen Werks *Der Mann Moses und die monotheistische Religion,* das dazu bestimmt schien, die Leserschaft im Jischuw daran zu erinnern, dass der intellektuelle Horizont des Schöpfers der Psychoanalyse und die drängenden Bedürfnisse seiner Glaubensbrüder, ob zionistisch gesinnt oder nicht, unvereinbar waren.

Ein unmögliches Bekenntnis

Durch seinen intellektuellen Mut, sich vom essenzialistischen Menschheitsbild und den darwinistischen, biologischen und rassischen Theorien abzuwenden, die das psychiatrische Denken seiner Zeit prägten, hat sich Freud einen festen Platz in der Ideen- und Wissenschaftsgeschichte erworben. Er gründete eine Wissenschaft der menschlichen Subjektivität, beruhend auf der Erforschung der dynamischen, aber universellen psychologischen Mechanismen, die die menschliche Verschiedenheit und die Vielfalt des Geistes bestimmen. Doch paradoxerweise nahm Freud ausgerechnet in den 1930er Jahren, als die politische Brisanz ethnopsychologischer und neolamarckischer Anschauungen offensichtlich wurde, die Idee der Vererbung von Charakterzügen wieder auf und hinterließ der Nachwelt in *Der Mann Moses und die monotheistische Religion* (1933) ein mysteriöses Vermächtnis in Form einer unheimlichen Theorie des Judentums. In diesem Werk nutzte er die psychoanalytischen Instrumente, an deren Entwicklung er vierzig Jahre gearbeitet hatte, zur Untersuchung der Ikone des jüdischen Ethos, des größten aller biblischen Propheten: Mose.

Freuds Werk über Mose hat fraglos mehrere Gesichter. Es befasst sich mit der Psychologie der Religion und mit Bibelkritik, ist gleichzeitig eine literarische Neuadaption eines alten Mythos, eine historische Abhandlung über die Entstehung der psychoanalytischen Idee, eine Monografie zu den Ursprüngen der Neurose des Individuums und der Gesellschaft sowie ein politisches Manifest und eine metaphorische Biografie. In Anbetracht all dieser Elemente nannte Ilse Grubrich-Simitis das Werk einen »Tagtraum«. Der Literaturwissenschaftler Edward Said charakterisierte es mit dem Begriff »Spätwerk«: ein Werk, das der Verfasser vor allem für sich selbst geschrieben hat und dessen unvereinbare Elemente provisorisch, fragmentarisch und unausgefeilt bleiben.[4]

Für Beobachter der intellektuellen Entwicklung des Autors war dieses Buch keine große Überraschung. In einem 1951 in einer hebräischen Zeitschrift erschienenen Artikel des Chassidismus- und Kabbalaforschers Chaim Bloch (Blach) etwa findet sich eine bemerkenswerte Darstellung, die in den zahlreichen Arbeiten über Freuds Mose-Bild bislang unerwähnt geblieben ist.[5] Bloch schildert eine weit zurückliegende Begegnung mit Freud, bei der es um die Herkunft Moses und um die möglichen Folgen der Veröffentlichung von Freuds Gedanken zu diesem Thema ging:

> »Vor fünfundzwanzig Jahren sagte ich Sigmund Freud, dem herausragenden Gelehrten, seine Arbeit über Mose und die Thora sei ein fürchterliches Opfer an den antisemitischen Dämon […]. Ich flehte ihn an, er möge nicht niedermähen, was wir gesät haben, und sagte ihm, das Leben des jüdischen Volkes hänge von ihm ab. Auch habe ich ihn gewarnt, dass ihn die Feinde unseres Volkes am Ende als Verräter und Denunziant hinstellen würden.«[6]

Mit diesen Zeilen eröffnete Bloch den Bericht über seine beiden Begegnungen mit Freud, bei denen sich dieser anfänglich bereit erklärt hatte, ein Vorwort zu einem Buch von Bloch zu schreiben. Doch das erste Treffen endete im Streit. Bevor Freud zornig aufgestanden und weggegangen sei, habe sich das Gespräch um das Judentum und den Chassidismus gedreht, und er sei von Freuds Wissen sehr beeindruckt gewesen. Dann habe ihm Freud zwei maschinengeschriebene Manuskripte gezeigt und ihn um seine Meinung gebeten:

»Mir stockte das Herz und die Haare standen mir zu Berge, als ich die Überschriften sah, ›Moses ist ägyptischer Abstammung‹, ›Die Thora von Moses ist das Werk eines ägyptischen Weisen‹, ›Die Israeliten haben Moses getötet‹, unerhört. Ich las ein paar Seiten, und meine Augen füllten sich mit Tränen.«[7]

Blochs Bericht impliziert also die Behauptung, Freud habe bereits um 1925 ein Manuskript besessen, das die These enthielt, Mose, der große Prophet der Israeliten, sei ein Ägypter gewesen und von den Israeliten getötet worden. Falls das zutrifft, wäre der Beweis erbracht, dass das Werk *Der Mann Moses und die monotheistische Religion*, das bislang auf die Jahre 1933–1938 datiert wurde, in Wirklichkeit rund ein Jahrzehnt früher entstanden war. Bloch schrieb, er habe Freud gesagt, die Veröffentlichung des Manuskripts wäre verheerend für die Juden, worauf Freud entgegnet habe, »die Wahrheit ist weder verheerend noch gefährlich«. Darauf habe er gesagt, »jeder Mensch kann für sich die Wahrheit erfinden, die ihm gefällt, aber keine Wahrheit in der Welt ist so edel wie das Schweigen. Die Antisemiten werden sich bei der Lektüre ihrer Arbeit die Finger lecken.« Freud habe geantwortet, er fühle sich abgestoßen von der Idee, man sei auserwählt und anderen Völkern überlegen, und habe Ausführungen zu seiner negativen Meinung über die Religion gemacht. Zur Stützung seiner Behauptungen habe er aus Theodors Herzls *Altneuland* zitiert. Zudem habe er auch die Behauptung des Mitbegründers der zionistischen Bewegung, des Schriftstellers und Neurologen Max Nordau, zitiert, wonach die Heilige Schrift eine Ansammlung abergläubischer Vorstellungen und Traditionen aus Ägypten sei. Freud habe sein Manuskript mit Nordaus Schriften in Zusammenhang gebracht und Folgendes gesagt:

»Ich möchte nicht verleugnen, dass ich beschloss, mich dieses Problems anzunehmen, als ich das Buch [von Nordau] über die konventionellen Lügen und seinen Satz über die Heilige Schrift las. Man kann ja nicht behaupten, dass Nordau unserer Nation geschadet hat! Soviel ich weiß, haben die Juden Nordau zeitlebens bewundert, und sie würdigen sein Andenken nach dem Tod. Nordau erbrachte keinen Beweis für die Behauptung, die Thora enthalte ägyptische Traditionen, er stützte seine Argumente nur auf den gesunden Menschenverstand. Meine Schlussfolgerungen stützen sich dagegen auf Beweise, die noch niemand zu Gesicht bekommen hat.«

An diesem Punkt habe sich die Diskussion erhitzt. Er, Bloch, habe dargelegt, dass Nordau seine Behauptungen über die Bibel zurückgezogen und Bedauern darüber geäußert habe, sich von christlichen Bibelkritikern missbraucht haben zu lassen. Freud wiederum habe entgegnet, Nordau habe seine Aussage nie wiederrufen. Um seine Behauptung zu stützen, erwähnte Bloch ein Gespräch zwischen Nordau und dem zionistischen Journalisten und Kritiker Reuven Breinin, bei dem er, Nordau, seinen Fehler zugegeben habe, worauf Freud ihm einen Brief von Nordau gezeigt habe, in dem dieser Freud zu seinem Mut, die Wahrheit über Mose und seine Thora aufgedeckt zu haben, gratuliert und sich darüber beschwert haben soll, dass die Zeitungen ein Gerücht verbreitet hätten, wonach er gegenüber Breinin gesagt habe, er bereue seine Aussagen über die Heilige Schrift. Nordau habe die Behauptung in dem Brief kategorisch zurückgewiesen.[8] Freud habe ihm, Bloch, darauf auch die neueste Ausgabe von Nordaus Werk *Die conventionellen Lügen der Kulturmenschheit* gezeigt, um ihm zu beweisen, dass Nordau seine kritische Haltung zur Bibel nicht revidiert habe. Blochs Aufzeichnungen des Gesprächs deuten darauf hin, dass die hitzige Debatte zwischen ihm und Freud noch eine Weile andauerte. Bloch drückte seine Vorbehalte aus, tadelte Freud und bat ihn dringend, seine Arbeit über Mose ad acta zu legen – vergeblich. Freud soll dargelegt haben, dass seine neuen Erkenntnisse nicht auf vagen antiken Quellen von der Art beruhten, wie sie der hebräische Autor Micha Josef Berdyczewski zitiert habe, sondern auf unwiderlegbaren Indizien.

Nordaus Werk *Die conventionellen Lügen der Kulturmenschheit,* das die Religion als Unwahrheit verurteilt, erschien zuerst 1883 und war mit zahlreichen Auflagen ein großer Erfolg.[9] Der Titel findet sich weder in den Literaturverzeichnissen von Freuds Werken noch in seiner Londoner Exilbibliothek. Wenn wir Blochs Bericht aber doch Glauben schenken, war Freud nicht nur mit Nordaus Buch, sondern auch mit Berdyczewskis Schriften zu diesem Thema vertraut. Das ist eine neue und bemerkenswerte These, besonders in Anbetracht der Tatsache, dass beide in den bisher veröffentlichten Arbeiten Freuds nirgends zitiert werden. Freud bezog sich bei der von Bloch zitierten Bemerkung vermutlich auf Berdyczewskis großes Werk *Sinai und Garizin* (1926), worin dieser darlegte, dass eine kritische Betrachtung der Bibel, der Mischna und der tannaitischen, talmudischen und rabbinischen Literatur sämtlicher Epochen einen unendlichen Konflikt zwischen der weltlichen Macht und geistigen Führern offenbare. Weshalb Freud darauf verzichtete, die Arbeiten von Nordau und Berdyczewski als Bestätigung seiner Thesen zu zitieren, darüber lässt sich nur spekulieren. Die wahrscheinlichste Erklärung ist, dass die Werke dieser zwei Autoren Teil eines partikularistischen jüdischen Gelehrtendiskurses im Kontext der zionistischen Bewegung waren. Sie zu zitieren hätte für Freud bedeutet, die Debatte über die Figur Mose von ihrem innovativen psychoanalytischen Kontext abzulenken und auf ihre traditionellen theologischen und historischen Aspekte zu beschränken. Dennoch dürfte Freud bewusst gewesen sein, dass diese Strategie sein Buch letztlich nicht vor »jüdischem Ansturm« schützen würde.

Als Bloch realisierte, dass seinen Argumenten widersprochen wurde, habe er die Strategie gewechselt: »Der Mensch wird an dem Maßstab gemessen, den er bei anderen anlegt«, soll er, die Mischna zitierend, zu Freud gesagt haben, und weiter:

»In einigen tausend Jahren wird irgendein Forscher undurchsichtige Beweise dafür vorlegen, daß Prof. Sigmund Freud, der Schöpfer der psychoanalytischen Wissenschaft, Ägypter war und seine Lehren ägyptischen Ursprungs waren und daß er von seinen Zeitgenossen umgebracht wurde.«

Freud sei nicht beunruhigt gewesen von der Möglichkeit, dass ein künftiger Forscher ähnlich vermuten könnte, Freud selbst sei nicht wirklich jüdisch gewesen: »Na und, soll er doch, Hauptsache meine Theorie überdauert.« Bereits in seinem früheren Werk *Der Moses des Michelangelo* (1914) war zu erkennen, dass ein Aspekt, der Freud an der Gestalt des Propheten reizte und ihn dazu führte, sich mit ihm zu identifizieren, die Tatsache war, dass Mose die höchste geistige Stufe erreicht hatte, die ein Mensch erreichen kann, nämlich die Fähigkeit, die eigene Leidenschaft niederzuringen zugunsten und im Namen einer Bestimmung, der man sich geweiht hat. Freuds Gelassenheit soll Bloch zu einer weniger gelehrten, dafür aber umso sarkastischeren Entgegnung bewegt haben: »Haben Sie die Liste der Geburten und Todesfälle in Ägypten überprüft, daß sie mit Gewissheit sagen können, daß Moses ägyptischer Abstammung war und daß die Israeliten ihn getötet haben?«

Bei dieser Bemerkung habe Freud die Beherrschung verloren: Er werde kein Vorwort zu Blochs Buch schreiben und wolle ihn nicht wiedersehen, habe er ihn zornig angeherrscht und das Zimmer schnellen Schrittes verlassen. Bloch sei schockiert gewesen. Als sich die beiden Männer einige Jahre später zufällig auf der Straße begegnet seien, habe Bloch erstaunt festgestellt, dass Freud die Episode vergessen hatte und sich nicht einmal daran erinnerte, ihn jemals getroffen zu haben. Freud soll Bloch gebeten haben, ihm ins Gedächtnis zu rufen, worüber sie gesprochen hätten und weshalb das Gespräch so schlecht geendet habe. Darauf habe ihm Bloch die Geschichte erzählt. »Ich erinnere mich an ihre Unverschämtheit, und ich will sie wirklich nicht wiedersehen«, soll Freud gesagt haben, anschließend sei er weggegangen.

Ein Großteil der Literatur über *Der Mann Moses und die monotheistische Religion* erwähnt den Umstand, dass ein Entwurf des Manuskripts den Untertitel *Ein historischer Roman* trug. Freuds Briefen an Arnold Zweig und Max Eitingon ist zu entnehmen, dass dieser Untertitel Eitingons Vorschlag war, eine von dessen zahlreichen »Vorsichtsmaßnahmen«, um das erwartete negative Echo dieses Werks bei der jüdischen Leserschaft möglichst gering zu halten. Eitingon schrieb Freud:

»Und da wir in Zeiten, die dem Inquisitionsgeist so nahe verwandt sind, leben, wären vielleicht auch Mittel legitim, die in jener Zeit angewandt worden sind. Etwa dem ›Moses‹ einen Untertitel geben, der gefährliche Gegner beruhigen könnte, wie zum Beispiel ›Ein geschichtspsychologischer Roman‹. Wir aber wissen doch wie viel Wahrheit in Romanen steckt. Eines ist sicher – und das gegenüber dem Rat von Arnold Zweig – weder die Form des Privatdrucks noch die Anonymität sind genügendes Visier. Und noch etwas ist genau so sicher: Die Arbeit muß, wenn sie erscheint, im Verlag erscheinen. Und da würde ja das vorher erwähnte Visier noch dünner. Eine Arbeit von Ihnen als Privatdruck in Palästina erscheinend, ist eine wundervoll witzige Idee. Ich bedauere es unendlich, mich dagegen wenden zu müssen. Aber sie erscheint mir unpraktikabel.«[10]

Eitingon befürchtete, die Aufnahme des Buches könnte der Akzeptanz der Psychoanalyse im Jischuw schaden. In der jüdischen Gemeinschaft in Palästina zirkulierten bereits Gerüchte, wonach Freud plane, ein Buch über Mose herauszugeben. Yehuda Dvir-Dwosis, der andere Werke Freuds ins Hebräische übersetzt hatte, fragte Freud, ob es angesichts der großen Bedrängnis, in der sich das jüdische Volk in diesen Zeiten befinde, nicht an der Zeit sei, die Frage zu stellen, mit der Freud seine Vorrede zur hebräischen Ausgabe der *Vorlesungen zur Einführung in die Psychoanalyse* geschlossen habe, nämlich die Frage, was es sei, das ihn jüdisch mache:

»Gestatten Sie mir jedoch, bei einer Einzelheit dieses Vorwortes zu verweilen. Sie sagten dort: ›Aber dieses Wesentliche könnten Sie gegenwärtig nicht in klare Worte fassen. Es werde sicherlich später einmal wissenschaftlicher Einsicht zugänglich sein. Vielleicht ist die Stunde, mehr darüber zu sagen, gekommen? Ist es doch nicht verwunderlich, daß wir in dieser schweren und wirren Stunde Ihrem Worte erwartungsvoll entgegen sehen, daß wir Ihr Wort über das Judentum und über das Schicksal Israels unter den Völkern zu hören begehren. Dieser Wunsch hat offenbar auch dazu beigetragen, daß sich hier der Glaube festgesetzt hat, Sie arbeiten an einem Buche über die Bibel.«[11]

In der Antwort an Dwosis gibt Freud einige Geheimnisse preis, die den acht Jahre zuvor geschriebenen Text umgaben:

»An der Vorrede habe ich nichts zu ändern. Der von Ihnen angeführte geheimnisvolle Satz bezog sich auf die Frage, in welcher Form die uns gemeinsame Tradition in unserem Seelenleben vorhanden ist, ein schwieriges rein psychologisches Problem […]. Mein nächstes Buch Moses und der Monotheismus soll im Frühjahr englisch und deutsch herauskommen. Seine Übersetzung in die heilige Sprache würde mir natürlich eine große Genugtuung bereiten. Es ist eine Fortführung des Themas von Totem und Tabu in Anwendung an die jüdische Religionsgeschichte. Ich bitte Sie aber in Erwägung zu ziehen, daß sein Inhalt besonders geeignet ist, jüdisches Empfinden, soweit es sich nicht der Wissenschaft unterordnen will, zu kränken.«[12]

Dem »Meister Arnold [Zweig]«, offensichtlich sein bevorzugter Briefpartner unter den Exilanten der 1930er Jahre, schrieb Freud: »Soll man wirklich glauben, daß meine trockene Abhandlung auch nur einem durch Heredität und Erziehung Gläubigen, selbst wenn sie ihn erreicht, den Glauben stören wird?«[13]

Die weltweiten Reaktionen von Intellektuellen und Psychoanalytikern auf *Der Mann Moses und die monotheistische Religion* fielen sehr unterschiedlich aus. Doch lange bevor das Werk zu einem beliebten Diskussionsthema in der Historiografie der Psychoanalyse wurde, rief es im Jischuw besonders heftige Reaktionen hervor: Briefe und kritische Artikel von Gelehrten, persönliche Briefe von Psychoanalytikern an Freud sowie eine rege öffentliche Debatte in der Presse, beispielsweise ein öffentlicher Brief eines Zitrusbauern in der bedeutendsten Literaturzeitschrift des Landes.

Der Jerusalemer Schriftsteller und Arzt Yisrael Doryon, der damals an einem Buch über den österreichischen Philosophen Josef Popper-Lynkeus arbeitete, teilte Freud umgehend mit, dass er in Lynkeus' Buch *Phantasien eines Realisten* (1899) auf dieselbe Idee gestoßen sei, nämlich dass Mose ein Ägypter sei.[14] Freud entgegnete Doryon, es sei ihm eine große Ehre zu erfahren, dass er seine Idee über Moses ägyptische Wurzeln Lynkeus schulde. Er könne nicht genau sagen, wie Lynkeus' *Phantasien* ihren Weg in sein Werk gefunden hätten, aber er möchte ihn, Doryon, darauf hinweisen, das Neue an seiner Arbeit sei nicht das Ergebnis, sondern das »Stückchen psychoanalytischer Bekräftigung desselben«.[15] Tatsächlich ist die Frage der wahren Herkunft von Mose in diesem Werk nicht zentral. Sein Hauptbeitrag liegt vielmehr darin, Moses Rolle als Überbringer des Monotheismus an die Hebräer zu untersuchen und aufzuzeigen, welchen Einfluss dieser Glaube auf das jüdische Selbstverständnis nahm. Freud nutzte die Figur des Mose, um seine These zu bekräftigen, dass rassische und intellektuelle Merkmale, nicht Religion und Bräuche, die Juden und ihre christliche Umgebung entzweiten. Diese Unterschiede waren Freud zufolge dafür verantwortlich, dass es nie zu einer restlosen Integration der Juden in die Gesellschaften anderer Völker, sondern nur zu oberflächlicher kultureller Assimilation kam.

Weshalb widmete Freud seine letzten Kräfte spekulativen Gedanken über die Herkunft des Stifters der jüdischen Religion und die Auswirkungen der Biografie Moses auf das Schicksal seines Volkes. Eine mögliche Antwort auf diese Frage liefert Aḥad Ha'am, ein anderer jüdischer Denker, der in der Figur des Mose ebenfalls eine schicksalhafte Verknüpfung von Mythos und Logos, Rationalismus und religiösem Glauben erkannte. Freuds Deutung ist jener von Aḥad Ha'am, dem Gründer des spirituellen Zionismus, erstaunlich ähnlich. Beide legten dar, Religion und Tradition seien wissenschaftlich zu erforschen, wenn man die Tiefen des menschlichen Denkens und Fühlens und der menschlichen Vorstellung erreichen wolle. Werde dies konsequent und ohne antireligiöse Vorurteile durchgeführt, erreiche man die Tiefen menschlicher Wahrheit, die sich in antiken Zeiten als göttliche Wahrheit offenbart habe. Wie Freuds Werk über Mose ist auch Aḥad Ha'ams Aufsatz von 1912 ein Zeugnis höchster intellektueller Schaffenskraft.

Der Aufsatz beginnt mit einer Unterscheidung zwischen Archäologie und Geschichte. Die Archäologie ist in Aḥad Ha'ams Augen das Studium der »materiellen Wahrheit«, der Wahrheit also, die Freud in seinem Werk zu ergründen suchte. Doch die biblische Figur des Mose solle nicht als »wahre« archäologische Figur aufgefasst werden. Es sei unerheblich, ob es in biblischer Zeit tatsächlich einen Anführer dieses Namens gegeben habe. Der biblische Mose sei eine mythische Figur, die das Selbstideal des jüdischen Volkes reflektiere. Die Tatsache, dass Mose keine archäologische Figur sei, schmälere seine enorme Ausstrahlungskraft jedoch in keiner Weise. Der Prophet als Bildnis, das sich im nationalen Bewusstsein festgesetzt habe, sei realer als jede archäologische Figur. Er habe die jüdische Selbsterfahrung und die Geschichte der Juden geprägt:

»Es ist offensichtlich, dass die wahren Helden der Menschheitsgeschichte, das heißt jene, die zu den Vorbildern der Menschheit geworden sind, keine wirklichen Personen waren, die in einer bestimmten Epoche gelebt haben. Es gibt keinen historischen Helden, dessen Bild in der Vorstellung des Volkes nicht völlig verschieden ist von dessen wirklicher Gestalt, und es ist dieses Fantasiebild, das die Massen für ihre Zwecke und Neigungen geschaffen haben, das den eigentlichen historischen Helden ausmacht und eine Ausstrahlung ausübt, die manchmal Tausende von Jahren anhält. Diese Gestalt war es, nicht der konkrete Mensch, der für eine kurze Zeit wirklich existiert hat und dessen wahre Beschaffenheit von den Massen gar nicht wahrgenommen wurde.«[16]

Aḥad Ha'am zufolge zeichnete sich Mose vor allem als »Mann der Wahrheit« und »Mann der Extreme« aus. Mit anderen Worten, er war eine Person, die das Leben in seiner ganzen Wahrheit erkannte, dem Weg folgte, an den sie glaubte, und ihre persönlichen Interessen höheren Werten unterordnete. Die universale Gültigkeit dieser Werte beruhe auf ihrer Objektivität, auf der Tatsache, dass sie eine wirklichkeitsgetreue und präzise Weltsicht zum Ausdruck brächten. Es handle sich nicht um die Wahrheit des Individuums, sondern um eine universelle Wahrheit. Aḥad Ha'am liefert auch eine freudianische Erklärung für Moses Offenbarungserfahrung am brennenden Dornbusch. Die Stimme, die Mose gehört habe, Gottes Stimme, sei die Stimme des »nationalen Geistes« gewesen, die Mose seit seiner Kindheit in sich getragen und später, nachdem er im Palast des Pharao aufgewachsen sei, in seinem Erwachsenenleben vertuscht und verdrängt habe. Diese verdrängte Erinnerung sei Mose aufgrund von zwei Ereignissen unvermittelt zu Bewusstsein gekommen, zuerst, als er einen ägyptischen Aufseher tötete, den er dabei beobachtet hatte, wie er einen hebräischen Sklaven schlug, und beim zweiten Mal, als er versuchte, zwei streitende Hebräer zu versöhnen und einer der beiden ihm vorgehalten habe, den Ägypter getötet zu haben und zu versuchen, dieses Verbrechen zu vertuschen. Mose habe um sein Leben gefürchtet und sei geflohen. Er habe versucht, das Vorgefallene zu verdrängen, was ihm jedoch nicht gelungen sei. Die Flucht habe seinem Gewissen zugesetzt. Doch dann sei das Allerwichtigste geschehen: Er habe sich von »der Ohnmacht und dem Bewusstseinsverlust« erholt und begriffen, dass er nicht vor seinem persönlichen Schicksal, sondern vor seinem Volk geflohen sei.[17]

Yosef Hayim Yerushalmi schreibt in einem abschließenden persönlichen Monolog zu seinem Werk *Freuds Moses. Endliches und unendliches Judentum,* die ödipale Moraltheorie, die Freud in seinem Werk über Mose zur Vollendung bringe, sei ein schlagender Beweis für dessen »nichtjüdische« Herkunft. Die endlose Beschäftigung mit dem Verdrängten sei das genaue Gegenteil des jüdischen Telos einer bestimmten Vorsehung, argumentierte Yerushalmi. Er zieht daraus den weitreichenden Schluss, Freud habe gehofft, die Psychoanalyse werde allmählich zu einer jüdischen Ersatzreligion ohne transzendente, metaphysische und irrationale Komponenten. Yerushalmis hyperbolisch anmutende Interpretation von Freuds Mose erinnert an Kurt Eisslers vermessene Feststellung, die Gründung des Staates Israel sei eine direkte Folge von Freuds erfolgreicher Analyse in *Der Mann Moses und die monotheistische Religion* gewesen.[18]

In jüngerer Zeit stellte Eric Santner in seinem Werk *On the Psychotheology of Everyday Life. Reflections on Freud and Rosenzweig* einen weniger radikalen Ansatz des psychoanalytischen Projekts vor, der sich mit den Auffassungen des deutsch-jüdischen Philosophen des frühen 20. Jahrhunderts Franz Rosenzweig deckt. Santner betrachtete die beiden postnietzscheanischen Denker Freud und Rosenzweig als klassische Vertreter der säkularen Theologie. Wenn das psychoanalytische Denken irgendeine inhärente jüdische Dimension habe, beschränke sie sich auf das Konzept, das psychische Heilung als eine Art Auszug aus Ägypten darstelle, oder allgemeiner ausgedrückt, die Aufgabe des nationalen Projekts zugunsten der Suche nach einer »Heimstätte«.[19]

Edward Said gelangte in seinem Buch *Freud und das Nichteuropäische* zu ähnlichen Schlüssen. Mose sei zum Paradigma für die Begegnung mit dem Anderen geworden, oder, um Saids postkoloniale Terminologie zu verwenden, mit dem »Nichteuropäer«. Der Begründer des jüdischen Selbstverständnisses sei selbst ein Anderer gewesen, sodass es naheliegend gewesen sei, ihn als Prototyp jener späteren »nichtjüdischen Juden«[20] und Denker wie Spinoza, Marx und Heine darzustellen, die sowohl aus ihrer jüdischen Zugehörigkeit heraus als auch außerhalb dieser wirkten. Diese Denker, so Said, hätten nicht nur den universalen Imperativ ihres jüdischen Selbstverständnisses hervorgehoben, sondern auch den Zwischenraum markiert, in dem der Identitätsbegriff allgemein in seiner eigenartigen Unvollkommenheit zum Ausdruck kommt. Über Zugehörigkeit verfügen heißt, zugleich das Nicht-Ich, also das Fremde in sich selbst, mit einzubeziehen. Said lehnte die verbreitete These ab, wonach Freuds Suche nach seinen Wurzeln bei einem Stamm, der Mose zu seinem Anführer erkoren hatte, nichts anderes sei als ein Ausdruck der Sehnsucht Freuds nach seinem Elternhaus, nach der Kindheitswelt seiner Eltern und nach der jüdischen Tradition, die er in seinem Erwachsenenleben in Wien abgelegt habe. Damit wird Said dem komplexen Menschheitsbild der freudianischen Psychoanalyse besser gerecht. Freuds jüdische Zugehörigkeit sei, wie die von Mose, eine fragmentarische, gebrochene Zugehörigkeit, die anerkenne, dass die Psychologie des Individuums – wie jene des Kollektivs – heterogene und kontingente Elemente enthalte, die auf Einflüssen beruhten, die außerhalb des eigenen Bewusstseins und der eigenen Lebensgeschichte ihren Ursprung hätten. Das Paradoxon des freudianischen Identitätskonzepts besteht darin, dass es sich als unmöglich erweist, eine vollkommene und integrative Identität zu erreichen, indem man nach dem Ähnlichen und dem Vollkommenen sucht. Ironischerweise bildet sich eine solche in Wirklichkeit durch die Verinnerlichung des Fremden, Anderen, Belastenden und Unangenehmen im Ich. Mit anderen Worten, Identität ist der Lohn jener, die bereit sind, ihr Konzept auch auf kulturelle und emotionale Elemente anzuwenden, die das kohärente Identitätsempfinden und die reibungslose Solidarität konstant untergraben. Sie ist nur dann möglich, wenn man die Präsenz des Fremden (oder Anderen) in sich akzeptiert. Als Freud sarkastisch erklärte, er beabsichtige, die Wahrheit herauszufinden, die sich hinter der »wahren Identität« von Mose verberge, selbst auf Kosten der »nationalen Interessen« seines Volkes, könnte er sich dabei erhofft haben, dass seine Bestrebung dazu beitragen würde, die solipsistischen Neigungen des Zionismus zu dämpfen. Dass solche Neigungen tatsächlich existierten, zeigt die Reaktion des Jischuw auf sein Buch.

Der »jüdische Ansturm«

Wenige Monate nachdem Freud Dwosis' Brief erhalten hatte, berichtete ihm Max Eitingon, im Jischuw zirkulierten bereits zahlreiche Gerüchte über den Inhalt seines neuen Werks und es habe schon Gegner gefunden, obwohl noch kein Kritiker es ganz gelesen habe. Kurz nach Erscheinen des Buches traf Eitingon zum ersten Mal mit Martin Buber zusammen, den er zu den einflussreichsten Kritikern der Psychoanalyse in den intellektuellen Kreisen des Jischuw zählte. Nach der Begegnung berichtete er Freud, er glaube diese Diskussion nicht schlecht bestanden zu haben, doch die Psychoanalyse in Palästina habe in Buber einen großen Kritiker. Buber hielt Freuds Annahmen über die Ätiologie des Traumes oder über den Totemismus für inakzeptabel, sah aber keine Veranlassung, seinen Standpunkt öffentlich darzulegen. Doch angesichts von *Der Mann Moses und die monotheistische Religion* teilte Buber Eitingon mit, er könne nicht länger schweigen und beabsichtige, sich öffentlich gegen Freuds Thesen zu äußern.[21] Buber und seine »frommen Redensarten« gegen die psychoanalytische Traumtheorie bereiteten Freud keine Sorgen: »Der Moses ist weit vulnerabler, und ich bin auf den jüdischen Ansturm gegen ihn vorbereitet«, versicherte er Eitingon.[22] In seiner eigenen Schrift über Mose, die 1945 erschien, wandte sich Martin Buber gegen die Zweifel von Exegeten an der Historizität dieses israelitischen Führers und merkte an, es sei verwunderlich und bedauerlich, dass ein auf seinem Gebiet so bedeutender Forscher wie Sigmund Freud sich habe entschließen können, ein so völlig unwissenschaftliches und auf grundlosen Hypothesen haltlos gebautes Buch wie *Der Mann Moses und die monotheistische Religion* zu veröffentlichen.[23]

Auch Eitingon tat sich schwer damit. Er hatte offenbar Entwürfe des Manuskripts gelesen. Der Brief, mit dem er Freud für den Erhalt des Buches dankte, zeugt vom Befremden, das es selbst bei Freuds loyalsten Bewunderern und ganz besonders bei seinen Schülern in Palästina auslöste. Eitingons Ambivalenz ist zwischen den Zeilen des Lobes deutlich zu spüren. Er hatte offensichtlich verstanden, dass dieses Werk sein Bestreben, Psychoanalyse an der Hebräischen Universität zu lehren, endgültig zunichtezumachen drohte. Der Lehrstuhl für psychoanalytische Studien schien ferner denn je. Er schrieb:

> »Es ist außerordentlich symbolisch, daß das Buch gerade in den Ostertagen kam, und wenn die Osterhagada davon spricht, daß Jehova ›bejad chasaka ubesroa netuja‹ (d.h. mit starker Hand und mit ausgestrecktem Arm) die Juden aus Ägypten herausgeführt habe, so sind Analogien davon auch irgendwo in Ihrem Buch zu spüren. Eine starke eindringliche Logik und ein unwiderstehlicher Charme […]. Es ist ein sehr schönes Buch.«[24]

Man darf annehmen, dass Eitingon beim Schreiben dieser verhaltenen Dankeszeilen nicht nur seine ganze Bewunderung für Freud mobilisieren musste, sondern auch auf die höchsten sprachakrobatischen Fähigkeiten angewiesen war, die die beiden Sprachen, Deutsch und Hebräisch, zuließen. Zwei Wochen später berichtete er Freud, über sein Mose-Buch »herrscht schon einige Erregung im Lande«.[25] Im Mai 1939 trat die Psychoanalytische Gesellschaft Palästinas zu einer Sondersitzung zusammen, bei der Erich Gumbel, der erste Absolvent des Jerusalemer Psychoanalytischen Instituts und Eitingons wichtigster Schüler, einen Vortrag über Freuds neues Buch hielt.[26] Dieses komplexe Werk im Überblick darzustellen war keine leichte Aufgabe. Selbst Lesern, die Freuds Schriften sehr gut kannten, ging dieser Text sehr nahe. Eitingon äußerte in seiner Rede während dieser Sondersitzung die Befürchtung, dass die jüdische Herkunft Freuds eines Tages angezweifelt werden könnte.

Moshe Wulff war das erste Mitglied der Gesellschaft, das seine Eindrücke zu Freuds neuem Werk veröffentlichte. Er stellte fest, dass sich das Buch durch seinen Aufbau und die Vielzahl der darin behandelten Themen von den anderen Schriften Freuds abhob. Während dieser den Lesern sonst den Eindruck vermittelt habe, dass er das behandelte Thema komplett beherrsche und die Herausforderung für ihn als Autor nur eine stilistische und ästhetische gewesen sei, habe ihn die Figur des Mose in *Der Mann Moses und die monotheistische Religion* »überwältigt« und seine Fähigkeit, Gedanken zu ordnen und Konzepte zu formulieren, unterdrückt. »Ich muss gestehen, dass mich noch nie ein Werk von Freud so stark betroffen gemacht hat wie dieses Werk«, schrieb Wulff.[27]

Die hebräische Presse quoll über von Beiträgen zu Freuds Text und war nur mit Mühe in der Lage, all jenen eine Bühne zu bieten, die sich dazu äußern wollten. »Freuds Krieg gegen Mose!« lautete eine Schlagzeile in der religiös-zionistischen Tageszeitung *Hatzofeh* (Der Beobachter).[28] Moses Fürsprecher kamen aus allen Teilen der Gesellschaft. Der Zitrusbauer Nachum Perlman gab seiner tiefen Erschütterung Ausdruck und wollte seine Kritik an Freuds Werk sogleich in den Kontext einer damaligen Kampagne stellen, die die Juden dazu aufrief, Produkte zu bevorzugen, die im Jischuw hergestellt oder angebaut worden seien. Beschränke sich die Kampagne nur auf materielle Güter oder sollten die Juden nicht vielmehr auch intellektuelle Importe boykottieren, die den nationalen jüdischen Interessen schadeten, fragte Perlman rhetorisch. In einem offenen Brief an Freud, der in der führenden Literaturzeitschrift des Jischuw, *Moznayyim* (Waage), unter dem Titel *Professor Freud und die Bevorzugung einheimischer Produkte* veröffentlicht wurde, wandte er sich gegen all jene, die sich anmaßten, »unsere spirituellen Vorzüge in den

Tiefen des Meeres zu versenken und unsere spirituellen Angelegenheiten vor den Augen jener zu entblößen, denen das Judentum völlig fremd ist«. Perlman begnügte sich nicht damit, seinen offenen Brief an Freud auf Hebräisch zu veröffentlichen. Er übersetzte ihn ins Deutsche und sandte ihn Freud direkt zu mit folgendem Begleittext:

»Ich erlaube mir, mich in folgendem an Sie zu wenden, trotzdem ich in Ihrer Wissenschaft ein vollkommener Laie bin. Ich schreibe vom Standpunkt eines Juden, der nicht zufällig in Palästina lebt, sondern seit über 13 Jahren hier ansässig ist, weil er die Erhaltung des jüdischen Volkes, d.h. des Judentums, als etwas Wertvolles für die Menschheit empfindet. Da ich aber, wie gesagt, Ihnen gegenüber ein vollkommener Laie bin, erlaube ich mir keine Kritik an Ihrem ›MOSES‹, sondern lediglich eine Frage. Es dürfte Ihnen bekannt sein, daß heutzutage die meisten Juden die Ergebnisse der Bibelkritik als den wirklichen Gehalt des jüdischen Schrifttums ansehen, ohne sich darüber Rechenschaft zu geben, daß sie damit den Ast absägen auf dem sie sitzen, was allerdings eigentlich konsequent wäre, da wir Juden bekannt sind als das Volk der Luftmenschen.

Aber nicht nur, daß das lesende jüdische Publikum diese Wissenschaft mit Freude begrüßt, gehören jüdische Wissenschaftler zu ihren hervorragendsten Wegbereitern, ungeachtet der Tatsache, daß soweit archäologische Ausgrabungen Hinweise auf die Bibel zeigten, dieselben die Angaben der Bibel bestätigen und damit die Bibelkritik ad absurdum führen.«[29]

Zielt die Bestätigung oder Zurückweisung von Bibelkritik durch Juden nicht bewusst oder unbewusst darauf ab, ihren »Abfall von den Grundwahrheiten und Erfordernissen jüdischer Religion zu rechtfertigen?«, fragte Perlman Freud und beendete seinen Brief mit einer sarkastischen Bemerkung: »Ich glaube, dass Sie sich um die Erhaltung des Judentums ein größeres Verdienst durch die Beantwortung dieser Frage erwerben würden, als durch das Erscheinen Ihres Buches ›MOSES‹.«[30]

Es kamen jedoch auch positive Reaktionen und Kommentare aus Palästina. Ein gewisser Raphael da Costa aus Jerusalem schrieb Freud, er habe die Lektüre des Werks über Mose immens genossen, doch er halte die Beweise, die Freud für seine Thesen angeführt habe, für ungenügend. Freud stütze seine Behauptungen auf die These, dass diese biblische Figur eigentlich aus zwei verschiedenen Männern zusammengesetzt sei, die unterschiedliche Glaubenssysteme repräsentierten. Das sei, folge man Freuds Argument, insofern erforderlich, als der Unterschied zwischen den Gottheiten in der Thora so groß gewesen sei, dass sie kaum von einem einzigen Priester hätten vertreten werden können. Er, da Costa, hätte diese Aussage akzeptiert, wäre sie nicht mit der Annahme verbunden gewesen, dass die Israeliten ausgerechnet den zornigen ägyptischen Priester ausersehen hätten und der andere Priester, der sanftmütige Midianiter, nicht zum Botschafter des kultivierteren Sonnengottes Aton bestimmt worden sei.

»Nun aber sagen Sie, der ägyptische Moses werde uns als herrisch, jähzornig, ja gewalttätig geschildert, während die Eigenschaft, er wäre der sanftmütigste und geduldigste unter den Menschen, wahrscheinlich dem anderen, dem ›midianitischen‹ Moses angehörte. Wie läßt es sich jedoch vereinen, daß ausgerechnet der ›unheimliche und blutgierige‹ Vulkan-Mose vom sanftmütigen und geduldigen der beiden Mose einem Volk aufgeredet wird, während die um so Vieles kultiviertere und hellere Vorstellung des Sonnengottes von einem unbeherrschten und wahrhaft vulkanischen Moses vermittelt wird. Hier habe ich deutlich das Empfinden eines Widerspruchs, denn logisch wäre ein umgekehrtes Verhältnis zwischen den Charakteren der beiden Mose und Ihrer respektiven Götter.«[31]

Freud schien die Vorbehalte seines Lesers aus Jerusalem sehr ernst genommen zu haben und seine spekulative Behauptung zu bedauern, wonach sich der biblische Mose aus zwei Figuren, einem »guten« und einem »bösen« Priester, zusammensetzte. An da Costa schrieb er:

»Den Gegensatz zwischen den Charakteren der beiden Moses und denen ihrer Gottheiten muß ich zugeben und kann ihn nicht aufklären. Man kann sagen, es ist nichts wesentliches. Von dem zweiten Moses, der ja ganz meine Erfindung ist, ist wenig bekannt und auch ich hätte mir die hingeworfene Bemerkung über seine Gutmütigkeit sparen dürfen.«[32]

Ein weiterer Punkt, den da Costa gegenüber Freud ansprach, betraf die Auswirkungen, die das Werk seiner Meinung nach auf die jüdische Weltanschauung haben würde. Er wollte von Freud wissen, ob sich nach dessen Meinung die beiden Glaubenssysteme, der religiöse Glaube und der Glaube an die wissenschaftliche Wahrheit, gegenseitig ausschlössen:

»Halten Sie es für Unredlichkeit, wenn jemand Ihrer Untersuchung folgt und deren Resultate für wahrscheinlich hält und trotzdem, *gleichzeitig*, weiter an die Überlieferung glaubt und die Worte der Bibel für wahr hält? Nehmen Sie es übel, wenn ich die Wahrscheinlichkeit, die sich aus Ableitungen des Geistes ergibt, nicht als vollwertigen Ersatz für die Wahrheit annehmen kann, die aus dem Glauben kommt? Und daß beide nebeneinander und ganz unbeeinflußt voneinander in ein und derselben Person leben und bestehen können?«[33]

Oder mit anderen Worten, ist Rationalismus mit Glauben vereinbar? Erlaube Freud seinen jüdischen Glaubensgenossen, gleichzeitig an ihrer theologischen und der materiellen Wahrheit festzuhalten? Oder bestehe er darauf, dass die historische Wahrheit, die er in seinen psychoanalytischen Studien rekonstruiert habe, die religiöse Wahrheit ersetze?

In *Die Zukunft einer Illusion* hatte sich Freud bereits klar zu der Frage geäußert, welche Wahrheit vorzuziehen sei: Religiöses Denken jeder Art sei nichts anderes als die zivilisierte Verkörperung kindlicher Sexualität, Religion komme einer Neurose gleich, die es zu überwinden gelte. Doch in der Arbeit über Mose gelangte Freud offensichtlich zu einer nuancierteren Perspektive mit leicht geänderten Einsichten zum Thema Religion. In *Der Mann Moses und die monotheistische Religion* beschreibt er zwei Wahrheiten, eine religiöse und subjektive sowie eine archäologische und objektive, die sich nicht mehr gegenseitig ausschließen, sondern als zwei Positionen dargestellt werden, zwischen denen mehrere Standpunkte möglich sind. Hier räumte Freud der historischen Wahrheit einen Sonderstatus ein, indem er ihr die Möglichkeit zuschrieb, verschiedene Wahrheiten zu beinhalten. Demnach leite sie sich nicht von einer klaren rationalen Entscheidung ab, sondern sie sei das Ergebnis eines anhaltenden Austauschs, der bei der dynamischen Wirklichkeitsrepräsentation auch phantasmagorische, mythische und subjektive Elemente zulasse. Die religiöse und die materielle Wahrheit einander aufzusetzen (mangels der Möglichkeit, die verlorene materielle Wahrheit im positivistischen Sinne zu rekonstruieren), war eine der Hauptbestimmungen des psychoanalytischen Projekts. Dass er Zweifel zuließ, bedeutet aber nicht, dass sich Freud von seinen Schlussfolgerungen abbringen ließ. In *Der Mann Moses und die monotheistische Religion* geht er wiederholt auf Zweifel und Gewissheit ein und unterstreicht gegenüber seinem Publikum die komplizierte Natur der psychoanalytischen Epistemologie.[34] Freud gab nun der dialektischen Sicht der besonderen psychoanalytischen Form des Wahrheitskonzepts endgültigen Ausdruck. Er betonte die vorläufige und spekulative Natur seiner Analyse, allerdings hinderte ihn das nicht daran zu glauben, dass seine Analyse der Wahrheit am nächsten komme. Seine Entgegnung an da Costa zeigt, dass, sobald er in Sachen historische Wahrheit zu einer bestimmten Überzeugung gelangt war, sie sich in seinen Augen nicht mehr durch eine andere Wahrheit, der man nur aus religiöser Perspektive Glauben schenken konnte, ersetzen ließ. Freud schrieb da Costa:

»Die Art wie Sie die Schätzung wissenschaftlicher Forschung mit dem Glauben an die Zuverlässigkeit des biblischen Berichts vereinigen können, ruft meine vollste Bewunderung hervor, ich könnte das Kunststück nicht zustande bringen. Aber woher nehmen Sie das Recht, die Wahrheit für die Bibel zu monopolisieren? Es heißt wohl einfach: ich glaube weil ich glaube.«[35]

Die Frage ist nun, wie die Wahrheit beschaffen ist, die Freud in diesem Werk geltend macht. Während er seine Behauptungen eingangs zögerlich und abschwächend formuliert, scheint seine Gewissheit im weiteren Verlauf des Buches zuzunehmen, bis er am Ende zu einer klar umrissenen These gelangt. Überzeugte sich Freud selbst mit rein wissenschaftlichen Argumenten oder nahm er im Grunde selbst einen Glauben an? Schließlich sind die Forscher genauso darauf angewiesen, der historischen und wissenschaftlichen Wahrheit zu vertrauen, wie der Gläubige der biblischen Wahrheit vertraut. Freud versuchte dieses Paradox zu lösen, indem er zwischen historischem Roman und klinischer Fallstudie – zwei seiner bevorzugten Genres – hin und her pendelte. Den Lesern wird bald klar, dass *Der Mann Moses und die monotheistische Religion* weder eine positivistische historische Darstellung noch spekulative Psychologie ist, sondern vielmehr ein Text, der sich der Prüfung der psychoanalytischen Epistemologie und der Überzeugungskraft widmet, die eine bestimmte Wahrheit auf die Wahrheitssuchenden ausübt, ob es sich nun um die Herkunft des Israelitenführers Mose oder um den eigentlichen Wert der autobiografischen Erinnerung handelt, die bei der psychoanalytischen Behandlung zutage tritt. Freud sah sich weder als Historiker noch als Romanschriftsteller. Dennoch glaubte er, die Frage der Zugehörigkeit dieser biblischen Figur – nach den Kriterien der klinischen Fallstudie, bei der der Akt der Rekonstruktion durch die Integration historischer Indizien in das subjektive Narrativ erreicht wird – am besten durch das Genre des historischen Romans behandeln zu können. Freuds Mose-Biografie kann also als letzte Fallstudie betrachtet werden, die der Schöpfer der Psychoanalyse der Nachwelt hinterlassen hat.

Offensichtlich hatte Freuds Abhandlung über Mose tiefste emotionale Reaktionen ausgelöst, lange bevor die psychoanalytisch informierte Rezeptionsästhetik *(Reader-Response Theory)* in Erscheinung trat. Die besonderen Auswirkungen dieser Werke auf die israelischen Psychoanalytiker als »Interpretationsgemeinde«[36] zu untersuchen, wäre zweifellos ein faszinierendes Thema für eine separate Studie.[37] Die vorliegende Arbeit wendet sich hingegen einem letzten Schauplatz des psychoanalytischen Diskurses in der modernen hebräischen Kultur zu: der Frühzeit der psychoanalytischen Literaturkritik.

Die hebräische Literatur auf der Couch

Israel Cohen, einer der führenden Schriftsteller des Jischuw, kritisierte im Jahr 1942 Kollegen, die seiner Ansicht nach der Mode verfallen waren, die Psychoanalyse als Instrument der Literaturkritik zu verwenden, so:

»Sie nehmen ein Gedicht von Bialik oder eine Geschichte von Brenner und reduzieren sie auf ihre Einzelteile, bis zur Stufe der 22 Buchstaben [des hebräischen Alphabets]. Dann suchen sie in diesem Buchstabenhaufen nach psychoanalytischen Vorgaben akribisch Motive, Symbole und Andeutungen [...].«[38]

Die psychoanalytische Literaturkritik hat eine lange Geschichte, die bis ins ausgehende 19. Jahrhundert zurückreicht. Freud selbst wandte diese Methode als Erster an, und zwar in einem auf den 15. Oktober 1897 datierten Brief an Wilhelm Fliess, in dem er *Oedipus Rex* diskutierte. Nachdem Psychoanalytiker unterschiedlicher theoretischer Ausrichtung, wie Ernest Jones, Marie Bonaparte und Jacques Lacan, die Psychoanalyse bereits zur Deutung von Autorenbiografien genutzt hatten, oder um die psychoanalytische Theorie zu erweitern und zu bestätigen, begann diese Methode auch in der Literaturkritik Großbritanniens, der Vereinigten Staaten und Frankreichs Fuß zu fassen.[39] In Palästina gestaltete sich die Aufnahme freudianischer Konzepte in der Literaturkritik viel rascher und auf andere Weise.

Es wurde bereits dargelegt, dass die von der zionistischen Revolution entwickelte Vision vom Neuen Menschen teilweise von einem Menschenbild beeinflusst war, das aus Freuds Werken herausgelesen werden konnte. Manche Protagonisten der modernen hebräischen Literatur schienen in die freudianische Interpretationswelt geradezu hineingeboren. Freilich beweist allein der Umstand, dass eine literarische Figur träumt, Lust empfindet, fantasiert, mit psychischen Konflikten kämpft oder sogar den Verstand verliert, noch nicht, dass der Autor Freuds Theorien übernommen hat. Triebe, Frustrationen, Identitätskrisen, gebrochene Seelen, psychischer Kindheitsschmerz und unerfüllte sexuelle Wünsche sind Themen, die die moderne hebräische Literatur seit ihren Anfängen im 19. Jahrhundert begleiten. Berücksichtigt man jedoch, wie rasch die psychoanalytischen Ansätze von den besten Literaturkritikern des Jischuw übernommen wurden, scheint die Annahme vernünftig, dass bestimmte hebräische Autoren von Freuds Paradigmen bewusst Gebrauch machten. Freuds Denken war bereits in das zionistische Vokabular integriert, sowohl im Zusammenhang mit dem Motiv der nationalen Wiedergeburt als auch im Hinblick auf die Identitätskrise der jüdischen Jugend. Es erstaunt demnach nicht, wenn einiges darauf hindeutet, dass die Psychoanalyse von den Schriftstellern der hebräischen Renaissance – die einen integralen Teil der nationalen Wiedergeburt darstellte – genutzt wurde.[40] Paradoxerweise löst die psychoanalytische Interpretation der Werke dieser Autoren ihre Figuren in einigen Fällen von ihrem ausschließlich zionistischen Bedeutungsgehalt und führt sie in die Privatsphäre zurück. In anderen Fällen dagegen zwingt sie den Figuren diesen Bedeutungsgehalt geradezu auf.

Yaakov Bekers hebräischer Aufsatz *Raw Nachman mi-Brasslaw* (Rabbi Nachman von Brazlaw) aus dem Jahr 1928 war das erste Beispiel eines Genres, das die Literaturzeitschriften des Jischuw und Israels jahrzehntelang füllen sollte. Unmittelbar nach der Veröffentlichung dieses Aufsatzes wandte Beker die Methode auch auf die Deutung von Leben und Werk des hebräischen Nationaldichters Chaim Nachman Bialik an, indem er dessen »psychosexuelle Entwicklung« nachzuzeichnen versuchte (Abb. 10). Bialiks Libido sei in seiner Kindheit, der entscheidenden Phase seiner geistigen Entwicklung, unbestreitbar autoerotisch und narzisstisch gewesen, schreibt Beker und fügt hinzu, die Fixierung dieser Libido habe sich prägend auf seine intellektuelle und kreative Entwicklung ausgewirkt. Im Gegensatz zu anderen Menschen mit normaler psychosexueller Entwicklung habe bei ihm eine Libidofixierung stattgefunden, weshalb er unfähig gewesen sei, eine stabile und tief empfundene libidinöse Beziehung zu irgendeiner anderen Person einzugehen: »Es gibt weder Verbindung noch Kontakt zwischen Bialiks Libido und der Außenwelt: eine unsichtbare Schranke trennt sie voneinander.«[41]

Gestützt auf Freuds Theorien, analysierte Beker auch das Bild der Geliebten in Bialiks Poesie. Wie andere, die über Bialik schrieben, versuchte er, das unharmonische Verhältnis zwischen Fleisch und Geist in Bialiks Werk zu erklären, doch im Gegensatz zu ihnen weigerte er sich, von einer kausalen Beziehung zwischen der »uneindeutigen Liebe« des Autors und der Welt der osteuropäischen Talmudschulen auszugehen. Bialiks Werk basiere vielmehr auf einem unbewussten Verlangen nach seiner Mutter. Diese verbotene Liebe habe ihn daran gehindert, aktiv eine andere Frau zu begehren, behauptete Beker. Die Annäherung an eine Frau habe den Poeten seines narzisstischen Glücks beraubt, worauf die Welt für ihn zusammengebrochen sei. Die Liebe, die Bialik in seinen Gedichten zum Ausdruck gebracht habe, sei deshalb verschwommen, passiv, verklärt und selbstzerstörerisch. In *Die Feuerrolle,* einem der bedeutendsten Gedichte Bialiks, sah Beker eine Anspielung auf Bialiks Mutter, was zeige, dass dieses Gedicht der stärkste und profundeste Ausdruck des Ödipuskomplexes in der Weltliteratur sei; der Ödipuskomplex sei sowohl die Feuersäule als auch die Rauchsäule in der Seele der Menschheit und der Menschheitskultur. Ein Exemplar von Bekers Aufsatz

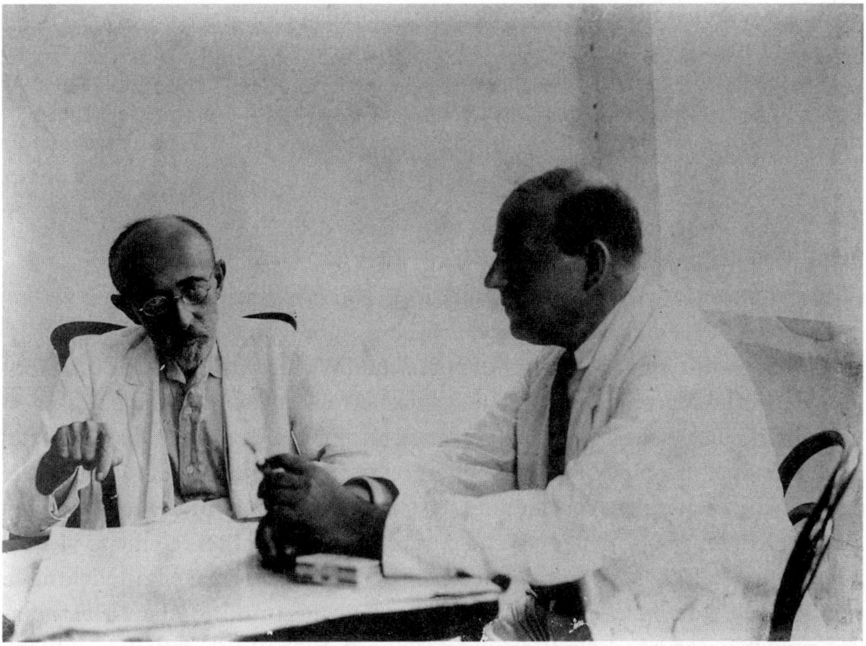

Abb. 10: Chaim Nachman Bialik (1873–1934) – rechts im Bild – und Aḥad Ha'am (1856–1927).

gelangte an Bialik und befindet sich in dessen Bibliothek.[42] Bialik seinerseits richtete eine Kritik der Psychoanalyse an Freud und auch an den Schriftsteller, Publizisten und Literaturwissenschaftler Dov Sadan, der bei der psychoanalytischen Literaturanalyse ab den 1930er Jahren im Jischuw eine führende Rolle spielte:

»Übertreibungen und Hyperbeln können selbst die erhabenste und edelste Idee zunichtemachen. Etwas in der Art geschah mit Freuds bedeutender Theorie der Psyche, die Zugang zu den verborgenen Teilen und Nischen der Seele gewährte, um Licht in ihre dunklen Winkel zu bringen und die Mängel des menschlichen Geistes zu beheben. Obwohl dieses System grundsätzlich primär der Heilung der Psyche dienen soll, hat sich ein Gelehrter weit von seinem eigenen Gebiet entfernt, dem Gebiet der Schöpfung von Geist und Glauben zugewandt und seine schonungslose Kritik und sein analytisches Skalpell auch in die Vergangenheit gerichtet, den Frieden großer Geister störend, die seit Generationen in ihren Gräbern ruhen. Dann kamen die Schüler [Freuds] und ihre Schüler und die Anhänger ihrer Anhänger und reihten Übertreibung an Hyperbel: eine Schar von Schwätzern fiel, den ›unaussprechlichen Namen‹ ihres ›Rabbis‹ beschwörend, über seine Werke her, wühlte in ihrem Innersten, verdrehte alles Heilige und Intime und stellte es auf den Kopf, um den Ursprung der ›Libido‹, des Sexualdranges, zu entdecken und zu entblößen, die der Ursprung aller Schaffenskraft sein soll. Einige taten es besessen von dem lüsternen Drang, sich ihren zügellosen und schmutzigen Fantasien hinzugeben. Und wenn man versucht, dieses lästerliche Wühlen anzufechten und zu beklagen, entgegnen sie einem sofort mit wissenschaftlicher Selbstgefälligkeit: ›Sie haben diesen und diesen Komplex! Aus Ihrem Innern spricht das verletzte Ehrgefühl‹, und so weiter und so fort. In Wirklichkeit ist nur wenigen mit großem Talent und edler Gesinnung die seltene Fähigkeit gegeben, dem Sinn der Werke des Autors auf den Grund zu gehen, sich in seine Worte zu vertiefen und seinen Geist zu bewahren.«[43]

Dass sich Bialik als Opfer psychologistischer Wühlerei fühlt, die sein Werk auf die Reflexion eines einzigen psychischen Komplexes reduziert, ist verständlich. Doch Bekers Analyse, so vereinfachend sie gewesen sein mag, trug auch dazu bei, Bialiks Werk in einen universellen Kontext zu stellen und die nach vorherrschender Anschauung bestehende Begrenzung seiner Gedichte auf den Kontext des Zionismus und der nationalen und literarischen Wiedergeburt des jüdischen Volkes aufzuheben. Spätere Texte über Bialik, wie etwa von Baruch Kurzweil, Dan Miron, Menachem Peri und Michael Gluzman, entwickelten den psychologischen Ansatz weiter, den Yaakov Beker und Dov Sadan bereits zu Lebzeiten des Dichters verfolgten.[44]

Bialik wandte sich auch entschieden gegen Sadans psychologische Analyse seines Werks und warf ihm vor, einer extremen Schule der psychologischen Analyse und Neugier verfallen zu sein, die zu einseitiger und pedantischer Betrachtung führe.[45] Doch Sadan ließ sich von Bialiks Kritik nicht beirren und lieferte seinen Lesern, gestützt auf Einsichten aus Freuds Triebtheorie, weitere Analysen zu Werken von Bialik, Saul Tschernichowski und Josef Chaim Brenner. Die »psychoanalytische Exegese«, wie Sadan seine Methode in einem seiner Manuskripte nannte, befasste sich vor allem mit der Psychologie seines Lieblingsschriftstellers Brenner.[46] Sadan nutzte die Psychoanalyse, um zeitgenössische hebräische Literatur von der Vereinnahmung durch die Interessen des jüdischen Kollektivs zu befreien. Sein Ziel war es, den einzelnen Stimmen unter den Protagonisten der hebräischen Literatur Gehör zu verschaffen und den inneren Welten der einzelnen Autoren Ausdruck zu geben. Doch indem er den psychoanalytischen Ansatz verfolgte und das Verdrängte, die geheimen Wünsche der hebräischen Schriftsteller und ihrer literarischen Figuren zu ergründen suchte, neigte er dazu, den Ursprung dieses Verdrängten nicht in der persönlichen Biografie oder der unbewussten Fantasiewelt der Autoren, sondern grundsätzlich im historischen Schicksal ihres Volkes anzusiedeln. Sadan schlug eine Unterscheidung zwischen zwei Arten von Schriftstellern vor: solche, die sich offenbaren, und solche, die innere Sachverhalte verbergen. Mendele Moicher Sforim etwa, der klassische Vertreter der neujiddischen Literatur des 19. Jahrhunderts, sei ein beobachtender Erzähler gewesen, der sich einer bestimmten Technik der Verschlüsselung seiner inneren Erfahrungen bedient habe. Dagegen zählte er Brenner zu den »Jugendlichen, die sich offenbaren«, das heißt ihr Unbewusstes offenlegen, und in Bialik sah er einen Schriftsteller, der beide Kategorien in sich vereinte. Der »Hauptcharakter« in Brenners Werk sei, argumentierte Sadan psychoanalytisch, die Figur eines Mannes in einer schwierigen emotionalen Situation, die ohne Kenntnis der historischen Umstände seiner Zeit nicht verstanden werden könne:

»Ein junger jüdischer Mann, geplagt von der Welt und ihren Nöten, mit Erinnerungen wie eine endlose Folge von Leid und Melancholie, der aus seiner Kindheit winzige Lichtpunkte, eingetaucht in ein Meer der Dunkelheit, bewahrt hat: Seine Seele schwankt zwischen Schuldgefühl und Sünde und dem Verlangen nach Reinheit und Klarheit, sein Geist ist bedrückt und niedergeschlagen, sein Gang gebeugt vor lauter Ehrfurcht und innerer Scham, seine Verbindung zur Welt und zu anderen Menschen steht auf wackeligen Beinen, und seine Aufmerksamkeit gilt nur seiner eigenen Verzagtheit, in die er sich vertieft, um sich selbst zu erfahren, ohne vor Grausamkeit sich selbst gegenüber zurückzuschrecken. Es ist eine Seele, die mit ihrer Verstrickung hadert, gefangen im tragischen Labyrinth ihrer Generation. Es bleiben nur Rufsplitter nach Erlösung und Ganzheit, nach einer festen Verbindung zwischen ihr und allem anderen, der Welt, der Erfahrung, dem Leben. Doch es gibt keine Erlösung, es bleiben nur Auswege, allen voran der Freitod und der Wahnsinn.«[47]

Brenners Romane und Kurzgeschichten schildern die Konflikte, mit denen die zionistischen Siedlungspioniere in den ersten Jahrzehnten des 20. Jahrhunderts in Palästina zu kämpfen hatten. Jeder, der nach persönlicher »Erlösung« strebte, indem er sich der Nationalbewegung anschloss, die den Individuen versprach, »im geliebten Land der Vorväter alle Hoffnungen zu verwirklichen«, war schließlich gezwungen, seine innigsten Träume den Bedürfnissen des Kollektivs unterzuordnen. Die Briefe, die Brenner bei seiner Ankunft in Palästina und in der Zeit der Akklimatisierung schrieb, zeugen von seinen Hoffnungen auf Heilung seiner physischen, geschlechtsrollenspezifische Leiden im neuen Land. Die Ernüchterung kam zwar kurz nach seiner Ankunft, doch sowohl Hoffnungen als auch Enttäuschungen lösten bei Brenner eine intensive schriftstellerische Auseinandersetzung mit der Formung des Neuen Juden im Land der Vorväter aus. Seine literarischen Themen und der Umstand, dass er – 1921 bei einem arabischen Aufstand getötet – zum ersten literarischen Märtyrer der werdenden Gesellschaft wurde, verwandelte ihn zu einer der meistverehrten Persönlichkeiten der zionistischen Pionierära.[48]

Zu jener Zeit übte sich der hebräische Poet Avraham Shlonsky, der als Einwanderer der Dritten Alija nach seiner Ankunft in Palästina zu einer der einflussreichsten Figuren im Jischuw und später im kulturellen und intellektuellen Leben Israels wurde, in Selbstanalyse anlässlich eines sich wiederholenden, äußerst beängstigenden Traumes, in dem Mäuse eine zentrale Rolle spielten:

»Lange Jahre wurde ich von einem einzigen Albtraum in zwei verschiedenen Varianten verfolgt. Entweder stach eine Nadel in meinen Augapfel oder eine Maus nagte an meinem Adamsapfel, mitten am Hals. Die Maus war sehr klein. Ich habe keine Ahnung, was die Freudianer dazu sagen würden.«[49]

Shlonsky gab diesem Albtraum in dem Gedicht *Achbarim ba-Lajla* (Mäuse in der Nacht) von 1932 poetischen Ausdruck. Gestützt auf einen Entwurf dieses Gedichts in seinem Archiv, lässt sich der Traum von der an Shlonskys Hals nagenden Maus nicht nur mit den furchtbaren Gedanken über Pogrome verbinden, die den Dichter verfolgten, sondern auch mit Schuldgefühlen, die ihn plagten, weil er seine europäische Geburtsstadt verlassen hatte wie »Ratten das sinkende Schiff«. Der Poet warf sich selbst vor, seine leidenden Brüder und Schwestern im Exil zurückgelassen zu haben, statt dortzubleiben und sie zu behüten »wie seinen Augapfel«.[50]

Der bedeutende hebräische Schriftsteller und spätere Nobelpreisträger Shmuel Josef Agnon wandte sich in den frühen 1930er Jahren ebenfalls Freuds Lehre zu, wenn auch geprägt von Kritik und Ironie, wie seine Werke, sein Privatleben und Rezensionen seiner Werke bezeugen. Agnons bekannte Novelle *Im Mittag ihrer Tage* von 1923 schildert ein Handlungsschema, das als charakteristisches nationales Paradigma bezeichnet werden kann. Es verbindet zwei verdorbene Generationen, verkörpert durch die Figur eines Liebhabers, der als unheilvolles Vermächtnis von einer Generation auf die nächste übergeht. Yael Halevi-Wise zufolge übernimmt Agnons Erzählung, abgesehen vom zentralen Motiv der nationalen Erlösung, eine Figur, die von Freuds berühmter Patientin »Dora« in *Bruchstücke einer Hysterie-Analyse* aus dem Jahr 1905 inspiriert sei. In Freuds Darstellung unterhält Doras syphilitischer Vater ein außereheliches Verhältnis mit Frau K., in Agnons Novelle sehnt sich Tirzas herzkranke Mutter innig nach ihrer ersten Liebe Akavia Mazal. Das sexuelle Verlangen nach einer Elternfigur – Freud legt Dora nahe, es anzuerkennen, vielleicht ermutigt er sie sogar, danach zu handeln – wird in Agnons Erzählung in Vollendung dargestellt: Tirza heiratet den Geliebten ihrer Mutter und empfängt von ihm ein Kind.[51] Sexuelle Ambivalenz und Zugehörigkeit stehen auch im Mittelpunkt des emotionalen Traumas von Hirschel, dem Protagonisten einer anderen Novelle Agnons,

Eine einfache Geschichte. Nitza Ben-Dov zufolge »heilt« Dr. Langsam, ein ausgesprochen nicht freudianischer Seelenarzt, Hirschel, indem er ihm die Fähigkeit wiedergibt, seine Mitmenschen zu lieben und sich damit abzufinden, dass sich die eigenen romantisierenden Fantasien in der Realität nicht vollständig verwirklichen lassen.

Agnons Vertrautheit mit Freuds Werk geht offensichtlich über formale Bezeugungen hinaus. Seine Frau war in Behandlung bei Eitingon, den er während eines Aufenthalts in Leipzig persönlich kennengelernt hatte. Der Einfluss der Psychoanalyse auf sein Werk macht sich bereits in dem 1931 veröffentlichten Novellenband *Das Buch der Taten* bemerkbar, worin er in modernistisch-surrealistischem Stil traumartige chaotische Handlungen schildert, ohne dass bei der Abfolge der dargestellten Ereignisse ein kausaler Zusammenhang oder der Versuch erkennbar wird, die Wirklichkeit realistisch darzustellen. Die Geschichte der Liebe zwischen Hirschel und Blume, von der *Die einfache Geschichte* handelt, zeigt deutlich, wie sehr Agnon mit Freuds Schriften vertraut war. Der Konflikt zwischen dem Individuum und der Gesellschaft, der im Mittelpunkt der Novelle steht, wird nicht nur auf der bewussten Ebene ausgetragen, sondern auch in den Schattenbereichen des Unbewussten. Die Verdrängung verunsichert den Protagonisten, greift seine Männlichkeit an und treibt ihn schließlich in den Wahnsinn.[52]

Träume spielen in Agnons Werk eine bedeutende Rolle. Seinen Erzählungen haftet etwas Mysteriöses an. Sie sind mehrschichtig und laden – wie Träume – zu Interpretationen und Entschlüsselungsversuchen ein. Yael Feldman untersuchte 1989 das Verborgene und das Offensichtliche in Agnons Erzählung *Nur wie ein Gast zur Nacht,* und die klinische Psychologin Dvora Schribaum zeigte 1993, dass die meisten Erzählungen im *Buch der Taten* auf Träumen basieren. Wie im Traum seien die Grenzen von Raum und Zeit aufgehoben. Agnon habe die Erzählungen anfänglich als Träume behandelt, später aber umgeschrieben, dabei ihre Traumcharakteristik verschleiert und sie schließlich veröffentlicht, ohne dass darin etwas auf ihre Ursprünge hingewiesen habe.[53] Ob eigentliche Träume oder Tagträume, Freuds Einfluss auf Agnon kommt präzis in seiner außergewöhnlichen Fähigkeit zum Ausdruck, die Grenze zwischen Wirklichkeit und Fantasie sowie zwischen verschiedenen Bewusstseinszuständen zu verwischen. Treffendes Beispiel einer charakteristischen Agnon-Erzählung, die auf einem Traum beruht, ist *Talit Acheret* (Ein anderer Gebetsschal). Der Text erschien 1950 in einem Eitingon-Gedenkband der Israelischen Psychoanalytischen Gesellschaft und ist auch in Agnons *Buch der Taten* (in der hebräischen Ausgabe) enthalten. Die Erzählung ist »der Seele von R[eb][54] Mordechai Eitingon, sie möge in Frieden ruhen« gewidmet. Im Vorwort zu diesem Band, das von Moshe Wulff stammt, wird darauf aufmerksam gemacht, dass die Erzählung auf einer Kindheitserinnerung beruht, die Agnon Eitingon gegenüber oft erwähnt habe. Ob eigentliche Erinnerung oder poetische Fantasie, es scheint ein Traum gewesen zu sein, und die Geschichte ist so geschrieben, als hätte sie sich tatsächlich ereignet: Der Erzähler hat sich mit seinem Vater zum Gebet in einer Jeschiwa verabredet, doch er trifft zu spät ein, und der Rest der Erzählung handelt davon, wie er sich dort einen Platz zum Beten sucht. Dabei macht er bizarre Erfahrungen, verbunden mit rätselhaften Visionen in und um die Jeschiwa. Er trifft eine Gruppe von seltsam aussehenden Fremden, die ihn nicht passieren lassen, er folgt einem Jungen, der ihm ein Glas Fruchtsaft anbietet, und die Inneneinrichtung der Jeschiwa scheint sich einen Moment lang in einen Klub zu verwandeln, in dem eine wilde Musikveranstaltung stattfindet. Als er seinen Platz endlich gefunden zu haben scheint und sich den anderen Betenden anschließen will, stellt er fest, dass sein Tallit, der Gebetsschal, beschädigt ist und nicht zum Gebet genutzt werden darf, sondern nur noch, um einen Toten darin einzuwickeln. Eine geheimnisvolle Figur flüstert dem Protagonisten eine eminent wichtige Botschaft ins Ohr, die seine im Traum zum Ausdruck gebrachte Todesfurcht mit der Sehnsucht nach seinem verstorbenen Vater zu verbinden scheint:

»Als ich mich in den Gebetsschal einhüllen wollte, bemerkte ich, dass einer der Schaufäden fehlte. Da kam jener auf mich zu, den wir ignorierten, der uns aber nie aus den Augen ließ, und raunte mir zu, ein Gebetsschal mit drei Schaufäden. Ich überlegte mir, was er mir eigentlich sagen wollte, als ob ich nicht selbst wusste, dass ein Gebetsschal mit drei Schaufäden unbrauchbar ist. Wollte er mir ein vergessenes Gebot in Erinnerung rufen?«[55]

Der Schriftsteller und Literaturkritiker Israel Cohen legt Wert auf die Feststellung, dass Freud selbst sich sehr gehütet habe, seine psychoanalytischen Erkenntnisse auf die Beurteilung künstlerischen Schaffens anzuwenden und seine Methode als eine Art Orakel zu verwenden. Die Psychoanalyse, zitiert er Freud, sei nicht in der Lage, die Rätsel der Künstlerseele zu deuten. Cohen erinnerte die Literaturkritiker daran, dass »Analyse eine Art Dialektik« und als solche »auf den Austausch zwischen zwei Individuen, die sich gegenseitig stimulieren« angewiesen sei:

»Angenommen, eine Person geht zu einem Psychoanalytiker und sagt: Hier haben Sie ein Bündel Papier mit meinen Träumen, Vorstellungen und Wünschen, wie ich sie eigenhändig niedergeschrieben habe. Deuten Sie sie bitte. Wäre das nicht lächerlich? Ein solches Papierbündel würde doch mehr Rohmaterial (Metallerze, wie es Freud nannte) enthalten als die sorgfältig arrangierten Werke eines großen schaffenden Künstlers, in denen die psychoanalytischen Elemente auch kaum erkennbar sind. Wie kann ein Literaturkritiker mit dieser organisch fehlerhaften Methode dann zur literarischen und psychischen Wahrheit gelangen?«[56]

Abgesehen von dieser theoretischen und methodologischen Schwierigkeit bei Verwendung der Psychoanalyse zur Gewinnung literarischer Wahrheit fehle den Literaturkritikern die nötige Ausbildung für diese Aufgabe. Um andere Personen psychoanalytisch behandeln zu können, müsse man zuerst sich selbst einer Psychoanalyse unterziehen. Die Bedingung sei selbstverständlich in diesem komplexen Beruf, bei dem das Einfühlungsvermögen am wichtigsten sei, schreibt Cohen. »Man kann sich vorstellen, dass die überwiegende Mehrheit der Kritiker keine solche ›Lehranalyse‹ durchlaufen hat, sodass es ihnen ausdrücklich verboten ist, andere zu analysieren.« Cohen hatte nichts gegen die Indizien einzuwenden, die die Kritiker anführten, um bestimmte Hypothesen oder die Auswirkungen der Kindheit von Schriftstellern auf deren Werke zu belegen. Diese Indizien seien in der Regel sehr sorgfältig ausgewählt. Doch selbst wenn sie zuträfen, seien sie für die Beurteilung des literarischen Werks an sich völlig wertlos. Infolgedessen hätten sich »in der hebräischen Literaturkritik haufenweise Vaterkomplexe und Neurosen und imaginäre Hypothesen über nie verheilte Kindheitswunden angehäuft«, schreibt Cohen. Die so betriebene Literaturkritik reflektiere eine Art esoterische Doktrin, die mehr Dunkelheit als Licht geschaffen habe.

»Die Schaffung einer totemistischen Gemeinschaft«

So lautet der Titel des einzigen klinischen Beitrags in der Gedenkschrift, die die Israelische Psychoanalytische Gesellschaft 1950 zu Ehren ihres Gründers Max Eitingon herausgab. Der Autor des Artikels, Aharon Isserlin, ein 1935 aus Deutschland emigrierter Facharzt für Neurologie, hatte sich der Gesellschaft 1941 angeschlossen und seine psychoanalytische Ausbildung von Moshe Wulff erhalten.[57] Ausgerechnet der klinische Artikel, der für die Veröffentlichung in einer Retrospektive der Gründerjahre israelischer Psychoanalyse gedacht war, sollte Isserlin zufolge die gemeinsamen Wurzeln des totemistischen Stammesdenkens »primitiver« Ureinwohner und der modernen Kultur aufzeigen.[58] Er erläuterte seine These an dem Fallbeispiel der Analyse, die er bei einem jungen, unverheirateten jüdischen Mann osteuropäischer Herkunft durchführte, der nach Palästina übergesiedelt war und an einer obsessiven Neurose litt. Im Verlauf der Analyse gelangte Isserlin zu der Erkenntnis, dass dem Patienten ein Totem mit der unbestimmten

Bezeichnung *Chaja* (die oder das »Lebende«, aber auch »Tier«) eigen sei. Die hinter der Wahl dieses Totems und den obsessiven Symptomen verborgene unbewusste Vorstellung des Patienten sei gewesen, dass er selbst von einer Chaja abstamme. Chaja – außerdem ein verbreiteter hebräischer Mädchenname – sei zugleich der Name seiner Mutter gewesen. Zudem sei der Familienname seiner Großmutter mütterlicherseits Wulff gewesen, der Name des Bruders seiner Mutter Dov (Bär). Seine Eltern hätten seinem Bruder den Spitznamen Kofiko (Äffchen) gegeben. Der Vater des Patienten, so Isserlin, sei nicht nach einem Tier benannt worden, aber der Patient habe ihn auch nie als seinen richtigen Vater anerkannt. In seiner Kindheitsfantasie sei er vielmehr von seinem Onkel Dov, dem Bären, gezeugt worden. Die Vorstellung dieses Inzestverhältnisses seiner Mutter mit ihrem Bruder habe der Befriedigung seines unbewusstes Verlangens nach einer inzestuösen Beziehung mit seiner Mutter, später mit seiner Schwester, gedient. Die wichtigsten Personen im Leben des Patienten – die Angehörigen seines Stammes – seien nach Tieren benannt gewesen, wie sein Bruder, das Äffchen, und seine Großmutter, die Wölfin, während der Patient selbst das Produkt einer Heirat zwischen seiner Mutter, dem Tier, und seinem Onkel, dem Bären, gewesen sei.

Isserlin wies darauf hin, dass der Alltag seines Patienten von Symptomen in Verbindung mit diesem persönlichen Tierreich geprägt gewesen sei. Bei seiner Arbeit habe der Patient ständig Kontakt mit anderen Menschen gehabt und dabei festgestellt, dass sein Verhalten gegenüber bestimmten Menschen weitgehend von deren Namen bestimmt gewesen sei. Anfänglich habe der junge Mann nicht verstanden, weshalb er sich flüchtig bekannten Personen teils sehr nahe gefühlt habe, während Beziehungen zu anderen, die er viel besser kannte, von einer gewissen Härte geprägt gewesen seien. Bei der Psychoanalyse habe sich dann aber herausgestellt, dass er Mitmenschen mit Tiernamen oder mit Namen, die auf Tiere anspielten, besonders freundlich behandelt habe. Unbewusst habe er nur Menschen mit solchen Namen zu seinem Stamm gezählt. Da Tiernamen unter Juden ziemlich verbreitet sind, sei ihm rasch klar geworden, dass sein Stamm sehr groß war und viel zu viele Mitglieder hatte, um sie bei seiner Arbeit als Staatsdiener ignorieren zu können. Er habe beispielsweise bemerkt, dass er jemanden mit dem Namen Silberstein normal, einen Löwenstein dagegen, einen Katz, Adler oder Hirschfeld bevorzugt behandelt habe.

In *Totem und Tabu* stellt Freud fest, dass die Exogamie, das heißt das Gebot der Heirat außerhalb des eigenen Stammes aufgrund des Tabus der sexuellen Beziehung mit einer Frau des eigenen Stammes, integraler Bestandteil des Totemismus ist. Isserlins neurotischer Patient praktizierte Exogamie, wenn auch auf ungewöhnliche Weise. In Gegenwart von Frauen, mit denen er

Sex hatte, mied er grundsätzlich die Öffentlichkeit, selbst wenn er mit ihnen ausschließlich diese sexuelle Beziehung wünschte. Zu Frauen, mit denen er in der Öffentlichkeit gesehen wurde, unterhielt er dagegen keine sexuellen Kontakte. Es stellte sich heraus, dass dieses unbewusste Tabu ebenfalls mit den Namen dieser Frauen in Zusammenhang stand. Unter denen, die mit ihm gemeinsam öffentlich gesehen wurden (und zu denen er folglich keinen sexuellen Kontakt hatte), befanden sich mehrere *Rachel* (hebr. »Mutterschaf«). Andere trugen die Namen Zipora (Vogel), Deworah (Biene) und selbst den Namen seiner Mutter, Chaja. Er schlief mit keiner dieser Frauen. Das Inzesttabu wurde von diesem Mann auf zwei Arten zum Ausdruck gebracht: erstens durch seine Kindheitsfantasie, er sei der Sohn seiner Mutter und seines Onkels, und zweitens durch das Tabu des sexuellen Kontakts mit Frauen, die nach Tieren benannt waren. Zu seiner totemistischen Gemeinschaft zählten alle diese »verbotenen« Frauen, die – wie seine Mutter und seine Schwester – Tiernamen trugen.

Epilog:
Dynamit am Haus

> »Ziehen Sie Ihre Libido rechtzeitig vom Vaterland ab und bringen Sie sie in der Psychoanalyse unter, sonst werden Sie sich unbehaglich fühlen müssen.«
>
> Sigmund Freud, 1918

Die jüdische Erfahrung im Europa des späten 19. und frühen 20. Jahrhunderts spielte eine Schlüsselrolle bei der Entstehung von drei der großen intellektuellen Bewegungen des 20. Jahrhunderts – Sozialismus, Zionismus und Psychoanalyse. Doch nur eine von ihnen, die Psychoanalyse, blieb dem europäischen Universalismus zur Jahrhundertwende noch treu.[1] Die erste Begegnung zwischen der Psychoanalyse und dem Jischuw war teils eine Nachstellung der Begegnung zwischen der psychoanalytischen Theorie und dem russischen Marxismus, teils eine Fortsetzung der Begegnung zwischen mitteleuropäischer Jugendkultur und deutscher Neuromantik. Die Einführung der freudianischen Theorie im Jischuw mag mit einem gewissen Maß an Selektivität, grober Vereinfachung und Vulgarisierung verbunden gewesen sein, doch auch die kritischste Betrachtung der psychoanalytischen Praxis im zionistischen Milieu muss anerkennen, dass die rasche Akzeptanz der freudianischen Theorie nicht nur auf der rationalen Rechtfertigung ihrer therapeutischen Anwendung, sondern auch auf einem psychologischen Bedürfnis und einer nationalen politischen Tagesordnung beruhte. Das Individuum versuchte, die persönliche Zugehörigkeit vor Vereinnahmung durch die einander überschneidenden Kräfte kollektive Erinnerung und Ideologie zu schützen und somit Zweifeln und Ängsten eine neue und persönliche Bedeutung zu geben. »Es haftet einem alten Volk etwas Lächerliches an, das selbst nach etwa 3 300 Jahren noch so intensiv und obsessiv mit dem Rätsel seiner Zugehörigkeit beschäftigt ist und rastlos nach neuen Erklärungen, Definitionen und Versionen dieser Zugehörigkeit sucht«, schreibt der israelische Schriftsteller A. B. Yehoshua.[2] Freuds Suche nach der »wahren Identität« von Mose, dem Anführer des jüdischen Volkes, beschäftigt sich genau mit dieser Problematik. Die historische oder psychologische Zugehörigkeit des Individuums oder eines Volkes ist nach Freud das Ergebnis eines Mischungs- und Entlehnungsprozesses und stets von Spaltungen und Verdrängungen geprägt. Freuds gebrochenes jüdisches Selbstverständnis könnte, wenn nicht als Beispiel, dann zumindest als Metapher für die tiefe Kluft zwischen dem Ideal der reinen Zugehörigkeit, das dem zionistischen Projekt zugrunde lag, und dem in der Diaspora entstandenen Projekt der Psychoanalyse dienen. Im Gegensatz zu den Zionisten lehnte Freud die jüdische Diasporaexistenz nie ab, und im Kontrast zum Sozialismus stellte er sich nie gegen die kleinbürgerliche Existenz. Er beanspruchte nie, einen »Neuen Menschen« zu erfinden, von der Schaffung eines »Neuen Juden« ganz zu schweigen. In diesem Sinne zeugte die der Psychoanalyse freundlich gesinnte Einwanderergesellschaft des Jischuw – trotz ihrer Widersprüche und Paradoxa – ironischerweise von den großen Ängsten, Seelenqualen und Zweifeln jener, die ihre persönliche Erfüllung an das Projekt der Renaissance des jüdischen Volk-Seins in der biblischen Heimat geknüpft hatten. Kurzum, der Zionismus mag Freuds theoretische Ansichten nicht geteilt haben, aber er war stark auf sie angewiesen.

Die formativen Jahre der Psychoanalyse im Jischuw und später im Staat Israel waren geprägt von Migration, Trennung und Verlust, Kontinuität und Neuanfängen. Doch darüber hinaus bieten sie den Disziplinen der Kultur- und Geistesgeschichte einen Ausgangspunkt, um diese drei intellektuellen Bewegungen, diese radikalen, modernen europäischen Geschichtsauslegungen, einander gegenüberzustellen und die Begegnung zwischen ihnen neu zu deuten. Ist die historische Beleuchtung der Vergangenheit die Grundlage für die Selbstfindung, so kann uns der zeitgenössische israelische psychoanalytische Diskurs noch viele weitere Denkanstöße für die Interpretation des Verhältnisses zwischen Wissenschaft und Geschichte, Therapie und Ideologie, zwischen politischer Kultur und analytischer Theorie liefern. Die Gegenüberstellung von Geschichte und Theorie eröffnet neue Zugänge und weckt neue Fragen. Weist der zeitgenössische psychoanalytische Diskurs Parallelen zu den Erlösungsfantasien der zionistischen Kultur, zu deren Ablehnung der jüdischen Diasporaexistenz und ihrer Dialektik der »wahren« und »falschen« jüdischen Zugehörigkeit auf? Reflektiert der Umstand, dass die israelische Psychoanalyse klinische Begriffe wie »Trauma«, »korrigierende emotionale Erfahrung« und »wahres Selbst« bevorzugt, die spezifische historische Erfahrung Israels und das spezifische israelische Selbstverständnis? Ist die klinische Psychologie in Israel bei der Interpretation der psychischen Leiden ihrer Patienten auf einen »traumazentrischen« Ansatz fixiert? Bildete die gewaltgeprägte Umsetzung des zionistischen Traums den historischen Hintergrund für den Übergang der israelischen psychoanalytischen Kultur von Freuds Vaterrecht zur prägenden Vorstellung der Einswerdung mit der Mutter? Kurz, beeinflussen der Zionismus, das Leben in Israel, die Schoah, der israelisch-arabische Konflikt oder soziale Gewalt generell die Art, in der die Psychoanalyse in Israel heutzutage interpretiert und praktiziert wird?

Freuds Rat an Sándor Ferenczi, seine Libido in der Psychoanalyse »unterzubringen«, markierte den Anfang einer Tradition, in deren Rahmen psychoanalytisches Selbstverständnis und Solidarität zur Auflösung der ethnischen, nationalen und politischen Bindungen führen sollten.[3] Diese politisch »neutrale« analytische Haltung wurde nicht nur von jüdischen Analytikern geteilt, die, ernüchtert von der Assimilation in ihrer nichtjüdischen Umgebung, ein besonderes Interesse daran hatten, aus der Geschichte »auszutreten«. Vier Jahre zuvor, beim Ausbruch des Ersten Weltkrieges, schrieb Ernest Jones Freud, dass er, müsste er sich zwischen der Zukunft der Psychoanalyse und der Zukunft seines Landes entscheiden, Erstere wählen würde.[4] Solche Äußerungen sind nicht als Loyalitätsgesten oder Parteinahme für die Psychoanalyse zu interpretieren – im frühen 20. Jahrhundert galt sie manchen ihrer Anhänger – ob Juden oder Nichtjuden – als Impfstoff gegen das politische Unbehagen des modernen Staatsbürgers.

Kurz nach dem Ersten Weltkrieg postulierte Freud in seiner Abhandlung *Jenseits des Lustprinzips* (1920) die Existenz eines Todestriebes neben dem Sexualtrieb. Es war nicht das erste Mal, dass eine neue Entwicklung in Freuds Denken die Grundfesten seiner früheren Theorien zu erschüttern schien. Die Beschaffenheit des psychosexuell Unbewussten, das Fundament der bisherigen freudianischen Theorie, wurde unvermittelt infrage gestellt. Bei der Beobachtung des Verhaltens traumatisierter Personen, die eine imaginierte oder tatsächliche Bedrohung überlebt hatten, gelangte Freud zu der Einsicht, dass der Zwang, Traumata erneut zu durchleben, auf dem Trieb der Rückkehr in einen anorganischen Zustand beruhe. Die Traumareaktion des Individuums deute darauf hin, da die Wiederholung des Traumas keine simple Erinnerung sei. Zudem sei sie nicht Ausdruck einer bedrohlichen Erfahrung, sondern des Wiederholungszwangs. Diese Sehnsucht veranlasse die Psyche, die stimulierende Erfahrung zu verinnerlichen und zu wiederholen. Es sei in gewisser Hinsicht ein Versuch, sich einer Erfahrung zu bemächtigen, die nicht aktiv erlebt und verinnerlicht worden sei, ein Versuch, die geisterhafte Präsenz einer vergangenen Bedrohung deutlicher zu vergegenwärtigen. Dieser neue theoretische Baustein hatte weitreichende Konsequenzen für die psychoanalytische Gemeinde. Freudianer zu sein war nun viel schwieriger als zu einer Zeit, in der sich die Freudianer noch auf den gemeinsamen Nenner des Lustprinzips berufen konnten. Melanie Klein, deren Theorie der psychischen Funktion auf dem Todestrieb beruhte, erinnerte sich später daran, dass Max Eitingon kurz nach dem Erscheinen von Freuds Abhandlung bemerkt haben soll: »Das heißt, Dynamit ans Haus zu legen«, aber er habe hinzugefügt, »Freud weiß, was er tut.«[5] Der Todestrieb stieß bei den orthodoxen Freudianern der ersten und zweiten Generation zunächst auf Ablehnung. Erst der

Zweite Weltkrieg rückte die dualistische Triebtheorie in den Mittelpunkt des postfreudianischen psychoanalytischen Diskurses.

Nach der Schoah emigrierten viele Überlebende von Todes-, Arbeits- und anderen Konzentrationslagern nach Israel, außerdem jüdische Einwanderer, die den Krieg durch Flucht, im Versteck oder als Partisanen überlebt hatten. Diese äußerst heterogene, aber stark traumatisierte Bevölkerung bildete eine große Gruppe mit prägendem Einfluss auf die israelische Gesellschaft. Die Überlebenden der Schoah waren in allen Gesellschaftsschichten vertreten. Ihre Traumatisierung stellte die israelische Psychologie und Psychiatrie vor große Herausforderungen. Um ihre Pathologie, die Krankheitssymptome und ihre Anpassung an die neue Umgebung verstehen zu können, mussten Ansätze gefunden werden, die über die bewährten Konzepte hinausgingen. Um ihnen mit geeigneten Therapien helfen zu können, wurden neue Methoden entwickelt. Die ersten psychoanalytischen Ansätze im lokalen psychiatrischen Diskurs finden sich in den 1950er Jahren im Kontext der Debatte über das Leid der Schoah-Überlebenden. Allmählich spezialisierten sich einige israelische Psychoanalytiker auf die klinische und theoretische Erforschung der direkten und indirekten Auswirkungen der Schoah auf die Überlebenden und ihre Angehörigen der zweiten und dritten Generation. Eines der ersten Anzeichen des großen Interesses, dass die israelische Psychoanalyse für die Behandlung von Naziopfern entwickelte, war ein kurzer Artikel von Gerda Barag aus dem Jahr 1956, worin drei Fälle von an Bewusstlosigkeit leidenden Überlebenden vorgestellt wurden. Der Artikel markiert einen Wendepunkt der psychiatrischen und psychoanalytischen Forschung in Israel zu diesem Thema: Barag ging – im Gegensatz zu ihren Vorgängern im theoretischen und klinischen Bereich, die gezögert hatten, die psychischen Probleme von Schoah-Überlebenden mit deren Erlebnissen zu verbinden – ausdrücklich von einem kausalen Zusammenhang aus.[6] Seit den 1960er Jahren haben israelische Psychoanalytiker zahlreiche Artikel und Bücher über die psychischen Auswirkungen der Schoah und die klinische Behandlung von Überlebenden, deren Kindern und Enkeln veröffentlicht. Diese Arbeiten beschäftigen sich mit den Auswirkungen des Schoah-Traumas auf die israelische Gesellschaft, den israelisch-palästinensischen Konflikt und die Beziehungen zwischen Israel und Deutschland.

In den späten 1960er Jahren wich der mitteleuropäische, deutsch geprägte Einfluss auf die israelische Psychoanalyse allmählich anderen Einflüssen: zunächst der amerikanischen Ich-Psychologie, dann der britischen Objektbeziehungstheorie, später der Selbstpsychologie und in jüngerer Vergangenheit relationalen, intersubjektiven, französischen und lacanschen Einflüssen. Wie die israelische Gesellschaft wurde auch die Israelische Psychoanalytische

Gesellschaft, die heute zu den größten Gesellschaften der International Psychoanalytic Association zählt, pluralistischer, vielfältiger und anfälliger für innere Spaltungen, Rivalitäten und Opferhaltungen.[7]

Die zeitgenössische israelische Psychoanalyse ist ein bemerkenswertes Phänomen: Die Zahl der Anwärter auf Ausbildungsplätze am Max-Eitingon-Institut für Psychoanalyse und das Interesse an einer Ausbildung in psychoanalytisch orientierter Psychotherapie steigen ständig. Psychoanalytische Literatur in hebräischer Sprache verkauft sich ausgezeichnet, und jüngst wurde eine hebräischsprachige psychoanalytische Zeitschrift ins Leben gerufen. Zusätzlich wurde im Jahr 2000 ein zweites psychoanalytisches Institut gegründet, das erste in Israel, das nicht der IPA angeschlossen ist. Alles deutet darauf hin, dass in der israelischen Gesellschaft ein großes Interesse an Psychoanalyse besteht. Anderswo mag sie in der Krise sein, doch entweder hat diese Krise die Ostküste des Mittelmeeres übersprungen oder sie noch nicht erreicht. Dieser Umstand lässt verschiedene Interpretationen zu. Die unwahrscheinlichsten dürften sein, dass sich die israelische Gesellschaft derzeit in einem kollektiven Prozess der Selbstreflexion befinde oder die Israelis eine Art psychoanalytisch geprägte seelische Selbstfindung durchliefe. Obwohl die Geschichte der Psychoanalyse gezeigt hat, dass die Disziplin unter den unterschiedlichsten politischen und ökonomischen Bedingungen überleben und sogar gedeihen kann, wirft die heutige psychoanalytische Praxis in Israel ernste Fragen auf.

Diese Arbeit beschäftigt sich mit den Anfängen der Psychoanalyse in Israel und konzentriert sich deshalb vornehmlich auf deren Verbindungen zur europäischen Geschichte. Doch ein Porträt der zeitgenössischen israelischen Psychoanalyse darf die Auswirkungen des israelisch-arabischen Konflikts, des langen Schattens, den die Schoah nach wie vor auf das israelische Selbstverständnis wirft, oder der von Gewalt geprägten israelischen Besatzung, der die palästinensische Bevölkerung seit 1967 unterworfen ist, nicht ignorieren.[8] Dennoch zeigen die wissenschaftlichen Debatten der Israelischen Psychoanalytischen Gesellschaft und die Fallstudien ihrer Absolventen, dass die überwiegende Mehrheit der jüngeren Analytiker in Israel heute ihre klinische Arbeit auf der Basis von psychoanalytischen Modellen verfolgt, die die Rolle tatsächlicher psychischer Traumata in den Vordergrund rücken. Diese Paradigmen marginalisieren sowohl die kindliche Sexualität als auch die von Freuds Todestrieb implizierte Idee der primären, angeborenen Aggression. Die wachsende Beliebtheit von Theorien, die sich mit sogenannten primitiven Geisteszuständen beschäftigen, vervollständigt diesen Eindruck: Das Bild des Patienten der israelischen Psychoanalyse steht im diametralen Gegensatz zum Bild des »Neuen Menschen« der zionistischen Revolution.

Dieser Patient ist ein eher passives Individuum, das sich seiner Umwelt gegenüber vor allem reaktiv verhält und deshalb kaum Verantwortung für sein Innenleben und seine Geisteshaltung übernimmt. Es ist ein Bild, das dazu neigt, die maternalistische Ordnung im Seelenleben des Patienten hervorzuheben, und dessen Romantik und Mystik in gewissem Maße an die deutsche Neuromantik und Gnostik des späten 19. Jahrhunderts erinnert. Solche theoretischen und kulturellen Verwerfungen können durchaus als Teil des allgemeinen, oft mit *New Age* oder postmodernen Strömungen des späten 20. Jahrhunderts verbundenen Trends im heutigen analytischen Diskurs gesehen werden und sind deshalb keine Eigenheit der israelischen Gesellschaft und ihrer analytischen Kultur. Dennoch ist dieser Trend eine sozialhistorische Prüfung wert.

Eine mögliche Erklärung wäre, dass Israels politische Kultur, in der Gewalt, Allmachtsgefühl, projektive Identifikation, Selbstidealisierung und Opferbewusstsein gegenüber der Übernahme von Verantwortung und Trauerarbeit dominieren, einmal mehr jene neuromantische Gefühlslage beschwört, von der frühere Versuche, den Zionismus und die Psychoanalyse miteinander zu vereinbaren, geprägt waren. Zu Israels schwindender Bereitschaft, sich kritisch mit der eigenen Rolle bei der Eskalation des israelisch-arabischen Konflikts auseinanderzusetzen, passt etwa die wachsende Beliebtheit psychoanalytischer Theorien, die am treffendsten als »traumazentrisch« bezeichnet werden könnten. Solche Theorien neigen dazu, den Patienten nicht etwa als verantwortlich Handelnden, sondern als passive Schablone darzustellen, in welche die Gräuel und Unzulänglichkeiten des signifikanten Anderen eingraviert sind. Sie neigen dazu, das Leiden von Patienten exzessiven Frustrationen, elterlichen Versäumnissen oder anderen konkreten Widrigkeiten zuzuschreiben. Dieser Trend begleitet die ständige Abnahme des Interesses am dynamisch Unbewussten und an der Stärkung des Verantwortungsgefühls des Patienten hinsichtlich der kreativen und destruktiven Kräfte in seiner Psyche. Es könnte aber auch sein, dass dieser Trend auf mehrfache Weise von einer politischen Kultur bestimmt, vielleicht sogar verstärkt wird, die, während sie sich vom Vaterrecht abwendet, die Einsicht fördert, dass für alles Schlechte nur die anderen verantwortlich sind. Vereinfachende Analogien zwischen politischen Kulturen der Schuldzuweisung und dem Umstand, dass Psychoanalytiker Modelle bevorzugen, die die maternalistische Ordnung oder die Rolle äußerer Einflüsse auf die psychische Gesundheit betonen, sind dennoch mit großer Besonnenheit zu postulieren. Die anhaltende existenzielle Bedrohung und die nach wie vor spürbaren Folgen der Schoah werden Israels Bereitschaft, für die wachsende Isolation Verantwortung zu übernehmen, weiterhin schmälern, und der selbstgerechten

Politik der Omnipotenz weiterhin Auftrieb geben. Es leuchtet ein, dass die analytische Arbeit in einem von militantem Nationalismus und religiösem Fanatismus geprägten politischen Raum weiterhin eine besondere Herausforderung darstellen wird für Analytiker, die bestrebt sind, die konkrete Realität ihrer Patienten in eine bedeutungsvolle psychische Erfahrung zu verwandeln. Doch um dieser Herausforderung gerecht zu werden, können sich israelische Psychoanalytiker nicht mehr damit begnügen, sich an Freuds Rat zu halten, »ihre Libido vom Vaterland abzuziehen«. Heute braucht es dazu einiges mehr.

Anmerkungen

Vorwort

1 Freud, Die endliche und die unendliche Analyse, 86.

Einleitung: Ein teurer Traum

1 Freud an Eitingon, 13. November 1922, in: Freud/Eitingon, Briefwechsel 1906–1939, 305.
2 Zweig, Traum ist teuer.
3 O'Doherty, Zionism Bad, Zionists … Good?
4 Vgl. Shapira, Land and Power; Horowitz/Lissak, Origins of the Israeli Polity; Shafir, Land, Labor and the Origins of the Israeli-Palestinian Conflict, 1882–1914; Gorny, Zionism and the Arabs, 1882–1948.
5 Vgl. Damousi, Freud in the Antipodes; ders./Plotkin, The Transnational Unconscious; Decker, Freud in Germany; Hale, Freud and the Americans; ders., The Rise and Crisis of Psychoanalysis in the United States; Hartnack, Vishnu on Freud's Desk; Hinshelwood, Psychoanalysis in Britain; Miller, Freud and the Bolsheviks; Timms/Segal, Freud in Exile; Hollander, Buenos Aires; Turkle, Psychoanalytic Politics; Plotkin, Freud in the Pampas.
6 Vgl. Hobsbawm, On History; Schorske, Fin-De-Siècle Vienna; Stanislawski, Zionism and the Fin De Siècle; Beller, Vienna and the Jews, 1867–1938; Boyer, Culture and Political Crisis in Vienna.
7 Vgl. Vital, The Origins of Zionism; Berkowitz, Zionist Culture and West European Jewry before the First World War; Myers, Re-Inventing the Jewish Past; Sand, Intellectuals, Truth, and Power; Golomb, Nietzsche and Zion; Shavit/Reinharz, Darwin and Some of His Kind (hebr.).
8 Vgl. Pick, Faces of Degeneration; Hess, Germans, Jews and the Claims of Modernity; Hirsch, »We Are Here to Bring the West, Not Only to Ourselves«.
9 Vgl. Elboim-Dror, Gender in Utopianism; Gluzman, Longing for Heterosexuality; Gilman, The Jew's Body; ders., The Case of Sigmund Freud; Biale, Eros and the Jews; Boyarin, Unheroic Conduct; Matti Bunzl, Theodor Herzl's Zionism as Gendered Discourse; Hart, Social Science and the Politics of Modern Jewish Identity; Efron, Defenders of the Race; Neumann, Land and Desire in Early Zionism.
10 Hotam, Moderne Gnosis und Zionismus.
11 Vgl. Vital, The Origins of Zionism; ders., Zionism. The Formative Years; ders., Zionism. The Crucial Phase; Avineri, The Making of Modern Zionism; Schweid, The Land of Israel; Funkenstein, Perceptions of Jewish History from Antiquity to the Present (hebr.); Reinharz/Shapira, Essential Papers on Zionism; Sternhell, The Founding Myths of Israel; Ohana, Political Theologies in the Holy Land.
12 Brief von Ernest Jones an Freud, 7. Dezember 1920, in: Wittenberger/Tögel (Hgg.), Die Rundbriefe des »Geheimen Komitees«, Bd. 1, 202.
13 Die jüdische Einwanderung in die biblische Heimat (Palästina bzw. Israel) wird im Hebräischen als Alija (Pl. Alijot; »Aufstieg«) bezeichnet. Der Begriff ist der Bibel und dem

Talmud entnommen und steht für den »Aufstieg« ins Heilige Land bzw. in die heilige Stadt Jerusalem im wörtlichen Sinn der religiösen Pilgerfahrt wie auch im metaphysischen Sinn.

14 Vgl. Bein, The Return to the Soil; Halpern/Reinharz, The Cultural and Social Background of the Second Aliyah; Ben-Artzi, Early Jewish Settlement Patterns in Palestine; Sternhell, The Founding Myths of Israel; Eisenstadt/Lissak (Hgg.), Zionism and the Return to History (hebr.).

15 Vgl. Wistrich/Ohana, The Shaping of Israeli Identity; Zerubavel, Recovered Roots.

16 Vgl. Fish, Is there a Text in this Class?

17 Vgl. Rolnik, Gedächtnis und Begehren.

1. Die Freudianer und der »Neue Mensch« der zionistischen Revolution

1 Ya'ari, in: Mintz, Pangs of Youth, 353.

2 Vgl. Bakan, Sigmund Freud and the Jewish Mystical Tradition; Robert, From Oedipus to Moses; Krüll, Die Entstehung der Psychoanalyse und Freuds ungelöste Vaterbindung; Klein, Jewish Origins of the Psychoanalytic Movement; Gay, A Godless Jew; Roith, The Riddle of Freud; Oxaal, The Jewish Origins of Psychoanalysis Reconsidered; Emanuel Rice, Freud and Moses; Yerushalmi, Freud's Moses; Frosh, Anti-Semitism and Anti-Goyism; Slavet, Racial Fever; Aron/Henik (Hgg.), Answering a Question with a Question; Richards (Hg.), The Jewish World of Sigmund Freud.

3 Vgl. Mosse, Nationalism and Sexuality; Gilman, The Jew's Body; ders., The Case of Sigmund Freud; Efron, Medicine and the German Jews; Hödl, Die Pathologisierung des jüdischen Körpers; Hart, Social Science and the Politics of Modern Jewish Identity; Berg, Bilder von »Luftmenschen«.

4 Brunner, The (Ir)Relevance of Freud's Jewish Identity to the Origins of Psychoanalysis.

5 Becker, Die Nervosität bei den Juden.

6 Lombroso, Der Antisemitismus und die Juden im Lichte der modernen Wissenschaft.

7 Zimmermann, Muscle Jews vs. Nervous Jews.

8 Hart, Social Science and the Politics of Modern Jewish Identity, 272. Marmorek diente Herzl als Vorlage für die Figur des Bakteriologen Professor Steineck in seinem utopischen Roman *Altneuland.*

9 Vgl. Gilman, Jewish Self-Hatred; Biale, Eros and the Jews; Matti Bunzl, Theodor Herzl's Zionism as Gendered Discourse; Gluzman, Longing for Heterosexuality.

10 Kafka, Schriften, Tagebücher, Briefe, 529; Vgl. Anz, Die Leiden einer Generation.

11 Ironischerweise schrieb Leo Baeck einen Aufsatz mit demselben Titel. Er wurde im selben Jahr als Antwort auf den Aufsatz des deutschen Theologen Adolf von Harnack *Das Wesen des Christentums* aus dem Jahr 1900 veröffentlicht. Ranks These teilt gewisse Aspekte mit Theodor Lessings Anschauung, wonach die Juden als Vermittler zwischen Mythos und Ethos wirkten.

12 Vgl. Klein, Jewish Origins of the Psychoanalytic Movement; Lieberman, Acts of Will; Rudnytsky, Reading Psychoanalysis.

13 Vgl. Spiegel, Freud's Refutation of Degenerationism.

14 Jones, The Life and Work of Sigmund Freud, 204.

15 Freud an Fliess, 21. September 1897, in: Freud, Briefe an Wilhelm Fliess, 283–286. Schon in seinem Aufsatz über die *Abwehr-Neuropsychosen* (1894) legte Freud dar, dass

bei Patienten, die an Abwehrhysterie leiden, weder von schwerer hereditärer Belastung noch von degenerativer Verkümmerung die Rede sein kann.

16 Roith, Hysteria, Heredity and Anti-Semitism.

17 Freud, Drei Abhandlungen zur Sexualtheorie, 37.

18 Brunner, The (Ir)Relevance of Freud's Jewish Identity to the Origins of Psychoanalysis.

19 Freud, Selbstdarstellung.

20 Freud an Abraham, 3. Mai 1908 in: Freud/Abraham, Briefwechsel 1907–1925, 46f.

21 Vgl. Blum, Anti-Semitism in Freud's Case Histories.

22 Freud an Barbara Low, 19. April 1936, in: Freud, Briefe 1873–1939, 442f.

23 Nunberg/Federn (Hgg.), Protokolle der Wiener Psychoanalytischen Vereinigung, 94.

24 Vgl. Brill, Max Eitingon; Pomer, Max Eitingon 1881–1943; Neiser, Max Eitingon; Schröter, Max Eitingon and the Struggle to Establish an International Standard for Psychoanalytic Training (1925–1929); ders., Der Steuermann; Wilmers, The Eitingons; Jones, Max Eitingon.

25 Eitingon an Freud, 3. Januar 1907, in: Freud/Eitingon, Briefwechsel 1906–1939, 49f.

26 C.G. Jung an Freud, 25. September 1907, in: Freud/Jung, Briefwechsel, 99f.

27 Freud an C.G. Jung, 19. September 1907, ebd., 98.

28 Hirschmüller, Max Eitingon über Anna O. (Breuer) in psychoanalytischer Betrachtung. Hirschmüller zufolge sprach Max Eitingon als Gast Freuds in dessen als Seminar abgehaltener Vorlesung über Neurosenlehre und Psychotherapie 1909.

29 Vgl. Heller, Anna Freud's Letters to Eva Rosenfeld; Boyarin, Unheroic Conduct; Young-Bruehl, Anna Freud.

30 Freud an Ferenczi, 10. November 1909, in: Freud/Ferenczi, Briefwechsel, 97–99.

31 Freud an Eitingon, 6. August 1927, in: Freud/Eitingon, Briefwechsel 1906–1939, 539.

32 AFM, Herzl an Freud, 1. Oktober 1902; vgl. Goldhammer, Herzl and Freud; Loewenberg, A Hidden Zionist Theme in Freud's »My Son, the Myops ...« Dream; ders., Sigmund Freud as a Jew; Falk, Freud and Herzl.

33 Marinelli/Mayer, Dreaming by the Book.

34 AFM, Freud an Druyanov, 3. Oktober 1910.

35 Vgl. Salberg, Hidden in Plain Sight.

36 Vgl. Schorske, Thinking with History; Marinelli, »Meine ... alten und dreckigen Götter«; Armstrong, A Compulsion for Antiquity.

37 Aḥad Ha'am an seine Schwester (Ester), 2. Juni 1912, in: Aḥad Ha'am, Collected Letters.

38 Zipperstein, Elusive Prophet.

39 Einige Jahre später erkundigte sich Eitingon in einem Brief an den damals in England lebenden Aḥad Ha'am darüber, ob es nach britischem Recht möglich sei, vor Abschluss der Scheidung von seiner ersten Frau erneut zu heiraten. Eitingon an Ginsberg, 6. Dezember 1912.

40 Ester Ginsberg an Aḥad Ha'am, 19. Mai 1912, in: Aḥad Ha'am, Collected Letters.

41 Eitingon an Freud, 18. Juni, 10. Juli 1912; Freud an Eitingon 23. Juni 1912, in: Freud/Eitingon, Briefwechsel 1906–1939, 74–76.

42 AHA, Aḥad Ha'am an Rivka Ginsberg, 9. August 1920.

43 Brentzel, Anna O. – Bertha Pappenheim; vgl. auch Jensen, Anna O.

44 Vgl. Decker, Freud, Dora, and Vienna 1900; Boyarin, Unheroic Conduct.

45 Brentzel, Anna O. – Bertha Pappenheim, 256.

46 Alroey, Immigrants, 161f.

47 Vgl. Knei-Paz, The Social and Political Thought of Leon Trotsky; James L. Rice, Freud's Russia; Etkind, Trotsky and Psychoanalysis; ders., Eros of the Impossible; Miller, Freud and the Bolsheviks; Kloocke, Mosche Wulff.

48 Freud, Zur Geschichte der Psychoanalytischen Bewegung. Für weitere kritische Äußerungen Freuds zum russischen Experiment vgl. Wortis, Fragments of an Analysis with Freud.
49 FCLC, Wulff, Interview mit Kurt Eissler, 27. Juli 1962.
50 Vgl. Naiman, Sex in Public; Halfin, Terror in My Soul; Bauer, The New Man in Soviet Psychology.
51 Wulff, Widerstand des Ichideals und Realitätsanpassung, 442 f.
52 Wulff, Revolution and Drive.
53 Vgl. Geller, The Conventional Lies and Paradoxes of Jewish Assimilation; Shapira, New Jews, Old Jews; dies., The Origins of the Myth of the »New Jew«.
54 Shapira, The Origins of the Myth of the »New Jew«; Sternhell, The Founding Myths.
55 Vgl. Simon, Sechzig Jahre gegen den Strom, 217 f.; Scholem, From Berlin to Jerusalem, 186.
56 Vgl. Schweid, The Idea of Modern Jewish Culture.
57 Vgl. Sengoopta, Otto Weininger.
58 Ahimeir, Two Theories on Sexuality, 4 f.
59 Wenn nicht anders vermerkt, sind sämtliche Zitate von Klatzkin entnommen aus: Hotam, Moderne Gnosis und Zionismus; ders., Nationalized Judaism and Diasporic Existence.
60 CZA, Klatzkin Collection, Klatzkin, Triebleben; Psychoanalyse, 7, unveröffentlichtes Manuskript.
61 Ders., Der Erkenntnistrieb als Lebens- und Todesprinzip. Vgl. Farber, Review of Jakob Klatzkins Erkenntnistrieb als Lebens- und Todesprinzip.
62 CZA, Klatzkin Collection, Freud an Klatzkin, 14. Februar 1935.
63 Ferenczi, Psychoanalysis and Education; vgl. Körner, Über das Verhältnis von Psychoanalyse und Pädagogik.
64 Vgl. McGrath, Dionysian Art and Populist Politics in Austria; Schorske, Fin-De-Siècle Vienna; Rose, Louis, The Freudian Calling.
65 Vgl. Berkowitz, Zionist Culture and West European Jewry before the First World War; Peled, »The New Man« of the Zionist Revolution; Hotam, Das Zeitalter der Jugend.
66 Vgl. Laqueur, Young Germany; Borinski/Milch, Jugendbewegung; Mosse, Masses and Man; ders., Nationalism and Sexuality; Williams, Ecstasies of the Young.
67 Schatzker, The Jewish Youth Movements as an Historical Phenomenon; ders., Jewish Youth in Germany between Judaism and Germanism.
68 Massen, Pädagogischer Eros.
69 Jerubaal ist ein Beiname des israelitischen Richters Gideon, der die Altäre zerstörte, auf denen die Israeliten dem kanaanitischen Gott Baal Opfer darbrachten.
70 Bernfeld, Die Schulgemeinde und ihre Funktion im Klassenkampf.
71 Vgl. Utley, Siegfried Bernfeld's Jewish Order of Youth; Hoffer, Siegfried Bernfeld and Jerubaal; John Bunzl, Siegfried Bernfeld und der Zionismus; Rechter, The Jews of Vienna and the First World War; Volkov, Germans, Jews, and Antisemites.
72 Bernfeld/Feitelberg, The Principle of Entropy and the Death Instinct.
73 Reshef/Dror, Hebrew Education in the Years of the National Homeland.
74 YIVO, Bernfeld Collection, Idelson an Bernfeld, 9. September 1921.
75 AJE, Idelson Collection, Idelson, Tagebuch.
76 Haschomer Hatzair war der Zusammenschluss zwischen Haschomer (Der Wächter), einer zionistischen Pfadfindergruppe, und Tzeirej Tzion (Die Jugend Zions), einem ideologischen Zirkel, der sich in das Studium des Zionismus, des Linkssozialismus und der jüdischen Geschichte vertiefte. In den späten 1920er Jahren besaß die Bewegung vier Kibbuzim in Palästina. Sie gründete auch eine politische Partei, die für eine binationale Lösung des jüdisch-arabischen Konflikts und Gleichberechtigung der Juden und Araber eintrat.

77 Vgl. Margalit, Hashomer Hazair; Mintz, Pangs of Youth; Peled, »The New Man« of the Zionist Revolution; Ufaz, The World of Symbols in Kehilateinu.

78 Aus einem Aufsatz, den Meir Ya'ari aus Palästina nach Wien schickte, wahrscheinlich Ende Februar oder Anfang März 1921. Die Zitate von Meir Ya'ari sind dem Abschnitt »Schriften von Meir Ya'ari« (hebr.) entnommen, der Matityahu Mintz' Arbeit *Pangs of Youth* abschließt, hier 353.

79 Ebd., 374.

80 Ebd., 376.

81 Ya'ari dürfte mit *klipa* (Schale) absichtlich ein hebräisches Wort mit kabbalistischer Bedeutung gewählt haben, gemeint ist die falsche Äußerlichkeit des Menschen. In der jüdischen Mystik bezeichnet das Wort auch eine fremde oder falsche Hülle, die den Geist daran hindert, sich auszudrücken oder erkannt zu werden.

82 Vgl. Adir Cohen, The Educational Philosophy of Martin Buber; Wehr, Martin Buber; Hotam, Moderne Gnosis und Zionismus.

83 Vgl. Eitingon an Freud, 16. Februar 1939, in: Freud/Eitingon, Briefwechsel 1906–1939, 919.

84 Buber Agassi, Einleitung.

85 Buber, Rede über das Erzieherische, 136.

86 Yaron, Martin Buber.

87 Buber, Rede über das Erzieherische, 140.

88 Ebd., 141.

89 Ebd., 153.

90 Ebd., 154.

91 Buber, Das Unbewusste, 221.

2. Die Pioniere der Psychoanalyse und ihr Unbehagen

1 Vgl. Gelber, New Home; Elboim-Dror, He is Coming from among Ourselves; Stone, German Zionists in Palestine before 1933.

2 Vgl. Hinshelwood, Psychoanalysis in Britain; ders., The Organizing of Psychoanalysis in Britain.

3 Eder, Psychoanalysis in Politics; Feigenbaum, Montagu David Eder; Glover, David Eder as a Psychoanalyst.

4 Vgl. Segev, One Palestine, Complete.

5 Weiner, Out of the Family.

6 Zit. nach ebd., 62.

7 Zit. nach Leonard Stein, Eder as Zionist, 139.

8 Bentwich, David Eder in Eretz Israel.

9 Eder, Psychoanalysis in Politics, 141.

10 Eder an Weizmann, zit. nach Segev, One Palestine, Complete, 120.

11 Arthur Ruppin an Hanna Ruppin, 22. Dezember 1923, zit. nach Ruppin, Tagebücher, Briefe, Erinnerungen, 356 f.

12 Brief Ruppin, 22. Februar 1922, ebd., 335.

13 Brief Ruppin, 31. Dezember 1931, ebd., 435.

14 Brief von Ernest Jones an Freud, 7. Dezember 1920, in: Wittenberger/Tögel (Hgg.), Die Rundbriefe des »Geheimen Komitees«, Bd. 1, 202.

15 Ebd., sowie Jones an Rank, 19. Oktober 1920, beide in: Wittenberger/Tögel (Hgg.), Rundbriefe des »Geheimen Komitees«, Bd. 1, 92–96 und 202–204.

16 Ferenczi an Freud, 26. Februar 1927, in: Freud/Ferenczi, Briefwechsel, 135. Ferenczi traf Weizman bei Edward Bernays, dem Vater der Öffentlichkeitsarbeit und einem der Ersten, die versuchten, die öffentliche Meinung durch das Unbewusste zu manipulieren. Sein Vater, Ely Bernays, war der Bruder von Freuds Frau Martha, seine Mutter war Freuds Schwester Anna.
17 Vgl. Lipman Halpern, Some Data of the Psychic Morbidity of Jews and Arabs in Palestine; Witztum/Margolin, Establishment of the »Ezrath Nashim« Psychiatric Hospital in Jerusalem; Zalashik, Das unselige Erbe.
18 Einer von Feigenbaums bemerkenswertesten Beiträgen zur klinischen Theorie war das Konzept der Depersonalisierung als Abwehrmechanismus gegen Angstneurosen und Angstpsychosen, vgl. Feigenbaum, Depersonalization as a Defense Mechanism.
19 Vgl. Alroey, Suicide in the Second and Third Aliya Periods.
20 Zit. nach Zalashik, Psychiatry, Ethnicity and Migration, 412.
21 Ebd., 413.
22 Feigenbaum an Leopold Weiss, zit. nach Windhager, Leopold Weiss alias Muhammad Asad, 106.
23 Zit. nach ebd., 84.
24 Zit. nach ebd., 125.
25 Ebd., 230.
26 Vgl. Kramer, The Road from Mecca.
27 Zit. nach Windhager, Leopold Weiss alias Muhammad Asad, 82.
28 Vgl. Gumbel, Psychoanalysis in Israel; Winnik, Milestones in the Development of Psychoanalysis in Israel; Hertz, Pioneers and Psychoanalysis; Moses, A Short History of Psychoanalysis in Palestine and Israel, 1992 und 1998; Rolnik, Mit Freud nach Palästina; Liban, Freuds Einwanderung nach Eretz Israel.
29 Bergmann an Weltsch, 7. Juni 1922, in: Bergmann, Tagebücher und Briefe, 171 f.
30 Tagebuch Bergmann, 3. März, 1935, in: ebd., 385.
31 Anonym, 1924, 101.
32 Bergmann an Weltsch, 27. März 1923, in: Bergmann, Tagebücher und Briefe, 180.
33 Anonym, 1924, 101.
34 Feigenbaum, Problemot psichologiot schebe-Jaldut ube-Bachrut we-Jachassan la-Chinuch [Psychische Probleme in der Kindheit und Pubertät und ihr Bezug zur Erziehung].
35 ANYP, Feigenbaum, Lebenslauf und Brief an Albert Polon, 26. Januar 1925.
36 Bergmann an Weltsch, 25. Oktober 1926, in: Bergmann, Tagebücher und Briefe, 281.
37 Vgl. Bettelheim, Freud und die Seele des Menschen; Ornston (Hg.), Translating Freud.
38 Vgl. Ornan, The Revival of Hebrew; Even-Zohar, The Emergence of a Native Hebrew Culture in Palestine; Zohar Shavit (Hg.), The History of the Jewish Community in Eretz Israel since 1882; Efrati, The Evolution of Spoken Hebrew in Pre-State Israel.
39 Vgl. Sheffi, The Hebrew Absorption of German Literature; dies., Vom Deutschen ins Hebräische.
40 Golomb, Nietzsche and Zion; Rolnik, The Migration of Psychoanalysis from Central Europe and the Reception of the Freudian Paradigm in Jewish Palestine 1919–1950. 1935 wurde ein spezielles Unterkomitee des hebräischen Sprachkomitees »Wa'ad ha-Laschon« eingerichtet, um die hebräischen Entsprechungen für die Begriffe der Psychoanalyse festzulegen, und die junge Psychoanalytische Gesellschaft in Palästina bat darum, einen Experten in dieses Komitee entsenden zu dürfen. ECI, Wa'ad ha-Laschon an Max Eitingon, 8. Februar 1935.
41 Vgl. Roazen, Freud's Political and Social Thought; Brunner, Freud and the Politics of Psychoanalysis.
42 Sand, Intellectuals, Truth, and Power, 153.

43 Reinharz/Shapira, Essential Papers on Zionism; Almog, The Sabra.
44 Strikovsky, Review of Freud's Group Psychology and the Analysis of the Ego.
45 AFM, Freud an den Hebräischen Lehrerverband, 14. September 1928.
46 Strikovsky, Review of Freud's Group Psychology and the Analysis of the Ego.
47 Bergmann, Review of Freud's Group Psychology and Ego Analysis.
48 AFM, Freud an Hugo Bergmann, 19. Mai 1926.
49 Bergmann, A Critic of Psychoanalysis.
50 Ebd.
51 Bergmann, Sigmund Freud in Memoriam.
52 Interview mit Ora Rafael, der Tochter des Übersetzers.
53 AFM, Freud an Yehuda-Dvir Dwosis, 15. Dezember 1930.
54 Curt Jacoby, Analyse eines Coitus-interruptus-Traumes.
55 AFM, Freud an Dr. Chavkin, 24. März 1934.
56 Velikovsky, Psychoanalytische Anschauungen in der Traumdeutungskunst der alten Hebräer nach dem Traktat Brachoth.
57 Ders., Kann eine neuerlernte Sprache zur Sprache des Unbewussten werden?
58 Ebd., 238 f.
59 Stengel, On Learning a New Language.
60 FCLC, Lewinson an Freud, 5. August 1936.
61 FCLC, Freud an Lewinson, 18. August 1936.
62 Freud an Eitingon, 4. Februar 1921, in: Freud/Eitingon, Briefwechsel 1906–1939, 239 f.
63 Freud 1926, zit. nach Jones 1957, 422.
64 Vgl. Schweid, The Idea of Modern Jewish Culture; Rose, Jacqueline, The Question of Zion.
65 Freud an Karl Abraham, 10. Dezember 1917, in: Freud/Abraham, Briefwechsel 1907–1925, 572.
66 Freud, Message on the Opening of the Hebrew University, 298.
67 AFM, Freud an Magnes, 5. Oktober 1933.
68 FCLC, Freud an Immanuel Velikovski, 15. Januar 1922.
69 Boyarin, Unheroic Conduct, 222.
70 Jones an Freud, 6. September 1921, in: Freud/Jones, Briefwechsel 1908–1939, 438 f.
71 Freud, Vorrede zur hebräischen Ausgabe der »Vorlesungen zur Einführung in die Psychoanalyse«, 274 f.
72 Freud an Arnold Zweig, 8. Mai 1932, in: Freud/Zweig, Briefwechsel, 49 f.
73 AFM, Freud an Dwosis, 15. Dezember 1930.
74 Freud, Vorrede zur hebräischen Ausgabe von »Totem und Tabu«, 569.
75 INL, Freud an Chaim Koffler, 26. Februar 1930.
76 INL, Schwadron Collection, Koffler an Schwadron, 2. April 1930.

3. Berlin ist uns verloren

1 Vgl. Ash, Central European Emigré Psychologists and Psychoanalysts in the United Kingdom; ders./Soellner (Hgg.), Forced Migration and Scientific Change; Gast, Fluchtlinien – Wege ins Exil; Peters, Psychiatrie im Exil; Haynal, Central European Psychoanalysis and Its Move Westwards in the Twenties and Thirties; Kurzweil, Psychoanalytic Science; Steiner, It is a New Kind of Diaspora; ders., In All Questions […]; Rolnik, Mit Freud nach Palästina; Makari, Revolution in Mind; Thompson, The Transformation of Psychoanalysis in America.

2 Limentani, The Psychoanalytic Movement during the Years of the War (1939–1945) According to the Archives of the IPA.
3 Ders., A Brief History of The International Psychoanalytical Association.
4 Vgl. Little, Winnicott Working in Areas where Psychotic Anxieties Predominate; Stonebridge, Anxiety at a Time of Crisis.
5 Gay, Weimar Culture; Laqueur, Weimar; Willett, The Weimar Years; Neumann, Being-in-the-Weimar-Republic.
6 Danto, Freud's Free Clinics; Frank/Hermanns/Löchel, Psychoanalyse aus Berlin 1920–1933.
7 Schröter, Max Eitingon and the Struggle to Establish an International Standard for Psychoanalytic Training (1925–1929); May, Psychoanalyse in Berlin.
8 Vgl. Thompson, Early Women Psychoanalysts; Paris, Karen Horney; Müller, Von Charlottenburg zum Central Park West.
9 Die Berichte des Instituts nennen die Hysterie als die häufigste Diagnose bei Frauen. Demnach wurden in der Betriebszeit der Poliklinik 129 Frauen wegen Hysterie behandelt. Die zweithäufigste Diagnose bei Männern und Frauen war obsessive Neurose; Eitingon, Bericht über die Berliner Psychoanalytische Poliklinik; Oberndorf, The Berlin Psychoanalytic Policlinic.
10 Vgl. Russell Jacoby, The Repression of Psychoanalysis; Gekle/Kimmerle (Hgg.), Geschichte der Psychoanalyse in Berlin; May, Psychoanalyse in Berlin; Rolnik, »Wo sich die Intellektuellen gegenseitig im Wege stehen«.
11 Vgl. Grosskurth, The Secret Ring.
12 Schröter, Der Steuermann.
13 Das Manuskript wurde im Psychoanalytischen Institut in Jerusalem aufbewahrt und 1970 dem Freud-Archiv in Washington übergeben.
14 Vgl. Elias, The Civilizing Process.
15 Lepenies, Kultur und Politik.
16 LBI, Rat der Stadt Leipzig an Max Eitingon, 28. Dezember 1932.
17 1928, kurz nach Einweihung des Krankenhauses, wurde eine benachbarte Straße nach Chaim Eitingon benannt; Kreutner, Mein Leipzig. Zum Schicksal des Israelitischen Krankenhauses der Eitingon-Stiftung vgl. Lorz, Die Erinnerung soll zum Guten gereichen, 185–215.
18 Friedländer, Nazi Germany and the Jews, Bd. 1, 258; Strauss, Jewish Emigration from Germany, Teil 1, 326 f.
19 Efron, Medicine and the German Jews; Klee, Deutsche Medizin im Dritten Reich.
20 ECI, Hanns Sachs an Max Eitingon, 1. Februar 1933.
21 Vgl. Brainin/Kaminer, Psychoanalyse und Nationalsozialismus; Lohmann (Hg.), Psychoanalyse und Nationalsozialismus; Cocks, Psychotherapy in the Third Reich; Gay, Freud; Brecht u. a. (Hgg.), Here Life Goes On in a Most Peculiar Way; Lockot, Die Reinigung der Psychoanalyse; Eickhoff, The Formation of The German Psychoanalytical Association (DPV); Schröter, »Hier läuft alles zur Zufriedenheit, abgesehen von den Verlusten«.
22 Eitingon an Freud, 19. März 1933, in: Freud/Eitingon, Briefwechsel 1906–1939, 846 f.
23 Idelson, zit. in Wulff (Hg.), Max Eitingon, 64 f.
24 ECI, Eder an Eitingon, 3. Februar 1925.
25 Unter Eitingons Briefen befinden sich zwei Einladungen Albert Einsteins zu Vorträgen dieser Zionistenführer bei sich zu Hause; ECI, Einstein an Eitingon, 8. Februar 1924 und 4. Januar 1925.
26 Eitingon an Freud, 21. April 1933, in: Freud/Eitingon, Briefwechsel 1906–1939, 857.
27 Eitingon an Freud, 24. März 1933, in: Freud/Eitingon, Briefwechsel 1906–1939, 850.
28 Vgl. den Abdruck der kompletten Liste bei Rolnik, The Migration of Psychoanalysis from Central Europe and the Reception of the Freudian Paradigm in Jewish Palestine 1919–1950.

29 Bohleber, Psychoanalyse in Stuttgart.
30 ECI, Benedek an Eitingon, 29. Juni 1933; vgl. Weidemann, Leben und Werk von Therese Benedek (1892–1977).
31 ECI, Eitingon an Benedek, 30. Juni 1933.
32 ECI, Eitingon an Brill, 19. Januar 1933.
33 Brecht u. a. (Hgg.), Here Life Goes On in a Most Peculiar Way.
34 Goggin/Goggin/Hill, Emigrant Psychoanalysts in the USA and the FBI Archives.
35 Wulf, Literatur und Dichtung im Dritten Reich, 49 f.
36 ECI, Eitingon an Brill, 8. Juli 1933.
37 ECI, Eitingon an Boehm, 21. November 1933.
38 Freud an Jones, 23. August 1933, in: Freud/Jones, Briefwechsel 1908–1939, 91.
39 AFC, Anna Freud an Eitingon, 16. April 1933.
40 Einstein an Eitingon, 18. Januar 1934, abgedruckt in Rolnik, »Wo sich die Intellektuellen gegenseitig im Wege stehen«, 90.
41 Freud an Eitingon, 1. März 1934, in: Freud/Eitingon, Briefwechsel 1906–1939, 874; in einem früheren Brief an Eitingon (23. November 1930) hatte Freud Einstein »völlige Verständnislosigkeit für die Psychoanalyse« attestiert. Vgl. Grubrich-Simitis, »No Greater, Richer, More Mysterious Subject […] than the Life of the Mind«.
42 ABS, Jones an Anna Freud, 19. September 1933.
43 Freud an Zweig, 10. Februar 1937, reproduziert in: Freud/Eitingon, Briefwechsel 1906–1939, 976–978.
44 Freud an Eitingon, 5. Oktober 1933, in: Freud/Eitingon, Briefwechsel 1906–1939, 869 f.
45 Eitingon an Freud, 2. November 1933, in: Freud/Eitingon, Briefwechsel 1906–1939, 870–873.
46 ABS, Anna Freud an Jones, 7. November 1933.
47 ABS, Jones an Boehm, 24. Juli 1934; Anna Freud an Jones, 18. August 1934; Felix Boehm an Jones, 15. November 1935; Jones an Anna Freud, 2. September 1933; vgl. Brecht, Der »Fall Edith Jacobson«.
48 ABS, Anna Freud an Jones, 18. August 1934.
49 ABS, Boehm an Jones, 15. November 1935.
50 ABS, Jones an Anna Freud, 2. September 1933.
51 Vgl. Brecht, Der »Fall Edith Jacobson«; Lockot, Die Reinigung der Psychoanalyse; May/Mühlleitner, Edith Jacobson; Schröter/Mühlleitner/May, Edith Jacobson. Forty Years in Germany; Steiner, In All Questions […].
52 ABS, Boehm an Jones, 15. November 1935; daraus nachfolgend zitiert.
53 Vgl. Kuriloff, The Holocaust and Psychoanalytic Theory and Praxis.
54 ECI, Boehm an Anna Freud, 11. Dezember 1935.
55 Friedländer, Nazi Germany and the Jews, Bd. 1, 252.
56 Fenichel, 119 Rundbriefe in 2 Bänden, Bd. 2, 702.
57 Vgl. Stadler, Vertriebene Vernunft.
58 Sterba, Erinnerungen eines Wiener Psychoanalytikers, 160.
59 Huber, Psychoanalyse in Österreich seit 1933, 28.
60 Rolnik, Final Analysis.
61 Gay, Freud.
62 Eitingon an Freud, 26. März 1938, in: Freud/Eitingon, Briefwechsel 1906–1939, 900.
63 ECI, Jones an Eitingon, 23. März, 4. April, 13. Mai und 21. Mai 1938. Vgl. Hall, The Fate of the Internationaler Psychoanalytischer Verlag.
64 ECI, Anna Freud an Eitingon, 22. April 1938; sowie Anna Freud an Eitingon, 19. Mai 1938.
65 ECI, Jones an Eitingon, 23. März 1938.
66 Freud, Der Mann Moses und die monotheistische Religion, 223.

67 ECI, Edward Glover an Lawrence Kubie, 21. Dezember 1938.
68 ECI, Kubie an Franz Alexander, 10. Januar 1939; Kubie an Edward Glover, 12. Januar 1939.
69 Vgl. Kirsner, Unfree Associations; Thompson, The Transformation of Psychoanalysis in America.
70 ANYP, Max Stern an Edward Kornwald, 16. März 1954.
71 Galef, Dr. Max Stern's 80th Birthday; Stern, Repetition and Trauma.
72 ANYP, Max Stern an Karl Menninger, 13. April 1954.
73 Grinberg/Grinberg, Psychoanalytic Perspectives on Migration and Exile; Haynal, Central European Psychoanalysis and Its Move Westwards in the Twenties and Thirties.
74 Deutsch, zit. nach Roazen, Helene Deutsch, 284.
75 Stepansky, The Memoirs of Margaret S. Mahler.
76 Mahler, zit. nach ebd., 121.
77 Russell Jacoby, The Repression of Psychoanalysis.
78 Vgl. Cushman, Constructing the Self, Constructing America.
79 Bloom, The Closing of the American Mind.
80 Federn, Psychoanalysis.
81 Vgl. Wünschmann, The »Scientification« of the Nazi Camps; Bettelheim, Individual and Mass Behavior in Extreme Situations; ders., Aufstand gegen die Masse, 105–108.
82 Ders., Freud und die Seele des Menschen.
83 Hartmann, Ego Psychology and the Problem of Adaptation.
84 Vgl. Hale, Freud and the Americans; ders., The Rise and Crisis of Psychoanalysis in the United States; Govrin, Between Abstinence and Seduction.
85 Strozier, Heinz Kohut, 323.
86 Vgl. Jay, The Dialectical Imagination; Bohleber, Die Konstruktion imaginärer Gemeinschaften und das Bild von den Juden; Frosh, Anti-Semitism and Anti-Goyism.
87 Adorno, Was bedeutet: Aufarbeitung der Vergangenheit, 569 f.

4. Migration und Interpretation

1 Vgl. Strauss/Röder, International Biographical Dictionary of Central European Emigres 1933–1945; Strauss, Jewish Emigration from Germany; Geter, The Immigration from Germany in the Years 1933–1939; Niederland, Deutsche Ärzte-Emigration und gesundheitspolitische Entwicklungen in »Eretz Israel« (1933–1948); ders., The Emigration of Jewish Academics and Professionals from Germany, in the First Years of Nazi Rule, 285 f.; ders., German Jews – Immigrants or Refugees?; Sela-Shefi, Integration through Distinction; Zalashik/Davidovitch, Professional Identity across the Borders; Levi, The Immigrant Physicians from Nazi Germany and their Contribution to Medicine in Eretz Israel.
2 Als »Jeckes« wurden, insbesondere von den aus dem östlichen Europa stammenden Juden Palästinas, die jüdischen Einwanderer aus Deutschland und Österreich bezeichnet, wobei vor allem deren Prägung durch die deutsche Kultur – Muster wie Gründlichkeit, aber auch Überheblichkeit und eine distanzierte Haltung gegenüber Sprache und Kultur Palästinas – konnotiert wurde. Das Verhältnis der deutsch-jüdischen Immigranten zu diesem Spottnamen blieb ambivalent und reichte von Ablehnung bis zu selbstironischer Übernahme; vgl. Dachs (Hg.), Jüdischer Almanach.
3 Vgl. Heid (Hg.), »Das nenne ich ein haltbares Bündnis!«.
4 Ebd., 36.
5 Vgl. Viest, Identität und Integration; Grab, Nicht aus Zionismus, sondern aus Österreich;

Lavsky, German Zionists and the Emergence of Brit Shalom; dies., Before Catastrophe; Gordon, The Orient.

6 Vgl. Fermi, Illustrious Immigrants; Jay, Permanent Exiles; Peters, Psychiatrie im Exil; Ash/Soellner (Hgg.), Forced Migration and Scientific Change; Hassler/Wertheimer (Hgg.), Der Exodus.

7 Vgl. Aschheim, Brothers and Strangers; Zimmerman, German Jews and the Jewish Emigration from Russia.

8 Smeliansky/Nacht, Max Eitingon, von Freunden gesehen.

9 Vgl. Lavsky, Before Catastrophe.

10 Wulff, Dr. Ilja Shalit Obituary.

11 Eitingon an Freud, 25. April 1935, in: Freud/Eitingon, Briefwechsel 1906–1939, 888.

12 ECI, Eitingon an Glover, 31. Oktober 1934.

13 ECI, Statut der Psychoanalytischen Gesellschaft Palästinas.

14 ECI, Margarete Brandt, Unveröffentlichter Bericht über die ersten sieben Tätigkeitsjahre des Jerusalem Psychoanalytic Institute, 1941.

15 Ebd.

16 Vgl. Worman, German Jews in Israel; Gordon, The Orient; Heid (Hg.), »Das nenne ich ein haltbares Bündnis!«.

17 Nach Auskunft von Hildesheimers Schwester, Chava (Eva) Teltsch, war Mira Eitingon möglicherweise eine der ersten Käuferinnen von Hildesheimers Grafiken; sie hat wohl auch Kunsttischlerarbeiten und einzelne Möbelstücke von ihm erstanden. Buchholz, »... ich wäre mir ohne sie gar nicht denkbar«.

18 Hildesheimer, zit. nach ebd., 150.

19 Hildesheimer, Die Subjektivität des Biographen, 468.

20 ECI, Margarete Brandt, Unveröffentlichter Bericht über die ersten sieben Tätigkeitsjahre des Jerusalem Psychoanalytic Institute, 1941.

21 Schalit, zit. in ebd.

22 AZA, Arnold Zweig, Emigration und Neurose, unveröffentlichtes Manuskript, vorgetragen im Psychoanalytischen Institut Jerusalem 1937; erwähnt auch in Eitingons Brief an Freud vom 24. Januar 1937, in: Freud/Eitingon, Briefwechsel 1906–1939, 894, sowie in AZA, Eitingon an Zweig, 6. Januar 1937.

23 Kloocke, Mosche Wulff.

24 Winnicott, Transitional Objects and Transitional Phenomena; Wulff, Fetishism and Object Choice in Early Childhood.

25 Wulff, A Case of Male Homosexuality.

26 ECI, Eitingon an Anna Freud, 22. März 1935.

27 Shmuel Golan an Otto Fenichel, 15. September 1938, in: Fenichel, 119 Rundbriefe in 2 Bänden, Bd. 2, 982; AJE, David Idelson Collection, Curriculum of the David Eder Institute for Psychoanalysis.

28 ECI, Eitingon an Wulff, 24. März 1935.

29 ECI, Eitingon, Report für 1936–1938.

30 Eitingon an Freud, 12. Dezember 1938, in: Freud/Eitingon, Briefwechsel 1906–1939, 912f. Das Krankenhaus wurde von den Nationalsozialisten enteignet, überstand den Krieg aber weitgehend unbeschadet.

31 Freud an Max Halberstadt, 17. Februar 1935, in: Freud, Briefe an die Kinder, 639.

32 ECI, Martin Freud an Eitingon, 16. Juli 1935.

33 TAC, Martin Pappenheim an Israel Rokach, 9. August 1933.

34 TAC, Kermenzky und Schnirer an Meir Dizengoff, 28. September 1933; 2. Oktober 1933.

35 TAC, Halpern an Rokach (»im Namen von Pappenheims Freunden und Bewunderern«), 15. April 1934.

36 TAC, Meir Dizengoff an die Redaktion der Neuen Welt, 4. Oktober 1933.
37 Niederland, Deutsche Ärzte-Emigration und gesundheitspolitische Entwicklungen in »Eretz Israel« (1933–1948).
38 BPS, Eitingon an Ernest Jones, 4. Mai 1938.
39 ECI, Eitingon an Eric Mills, 17. Mai 1938.
40 ECI, Jones an Eitingon, 30. März 1939 und 29. April 1939.
41 Die Frage wurde im Zusammenhang mit dem Status von Laienanalytikern erörtert, die von den britischen Behörden medizinisch ausgebildeten Analytikern offenbar vorgezogen wurden, vermutlich weil von dieser Gruppe weniger Konkurrenz für einheimische Mediziner zu erwarten war; vgl. ECI, Jones an Eitingon, 5. Juni 1936.
42 Ash, Central European Emigré Psychologists and Psychoanalysts in the United Kingdom, 111.
43 ECI, Jones an Eitingon, 4. Mai 1938.
44 ECI, Jones an Eitingon, 3. Juli 1934.
45 BPS, Jones an Brill, 20. Juni 1933.
46 Edelstein, Heinz Zvi Winnik 1902–1982.
47 ECI, Jones an Eitingon, 28. März 1938.
48 ECI, Anna Freud an Eitingon, 22. Mai 1938; Elsa Pappenheim an Eitingon, 3. Februar 1939; Martin Pappenheim an Eitingon, 4. Juli 1938.
49 ECI, Dreyfuss an Eitingon, 15. Januar, 15. Februar und 28. Mai 1934; Fromm-Reichmann an Eitingon, 7. Juli 1934; vgl. Dreyfuss, Über die Bedeutung des psychischen Traumas in der Epilepsie.
50 ECI, Fromm-Reichmann an Eitingon, undatiert.
51 Eitingon an Freud, 7. Mai 1939, in: Freud/Eitingon, Briefwechsel 1906–1939, 925 f.
52 ECI, Eitingon an Jones, 4. Mai 1938.
53 BPS, Anna Freud an Jones, Mai 1938.
54 FCLC, Anna Freud an Eitingon, 22. Mai 1938.
55 ECI, Jones an Eitingon, 12. September 1939.
56 Vgl. Rolnik, The Migration of Psychoanalysis from Central Europe and the Reception of the Freudian Paradigm in Jewish Palestine 1919–1950, 305–314.
57 Über Friedjungs politische Aktivitäten in Wien vgl. Hitschmann, Sixtieth Birthday of Josef K. Friedjung; Reichmayr/Wiesbauer, Das Verhältnis von Sozialdemokratie und Psychoanalyse in Österreich zwischen 1900 und 1938; Gröger, Kinderarzt, Politiker, Psychoanalytiker; Mühlleitner, Biographisches Lexikon der Psychoanalyse.
58 Vgl. die lebhafte Schilderung in der Korrespondenz von Alix und James Strachey: Meisel/Kendrick (Hgg.), Bloomsbury/Freud.
59 Dotan, Adumim be-Erez Israel [Rote in Israel], 385–387.
60 ECI, Eitingon an die Hebräische Ärztevereinigung, 5. Februar 1936; Sekretär der Ärztevereinigung an Eitingon, 16. Februar 1936.
61 ECI, Wulff an Dr. Meir, 18. August 1944.
62 ECI, Schalit an Bikells, 3. März 1953.
63 Vgl. Mosse, Central European Intellectuals in Palestine.
64 ECI, Eder an Bernfeld, 1. Juli 1925.
65 Vgl. Goren, Dissenter in Zion; ders., The View from Scopus; Reinharz, Chaim Weizmann; Myers, Re-Inventing the Jewish Past; Uri Cohen, The History of the Hebrew University of Jerusalem.
66 Hermanns, Karl Abraham und die Anfänge der Berliner Psychoanalytischen Vereinigung; Kaderas, Karl Abrahams Bemühungen um einen Lehrauftrag für Psychoanalyse an der Friedrich-Wilhelms-Universität.
67 HUA, Eitingon an Magnes, 16. Oktober und 5. November 1933; Eitingon an Freud,

2. November 1933, in: Freud/Eitingon, Briefwechsel 1906–1939, 870–873; vgl. Rosenbaum, Freud-Eitingon-Magnes Correspondence; Liban, Freuds Einwanderung nach Eretz Israel.
68 HUA, Eitingon an Magnes, 16. Oktober 1933.
69 Interview mit Martin Bergmann, in: Liban, Freuds Einwanderung nach Eretz Israel, 325 f.
70 Zweig, Traum ist teuer, 243.
71 Freud an Israel Wechsler, 8. Mai 1929, in: Freud, Briefe 1873–1939, 383 f.; FCLC, Freud an Immanuel Velikovski, 15. Januar 1922.
72 ECI, Van Friesland an Magnes, 21. Oktober 1933 (korrigierte Fassung mit Eitingons Unterschrift).
73 ECI, Van Friesland an David Eder, undatiert; Max Eitingon, Nachruf auf Van Friesland, vorgetragen am 16. Dezember 1939.
74 Eitingon an Freud, 2. November 1933, in: Freud/Eitingon, Briefwechsel 1906–1939, 871.
75 Eitingon an Freud, ebd.
76 Auf Eitingons Anregung sind auch Freud and seine Tochter Anna Bezalel beigetreten; CZA, Martin Freud an Eitingon, 22. Mai 1935.
77 Freud an Eitingon, 1. März 1934, in: Freud/Eitingon, Briefwechsel 1906–1939, 874–876.
78 FCLC, Freud an David Baumgardt, 17. Dezember 1932; Freud an Wulff, 26. Juni 1932. Freuds Unterstützung für Wulff kam auch bei Freuds Treffen mit Baumgardt in London zur Sprache; LBI, Freud an Baumgardt, 3. November 1938 und 27. April 1939; Kurt Eissler an Baumgardt, 7. Juli 1952.
79 AFM, Magnes an Freud, 27. November und 2. Dezember 1933.
80 AFM, Freud an Magnes, 17. November und 5. Dezember 1933.
81 HUA, Van Friesland an Eitingon, 25. März 1933; Protokolle des Universitätssenats vom 14. Februar 1934.
82 Vgl. Bargal, Kurt Lewin and the First Attempts to Establish a Department of Psychology at the Hebrew University.
83 Andor Fodor, zit. nach Eitingon an Freud, 21. Juli 1934, in: Freud/Eitingon, Briefwechsel 1906–1939, 878 f.
84 ECI, Schalit in: Margarete Brandt, Unveröffentlichter Bericht über die ersten sieben Tätigkeitsjahre des Jerusalem Psychoanalytic Institute, 1941.
85 ECI, Abraham Brill an Eitingon, 19. Januar und 30. März 1935.
86 FCLC, Anna Freud Collection, Anna Freud an Eitingon, 11. Januar, 30. Januar und 4. April 1934 sowie 4. März 1935; Eitingon an Anna Freud, 12. März, 21. April und 17. Juli 1935.
87 Ebd., Anna Freud an Eitingon, 4. März 1935.
88 Ebd., Anna Freud an Eitingon, 11. Januar 1934, 30. Januar 1934, 4. April 1934 und 30. März 1935.
89 Ebd., Anna Freud an Eitingon, 30. März 1935.
90 Ebd., Anna Freud an Eitingon, 11. Mai 1934.
91 Ebd., Anna Freud an Eitingon, 7. April 1939.
92 ECI, Lowtzky, Report on Teaching Activities 1940–1944; dies. an Ilja Schalit, 19. Mai 1951. Schalit an Lowtzky, 9. Juni 1951.
93 Vgl. Nagler, Obituary; Gumbel, Über mein Leben mit der Psychoanalyse.
94 Vgl. Will, Was ist Klassische Psychoanalyse?
95 ECI, Der Chefredakteur der Zeitung Haaretz an Eitingon, undatiert.
96 Golan (Goldschein) an Fenichel, undatiert, in: Fenichel, Rundbriefe in 2 Bänden, Bd. 1, 194.
97 Shapira, Native Sons.
98 Oz, Eine Geschichte von Liebe und Finsternis, 20.

99 Vgl. Ohana, Political Theologies in the Holy Land.

100 Motty Eitingon, ein Neffe von Max, seit 1920 der bewunderte Erfolgsmensch und Ernährer der Familie Eitingon, war zwischenzeitlich Ziel von Untersuchungen des FBI wegen Verdachts auf »Infiltration und Missbrauch der amerikanischen Pelzindustrie durch Sowjetagenten«. 1946 brach sein Pelzimperium zusammen und er musste Konkurs anmelden. Seine letzten Besitztümer soll er irgendwo in Palästina versteckt haben. Nachum Eitingon, einst einer von Stalins berüchtigten Liquidatoren, wurde als »zionistischer Verschwörer« im Rahmen der Kampagne gegen die »Ärzteverschwörung« angeklagt, die den Höhepunkt von Stalins Paranoia und Säuberungen in der Partei darstellte, verbrachte mehrere Jahre in sowjetischen Gefängnissen und wurde kurz nach dem Zerfall der Sowjetunion postum rehabilitiert. Wilmers, The Eitingons, 365–441.

101 Vgl. Schröter, Max Eitingon ein Geheimagent Stalins? Die jüngste Wende in der Spionagedebatte ist der Versuch, den Sohn von Mirra Birens-Eitingon, Juli B. Chariton (1904–1996), einen bedeutenden sowjetischen Atomphysiker, mit der Max Eitingon vorgeworfenen Beteiligung in Verbindung zu bringen; vgl. Ginor/Remez, Her Son, the Atomic Scientist.

102 ECI, Jones an Eitingon, 8. Dezember 1938.

103 Freud an Arnold Zweig, 21. Februar 1936, in: Freud/Zweig, Briefwechsel, 132.

104 Vgl. Wolf, »Freund Eitingon«.

105 Freud an Zweig, 10. Februar 1937, in: Freud/Eitingon, Briefwechsel 1906–1939, 976–978.

106 AZA, Eitingon an Zweig, 24. Januar und 9. Februar 1940. Nach Freuds Tod veröffentlichte Eitingon einen Aufruf in der *Palestine Post* (Ausgabe vom 11. Januar 1941) an sämtliche Empfänger von Briefen Sigmund Freuds, ihm die Briefe im Original zuzusenden, damit Kopien angefertigt werden können.

107 Zweig an Eitingon, 16. Mai 1940; Eitingon an Zweig, 26. Mai 1940, in: Freud/Eitingon, Briefwechsel 1906–1939, 978 f.

108 Wulff (Hg.), Max Eitingon.

109 Klausner, Bibliothek von Dr. Eitingon; ECI, Schalit an die IPV, 5. Juli 1944. Eitingons außergewöhnliche Bibliothek ist heute Teil der Israelischen Nationalbibliothek.

110 ECI, Anna Freud an Moshe Wulff, 10. Dezember 1946.

111 King/Steiner, The Freud/Klein Controversies in the British Psycho-Analytical Society, XI.

5. Psychoanalyse Made in Palestine

1 Die Begriffe »Mental-« oder »Psychohygiene« werden von Psychologen und Psychiatern seit Mitte des 19. Jahrhunderts für ein breites Spektrum von Wissensgebieten, Technologien und Praktiken im Zusammenhang mit der Förderung der psychischen Gesundheit verwendet. Die Hygiene, definiert als Lehre von der Vermeidung von Krankheiten und der Förderung und Erhaltung der Gesundheit, umfasst beispielsweise Maßnahmen in den Bereichen Waschen, Schlafen, Essen, Bekleidung, Arbeit und Zeiteinteilung.

2 Carolyn Steedman befasst sich in *Strange Dislocations. Childhood and the Idea of Human Interiority, 1780–1930,* insbesondere mit Freuds Bild der Kindheit als individueller Vergangenheit in der Seele des Erwachsenen, die dessen Gegenwart prägt, aber fast unwiederbringlich verloren ist. Freuds Darstellung des Unbewussten war eine Theoretisierung der »Kindheit« in diesem Sinne, das heißt ein abstraktes Konzept der individuellen Vergangenheit – der Ereignisse und Wechselfälle des Lebens – zur Rekonstruktion von Krankheiten des erwachsenen Selbst. Steedman, Strange Dislocations.

3 Vgl. Ajzenstadt/Cavaglion, The Sexual Body of the Young Jew as an Arena of Ideological Struggle 1821–1948; Razi, Forsaken Children; dies., »The Family Is Worthy of Being Rebuilt«; Spector/Kitsuse, Constructing Social Problems.
4 TLCA, Idelson an das Gericht der Stadt Tel-Aviv-Jaffa, 20. November 1934.
5 ECI, Eitingon, Report on the First Year of Activity of the Jerusalem Psychoanalytic Institute, Frühjahr 1934.
6 ECI, Gershon Barag an Ilja Schalit, 9. November 1943.
7 Vgl. Wallerstein, Lay Analysis.
8 ECI, Eitingon an Schalit, 4. April 1943; Nofen an Eitingon, 28. Dezember 1934; Ziwar an Eitingon, 23. August 1943; Wulff an Ziwar, 19. September 1943, Abdel Hamid an Friedjung, 22. April 1943.
9 Vgl. Rolnik, The Migration of Psychoanalysis from Central Europe and the Reception of the Freudian Paradigm in Jewish Palestine 1919–1950.
10 Brachyahu, zit. nach Hirsch, »We Are Here to Bring the West, Not Only to Ourselves«, 581.
11 Brachyahus Übersetzung der Traumdeutung wurde erst jüngst von einer neuen abgelöst.
12 Brachyahu, Memoirs, 65.
13 Ders., The Life of Man, 153.
14 Hirsch, »Wir verbreiten hier Kultur«.
15 Cavaglion, The Institutionalization of Knowledge in Israeli Sex Education Programs.
16 Freundliche Mitteilung von Dr. Itamar Levi, Tel Aviv.
17 Vgl. Zalashik, Psychiatry, Ethnicity and Migration; Hirsch, »We Are Here to Bring the West, Not Only to Ourselves«.
18 ECI, Szold an Eitingon, 14. Dezember 1934.
19 Vgl. Ajzenstadt/Cavaglion, The Sexual Body of the Young Jew as an Arena of Ideological Struggle 1821–1948; Pappenheim, Matrot ha-Higjena ha-psichit [Die Ziele der psychischen Hygiene]; Weiner, Out of the Family.
20 Zalashik, Das unselige Erbe.
21 Rose, Nikolas S., Governing the Soul.
22 Razi, »The Family Is Worthy of Being Rebuilt«.
23 Brachyahu, The Life of Man, 114.
24 Idelson, The Child's Sexual Life.
25 Brachyahu, The Life of Man, 166.
26 Vgl. Hitschmann, Sixtieth Birthday of Josef K. Friedjung; Woolf, Joseph K. Friedjung; Reichmayr/Wiesbauer, Das Verhältnis von Sozialdemokratie und Psychoanalyse in Österreich zwischen 1900 und 1938; Gumbel, Psychoanalysis in Israel; Mühlleitner, Biographisches Lexikon der Psychoanalyse; Gröger, Kinderarzt, Politiker, Psychoanalytiker.
27 Friedjung, 5 Years Psycho-Analytical Educational Work among Jewish Youth Immigrants.
28 Ebd.
29 Ders., … und der Aufbau des Menschen?
30 Bernfeld, Die Schulgemeinde und ihre Funktion im Klassenkampf.
31 SHA, Zohar an Eliezer HaCohen, 30. März 1930.
32 SHA, Zohar an Federn, 31. Oktober 1929 und 17. September 1930.
33 ECI, Golan an Eitingon, 8. Juli 1933.
34 Golan an Fenichel, undatiert (1934), zit. in: Fenichel, 119 Rundbriefe in 2 Bänden, Bd. 1, 194.
35 Ebd.
36 Golan an Fenichel, 6. September 1936, zit. in: Fenichel, 119 Rundbriefe in 2 Bänden, Bd. 1, 193–195.

37 ECI, Margarete Brandt, Unveröffentlichter Bericht über die ersten sieben Tätigkeitsjahre des Jerusalem Psychoanalytic Institute, 1941.
38 Klein, Holocaust Survivors in Kibbutzim.
39 Vgl. Yitzhaki, Psychoanalysis in the Communal Education of Ha'Shomer Ha'Tzair; Rolnik, The Migration of Psychoanalysis from Central Europe and the Reception of the Freudian Paradigm in Jewish Palestine 1919–1950; Liban, Freuds Einwanderung nach Eretz Israel; ders./Goldman, Freud Comes to Palestine; Cavaglion, The Rise and Fall of Sexual Education in Ha'Shomer Ha'Tzair.
40 Vgl. Peled, »The New Man« of the Zionist Revolution.
41 Golan an Fenichel, zit. in Fenichels Rundbrief vom 15. Oktober 1938, in: Fenichel, 119 Rundbriefe in 2 Bänden, Bd. 1, 193–195.
42 Zohar/Golan, Sex Education, 5.
43 Ebd., 166.
44 Vgl. Safir, The Kibbutz. An Experiment in Social and Sexual Equality?; Yitzhaki, Psychoanalysis in the Communal Education of Ha'Shomer Ha'Tzair; Berman, Communal Upbringing in the Kibbutz; Spiro, Children of the Kibbutz; Rapaport, The Study of Kibbutz Education and Its Bearing on the Theory of Development; Bettelheim, Children of the Dream; Nagler, Clinical Observations on Kibbutz Children; Rabin, Growing up in the Kibbutz; außerdem ein persönlicher Bericht: Ne'eman, We Were the Future.
45 Reich, Geschlechtsreife, Enthaltsamkeit, Ehemoral.
46 FCLC, Bernfeld Collection, Freud an Bernfeld, 22. Mai 1932. In diesem Brief findet man auch Freuds Selbstverständnis als Wissenschaftler: »Ich bin kein Vertreter einer sog. Relativität unserer Erkenntnis, sondern glaube fest an die Möglichkeit absoluter Wahrheiten, also wirklicher Tatsachen, wenn auch unsere Meinungen darüber beständiger Korrekturen zur besseren Annäherung bedürfen. In diesem Punkt bleibe ich so unmodern wie nur möglich.«
47 Chasseguet-Smirgel/Grunberger, Freud or Reich?; Fallend/Nitzschke, Der »Fall« Wilhelm Reich; Corrington, Wilhelm Reich; Rolnik, »Why is it that I See Everything Differently?«.
48 Anonym, zit. in Zohar, Bejnejnu lebejn Azmenu [Unter uns], 17.
49 Liban/Goldman, Freud Comes to Palestine.
50 Ben-Shaul, Totem we-Tabu [Totem und Tabu].
51 AFM, Dwosis an Freud, 30. November 1938.
52 AFM, Freud an Dwosis, 4. Januar 1936.
53 Freud, Vorrede zur hebräischen Ausgabe von »Totem und Tabu«, 569.
54 Fußnote zur hebräischen Ausgabe von Freuds *Totem und Tabu*, 160.
55 Vgl. Roith, Hysteria, Heredity and Anti-Semitism.
56 Eitingon an Freud, 16. Februar 1939, in: Freud/Eitingon, Briefwechsel 1906–1939, 919.
57 Gordon, The Orient, 78.
58 Israel Cohen, Torat Froid weha-Mischtar [Freuds Lehre und die Herrschaft].
59 Vgl. Lasch, The Freudian Left and the Theory of Cultural Revolution.
60 Yaffe, Against the Current Consensus.
61 Ebd.
62 Nach 2 Sam 13 begehrte und vergewaltigte Amnon, der älteste Sohn König Davids, seine Schwester Tamar.
63 Yaffe, Nifradim [Getrennt], 305.
64 Ebd., 306.
65 Barag, Zur Psychoanalyse der Prostitution; ders., The Mother in the Religious Concepts of Judaism.

6. Ein psychoanalytischer Midrasch

1 TAC, Erwägungen des Preiskomitees, undatiert; Der Bürgermeister von Tel Aviv, Israel Rokach, an Zvi Wislavsky, 29. Januar 1945; Max Eitingon schrieb das Vorwort zur hebräischen Ausgabe von Freuds *Psychopathologie des Alltagslebens.*

2 Shalom, Jahaduto ha-mudcheket schel Froid [Freuds verdrängtes Judentum], 318.

3 Ebd., 319.

4 Vgl. Grubrich-Simitis, Early Freud and Late Freud; Said, Freud and the Non-European.

5 Rabbi Chaim Bloch emigrierte 1915 aus Galizien nach Wien, wo er zahlreiche Werke über jüdische Legenden veröffentlichte und für seine Gespräche und Briefwechsel mit berühmten jüdischen Gelehrten bekannt wurde. 1938 emigrierte er nach New York und machte sich dort einen Namen mit Essays gegen den Zionismus. Sein Bericht über die Begegnung mit Freud konnte von keiner anderen Quelle bestätigt werden.

6 Bloch, Pgischati im Froid we-Hitwakchuti ito al Mosche Rabenu [Meine Begegnung mit Freud und meine Diskussion mit ihm über Moses, unseren Lehrer].

7 Ebd., 102.

8 Ein Brief Nordaus an Freud ist meines Wissens bisher nicht aufgetaucht. Die Glaubwürdigkeit von Blochs Bericht wird auch dadurch beeinträchtigt, dass Nordau bereits im Januar 1923 starb.

9 Nordau, Die conventionellen Lügen der Kulturmenschheit; Vgl. Gilman, Max Nordau, Sigmund Freud, and the question of Conversion.

10 Eitingon an Freud, 14. Oktober 1934, in: Freud/Eitingon, Briefwechsel 1906–1939, 880–882.

11 Dwosis an Freud, 30. November 1938 (mit freundlicher Genehmigung von Frau Ora Rafael).

12 AFM, Freud an Dwosis, 2. Dezember 1938.

13 Freud an Zweig, 28. Juni 1938, in: Freud/Zweig, Briefwechsel, 172–175.

14 In späteren Jahren wurde Doryon v. a. für seine veganistische Heilkunde und für seine Thesen bekannt, wonach der Verzehr von Weizen und Kuhmilch gesundheitsschädlich sei.

15 FCLC, Doryon an Freud, 15. September 1938; Freud an Doryon, 7. Oktober 1938.

16 Aḥad Ha'am, Moses, 306.

17 Vgl. Schweid, The Idea of Modern Jewish Culture.

18 Vgl. Yerushalmi, Freuds Moses; Friedländer, History and Psychoanalysis, 32.

19 Santner, On the Psychotheology of Everyday Life.

20 Deutscher, Der nichtjüdische Jude.

21 Eitingon an Freud, 16. Februar 1939, in: Freud/Eitingon, Briefwechsel 1906–1939, 918–920.

22 Freud an Eitingon, 5. März 1939, in: ebd., 920 f.

23 Buber, Moses, 7.

24 Eitingon an Freud, 11. April 1939, in: Freud/Eitingon, Briefwechsel 1906–1939, 923.

25 Eitingon an Freud, 30. April 1939, in: ebd., 924 f.

26 AFM, Gumbel an Freud, 22. Mai 1939.

27 Wulff, An Appreciation of Freud's »Moses and Monotheism«.

28 Kaminka, Milchemet Froid be-Mosche Rabenu [Freuds Krieg gegen Moses, unseren Lehrer].

29 AFM, Nachum Perlman an Freud, 2. Juli 1939.

30 Ebd., zit. nach Rolnik, Therapy and Ideology.

31 AFM, Rafael da Costa an Freud, 23. April 1939.

32 AFM, Freud an da Costa, 2. Mai 1939.
33 Da Costa an Freud, 23. April 1939, ebd. (Hervorhebung im Original unterstrichen).
34 Wie Rachel Blass bemerkte, ist das aus klinischer Perspektive der Kern dieses Werks. Dies., The Puzzle of Freud's Puzzle Analogy.
35 AFM, Freud an da Costa, 2. Mai 1939.
36 Vgl. Fish, Is there a Text in this Class?
37 Eine solche Studie könnte sich beispielsweise mit der auffallenden Absenz von Freuds Abhandlung über Mose in den meisten Freud-Seminaren beschäftigen, die im Max-Eitingon-Institut für Psychoanalyse in Jerusalem gegeben werden.
38 Israel Cohen, Vergebliche Mühe.
39 Vgl. Berman (Hg.), Essential Papers on Literature and Psychoanalysis; Holland, The Mind and the Book.
40 Vgl. Zakim, To Build and Be Built; Shaked, Geschichte der modernen hebräischen Literatur.
41 Beker, Psychoanalytic Reading of H. N. Bialik.
42 Im Bialik-Archiv befindet sich eine Postkarte von Freud an den Dichter, auf der er sein Fernbleiben von einer Festveranstaltung zu Ehren Bialiks in Wien entschuldigt.
43 Bialik, zit. nach Ovadyahu (Hg.), Bialik Speaks, 129 f.
44 Vgl. Gluzman, Pogrom and Gender; Rolnik/Simkin, Throbbing between Stars and Abyss.
45 Bialik, zit. nach Ovadyahu (Hg.), Bialik Speaks, 110.
46 Sadan, A Psychoanalytic Midrash.
47 Ebd., 159.
48 Vgl. Shaked, Shall all Hopes be Fulfilled?; Gluzman, The Zionist Body.
49 Shlonsky 1943, zit. nach Halperin, The Life and Work of Avraham Shlonsky, 117.
50 Ebd.
51 Halevi-Wise, Reading Agnon's In the Prime of Her Life in Light of Freud's Dora.
52 Vgl. Laor, Agnon, 258.
53 Einer Mitteilung des Literaturwissenschaftlers Dan Miron zufolge befindet sich in Agnons Bibliothek ein Exemplar von Freuds *Traumdeutung* mit zahlreichen handschriftlichen Anmerkungen Agnons; Haaretz, 4. Oktober 2012, <http://www.haaretz.co.il/literature/safrut/print/1.1835635> (14. November 2012).
54 Die jiddische Anrede »Reb« ist hier eine Ehrenbezeugung.
55 Agnon, Talit Acheret [Ein anderer Gebetsschal], 203.
56 Israel Cohen, Vergebliche Mühe.
57 Aharon Isserlins Bruder Max Isserlin war ein Schüler von Emil Kraepelin, Eugen Bleuler und Carl Gustav Jung, gründete die erste Klinik für Kinderpsychiatrie in München und emigrierte 1933 nach Großbritannien.
58 Isserlin, A Totem Clan is Created.

Epilog: Dynamit am Haus

1 Vgl. Diner, Gedächtniszeiten; Slezkine, Das jüdische Jahrhundert.
2 Yehoshua, An Attempt to Comprehend the Infrastructure of Anti-Semitism, 28.
3 Freud an Ferenczi, 27. Oktober 1918, in: Freud/Ferenczi, Briefwechsel, 304 f.
4 Jones an Freud, 15. Dezember 1914, in: Freud/Jones, Briefwechsel 1907–1925, 307 f.
5 King/Steiner, The Freud/Klein Controversies in the British Psycho-Analytical Society, 89.

6 Zalashik, Ad Nafesh, 171.

7 Erlich, Letter from Jerusalem.

8 Seit fast fünf Jahrzehnten beschäftigen sich israelische Analytiker mit den psychischen Auswirkungen verschiedener Formen gesellschaftlicher Gewalt sowie mit politischem und religiösem Extremismus. Vgl. Winnik/Moses/Ostow (Hgg.), Psychological Bases of War; Klein, Überleben und Versuche der Wiederbelebung; Moses, Persistent Shadows of the Holocaust; Kogan, The Cry of Mute Children; Rangel/Moses-Hrushovski (Hgg.), Psychoanalysis at the Political Border; Bunzl/Beit-Hallahmi, Psychoanalysis, Identity, and Ideology; Erlich/Erlich-Ginor/Beland, Fed with Tears – Poisoned with Milk; Ruth Stein, For Love of the Father.

Quellen und Literatur

Quellen

ABS	The Archives of the British Psycho-Analytical Society, London
AEA	The Albert Einstein Archives, Hebräische Universität Jerusalem
AFC	Anna Freud Collection, The Freud Collection, Washington, D. C.
AFM	The Freud Museum and Research Center, London
AHA	Ahad Ha'am (Asher Ginsberg) Archives (Schwarz Collection in Tel Aviv und in der Nationalbibliothek in Jerusalem)
AJE	The Aviezer Yellin Archives of Jewish Education in Israel and the Diaspora, Universität Tel Aviv
ANYP	The A. A. Brill Library and Archives of the New York Psychoanalytic Institute, New York
AZA	Stiftung Archive der Akademie der Künste. Arnold-Zweig-Nachlass, Berlin
BAK	Bundesarchiv, Archiv zur Geschichte der Psychoanalyse, Koblenz
CZA	Central Zionist Archives, Jerusalem
ECI	Eitingon Collection, Israel State Archives, Jerusalem
FCLC	The Freud Collection in the Manuscript Division of the Library of Congress, Washington, D. C.
GAL	Gnazim Archives of Hebrew Literature, Tel Aviv
HNB	Haim Nachman Bialik Archive/Museum, Tel Aviv
HUA	Hebrew University Archives, Jerusalem
INL	Israel National Library, Jerusalem
LBI	Chaim Eitingon Collection, Leo Baeck Institute, New York
LIR	Lavon Institute for Labour Research, Tel Aviv
PFC	Paul Federn Collection, The Freud Collection, Washington, D. C.
SBC	Siegfried Bernfeld Collection, The Freud Collection, Washington, D. C.
SFH	Sigmund-Freud-Haus, Wien
SHA	HaShomer HaTzair Archives, Givat Haviva, Israel
TAC	Tel-Aviv City Archives
YIVO	Institute for Jewish Research Archive, New York

Die umfassendste Edition von Freuds Schriften sind die *Gesammelten Werke* (G. W.): Sigmund Freud, G. W., chronologisch geordnet, 17 Bde., Register (Bd. 18) und Nachträge (Bd. 19), hg. von Anna Freud u. a., London: Imago [1]1940–1952 (Register 1968, Nachträge 1987; mehrere Aufl.; Nachdruck der »Imago-Ausgabe« im Fischer Taschenbuch Verlag Frankfurt a. M., 1999). Nach dieser Ausgabe wird am häufigsten zitiert.

Literatur

Adorno, Theodor W.: Was bedeutet: Aufarbeitung der Vergangenheit (1959), in: ders., Gesammelte Schriften, Bd. 10.2, Frankfurt a. M. 1977, 555–572.

Ders. u. a.: The Authoritarian Personality, New York 1950.

Agnon, Shmuel Y.: In the Prime of Her Life (1923), in: Alan Lelchuk/Gershon Shaked (Hgg.), Eight Great Hebrew Short Novels, New York 1983, 165–217.

Ders.: Talit Acheret [Ein anderer Gebetsschal], in: The Book of Deeds, Jerusalem 1998, 202–204 (hebr.).

Ders.: Eine einfache Geschichte, Frankfurt a. M. 1998.

Aḥad Ha'am: Moses (1904), in: Selected Essays of Ahad Ha'am, hg. von Leon Simon, Philadelphia, Pa., 1912, 306–330.

Ders.: Collected Letters, Tel Aviv 1956 (hebr.).

Ahimeir, Abba: Two Theories on Sexuality, in: Hapoel Hatzair 47/48 (1925), 4 f. (hebr.).

Ajzenstadt, Mimi/Cavaglion, Gabriele: The Sexual Body of the Young Jew as an Arena of Ideological Struggle 1821–1948, in: Symbolic Interaction 25 (2002), 96–116.

Almog, Oz: The Sabra. The Creation of the New Jew, Berkeley, Calif., 2000.

Alroey, Gur: Suicide in the Second and Third Aliya Periods, in: Yahadut Zemanenu, Zionism, the State of Israel, and the Diaspora 13 (1999), 209–241 (hebr.).

Ders.: Immigrants. Jewish Immigration to Palestine in the Early Twentieth Century, Jerusalem 2004 (hebr.).

Anonym, in: International Journal of Psychoanalysis 10 (1924), 101.

Anz, Thomas: Die Leiden einer Generation. Kafka und die Psychoanalyse (Rezension), 22. Juli 2008, <http://www.literaturkritik.de/public/rezension.php?rez_id=12104> (15. Januar 2013).

Armstrong, Richard H.: A Compulsion for Antiquity. Freud and the Ancient World, Ithaca, N. Y., 2005.

Aron, Lewis/Henik, Libby (Hgg.): Answering a Question with a Question. Contemporary Psychoanalysis and Jewish Thought, Boston, Mass., 2010.

Asad, Muhammad: Der Weg nach Mekka, Frankfurt a. M. 1955.

Asad, Talal: Formations of the Secular. Christianity, Islam, Modernity, Stanford, Calif., 2003.

Aschheim, Steven E.: Brothers and Strangers. The East European Jew in Germany and German-Jewish Consciousness 1800–1923, Madison, Wis., 1982.

Ash, Mitchell G.: Central European Emigré Psychologists and Psychoanalysts in the United Kingdom, in: Julius Carlebach (Hg.), Second Chance. Two Centuries of German-Speaking Jews in the United Kingdom, Tübingen 1991, 101–120.

Ders./Soellner, Alfons (Hgg.): Forced Migration and Scientific Change. German Speaking Scientists and Scholars after 1933, Cambridge 1996.

Avineri, Shlomo: The Making of Modern Zionism. Intellectual Origins of the Jewish State, London 1981.

Bakan, David: Sigmund Freud and the Jewish Mystical Tradition, Princeton, N.J., 1958.
Barag, Gershon: Zur Psychoanalyse der Prostitution, in: Zeitschrift für Psychoanalyse 22 (1936), 330–362.
Ders.: The Mother in the Religious Concepts of Judaism, in: American Imago 4A (1946), 32–53.
Bargal, David: Kurt Lewin and the First Attempts to Establish a Department of Psychology at the Hebrew University, in: Minerva 36 (1998), 49–68.
Bauer, Raymond A.: The New Man in Soviet Psychology, Cambridge, Mass., 1952.
Becker, Rafael: Die Nervosität bei den Juden. Ein Beitrag zur Rassenpsychiatrie für Ärzte und Gebildete Laien, Zürich 1919.
Bein, Alex: The Return to the Soil. A History of Jewish Settlement in Israel. Jerusalem 1952.
Beker, Yaakov: Raw Nachman mi-Brasslaw. Mechkar Psichoanaliti [Rabbi Nachman von Brazlaw. Eine psychoanalytische Studie], Jerusalem 1928.
Ders.: Psychoanalytic Reading of H.N. Bialik, Jerusalem 1931 (hebr.).
Beller, Steven: Vienna and the Jews, 1867–1938. A Cultural History, Cambridge 1989.
Ben-Artzi, Yossi: Early Jewish Settlement Patterns in Palestine, 1882–1914, Jerusalem 1997.
Ben-Dov, Nitza: Agnon's Art of Indirection. Uncovering Latent Content in the Fiction of S.Y. Agnon, Leiden 1993.
Ben-Shaul, J.: Totem we-Tabu. Le-Hofa'at ha-Sefer be-Tirgumo ha-ivri schel J. Dwosis [Totem und Tabu. Zum Erscheinen des Buches in der hebräischen Übersetzung von J. Dwosis], in: Derech Hapoel, 10. März 1939.
Bentwich, Norman: David Eder in Erez Israel, in: Hapoel Hatzair 31–32 (1937), 18f. (hebr.).
Berg, Nicolas: Bilder von »Luftmenschen«. Über Metapher und Kollektivkonstruktion, in: Dan Diner (Hg.), Synchrone Welten. Zeitenräume jüdischer Geschichte, Göttingen 2005, 199–224.
Bergmann, Samuel Hugo: A Critic of Psychoanalysis, in: Hapoel Hatzair 21 (1928), 18–24 (hebr.).
Ders.: Review of Freud's Group Psychology and Ego Analysis, in: Kiryat Sefer 5 (1928/29), 302.
Ders.: Sigmund Freud in Memoriam, in: Davar, 10. Oktober 1939 (hebr.).
Ders.: Tagebücher und Briefe, Bd. 1: 1901–1948, und Bd. 2: 1948–1975, hg. von Miriam Sambursky, Frankfurt a.M. 1985.
Berkowitz, Michael: Zionist Culture and West European Jewry before the First World War, Chapel Hill, N.C., 1996. Berman, Emanuel: Communal Upbringing in the Kibbutz. The Allure and Risks of Psychoanalytic Utopianism, in: The Psychoanalytic Study of the Child 43 (1988), 319–335.
Ders. (Hg.): Essential Papers on Literature and Psychoanalysis, New York 1993.
Bernfeld, Siegfried: Die Schulgemeinde und ihre Funktion im Klassenkampf, Wien 1928.
Ders.: Sisyphus or the Limits of Education (1925), Los Angeles, Calif./London 1973.

Ders./Feitelberg, Sergei: The Principle of Entropy and the Death Instinct, in: International Journal of Psychoanalysis 12 (1931), 61–81.

Bettelheim, Bruno: Individual and Mass Behavior in Extreme Situations, in: Journal of Abnormal and Social Psychology 38 (Oktober 1943), 417–452.

Ders.: Aufstand gegen die Masse. Die Chance des Individuums in der modernen Gesellschaft, Frankfurt a. M. 1964.

Ders.: Children of the Dream, New York 1969.

Ders.: Freud und die Seele des Menschen, München 1984.

Biale, David: Eros and the Jews. From Biblical Israel to Contemporary America, Berkeley/Los Angeles, Calif., 1997.

Blass, Rachel B.: The Puzzle of Freud's Puzzle Analogy. Reviving a Struggle with Doubt and Conviction in Freud's Moses and Monotheism, in: International Journal of Psychoanalysis 84 (2003), 669–682.

Bloch, Chaim: Pgischati im Froid we-Hitwakchuti ito al Mosche Rabenu [Meine Begegnung mit Freud und meine Diskussion mit ihm über Moses, unseren Lehrer], in: Bizaron 23 (1950), H. 2, 101–108.

Bloom, Allan: The Closing of the American Mind, New York 1987.

Blüher, Hans: Die deutsche Wandervogelbewegung als erotisches Phänomen. Ein Beitrag zur Erkenntnis der sexuellen Inversion, Berlin 1912.

Blum, Harold P.: Anti-Semitism in the Freud Case Histories, in: Arnold D. Richards (Hg.), The Jewish World of Sigmund Freud. Essays on Cultural Roots and the Problem of Religious Identity, Jefferson, N. C./London 2010, 78–95.

Bohleber, Werner: Zur Geschichte der Psychoanalyse in Stuttgart, in: Psyche 40 (1986), H. 5, 377–411.

Ders.: Zur romantisch-idealistischen Freudrevision deutscher Psychoanalytiker nach 1933, in: Ludger M. Hermanns (Hg.), Spaltungen in der Geschichte der Psychoanalyse, Tübingen 1995, 153–167.

Ders.: Die Konstruktion imaginärer Gemeinschaften und das Bild von den Juden. Unbewusste Determinanten des Antisemitismus in Deutschland, in: Psyche 6 (1997), 570–605.

Borinski, Fritz/Milch, Werner: Jugendbewegung. Die Geschichte der deutschen Jugend 1896–1933, Frankfurt a. M. 1982.

Boyarin, Daniel: Unheroic Conduct. The Rise of Heterosexuality and the Invention of the Jewish Man, Berkeley, Calif., 1997.

Boyer, John W.: Culture and Political Crisis in Vienna. Christian Socialism in Power, 1897–1918, Chicago, Mich., 1995.

Brachyahu, Mordechai: The Life of Man, München 1947 (hebr.).

Ders.: Memoirs, Jerusalem 1960 (hebr.).

Brainin, Elisabeth/Kaminer, Isidor J.: Psychoanalyse und Nationalsozialismus, in: Psyche 36 (1982), H. 11, 989–1012.

Brecht, Karen: Der »Fall Edith Jacobson«. Politischer Widerstand, ein Dilemma der IPA, in: Psa-Info 28 (1987), 3–8.

Dies.: Adaptation and Resistance, in: Psychoanalytic Contemporary Thought 11 (1988), 233–247.

Dies. u.a. (Hgg.): Here Life Goes On in a Most Peculiar Way. Psychoanalysis before and after 1933, Hamburg 1985.
Brentzel, Marianne: Anna O. – Bertha Pappenheim. Biographie, Göttingen 2002.
Brill, Abraham A.: Max Eitingon, in: Psychoanalytic Quarterly 12 (1943), 456f.
Brunner, José: The (Ir)Relevance of Freud's Jewish Identity to the Origins of Psychoanalysis, in: Psychoanalytic Contemporary Thought 14 (1991), 655–684.
Ders.: Freud and the Politics of Psychoanalysis, New Brunswick, N.J., 2001.
Buber, Martin: The Revelation and the Covenant (1946), New York 1958.
Ders.: Rede über das Erzieherische (1926), in: ders., Werkausgabe, Bd. 8: Schriften zu Jugend, Erziehung und Bildung. Schriften zur Philosophie, Gütersloh 2005, 136–154.
Ders.: Das Unbewußte (1965), in: ders., Werkausgabe, Bd. 10: Schriften zur Psychologie und Psychotherapie, Gütersloh 2008, 217–235.
Buber Agassi, Judith: Introduction, in: Martin Buber, Werkausgabe, Bd. 10: Schriften zur Psychologie und Psychotherapie, Gütersloh 2008, 11–27.
Buchholz, Hartmut: »... ich wäre mir ohne sie gar nicht denkbar«. Wolfgang Hildesheimer und die Psychoanalyse, in: Luzifer-Amor 21 (2008), H. 41, 141–152.
Bunzl, John: Siegfried Bernfeld und der Zionismus, in: Karl Fallend/Johannes Reichmayr (Hgg.): Siegfried Bernfeld oder Die Grenzen der Psychoanalyse, Frankfurt 1992, 73–83.
Ders./Beit-Hallahmi, Benjamin: Psychoanalysis, Identity, and Ideology. Critical Essays on the Israel/Palestine Case, Boston, Mass., 2002.
Bunzl, Matti: Theodor Herzl's Zionism as Gendered Discourse, in: Ritchie Robertson/Edward Timms (Hgg.), Theodor Herzl and the Origins of Zionism, Edinburgh 1997, 74–86.

Cavaglion, Gabriel: The Institutionalization of Knowledge in Israeli Sex Education Programs. A Historical Review, 1948–1987, in: Journal of Sex Education and Therapy 25 (2000), 286–293.
Ders.: The Rise and Fall of Sexual Education in Ha'Shomer Ha'Tzair, in: Cathedra 113 (2004), 53–82 (hebr.).
Chasseguet-Smirgel, Janine/Grunberger, Béla: Freud or Reich? Psychoanalysis and Illusion, New Haven, Conn., 1986.
Cocks, Geoffrey: Psychotherapy in the Third Reich. The Goering Institute, New York 1985.
Cohen, Adir: The Educational Philosophy of Martin Buber, Rutherford, N.J., 1983.
Cohen, Israel: Torat Froid weha-Mischtar [Freuds Lehre und die Herrschaft], in: Davar, 15. Mai 1936.
Ders.: Melacha le-Batala [Vergebliche Mühe], in: Moznayyim 14 (1942), 316f.
Cohen, Uri: The History of the Hebrew University of Jerusalem, Tel Aviv 2006 (hebr.).
Corrington, Robert S.: Wilhelm Reich. Psychoanalyst and Radical Naturalist, New York 2003.
Cushman, Philip: Constructing the Self, Constructing America. A Cultural History of Psychotherapy, New York 1995.

Dachs, Gisela (Hg.): Jüdischer Almanach. Die Jeckes, Frankfurt a. M. 2005.
Damousi, Joy: Freud in the Antipodes. A Cultural History of Psychoanalysis in Australia, Sydney 2005.
Ders./Plotkin, Mariano Ben: The Transnational Unconscious. Essays in the History of Psychoanalysis and Transnationalism, Basingstoke u. a. 2009.
Danto, Elisabeth A.: The Berlin Poliklinik. Psychoanalytic Innovation in Weimar Germany, in: Journal of the American Psychoanalytic Association 47 (1998), H. 4, 1269–1292.
Dies.: Freud's Free Clinics. Psychoanalysis and Social Justice, 1918–1938, New York 2005.
Decker, Hannah S.: Freud in Germany. Revolution and Reaction in Science 1893–1907, New York 1977.
Dies.: Freud, Dora, and Vienna 1900, New York 1991.
Deutscher, Isaac: Der nichtjüdische Jude. Essays, Berlin 1988.
Diner, Dan: Gedächtniszeiten. Über jüdische und andere Geschichten, München 2003.
Dotan, Shmuel: Adumim be-Erez Israel [Rote in Israel], Kfar Saba 1991.
Dreyfuss, Daniel: Über die Bedeutung des psychischen Traumas in der Epilepsie, in: Internationale Zeitschrift für Psychoanalyse 22 (1936), 249–273.

Edelstein, Eliezer: Heinz Zvi Winnik 1902–1982, in: Israel Journal of Psychiatry and Related Sciences 19 (1982), 183 f.
Eder, David: Psychoanalysis in Politics, in: Ernest Jones (Hg.), Social Aspects of Psychoanalysis. Lectures Delivered under the Auspices of the Sociological Society, London 1924.
Ders.: Kann das Unbewusste erzogen werden? Almanach der Psychoanalyse 1927, 65–75.
Efrati, Nathan: The Evolution of Spoken Hebrew in Pre-State Israel, 1881–1922, Jerusalem 2004 (hebr.).
Efron, John M.: Defenders of the Race. Jewish Doctors and Race Science in Fin-De-Siècle Europe, New Haven, Conn., 1994.
Ders.: Medicine and the German Jews. A History, New Haven, Conn., 2001.
Eickhoff, Friedrich-Wilhelm: The Formation of the German Psychoanalytical Association (DPV). Regaining The Psychoanalytical Orientation Lost in the Third Reich, in: International Journal of Psychoanalysis 76 (1995), 945–956.
Eisenstadt, Shmuel/Lissak, Moshe (Hgg.): Zionism and the Return to History. A Reappraisal, Jerusalem 1999 (hebr.).
Eissler, Kurt R.: Medical Orthodoxy and the Future of Psychoanalysis, New York 1965.
Eitingon, Max: Bericht über die Berliner Psychoanalytische Poliklinik, Wien 1923.
Ekstein, Rudolf: Siegfried Bernfeld. Sisyphus or the Boundaries of Education, in: Franz Alexander/Samuel Eisenstein/Martin Grotjhan (Hgg.), Psychoanalytic Pioneers, New York 1996, 415–429.

Elboim-Dror, Rachel: Gender in Utopianism. The Zionist Case, in: History Workshop Journal 37 (1994), H. 1, 99–116.
Dies.: Hu holech we ba, mi-Kirbenu hu ba ha-Ivri he-chadasch [Er nimmt allmählich Gestalt an, in unserer Mitte entsteht der neue Hebräer], in: Alpayim 12 (1996), 104–135.
Elias, Norbert: The Civilizing Process, Oxford 1982 ([1]1969).
Erlich, Shmuel H.: Letter from Jerusalem, in: The International Journal of Psychoanalysis 91 (2010), 1329–1335.
Ders./Erlich-Ginor, Mira/Beland, Hermann: Fed with Tears – Poisoned with Milk. The Nazareth Group Relations Conferences, Gießen 2009.
Etkind, Alexander: Trotsky and Psychoanalysis, in: Partisan Review 61 (1994), H. 2, 303–308.
Ders.: Eros of the Impossible. The History of Psychoanalysis in Russia, Oxford 1997.
Even-Zohar, Itamar: The Emergence of a Native Hebrew Culture in Palestine, 1882–1948, in: Polysystem Studies (Poetics Today) 11 (1990), H. 1, 175–194.

Falk, Avner: Freud and Herzl, in: Contemporary Psychoanalysis 14 (1978), 357–387.
Fallend, Karl/Nitzschke, Bernd: Der »Fall« Wilhelm Reich. Beiträge zum Verhältnis von Psychoanalyse und Politik, Gießen 2002.
Farber, Marvin: Review of Jakob Klatzkins Erkenntnistrieb als Lebens- und Todesprinzip, in: The Philosophical Review 46 (1937), H. 1, 91–93.
Federn, Ernst: Psychoanalysis. The Fate of a Science in Exile, in: Edward Timms/Naomi Segal (Hgg.), Freud in Exile. Psychoanalysis and Its Vicissitudes, New Haven, Conn./London 1988.
Feigenbaum, Dorian: Problemot psichologiot schebe-Jaldut ube-Bachrut we-Jachassan la-Chinuch [Psychische Probleme in der Kindheit und Pubertät und ihr Bezug zur Erziehung], in: Hed ha-Chinuch 11–13 (1929), 1–15.
Ders.: Montagu David Eder, M.D. (1866–1936), in: Psychoanalytic Quarterly 5 (1936), 444–446.
Ders.: Depersonalization as a Defense Mechanism, in: Psychoanalytic Quarterly 6 (1937), 4–11.
Feldman, Yael: The Latent and the Manifest. Freudianism in A Guest for the Night, in: Prooftexts. A Journal of Jewish Literary History 7 (1987), H. 1, 29–39 (Sonderausgabe über S.Y. Agnon).
Fenichel, Otto: 119 Rundbriefe in 2 Bänden, hg. von Johannes Reichmayr und Elke Mühlleitner, Frankfurt a.M./Basel 1998.
Ferenczi, Sándor: Psychoanalysis and Education (1908), in: International Journal of Psychoanalysis 30 (1949), 220–224.
Fermi, Laura: Illustrious Immigrants. The Intellectual Migration from Europe, 1930–41, Chicago, Mich., 1968.
Fish, Stanley: Is there a Text in this Class? The Authority of Interpretive Communities, Cambridge, Mass., 1980.
Freud, Sigmund, Die Abwehr-Neuropsychosen (1894), G.W., Bd. 1, 59–74.

Ders.: Die Traumdeutung (1900), G. W., Bd. 2–3, 1–700.
Ders.: Zur Psychopathologie des Alltagslebens (1901), G. W., Bd. 4, 1–311.
Ders.: Bruchstück einer Hysterieanalyse (1905), G. W., Bd. 5, 163–286.
Ders.: Drei Abhandlungen zur Sexualtheorie (1905), G. W., Bd. 5, 29–148.
Ders.: Die »kulturelle« Sexualmoral und die moderne Nervosität (1908), G. W., Bd. 7, 143–167.
Ders.: Das Motiv der Kästchenwahl (1913), G. W., Bd. 10, 24–37.
Ders.: Der Moses des Michelangelo (1914), G. W., Bd. 10, 172–201.
Ders.: Zur Einführung des Narzissmus (1914), G. W., Bd. 10, 137–170.
Ders.: Zur Geschichte der psychoanalytischen Bewegung (1914), G. W., Bd. 10, 44–113.
Ders.: Vorlesungen zur Einführung in die Psychoanalyse (1916/17), G. W., Bd. 11, 3–484.
Ders.: Trauer und Melancholie (1917), G. W., Bd. 10, 428–446.
Ders.: Jenseits des Lustprinzips (1920), G. W., Bd. 13, 3–69.
Ders.: Massenpsychologie und Ich-Analyse (1921), G. W., Bd. 13, 73–161.
Ders.: Traum und Telepathie (1922), G. W., Bd. 13, 165–191.
Ders.: Das Ich und das Es (1923), G. W., Bd. 13, 237–289.
Ders.: Die Zukunft einer Illusion (1925), G. W., Bd. 14, 325–380.
Ders.: Message on the Opening of the Hebrew University (1925), G. W., Bd. 14, 556.
Ders.: Selbstdarstellung (1925), G. W., Bd. 14, 33–96.
Ders.: Address to the Society of B'Nai Brith (1926), G. W., Bd. 17, 50–53.
Ders.: Das Unbehagen in der Kultur (1930), G. W., Bd. 14, 421–506.
Ders.: Vorrede zur hebräischen Ausgabe von »Totem und Tabu« (1934), G. W., Bd. 14, 569.
Ders.: Der Mann Moses und die monotheistische Religion (1937), G. W., Bd. 16, 103–246.
Ders.: Die endliche und die unendliche Analyse (1937), G. W., Bd. 16, 59–99.
Ders.: Briefe 1873–1939, ausgewählt und hg. von Ernst Freud und Lucie Freud, Frankfurt a. M. 1968.
Ders.: Briefe an Wilhelm Fliess, 1887–1904, hg. von Jeffrey Masson, Bearb. der deutschen Fassung von Michael Schröter, Frankfurt a. M. 1986.
Ders.: Unterdeß halten wir zusammen. Briefe an die Kinder, hg. von Michael Schröter, Berlin 2010.
Ders./Eitingon, Max: Briefwechsel 1906–1939, hg. von Michael Schröter, Tübingen 2004.
Ders./Ferenczi, Sándor: Briefwechsel, hg. von Ernst Falzeder und Eva Brabant, Wien 1993–2005.
Ders./Jones, Ernest: Briefwechsel 1908–1939, Originalwortlaut der in Deutsch verfaßten Briefe Freuds, hg. von Ingeborg Meyer-Palmedo, Frankfurt a. M. 1993.
Ders./Jung, Carl Gustav: Briefwechsel, hg. von William McGuire und Wolfgang Sauerland, Frankfurt a. M. 1974.
Ders./Zweig, Arnold: Briefwechsel, hg. von Ernst L. Freud, Frankfurt a. M. 1968.
Friedjung, Josef: … und der Aufbau des Menschen?, in: Orient 3 (24. April 1942), 5.

Ders.: Reform der Erziehung?, in: Orient 3 (22. Mai 1942).
Ders.: 5 Years Psycho-Analytical Educational Work among Jewish Youth Immigrants, in: Israel Psycho-Analytical Society (Hg.), Max Eitingon, in Memoriam, Jerusalem 1950, 256–267.
Friedländer, Saul: History and Psychoanalysis. An Inquiry into the Possibilities and Limits of Psychohistory, New York 1978.
Ders.: Nazi Germany and the Jews, Bd. 1, The Years of Persecution 1933–1939, New York 1997.
Frosh, Stephen: Anti-Semitism and Anti-Goyism. Hate and the »Jewish Science«. Anti-Semitism, Nazism and Psychoanalysis, London 2005.
Funkenstein, Amos: Perceptions of Jewish History from Antiquity to the Present, Tel Aviv 1991 (hebr.).

Galef, Harold R.: Dr. Max Stern's 80th Birthday. An Interview, in: The Newsletter of the New York Psychoanalytic Society and Institute 1 (1976), 7–9.
Gast, Lilli: Fluchtlinien – Wege ins Exil. Psychoanalyse im Exil, in: Forum der Psychoanalyse 15 (1999), 135–150.
Gay, Peter: Weimar Culture. The Outsider as Insider, New York 1970.
Ders.: A Godless Jew, New Haven, Conn., 1987.
Ders.: Freud. A Life for Our Time, London 1988.
Gekle, Hanna/Kimmerle, Gerd (Hgg.): Geschichte der Psychoanalyse in Berlin, Themenheft: Luzifer-Amor 7 (1994), H. 13.
Gelber, Yoav: New Home. The Immigration and Absorption of Central European Jews, 1933–1940, Jerusalem 1990 (hebr.).
Geller, Jay: The Conventional Lies and Paradoxes of Jewish Assimilation. Max Nordau's Pre-Zionist Answer to the Jewish Question, in: Jewish Social Studies. History, Culture, and Society 1 (1995), H. 3, 129–160.
Gilman, Sander L.: The Case of Sigmund Freud. Medicine and Identity at the Fin De Siècle, Baltimore, Md., 1993.
Ders.: The Immigration from Germany in the Years 1933–1939, in: Cathedra 12 (1979), 125–146 (hebr.).
Ders.: Jewish Self-Hatred. Anti-Semitism and the Hidden Language of the Jews, Baltimore, Md., 1986.
Ders.: The Jew's Body, New York 1991.
Ders.: Max Nordau, Sigmund Freud, and the Question of Conversion, in: Southern Humanities Review 27 (1993), H. 1, 1–25.
Ginor, Isabella/Remez, Gideon: Her Son, the Atomic Scientist. Mirra Birens, Yuli Khariton, and Max Eitingon's Services for the Soviets, in: Journal of Modern Jewish Histories 11 (2012), H. 1, 39–59.
Glover, Edward: David Eder as a Psychoanalyst, in: Joseph B. Hobman (Hg.), David Eder. Memoirs of a Modern Pioneer, London 1945, 89–116.
Gluzman, Michael: Longing for Heterosexuality. Zionism and Sexuality in Herzl's Altneuland. Theory and Criticism, in: An Israeli Forum 11 (Winter 1997), 145–162 (hebr.).

Ders.: Pogrom and Gender. On Bialik's Unheimlich, in: Prooftexts 25 (2005), H. 12, 39–59.
Ders.: The Zionist Body. Nationalism, Gender, and Sexuality in Modern Hebrew Literature, Tel Aviv 2007 (hebr.).
Goggin, James E./Goggin, Eileen B.: Politics, Ideology, and the Psychoanalytic Movement before, during and after the Third Reich, in: Psychoanalytic Review 88 (2001), 155–193.
Ders./Goggin, Eileen B./Hill, Mary: Emigrant Psychoanalysts in the USA and the FBI Archives, in: Psychoanalytic History 6 (2004), 75–92.
Golan, Shmuel: Collective Education in the Kibbutz, in: Psychiatry 22 (1959), 167–177.
Goldhammer, Leo: Herzl and Freud, in: Herzl Year Book 9 (1958), 194–196.
Golomb, Jacob: Nietzsche and Zion, Ithaca, N. Y./London 2004.
Gordon, Adi: The Orient. A German-Language Weekly between German Exile and Aliyah, Jerusalem 2004 (hebr.).
Goren, Arthur A.: Dissenter in Zion. From the Writings of Judah L. Magnes. Cambridge, Mass., 1982.
Ders.: The View from Scopus. Judah L. Magnes and the Early Years of the Hebrew University, in: Judaism 45 (Spring 1996), 203–205.
Gorny, Yosef: Zionism and the Arabs, 1882–1948. A Study of Ideology, New York 2001.
Govrin, Aner: Between Abstinence and Seduction. The Analysis of American Psychoanalysis, Tel Aviv 2004 (hebr.).
Grab, Walter: Nicht aus Zionismus, sondern aus Österreich, in: Hajo Funke (Hg.), Die andere Erinnerung. Gespräche mit jüdischen Wissenschaftlern im Exil, Frankfurt a. M. 1989, 115–148.
Grinberg, Leon/Grinberg, Rebeca: Psychoanalytic Perspectives on Migration and Exile, New Haven, Conn., 1989.
Gröger, Helmut: Kinderarzt, Politiker, Psychoanalytiker. Zum 40. Todestag von Josef Karl Friedjung, in: Sigmund Freud Haus Bulletin 10 (1986), H. 2, 21–25.
Grosskurth, Phyllis: The Secret Ring. Freud's Inner Circle and the Politics of Psychoanalysis, New York 1991.
Grubrich-Simitis, Ilse: »No Greater, Richer, More Mysterious Subject […] than the Life of the Mind«. An Early Exchange of Letters between Freud and Einstein, in: International Journal of Psycho-Analysis 76 (1995), 115–122.
Dies.: Early Freud and Late Freud. Reading Anew Studies on Hysteria and Moses and Monotheism, London 1997.
Gumbel, Erich: Dr. Gershon Barag, in: International Journal of Psycho-Analysis 39 (1958), 617–619.
Ders.: Psychoanalysis in Israel, in: Israel Annals of Psychiatry and Related Disciplines 3 (1965), H. 1, 89–99.
Ders.: Über mein Leben mit der Psychoanalyse, in: Jahrbuch der Psychoanalyse 34 (1995), 7–63.

Hale, Nathan G.: Freud and the Americans, New York 1977.
Ders.: The Rise and Crisis of Psychoanalysis in the United States. Freud and the Americans 1917–1985, New York 1995.
Halevi-Wise, Yael: Reading Agnon's In the Prime of Her Life in Light of Freud's Dora, in: Jewish Quarterly Review 98 (2008), H. 1, 29–40.
Halfin, Igal: Terror in My Soul. Communist Autobiographies on Trial, Cambridge, Mass., 2003.
Hall, Murray G.: The Fate of the Internationaler Psychoanalytischer Verlag, in: Edward Timms/Naomi Segal (Hgg.), Freud in Exile. Psychoanalysis and Its Vicissitudes, New Haven, Conn./London 1988, 90–105.
Halperin, Hagit: The Life and Work of Avraham Shlonsky, Tel Aviv 2011 (hebr.).
Halpern, Ben/Reinharz, Jehuda: The Cultural and Social Background of the Second Aliyah, in: Middle Eastern Studies 27 (1991), H. 3, 487–517.
Halpern, Lipman: Some Data of the Psychic Morbidity of Jews and Arabs in Palestine, in: American Journal of Psychiatry 94 (1938), 1215–1222.
Hart, Mitchell B.: Social Science and the Politics of Modern Jewish Identity, Stanford, Calif., 2000.
Hartmann, Heinz: Ego Psychology and the Problem of Adaptation, New York 1958 (1939).
Hartnack, Christiane: Psychoanalysis in Colonial India, Oxford 2001.
Hassler, Marianne/Wertheimer, Jürgen (Hgg.): Der Exodus aus Nazideutschland und die Folgen. Jüdische Wissenschaftler im Exil, Tübingen 1997.
Haynal, André: Central European Psychoanalysis and Its Move Westwards in the Twenties and Thirties, in: Ehlers, Hella/Joyce Crick (Hgg.), The Trauma of the Past. Remembering and Working Through, London 1994, 101–116.
Heller, Peter: Anna Freud's Letters to Eva Rosenfeld, Madison, Conn., 1992.
Hermanns, Ludger M.: Karl Abraham und die Anfänge der Berliner Psychoanalytischen Vereinigung, in: Luzifer-Amor 7 (1994), H. 13, 30–40.
Hertz, Dan G.: Pioneers and Psychoanalysis. Beginnings of the Psychoanalytic Movement in Eretz Israel, in: Israel Journal of Psychiatry and Related Sciences 20 (1983), H. 1–2, 5–12.
Hess, Jonathan M.: Germans, Jews and the Claims of Modernity, New Haven, Conn., 2002.
Hildesheimer, Wolfgang: Mein Judentum (1978), in: ders., Das Ende der Fiktionen. Reden aus 25 Jahren, Frankfurt a. M. 1984, 213–225.
Ders.: Die Subjektivität des Biographen (1981), in: ders., Gesammelte Werke in sieben Bänden, hg. von Christiaan Lucas Hart Nibbrig und Volker Jehle, Frankfurt a. M. 1991, Bd. 3.
Hinshelwood, Robert D.: Psychoanalysis in Britain. Points of Cultural Access, 1893–1918, in: International Journal of Psychoanalysis 76 (1995), 135–151.
Ders.: The Organizing of Psychoanalysis in Britain, in: Psychoanalysis and History 1 (1998), H. 1, 87–102.
Hirsch, Dafna: »Anu mefizim kan Tarbut« [»Wir verbreiten hier Kultur«], unveröffentlichte Masterarbeit, Universität Tel Aviv, 2000.

Dies.: »We Are Here to Bring the West, Not Only to Ourselves«. Zionist Occidentalism and the Discourse of Hygiene in Mandate Palestine, in: International Journal of Middle East Studies 41 (2009), H. 1, 577–594.

Hirschmüller, Albrecht: Max Eitingon über Anna O. (Breuer) in psychoanalytischer Betrachtung, in: Jahrbuch der Psychoanalyse 40 (1998), 9–30.

Hitschmann, Eduard: Sixtieth Birthday of Josef K. Friedjung, in: International Journal of Psychoanalysis 13 (1931), 260.

Hobsbawm, Eric: On History, New York 1997.

Hödl, Klaus: Die Pathologisierung des jüdischen Körpers. Antisemitismus, Geschlecht und Medizin im Fin de Siècle, Wien 1997.

Hoffer, Willi: Siegfried Bernfeld and Jerubaal. An Episode in the Jewish Youth Movement, in: ders./Marjorie Brierley (Hgg.), Early Development and Education of the Child, New York 1981, 123–144.

Holland, Norman: The Mind and the Book. A Long Look at Psychoanalytic Literary Criticism, in: Journal of Applied Psychoanalytic Studies 2 (2000), H. 1, 13–23.

Hollander, Nancy C.: Buenos Aires. Latin Mecca of Psychoanalysis, in: Social Research 57 (1990), H. 4, 889–919.

Horowitz, Dan/Lissak, Moshe: Origins of the Israeli Polity. Palestine under the Mandate, Chicago, Mich., 1978.

Hotam, Yotam: Moderne Gnosis und Zionismus. Kulturkrise, Lebensphilosophie und nationaljüdisches Denken, Göttingen 2010.

Ders.: Nationalized Judaism and Diasporic Existence. Jakob Klatzkin and Hans Jonas, in: Behemoth. A Journal on Civilisation 2 (2008), 67–78.

Ders.: Das Zeitalter der Jugend. Deutsch-jüdische Jugendliche in der Moderne, Tübingen 2007.

Huber, Wolfgang: Psychoanalyse in Österreich seit 1933, Wien/Salzburg 1977.

Idelson, David: The Child's Sexual Life, Jerusalem 1940 (hebr.).

Isserlin, Aharon: A Totem Clan is Created, in: Max Eitingon, In Memoriam, Jerusalem 1950, 179–183.

Jacoby, Curt: Analyse eines Coitus-Interruptus-Traumes, in: Internationale Zeitschrift für Psychoanalyse 13 (1927), H. 4, 458 f.

Jacoby, Russell: The Repression of Psychoanalysis. Otto Fenichel and the Political Freudians, New York 1983.

Jay, Martin: The Dialectical Imagination. A History of the Frankfurt School and the Institute for Social Research 1923–1950, Boston, Mass./Toronto 1973.

Ders.: Permanent Exiles. Essays on the Intellectual Migration from Germany to America, New York 1986.

Jensen, Ellen M.: Anna O. A Study of Her Later Life, in: Psychoanalytic Quarterly 39 (1970), 269–293.

Jones, Ernest: Max Eitingon, in: International Journal of Psychoanalysis 24 (1943), 190–192.

Ders.: The Life and Work of Sigmund Freud, Bd. 1–3, London 1953–1957.

Kaderas, Brigitte: Karl Abrahams Bemühungen um einen Lehrauftrag für Psychoanalyse an der Friedrich-Wilhelms-Universität. Quellenedition der »Denkschrift der Berliner Psychoanalytischen Vereinigung betreffend Einführung des psychoanalytischen Unterrichts an der Berliner Universität« und ihrer Ablehnung, in: Jahrbuch für Universitätsgeschichte 1 (1998), 205–232.

Kafka, Franz: Schriften, Tagebücher, Briefe. Kritische Ausgabe, hg. von Jürgen Born u. a., Bd. 2, New York/Frankfurt a. M. 1982.

Kaminka, Aron: Milchemet Froid be-Mosche Rabenu [Freuds Krieg gegen Moses, unseren Lehrer], in: Hatzofeh, 17. August 1939.

King, Pearl/Steiner, Riccardo: The Freud/Klein Controversies in the British Psycho-Analytical Society 1941–1945, London 1990.

Kirsner, Douglas: Unfree Associations. Inside Psychoanalytic Institutes, London 2000.

Klatzkin, Jakob: Der Erkenntnistrieb als Lebens- und Todesprinzip, Zürich 1935.

Klausner, Margot: Bibliothek von Dr. Eitingon, in: Mitteilungsblatt (1944), 161.

Klee, Ernst: Deutsche Medizin im Dritten Reich. Karrieren vor und nach 1945, Frankfurt a. M. 2001.

Klein, Dennis B.: Jewish Origins of the Psychoanalytic Movement, Chicago, Mich., 1985.

Klein, Hillel: Holocaust Survivors in Kibbutzim, in: Israel Annals of Psychiatry 10 (1972), 78–91.

Ders.: Überleben und Versuche der Wiederbelebung, hg. von Christoph Biermann und Carl Nedelmann, Stuttgart 2003.

Kloocke, Ruth: Mosche Wulff. Zur Geschichte der Psychoanalyse in Russland und Israel, Tübingen 2002.

Knei-Paz, Baruch: The Social and Political Thought of Leon Trotsky, London 1978.

Kogan, Ilany: The Cry of Mute Children. A Psychoanalytic Perspective of the Second Generation of the Holocaust, London 1995.

Körner, Jürgen: Über das Verhältnis von Psychoanalyse und Pädagogik, in: Psyche 34 (1980), 769–789.

Kramer, Martin: The Road from Mecca. Mohammad Asad (born Leopold Weiss), in: Martin Kramer (Hg.), The Jewish Discovery of Islam. Studies in Honor of Bernard Lewis, Tel Aviv 1999, 225–247.

Kreutner, Simson Jakob: Mein Leipzig, Leipzig 1992.

Krüll, Marianne: Die Entstehung der Psychoanalyse und Freuds ungelöste Vaterbindung, München 1979.

Kuriloff, Emily A.: The Holocaust and Psychoanalytic Theory and Praxis, in: Contemporary Psychoanalysis 46 (2010), 395–422.

Dies.: Contemporary Psychoanalysis and the Legacy of the Third Reich, New York 2012.

Kurzweil, Edith: Psychoanalytic Science. From Oedipus to Culture, in: Mitchell G. Ash/Alfons Söllner (Hgg.), Forced Migration and Scientific Change. German Speaking Scientists and Scholars after 1933, Cambridge 1996.

Laor, Dan: Agnon. A Biography, Jerusalem 1998 (hebr.).
Laqueur, Walter: Young Germany. A History of the German Youth Movement, New York 1962.
Ders.: Weimar. A Cultural History 1918–1933, London 1974.
Lasch, Christopher: The Freudian Left and the Theory of Cultural Revolution, in: Joseph Sandler, (Hg.), Dimensions of Psychoanalysis, Madison, Conn., 1989, 123–138.
Lavsky, Hagit: German Zionists and the Emergence of Brit Shalom, in: Reinharz, Jehuda/Shapira, Anita (Hgg.), Essential Papers on Zionism, New York 1996, 648–670.
Dies.: Before Catastrophe. The Distinctive Path of German Zionism, 1897–1938, Detroit, Mich./Jerusalem 1998.
Lepenies, Wolf: Kultur und Politik. Deutsche Geschichten, München 2006.
Levi, Nissim: The Immigrant Physicians from Nazi Germany and Their Contribution to Medicine in Eretz Israel, in: Harefuah 214 (1988), 205–210.
Liban, Alexander: Freuds Einwanderung nach Eretz Israel, unveröffentlichte Dissertation, Technische Universität Berlin, 1999.
Ders./Goldman, Dodi: Freud Comes to Palestine. A Study of Psychoanalysis in a Cultural Context, in: International Journal of Psycho-Analysis 81 (2000), 893–906.
Lieberman, James: Acts of Will. The Life and Work of Otto Rank, New York 1985.
Limentani, Adam: The Psychoanalytic Movement during the Years of the War (1939–1945) According to the Archives of the IPA, in: International Review of Psychoanalysis 16 (1989), 3–13.
Ders.: A Brief History of the International Psychoanalytical Association, in: International Journal of Psychoanalysis 77 (1996), 149–158.
Little, Margaret I.: Winnicott Working in Areas where Psychotic Anxieties Predominate, in: Free Associations 1 (1985), H. 3, 9–42.
Lockot, Regine: Die Reinigung der Psychoanalyse. Die Deutsche Psychoanalytische Gesellschaft im Spiegel von Dokumenten und Zeitungen 1933–1951, Tübingen 1994.
Loewenberg, Peter: A Hidden Zionist Theme in Freud's »My Son, the Myops ...« Dream, in: Journal of the History of Ideas 31 (1970), H. 1, 129–132.
Ders.: Sigmund Freud as a Jew. A Study in Ambivalence and Courage, in: Behavioral Sciences 7 (1971), H. 4, 363–369.
Lohmann, Hans Martin (Hg.): Psychoanalyse und Nationalsozialismus. Beiträge zur Bearbeitung eines unbewältigten Traumas, Frankfurt a. M. 1984.
Lombroso, Cesare: Der Antisemitismus und die Juden im Lichte der modernen Wissenschaft, Leipzig 1894.
Lorz, Andrea: Die Erinnerung soll zum Guten gereichen. Aus dem Leben und zu den Leistungen Leipziger jüdischer Ärzte. Eine Spurensuche, Leipzig 2005.
Lück, Helmut E.: Der Exodus und die Folgen für die Psychologie, in: Marianne Hassler/Jürgen Wertheimer (Hgg.), Der Exodus aus Nazideutschland und die Folgen. Jüdische Wissenschaftler im Exil, Tübingen 1997, 157–175.

Makari, George: Revolution in Mind. The Creation of Psychoanalysis, New York 2008.
Margalit, Elkana: Hashomer Hazair. From Youth Community to Revolutionary Marxism (1913–1936), Tel Aviv 1971 (hebr.).

Marinelli, Lydia (Hg.): »Meine … alten und dreckigen Götter«. Aus Sigmund Freuds Sammlung, Frankfurt a. M. 2001.

Dies./Mayer, Andreas: Dreaming by the Book. Freud's »The Interpretation of Dreams« and the History of the Psychoanalytic Movement, New York 2003.

Massen, Thijs: Pädagogischer Eros. Gustav Wyneken und die Freie Schulgemeinde Wickersdorf, Berlin 1995.

May, Ulrike: Psychoanalyse in Berlin. 1920–1936, in: Jahrbuch der Psychoanalyse 57 (2008), 13–39.

McGrath, William J.: Dionysian Art and Populist Politics in Austria, New Haven, Conn., 1974.

Meisel, Perry/Kendrick, Walter (Hgg.): Bloomsbury/Freud. The Letters of James and Alix Strachey 1924–1925, New York 1985.

Miller, Martin: The Reception of Psychoanalysis and the Problem of the Unconscious in Russia, in: Social Research 57 (1990), H. 4, 875–888.

Ders.: Freud and the Bolsheviks. New Haven, Conn., 1998.

Mintz, Matityahu: Pangs of Youth. Hashomer Hazair 1911–1921, Jerusalem 1995 (hebr.).

Moses, Rafael: A Short History of Psychoanalysis in Palestine and Israel, in: Israel Journal of Psychiatry and Related Sciences 29 (1992), H. 4, 229–238.

Ders. (Hg.): Persistent Shadows of the Holocaust. The Meaning to those not Directly Affected, Madison, Conn., 1993.

Ders.: A Short History of Psychoanalysis in Palestine and Israel, in: Journal of the American Academy of Psychoanalysis 26 (1998), 329–341.

Mosse, George L.: Masses and Man, New York 1980.

Ders.: Nationalism and Sexuality. Middle-Class Morality and Sexual Norms in Modern Europe, Madison, Wis./London 1985.

Ders.: Central European Intellectuals in Palestine, in: Judaism 45 (1996), H. 2, 131–142.

Ders.: The Image of Man. The Creation of Modern Masculinity, New York 1996.

Mühlleitner, Elke: Biographisches Lexikon der Psychoanalyse. Die Mitglieder der psychologischen Mittwoch-Gesellschaft und der Wiener Psychoanalytischen Vereinigung 1902–1938, Tübingen 1992.

Müller, Thomas: Von Charlottenburg zum Central Park West. Henry Lowenfeld und die Psychoanalyse in Berlin, Prag und New York, Frankfurt a. M. 2000.

Myers, David N.: Re-Inventing the Jewish Past. European Jewish Intellectuals and the Zionist Return to History, New York 1995.

Nagler, Shmuel: Clinical Observations on Kibbutz Children, in: Israel Annals of Psychiatry and Related Disciplines 1 (1963), 201–216.

Ders.: Obituary. Dr. Fanya Lowtzky, in: Israel Annals of Psychiatry and Related Disciplines 3 (1965), 285 f.

Naiman, Eric: Sex in Public. The Incarnation of Early Soviet Ideology, Princeton, N. J., 1997.

Ne'eman, Yael: We Were the Future, Tel Aviv 2011 (hebr.).

Neiser, Emil M. J.: Max Eitingon. Leben und Werk, unveröffentlichte Dissertation, Universität Mainz, 1978.
Neumann, Boaz: Being-in-the-Weimar-Republic, Tel Aviv 2007 (hebr.).
Ders.: Land and Desire in Early Zionism, Waltham, Mass., 2011.
Niederland, Doron: Deutsche Ärzte-Emigration und gesundheitspolitische Entwicklungen in »Eretz Israel« (1933–1948), in: Medizinisches Journal 20 (1985), 149–184.
Ders.: The Emigration of Jewish Academics and Professionals from Germany in the First Years of Nazi Rule, in: Leo Baeck Institute Year Book 33 (1988), 285–300.
Ders.: German Jews – Immigrants or Refugees? A Study of Migration Patterns between the Two World Wars, Jerusalem 1996 (hebr.).
Nordau, Max: Die conventionellen Lügen der Kulturmenschheit, Leipzig 1913.
Ders.: Zionist Writings, Jerusalem 1955 (hebr.).
Nunberg, Hermann/Federn, Ernst (Hgg.): Protokolle der Wiener Psychoanalytischen Vereinigung, Frankfurt a. M. 1979.
Nur, Ofer: Sex, Eros, and Physical Labor. HaShomer HaTzair and Psychoanalysis, 1918–1924, in: Zmanim 88 (2004), 64–73 (hebr.).

Oberndorf, Clarence P.: The Berlin Psychoanalytic Policlinic, in: International Journal of Psychoanalysis 7 (1926), 318–322.
O'Doherty, Paul: Zionism Bad, Zionists ... Good? Two GDR Historical Novels as Journalism. Arnold Zweig's Traum ist teuer and Rudolf Hirsch's Patria Israel, in: Amsterdamer Beiträge zur neueren Germanistik 11 (2001), 167–177.
Ohana, David: Political Theologies in the Holy Land. Israeli Messianism and Its Critics, London 2010.
Ornan, Uzzi: The Revival of Hebrew, in: Cathedra 37 (1985), 83–94 (hebr.).
Ornston, Darius (Hg.): Translating Freud, New Haven, Conn., 1992.
Ovadyahu, Mordechai (Hg.): Bialik Speaks. Words from the Poet's Lips Clues to the Man, New York 1969.
Oxaal, Ivar: The Jewish Origins of Psychoanalysis Reconsidered, in: Edward Timms/ Naomi Segal (Hgg.), Freud in Exile. Psychoanalysis and Its Vicissitudes, New Haven, Conn./London 1988.
Oz, Amos: Eine Geschichte von Liebe und Finsternis, Frankfurt a. M. 2002.

Paris, Bernard J.: Karen Horney. A Psychoanalyst's Search for Self-Understanding, New Haven, Conn., 1994.
Pappenheim, Martin: Matrot ha-Higjena ha-psichit [Die Ziele der psychischen Hygiene], in: Harefuah 11 (1936), 511–516.
Peled, Rina: »The New Man« of the Zionist Revolution. HaShomer HaTzair and Its European Roots, Tel Aviv 2002 (hebr.).
Peters, Uwe H.: Psychiatrie im Exil. Die Emigration der dynamischen Psychiatrie aus Deutschland 1933–1939, Düsseldorf 1992.
Pick, Daniel: Faces of Degeneration. A European Disorder, 1848–1918, Cambridge 1993.
Plotkin, Mariano B.: Freud in the Pampas. The Emergence and Development of a Psychoanalytic Culture in Argentina. Stanford, Calif., 2001.

Pomer, Sydney: Max Eitingon 1881–1943, in: Franz Alexander/Samuel Eisenstein/Martin Grotjhan (Hgg.), Psychoanalytic Pioneers, New York 1965, 51–62.

Rabin, Albert I.: Growing up in the Kibbutz, New York 1965.

Rangel, Leo/Moses-Hrushovski, Rena (Hgg.): Psychoanalysis at the Political Border. Essays in Honor of Rafael Moses, Madison, Conn., 1996.

Rapaport, David: The Study of Kibbutz Education and Its Bearing on the Theory of Development, in: The American Journal of Orthopsychiatry 28 (1958), 587–597.

Razi, Tammy: Forsaken Children. The Backyard of Mandate Tel Aviv, Tel Aviv 2009 (hebr.).

Dies.: »The Family Is Worthy of Being Rebuilt«. Perceptions of the Jewish Family in Mandate Palestine, 1918–1948, in: Journal of Family History 35 (2010), 395–415.

Rechter, David: The Jews of Vienna and the First World War, London 2001.

Reich, Wilhelm: Geschlechtsreife, Enthaltsamkeit, Ehemoral, Wien 1930.

Reichmayr, Johannes/Wiesbauer, Elisabeth: Das Verhältnis von Sozialdemokratie und Psychoanalyse in Österreich zwischen 1900 und 1938, in: Wolfgang Huber (Hg.), Beiträge zur Geschichte der Psychoanalyse in Österreich, Wien/Salzburg 1978, 25–60.

Reik, Theodor: Probleme der Religionspsychologie, Teil 1: Das Ritual, Leipzig/Wien 1919.

Reinharz, Jehuda: Chaim Weizmann. The Making of a Statesman, New York 1993.

Ders./Shapira, Anita (Hgg.): Essential Papers on Zionism, New York 1996.

Reshef, Yuval/Dror, Shimon: Hebrew Education in the Years of the National Homeland (1919–1948), Jerusalem 1999 (hebr.).

Rice, Emanuel: Freud and Moses. The Long Journey Home, New York 1990.

Rice, James L.: Freud's Russia. National Identity in the Evolution of Psychoanalysis, New Brunswick, N. J., 1993.

Richards, Arnold D. (Hg.): The Jewish World of Sigmund Freud. Essays on Cultural Roots and the Problem of Religious Identity, Jefferson, N. C./London 2010.

Roazen, Paul: Freud's Political and Social Thought, New York 1968.

Ders.: Helene Deutsch. A Psychoanalyst's Life, New York 1985.

Ders.: Oedipus in Britain. Edward Glover and the Struggle over Klein, New York 2000.

Robert, Marthe: From Oedipus to Moses. Freud's Jewish Identity, New York 1976.

Roith, Estelle: The Riddle of Freud, London 1987.

Dies.: Hysteria, Heredity and Anti-Semitism. Freud's Quiet Rebellion, in: Psychoanalytic History 10 (2008), 149–168.

Rolnik, Eran J.: Mit Freud nach Palästina: Zur Rezeptionsgeschichte der Psychoanalyse, in: Tel-Aviver Jahrbuch für Deutsche Geschichte 27 (1998), 273–300.

Ders.: Gedächtnis und Begehren. Geschichte und Psychoanalyse zur Jahrtausendwende, in: Zeitschrift für psychoanalytische Theorie und Praxis 17 (2002), H. 3, 239–266 (zuerst engl.: Between Memory and Desire. From History to Psychoanalysis and Back, in: Psychoanalysis and History 3 [2001], 129–151).

Ders.: Between Ideology and Identity. Psychoanalysis in Jewish Palestine (1918–1948), in: Psychoanalysis and History 4 (2002), 203–224.

Ders.: The Migration of Psychoanalysis from Central Europe and the Reception of the Freudian Paradigm in Jewish Palestine 1919–1950, Dissertation, Universität Tel Aviv, 2004 (hebr.).

Ders.: Final Analysis. The Psychoanalytic Movement and Its First Encounter with National Socialism (hebr.), in: Dapim le-Cheker ha-Schoa [Studienblätter der Schoah-Forschung] 20 (2006), 7–38.

Ders., Freud in Zion. History of Psychoanalysis in Jewish Palestine/Israel 1918–1948, Tel Aviv 2007 (hebr.) (engl.: Freud in Zion. Psychoanalysis and the Making of Modern Jewish Identity, London 2012).

Ders.: Osej Nefaschot. Im Freud le-Erez Israel 1918–1948 [Die Seelenführer. Mit Freud nach Eretz Israel 1918–1948], Tel Aviv 2007.

Ders.: Berliner Empfindlichkeiten, Russische Bildwelten und Jerusalemer Wirklichkeiten. Die Etablierung der Psychoanalyse im jüdischen Palästina/Israel, in: Jahrbuch der Psychoanalyse 57 (2008), 57–77.

Ders.: »Why Is It that I See Everything Differently?« Reading a 1933 Letter from Paula Heimann to Theodor Reik, in: Journal of the American Psychoanalytic Association 56 (2008), 409–430.

Ders.: »… wo sich die Intellektuellen gegenseitig im Wege stehen«. Albert Einstein, Max Eitingon, Anna Freud und die Migration der deutschsprachigen Psychoanalyse nach Palästina, in: Luzifer-Amor 21 (2008), H. 42, 88–99.

Ders.: Therapy and Ideology. Psychoanalysis and Its Vicissitudes in Pre-State Israel (including some hitherto unpublished letters by Sigmund Freud and Albert Einstein), in: Science in Context 23 (2010), H. 4, 473–506.

Ders./Simkin, Ariel: Throbbing between Stars and Abyss. A Reconsideration of the Mood Swings in the Life and Work of the Poet Chaim Nachman Bialik, in: Mekarov (Dezember 2005), 13–31 (hebr.).

Rose, Jacqueline: The Question of Zion, Princeton, N. J., 2005.

Rose, Louis: The Freudian Calling. Early Viennese Psychoanalysis and the Pursuit of Cultural Science, Detroit, Mich., 1998.

Rose, Nikolas S.: Governing the Soul. The Shaping of the Private Self, London/New York 1990.

Rosenbaum, Milton: Freud-Eitingon-Magnes Correspondence. Psychoanalysis at the Hebrew University, in: Journal of the American Psychoanalytic Association 2 (1954), 311–317.

Rudnytsky, Peter L.: Reading Psychoanalysis. Freud, Rank, Ferenczi, Groddeck, Ithaca, N. Y., 2002.

Ruppin, Arthur: Tagebücher, Briefe, Erinnerungen, hg. von Schlomo Krolik, Königstein im Taunus 1985.

Sadan, Dov: A Psychoanalytic Midrash. Studies in Brenner's Psychology, Jerusalem 1996 (hebr.).

Safir, Marilyn P.: The Kibbutz. An Experiment in Social and Sexual Equality? A Historical Perspective, in: Michal Palgi u. a. (Hgg.), Sexual Equality. The Israeli Kibbutz Tests the Theories, Philadelphia, Pa., 1983, 100–129.

Said, Edward: Freud und das Nichteuropäische, Zürich 2004 (zuerst engl.: Freud and the Non-European, London 2003).
Salberg, Jill: Hidden in Plain Sight. Freud's Jewish Identity Revisited, in: Arnold D. Richards (Hg.), The Jewish World of Sigmund Freud, Jefferson, N.C./London 2010, 5–21.
Sand, Shlomo: Intellectuals, Truth, and Power. From the Dreyfus Affair to the Gulf War, Tel Aviv 2000 (hebr.).
Santner, Eric L.: On the Psychotheology of Everyday Life. Reflections on Freud and Rosenzweig, Chicago, Mich., 2001.
Scharaf, Myron: Fury on Earth. A Biography of Wilhelm Reich, New York 1983.
Schatzker, Chaim: The Jewish Youth Movements as an Historical Phenomenon, in: Studies in Jewish Civilization 3 (1992), 149–165.
Ders.: Jewish Youth in Germany between Judaism and Germanism, Jerusalem 1998 (hebr.).
Scholem, Gershom: From Berlin to Jerusalem. Memoirs of My Youth, New York 1982.
Schorske, Carl E.: Fin-De-Siècle Vienna. Politics and Culture, New York 1981.
Ders.: Thinking with History. Explorations in the Passage to Modernism, Princeton, N.J., 1998.
Schreibaum, Dvora: Interpretation of Dreams in S.Y. Agnon's Literary Works, Tel Aviv 1993 (hebr.).
Schröter, Michael: Max Eitingon ein Geheimagent Stalins? Erneuter Protest gegen eine zählebige Legende, in: Psyche 51 (1997), 457–470.
Ders.: Max Eitingon and the Struggle to Establish an International Standard for Psychoanalytic Training (1925–1929), in: International Journal of Psychoanalysis 83 (2002), 875–893.
Ders.: Der Steuermann. Max Eitingon und seine Rolle in der Geschichte der Psychoanalyse, in: Sigmund Freud/Max Eitingon, Briefwechsel 1906–1939, hg. von Michael Schröter, 2 Bde., Tübingen 2004, 1–33.
Ders.: »Hier läuft alles zur Zufriedenheit, abgesehen von den Verlusten«. Die Deutsche Psychoanalytische Gesellschaft 1933–1936, in: Psyche 63 (2009), 1086–1130.
Ders./Mühlleitner, Elke/May, Ulrike: Edith Jacobson. Forty Years in Germany (1897–1938), in: Annals of Psychoanalysis 32 (2004), 199–215.
Schweid, Eliezer: The Land of Israel. National Home or Land of Destiny, Rutherford, N.J., 1985.
Ders.: The Idea of Modern Jewish Culture, Boston, Mass., 2008.
Segev, Tom: One Palestine, Complete. Jews and Arabs under the British Mandate, New York 2001.
Sela-Shefi, Rakefet: Integration through Distinction. German-Jewish Palestine, in: Journal of Historical Sociology 19 (2006), 34–59.
Sengoopta, Chandak: Otto Weininger. Sex, Science, and Self in Imperial Vienna, Chicago, Mich., 2000.
Shafir, Gershon: Land, Labour and the Origins of the Israeli-Palestinian Conflict, 1882–1914, Cambridge 1989.

Shaked, Gershon: Geschichte der modernen hebräischen Literatur. Prosa von 1880 bis 1980, Frankfurt a. M. 1996.
Ders.: Shall All Hopes Be Fulfilled? Genre and Anti-Genre in the Hebrew Literature of Palestine, in: Reinharz, Jehuda/Shapira, Anita (Hgg.), Essential Papers on Zionism, New York 1996, 763–789.
Shapira, Anita: Land and Power. The Zionist Resort to Force, 1881–1948, New York 1992.
Dies.: Native Sons, in: Reinharz, Jehuda/Shapira, Anita (Hgg.), Essential Papers on Zionism, New York 1996, 791–821.
Dies.: New Jews, Old Jews, Tel Aviv 1997 (hebr.).
Dies.: The Origins of the Myth of the »New Jew«. The Zionist Variety, in: Studies in Contemporary Jewry 13 (1997), 253–270.
Shapira, Shalom Yosef: Jahaduto ha-mudcheket schel Froid [Freuds verdrängtes Judentum], in: Moznaim 14 (1942), 317–319.
Shavit, Yaacov/Reinharz, Jehuda: Darwin and Some of His Kind. Evolution, Race, Environment, and Culture. Jews Read Darwin, Spencer, Buckle, and Renan, Tel Aviv 2009 (hebr.).
Shavit, Zohar (Hg.): The History of the Jewish Community in Eretz Israel since 1882. The Construction of Hebrew Culture in Eretz Israel, Jerusalem 1998.
Sheffi, Na'ama: The Hebrew Absorption of German Literature, in: Israel Affairs 5 (1999), H. 4, 158–171.
Dies.: Vom Deutschen ins Hebräische. Übersetzungen aus dem Deutschen im jüdischen Palästina 1882–1948, Göttingen 2011.
Simon, Ernst A.: Sechzig Jahre gegen den Strom. Briefe von 1917–1984, Tübingen 1998.
Slavet, Eliza: Racial Fever. Freud and the Jewish Question, New York 2009.
Slezkine, Yuri: Das jüdische Jahrhundert. Aus dem Englischen von Michael Adrian, Bettina Engels und Nikolaus Gramm, Göttingen ^{2}2007 (engl.: The Jewish Century, Princeton, N. J., 2004).
Smeliansky, Anatoly/Nacht, Albert: Max Eitingon, von Freunden gesehen, in: Die Chewrah Psychoanalytith B'erez Israel gratuliert ihrem Präsidenten zum sechzigsten Geburtstag, unveröffentlichtes Manuskript 1941 (ECI).
Spector, Malcolm/Kitsuse, John: Constructing Social Problems, New York 2000.
Spiegel, Rose: The Survival of Psychoanalysis in Nazi Germany, in: Contemporary Psychoanalysis 11 (1975), 479–491.
Dies.: Freud's Refutation of Degenerationism. A Contribution to Humanism, in: Contemporary Psychoanalysis 22 (1986), 4–24.
Spiro, Melford: Children of the Kibbutz, Cambridge, Mass., 1958.
Stadler, Friedrich (Hg.): Vertriebene Vernunft: Emigration und Exil österreichischer Wissenschaftler 1930–1940, Wien 1987.
Stanislawski, Michael: Zionism and the Fin De Siècle. Cosmopolitanism and Nationalism from Nordau to Jabotinsky, Berkeley, Calif., 2001.
Steedman, Carolyn: Strange Dislocations. Childhood and the Idea of Human Interiority, 1780–1930, Cambridge, Mass., 1995.

Stein, Leonard: Eder as Zionist, in: Joseph B. Hobman (Hg.), David Eder. Memoirs of a Modern Pioneer, London 1945, 139–142.
Stein, Ruth: For Love of the Father. A Psychoanalytic Study of Religious Terrorism, Stanford, Conn., 2009.
Steiner, Riccardo: It Is a New Kind of Diaspora. Explorations in the Sociopolitical and Cultural Context of Psychoanalysis, in: International Review of Psychoanalysis 16 (1989), 35–78.
Ders.: In All Questions, My Interest Is Not in the Individual People But in the Analytic Movement as a Whole. […], in: International Journal of Psychoanalysis 92 (2011), 505–591.
Stengel, Erwin: On Learning a New Language, in: International Journal of Psychoanalysis 20 (1939), 471–479.
Stepansky, Paul E.: The Memoirs of Margaret S. Mahler, New York 1988.
Sterba, Richard F.: Erinnerungen eines Wiener Psychoanalytikers, Frankfurt a. M. 1985.
Stern, Max M.: Repetition and Trauma toward a Teleonomic Theory of Psychoanalysis, hg. von Liselotte B. Stern, Hillsdale, N. J., 1988.
Sternhell, Zeev: The Founding Myths of Israel. Nationalism, Socialism, and the Making of the Jewish State, Princeton, N. J., 1998.
Stone, Lilo: German Zionists in Palestine before 1933, in: Journal of Contemporary History 32 (1997), 171–186.
Stonebridge, Lyndsey: Anxiety at a Time of Crisis, in: History Workshop Journal 45 (1998), 171–182.
Strauss, Herbert A. (Hg.): Jewish Immigrants of the Nazi Period in the U. S. A., 6 Bde., New York 1978–1988.
Ders.: Jewish Emigration from Germany. Nazi Politics and Jewish Responses, Teil 1, in: Leo Baeck Institute Year Book 25 (1980), 313–363; Teil 2, in: ebd. 26 (1981), 343–411.
Ders./Röder, Werner (Hgg.): International Biographical Dictionary of Central European Emigres 1933–1945, München 1983.
Strikovsky, Zvi: Review of Freud's Group Psychology and the Analysis of the Ego (hebr.), in: Schwilei ha-Chinuch [Wege der Erziehung] 1928–1929 (1928), 475–479.
Strozier, Charles B.: Heinz Kohut. The Making of a Psychoanalyst, New York 2001.

Taylor, Charles: A Secular Age, Cambridge, Mass., 2007.
Thompson, Nellie: Early Women Psychoanalysts, in: International Review of Psychoanalysis 14 (1987), 391–407.
Dies.: The Transformation of Psychoanalysis in America. Emigré Analysts and the New York Psychoanalytic Society 1935–1961, in: Journal of the American Psychoanalytic Association 60 (2012), 9–44.
Timms, Edward/Segal, Naomi (Hgg.): Freud in Exile. Psychoanalysis and Its Vicissitudes, New Haven, Conn./London 1988.
Turkle, Sherry: Psychoanalytic Politics. Jacques Lacan and Freud's French Revolution, New York [2]1992.

Ufaz, Aviva: The World of Symbols in Kehilateinu, in: Cathedra 59 (1991), 126–143 (hebr.).
Utley, Philip: Siegfried Bernfeld's Jewish Order of Youth, 1914–1922, in: Leo Baeck Institute Year Book 24 (1979), 349–369.

Velikovsky, Immanuel: Psychoanalytische Anschauungen in der Traumdeutungskunst der alten Hebräer nach dem Traktat Brachoth, in: Psychoanalytische Bewegung 5 (1933), 66–69.
Ders.: Kann eine neuerlernte Sprache zur Sprache des Unbewussten werden? Wortspiele in Träumen von Hebräisch Denkenden, in: Imago 20 (1934), 234–239.
Viest, Agnes: Identität und Integration. Dargestellt am Beispiel mitteleuropäischer Einwanderer in Israel, Bern/Frankfurt a. M./Las Vegas, Nev., 1977.
Vital, David: The Origins of Zionism, Oxford 1975.
Ders.: Zionism. The Formative Years, Oxford 1982.
Ders.: Zionism. The Crucial Phase, Oxford 1987.
Volkov, Shulamit: Germans, Jews, and Antisemites. Trials in Emancipation, Cambridge 2006.

Wallerstein, Robert S.: Lay Analysis. Life Inside the Controversy, Hillsdale, N. J., 1998.
Wehr, Gerhard: Martin Buber. Leben, Werk, Wirkung, Zürich 1991.
Weidemann, Doris: Leben und Werk von Therese Benedek (1892–1977), Bern 1988.
Weiner, Anita: Out of the Family. Placement of Children in the Land of Israel during the Mandate, Tel Aviv 1984 (hebr.).
Will, Herbert: Was ist klassische Psychoanalyse?, in: Psyche 7 (2001), 685–717.
Willett, John: The Weimar Years. A Culture Cut Short, New York 1984.
Williams, John A.: Ecstasies of the Young. Sexuality, the Youth Movement, and Moral Panic in Germany on the Eve of the First World War, in: Central European History 34 (2001), H. 2, 163–189.
Wilmers, Mary K.: The Eitingons. A Twentieth-Century Story, London 2009.
Windhager, Günther: Leopold Weiss alias Muhammad Asad. Von Galizien nach Arabien 1900–1927, Wien 2002.
Winnicott, Donald W.: Primitive Emotional Development, in: The International Journal of Psychoanalysis 26 (1945), 137–143.
Ders.: Transitional Objects and Transitional Phenomena. A Study of the First Not-me Possession, in: International Journal of Psychoanalysis 34 (1953), 89–97.
Winnik, Heinrich Z.: Milestones in the Development of Psychoanalysis in Israel, in: Israel Annals of Psychiatry and Related Disciplines 15 (1977), 85–91.
Ders./Moses, Rafael/Ostow, Mortimer (Hgg.): Psychological Bases of War, New York 1973.
Wistrich, Robert/Ohana, David: The Shaping of Israeli Identity. Myth, Memory and Trauma, London 1995.
Wittels, Fritz: Set the Children Free, New York 1933.
Wittenberger, Gerhard/Tögel, Christfried (Hgg.): Die Rundbriefe des »Geheimen Komitees«, Bd. 1: 1913–1920, Tübingen 1999.

Witztum, Eliezer/Margolin, Jacob: Establishment of the »Ezrath Nashim« Psychiatric Hospital in Jerusalem. Selected Issues, in: Harefuah 143 (2004), 382–385 (hebr.).

Wolf, Arie: »Freund Eitingon«. Geschichte einer »freudianischen« Freundschaft Arnold Zweigs im Spiegel seiner Korrespondenz und seines literarischen Werks, in: Arnold Zweig. Psyche, Politik und Literatur. Akten des II. Internationalen Arnold-Zweig-Symposiums, Gent 1991, Jahrbuch für internationale Germanistik (1993), 137–157.

Woolf, Moshe: Prohibitions against the Simultaneous Consumption of Milk and Flesh in Orthodox Jewish Law, in: International Journal of Psychoanalysis 26 (1945), 169–177.

Ders.: Joseph K. Friedjung, in: International Journal of Psychoanalysis 27 (1946), 71 f. (Nachruf).

Worman, Curt D.: German Jews in Israel. Their Cultural Situation since 1933, in: Leo Baeck Institute Year Book 15 (1970), 73–103.

Wortis, Joseph: Fragments of an Analysis with Freud, New York 1954.

Wulf, Joseph: Literatur und Dichtung im Dritten Reich, Reinbek bei Hamburg 1966.

Wulff, Moshe: Widerstand des Ichideals und Realitätsanpassung, in: Internationale Zeitschrift für Psychoanalyse 12 (1926), 436–443.

Ders.: Bemerkungen über einige Ergebnisse bei einer psychiatrisch-neurologischen Untersuchung von Chauffeuren, in: Internationale Zeitschrift für Psychoanalyse 14 (1928), 237–242.

Ders.: A Case of Male Homosexuality, in: International Journal of Psychoanalysis 23 (1942), 112–120.

Ders.: Fetishism and Object Choice in Early Childhood, in: Psychoanalytic Quarterly 15 (1946), 450–471.

Ders.: An Appreciation of Freud's »Moses and Monotheism«, in: ders. (Hg.), Max Eitingon. In Memoriam, Jerusalem 1950, 141–150.

Ders. (Hg.): Max Eitingon. In Memoriam, Jerusalem 1950.

Ders.: Dr. Ilja Shalit Obituary, in: International Journal of Psychoanalysis 34 (1953), 357.

Ders.: Revolution and Drive, in: Psychoanalytic Review 44 (1957), 410–432.

Wünschmann, Kim: The »Scientification« of the Nazi Concentration Camp. Early Theories of Terror and Their Reception by American Academia, in: Leo Baeck Institute Year Book 58 (2013) (in Vorbereitung).

Yaffe, Eliezer: Against the Current Consensus, in: Gazit 2 (1934), H. 10–11, 25 f. (hebr.).

Ders.: Prudot [Getrennt] (undatiert), in: Collected Works of Eliezer Yaffe, Bd. 2, 305 f.

Ders.: Collected Works of Eliezer Yaffe, 2 Bde., Tel Aviv 1947 (hebr.).

Yaron, Kalman: Martin Buber. Prospects, in: The Quarterly Review of Comparative Education, Paris 2000.

Yehoshua, Abraham B.: An Attempt to Comprehend the Infrastructure of Anti-Semitism, in: Alpayyim 28 (2005), 11–30 (hebr.).

Yerushalmi, Yosef H.: Freuds Moses. Endliches und unendliches Judentum, Frankfurt a. M. 1999.
Yitzhaki, Shlomo: Psychoanalysis in the Communal Education of Ha'Shomer Ha'Tzair (hebr.), in: Ha-Chinuch ha-Meschutaf [Kollektive Erziehung] 133 (1989), 70–84, und 134 (1990), 56–66.
Young-Bruehl, Elisabeth: Anna Freud. A Biography, New York 1994.

Zakim, Eric: To Build and Be Built. Landscape, Literature, and the Construction of Zionist Identity, Philadelphia, Pa., 2006.
Zalashik, Rakefet: Psychiatry, Ethnicity and Migration. The Case of Palestine, 1920–1948, in: Dynamis 25 (2005), 403–422.
Dies.: Das unselige Erbe. Die Geschichte der Psychiatrie in Palästina und Israel, Frankfurt a. M./New York 2012 (zuerst hebr.: Ad Nafesh. Refugees, Immigrants, Newcomers, and the Israeli Psychiatric Establishment, Tel Aviv 2008).
Dies./Davidovitch, Nadav: Professional Identity across the Borders. Refugee Psychiatrists in Palestine, 1933–1945, in: Social History of Medicine 22 (2009), H. 3, 569–587.
Zerubavel, Yael: Recovered Roots. Collective Memory and the Making of Israeli National Tradition, Chicago, Mich., 1995.
Zimmermann, Moshe: German Jews and the Jewish Emigration from Russia, in: Ilan Troen/Benjamin Pinkus (Hgg.), Organizing Rescue. Jewish National Solidarity in the Modern Period, London 1992.
Ders.: Muscular Judaism. The Remedy for Jewish Nervousness, in: Zmanim 83 (2003), 56–65 (hebr.).
Ders.: Muscle Jews vs. Nervous Jews, in: Michael Brenner/Gideon Reuveni (Hgg.), Emancipation through Muscles. Jews and Sports in Europe, London 2006, 13–26.
Zipperstein, Steven J.: Elusive Prophet. Ahad Ha'am and the Origins of Zionism, Berkeley, Calif., 1993.
Zohar, Zvi: Bejnejnu lebejn Azmenu [Unter uns], in: Ha-Chinuch ha-Meschutaf [Kollektive Erziehung] 11 (1940), 17.
Ders./Golan, Shmuel: Sex Education, Merchavia 1941 (hebr.).
Zweig, Arnold: Traum ist teuer, Frankfurt a. M. 1989.

Bildnachweis

Abb. 1: Martin Buber. © ullstein bild – Keystone.
Abb. 2: Muhammad Asad.
Abb. 3: Sigmund Freud. © ullstein bild – Sigmund Freud Copyrights.
Abb. 4: Brief von Max Eitingon an Sigmund Freud vom 26. März 1938. © Eitingon Collection, Israel State Archives, Jerusalem (ECI).
Abb. 5: Margarete Brandt. © Israelische Psychoanalytische Gesellschaft.
Abb. 6: Wolfgang Hildesheimer. © ullstein bild – ullstein bild.
Abb. 7: Arnold Zweig. © ullstein bild – ullstein bild.
Abb. 8: Max Eitingon. © Israelische Psychoanalytische Gesellschaft.
Abb. 9: Mordechai Brachyahu. © Dr. Itamar Levi, Tel Aviv.
Abb. 10: Chaim Nachman Bialik und Aḥad Ha'am. © Haim Nachman Bialik Archives, Tel Aviv.

Register

Personenregister

Sachregister

Wenn Sie weiterlesen möchten

Dirk Sadowski

Haskala und Lebenswelt

Herz Homberg und die jüdischen deutschen Schulen in Galizien 1782–1806

Die Studie beleuchtet die Situation der jüdischen deutschen Schulen in Galizien zwischen 1782 und 1806 unter Aufsicht des Aufklärers Herz Homberg, eines Schülers Moses Mendelssohns.

Im Zuge der Toleranzgesetzgebung wurden ab 1782 Elementarschulen für jüdische Kinder im Habsburgerreich eingerichtet. Dem jüdischen Aufklärer Herz Homberg (1749–1841) gelang es in kurzer Zeit, in Galizien über 100 derartiger Schulen zu errichten, in denen den Kindern die deutsche Sprache vermittelt wurde. Der Autor untersucht, wie hier erzieherische Konzepte der jüdischen Aufklärung (Haskala) in die Praxis übertragen wurden, nimmt die Schulwirklichkeit in den Blick und beschreibt, wie sich die jüdische Bevölkerung gegen die mit den Schulen verbundenen Disziplinierungsversuche des österreichischen Staates wehrte.

Mirjam Thulin

Kaufmanns Nachrichtendienst

Ein jüdisches Gelehrtennetzwerk im 19. Jahrhundert

David Kaufmann (1852–1899), Professor am Rabbinerseminar in Budapest, war im letzten Drittel des 19. Jahrhunderts ein zentraler Akteur der jüdischen Wissenschaftsbewegung, seit den 1820er Jahren bekannt als Wissenschaft des Judentums. Am Beispiel seines »Nachrichtendienstes«, wie Kaufmanns Briefnetzwerk bezeichnet wurde, stellt Mirjam Thulin die Vernetzungsstrategien der jüdischen Gelehrten dar. Zudem gewährt die Studie detaillierte Einsichten in die vielfältigen kultur- und wissenschaftshistorischen Aspekte der Geschichte des jüdischen Wissenswandels und der Wissenschaft des Judentums im 19. Jahrhundert.

Susanne Zepp

Herkunft und Textkultur

Über jüdische Erfahrungswelten in romanischen Literaturen 1499–1627

Eine literaturwissenschaftliche Untersuchung zum Beitrag jüdischer Kultur zur Herausbildung der Moderne in der Romania.

Susanne Zepp untersucht fünf Grundlagentexte, die im Europa der Frühen Neuzeit zwischen 1499 und 1627 entstanden sind: La Celestina, die Dialoghi d'amore des Leone Ebreo, der erste pikareske Roman, Lazarillo de Tormes, die Essais von Michel de Montaigne und die poetisierenden Bibelbearbeitungen João Pinto Delgados. Sie deutet dabei den Wandel der Gattungen und die literarischen Zeugnisse jener Zeit in Verknüpfung mit der Geschichte des 16. Jahrhunderts. Die Autorin zeigt, dass die Entstehung des frühmodernen Subjektbewusstseins aus literaturwissenschaftlicher Sicht auch als eine Universalisierung ursprünglich partikular jüdischer Erfahrungen erklärt werden kann.